2023年
会计专业技术资格考试
考点一本通

经济法基础

● 新东方财经教育 编

中国教育出版传媒集团
高等教育出版社·北京

图书在版编目（CIP）数据

会计专业技术资格考试：考点一本通. 经济法基础 / 新东方财经教育编. -- 北京：高等教育出版社，2023.3
ISBN 978-7-04-059926-8

Ⅰ. ①会… Ⅱ. ①新… Ⅲ. ①经济法－中国－资格考试－自学参考资料 Ⅳ. ①F23

中国国家版本馆CIP数据核字(2023)第023870号

会计专业技术资格考试　考点一本通　经济法基础
KUAIJI ZHUANYE JISHU ZIGE KAOSHI KAODIAN YIBENTONG JINGJIFA JICHU

策划编辑	石 磊 王 蓉	责任编辑	王 蓉	封面设计	姜 磊	责任绘图	杨伟露
版式设计	马 云	责任校对	吕红颖	责任印制	赵 振		

出版发行	高等教育出版社	网　　址	http://www.hep.edu.cn
社　　址	北京市西城区德外大街4号		http://www.hep.com.cn
邮政编码	100120	网上订购	http://www.hepmall.com.cn
印　　刷	天津鑫丰华印务有限公司		http://www.hepmall.com
开　　本	787mm×1092mm 1/16		http://www.hepmall.cn
印　　张	27.25		
字　　数	600千字	版　　次	2023年3月第1版
购书热线	010-58581118	印　　次	2023年3月第1次印刷
咨询电话	400-810-0598	定　　价	80.80元

本书如有缺页、倒页、脱页等质量问题，请到所购图书销售部门联系调换
版权所有　侵权必究
物料号　59926-00

前　言

当您翻开本书时,意味着您已经选择开启通往新世界的大门,您将踏上一个充满奋斗与艰辛的征程,这就是会计学习之路,也是您成就自己的开始。您选择了本书,是您与我们的故事的开始,希望本书能成为您学习路上的灯塔,指引您学习的航向,陪伴您乘风破浪。

我们总是在思考、探索和践行,如何帮助您以最有效的方式去学习初级会计资格的相关知识,帮助您高效通过考试。新东方财经团队在结合考试教材与历年考试规律的基础上,将近乎所有的考点融入本书。本书的编写团队有着丰富的考试与教学教研经验,掌握了应试之匙、直击考试命门。在您学习本书时,所有的知识点会如春日细雨般,润物细无声,您会在潜移默化间掌握知识;通过本书的学习,您将在会计知识的学习中"引而伸之,触类而长之",从而能"举一反三""融会贯通"。

编写一本书难,编写一本好书更难,而编写一本能够帮助学员高效通过考试的书,则需要信仰。信仰,是对知识的尊重,对品质的追求,对学员的理解。在编写过程中,整个团队在近5年真题中寻找考点、总结规律,在考试教材中探究答案、沉淀技巧。我们希望本书能给您明确的复习方向、系统的知识体系和高效的学习路径;我们同样希望,本书将会成为您在会计学习中的第一盏明灯。孤独和彷徨不可怕,当您翻开本书,相信自己,您就是那可以燎原的星星之火。

十年寒窗无人问,希望您在默默无闻的日子里,保持进取。

一举成名天下知,期待您在成功的道路上,不断突破。

会计学习的征途,已然开始。而本书,将会是您征途中的最忠实的伙伴,是您故事中的最佳配角,陪您演绎辉煌、战胜孤独、见证荣耀。

尽管前路艰辛,但我们依然坚持,就是为了成就更好的自己。既然选择,唯有前进;既然坚持,唯有成功。前路漫漫,上下求索;不积跬步,无以至千里,不积小流,无以成江海;点点滴滴,都是您成功的阶梯。

当您学完本书、收获整个秋天时,您会认识一个更好的自己。

希望在您的会计职业生涯中,一直有我们陪伴;希望您与新东方财经团队的故事,持续演绎……

目 录

第一部分 考试介绍

第二部分 考点精讲

第一章 总论 ·········· 10

内容框架 ·········· 10
考情分析 ·········· 10
教材变化 ·········· 10
第一单元 法律基础 ·········· 11
　考点一　法和法律★ ·········· 11
　考点二　法律关系★★★ ·········· 12
　考点三　法律事实★★★ ·········· 15
　考点四　法的渊源★★★ ·········· 17
第二单元 法律主体 ·········· 19
　考点一　法律主体的分类★★★ ·········· 19
　考点二　法律主体资格★★★ ·········· 23
第三单元 法律责任 ·········· 24
　考　点　法律责任的种类★★★ ·········· 24

第二章 会计法律制度 ·········· 27

内容框架 ·········· 27
考情分析 ·········· 27

I

教材变化 ···································· 27
第一单元　会计法律制度概述 ···················· 28
　考　点　会计工作管理体制★★ ···················· 28
第二单元　会计核算与监督 ······················ 29
　考点一　会计核算★★★ ·························· 29
　考点二　会计档案管理★★★ ······················ 38
　考点三　会计监督★★★ ·························· 43
第三单元　会计机构和会计人员 ·················· 48
　考点一　代理记账★★ ···························· 48
　考点二　会计岗位设置、会计工作交接★★ ·········· 51
　考点三　会计人员★★★ ·························· 53
第四单元　会计法律责任 ························ 57
　考点一　违反国家统一的会计制度的法律责任★ ······ 57
　考点二　其他违反会计制度的法律责任★ ············ 58

第三章　支付结算法律制度 ·························· 62

内容框架 ···································· 62
考情分析 ···································· 63
教材变化 ···································· 63
第一单元　支付结算概述 ························ 63
　考点一　支付结算的概念与原则★ ·················· 63
　考点二　支付结算的基本要求★ ···················· 64
第二单元　银行结算账户 ························ 65
　考点一　银行结算账户的种类★ ···················· 65
　考点二　银行结算账户的开立、变更和撤销★★★ ···· 66
　考点三　银行结算账户的管理★★ ·················· 69
　考点四　各类银行结算账户的开立和使用★★ ········ 70
第三单元　票据 ································ 77
　考点一　票据概述★★ ···························· 77
　考点二　票据行为★★★ ·························· 79
　考点三　票据责任★★ ···························· 85
　考点四　票据权利★★★ ·························· 86
　考点五　票据追索★★ ···························· 91
　考点六　银行汇票★★★ ·························· 93

目录

考点七	商业汇票★★★	94
考点八	银行本票★★	99
考点九	支票★★★	100

第四单元 非票据结算方式与支付工具 102

考点一	汇兑★★	102
考点二	委托收款★	103
考点三	银行卡★★★	104
考点四	银行电子支付★★	108
考点五	网络支付★★	110
考点六	预付卡★★	112

第五单元 支付结算纪律与法律责任 115

| 考点一 | 支付结算纪律★ | 115 |
| 考点二 | 违反支付结算法律制度的法律责任★ | 115 |

第四章 税法概述及货物和劳务税法律制度 … 117

内容框架	117
考情分析	118
教材变化	118

第一单元 税收法律制度概述 119

考点一	税收法律关系★	119
考点二	税法要素★	119
考点三	现行税种与征收机关★★	123

第二单元 增值税法律制度 124

考点一	增值税纳税义务人和扣缴义务人★	124
考点二	增值税征税范围的一般规定★★★	126
考点三	增值税征税范围的特殊规定★★	133
考点四	视同销售行为★★★	135
考点五	混合销售与兼营行为★★★	137
考点六	增值税税率★	138
考点七	增值税征收率★	139
考点八	增值税应纳税额的计税方法★★★	143
考点九	纳税义务发生时间★★	144
考点十	当期销项税额的计算★★★	145
考点十一	当期进项税额的确定★★★	153

III

考点十二　增值税税收优惠★★ ……………………………………… 158
考点十三　增值税征收管理★★ ……………………………………… 164
考点十四　增值税出口退税制度★★ ………………………………… 167
第三单元　消费税法律制度 …………………………………………………… 172
考点一　消费税税目★★ ……………………………………………… 172
考点二　征税范围★★★ ……………………………………………… 174
考点三　消费税税率★★ ……………………………………………… 178
考点四　消费税销售额和销售量的一般规定★★★ ………………… 179
考点五　消费税销售额和销售量的特殊规定★★★ ………………… 180
考点六　消费税应纳税额的计算★★★ ……………………………… 183
考点七　已纳消费税的扣除★★ ……………………………………… 186
考点八　消费税征收管理★★ ………………………………………… 188
第四单元　城市维护建设税与教育费附加法律制度 ………………………… 190
考　点　城市维护建设税与教育费附加法律制度★★★ …………… 190
第五单元　车辆购置税法律制度 ……………………………………………… 193
考　点　车辆购置税法律制度★★ …………………………………… 193
第六单元　关税法律制度 ……………………………………………………… 197
考　点　关税法律制度★★ …………………………………………… 197

第五章　所得税法律制度 …………………………………………… 201

内容框架 ………………………………………………………………………… 201
考情分析 ………………………………………………………………………… 201
教材变化 ………………………………………………………………………… 202
第一单元　企业所得税法律制度 ……………………………………………… 202
考点一　企业所得税概述★★ ………………………………………… 202
考点二　企业所得税应纳税所得额的计算★★★ …………………… 205
考点三　资产的税务处理★★★ ……………………………………… 219
考点四　企业所得税应纳税额的计算★★★ ………………………… 226
考点五　企业所得税税收优惠★★ …………………………………… 228
考点六　企业所得税特别纳税调整★ ………………………………… 236
考点七　企业重组业务企业所得税处理★★ ………………………… 238
考点八　企业所得税征收管理★ ……………………………………… 243
第二单元　个人所得税法律制度 ……………………………………………… 244
考点一　个人所得税纳税人及其纳税义务★★ ……………………… 244

考点二　个人所得税应税所得项目★★★ …………………………… 247
考点三　个人所得税应纳税所得额的确定★★★ ………………… 251
考点四　个人所得税应纳税额的计算★★★ ……………………… 260
考点五　个人所得税税收优惠★★ ………………………………… 272
考点六　个人所得税征收管理★ …………………………………… 276

第六章　财产和行为税法律制度 …………………………………… 279

内容框架 …………………………………………………………… 279
考情分析 …………………………………………………………… 279
教材变化 …………………………………………………………… 280
第一单元　房地相关税种税收法律制度 ………………………… 280
  考点一　房产税法律制度★★ …………………………………… 280
  考点二　城镇土地使用税法律制度★★ ………………………… 285
  考点三　耕地占用税法律制度★ ………………………………… 289
  考点四　土地增值税法律制度★★ ……………………………… 292
第二单元　买方征收税种税收法律制度 ………………………… 299
  考点一　契税法律制度★★ ……………………………………… 299
  考点二　烟叶税法律制度★ ……………………………………… 304
第三单元　海关征收税种税收法律制度 ………………………… 306
  考　点　船舶吨税法律制度★ …………………………………… 306
第四单元　其他税收法律制度 …………………………………… 308
  考点一　车船税法律制度★ ……………………………………… 308
  考点二　印花税法律制度★★ …………………………………… 310
  考点三　资源税法律制度★★ …………………………………… 316
  考点四　环境保护税法律制度★★ ……………………………… 321

第七章　税收征管法律制度 ………………………………………… 324

内容框架 …………………………………………………………… 324
考情分析 …………………………………………………………… 325
教材变化 …………………………………………………………… 325
第一单元　税收征收管理法概述 ………………………………… 325
  考点一　税收征收管理法适用范围、适用对象★ ……………… 325
  考点二　税收征纳双方的权利和义务★★ ……………………… 326

第二单元 税务管理 327
    考点一 税务登记管理★★ 327
    考点二 账簿和凭证管理★★★ 332
    考点三 发票管理★★★ 333
    考点四 纳税申报管理★★★ 338
第三单元 税款征收 340
    考点一 税款征收方式★★ 340
    考点二 应纳税额的核定和调整★★★ 341
    考点三 应纳税款的缴纳★★★ 343
    考点四 税款征收的保障措施★★★ 343
    考点五 税款征收的其他规定★★ 350
第四单元 税务检查 352
    考点一 税务机关在税务检查中的职权和职责★★ 352
    考点二 被检查人的义务★ 353
    考点三 纳税信用管理★★★ 353
    考点四 税收违法行为检举管理★★ 358
    考点五 重大税收违法失信案件信息公布★★ 360
第五单元 税务行政复议 362
    考点一 税务行政复议范围★★ 362
    考点二 税务行政复议管辖★★★ 363
    考点三 税务行政复议申请与受理★★★ 364
    考点四 税务行政复议审查和决定★★ 365
第六单元 税收法律责任 367
    考点一 税务管理相对人实施税收违法行为的法律责任★ 367
    考点二 税务行政主体实施税收违法行为的法律责任★ 370

第八章 劳动合同与社会保险法律制度 372

内容框架 372
考情分析 372
教材变化 373
第一单元 劳动合同法律制度 373
    考点一 劳动关系与劳动合同★ 373
    考点二 劳动合同的订立★★★ 374
    考点三 劳动合同主要内容★★★ 377

考点四	劳动合同的履行和变更★	384
考点五	劳动合同的解除和终止★★★	384
考点六	集体合同与劳务派遣★★	392
考点七	劳动争议的解决★★	394
考点八	违反劳动合同法律制度的法律责任★	400
第二单元	社会保险法律制度	401
考点一	基本养老保险★★★	401
考点二	基本医疗保险★★★	404
考点三	工伤保险★★★	408
考点四	失业保险★★★	413
考点五	社会保险费征缴与管理★★	416
考点六	违反社会保险法律制度的法律责任★	418

第一部分

考试介绍

一、初级会计专业技术资格考试介绍

（一）了解初级会计专业技术资格考试

初级会计专业技术资格考试是一项全国统一考试，考试合格者，颁发由人力资源和社会保障部、财政部批准的《会计专业技术资格证书》。该证书在全国范围内有效。

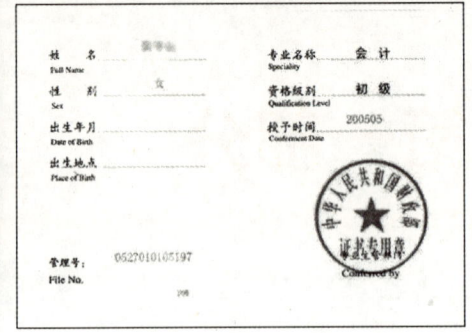

（二）考试科目

初级会计专业技术资格考试科目包括"初级会计实务"和"经济法基础"。参加初级会计专业技术资格考试的人员，在一个考试年度内通过全部科目的考试，才能取得初级资格证书。

（三）考试方式

无纸化方式。

二、报名信息

（一）报名条件

1. 报名参加会计资格考试的人员，应具备下列基本条件：
（1）遵守《中华人民共和国会计法》和国家统一的会计制度等法律法规。
（2）具备良好的职业道德，无严重违反财经纪律的行为。
（3）热爱会计工作，具备相应的会计专业知识和业务技能。

2. 报名参加初级资格考试的人员，除具备基本条件外，还必须具备国家教育部门认可的高中毕业（含高中、中专、职高和技校）及以上学历。

（二）报名地点

符合报名条件的在职在岗人员按属地化原则在其工作单位所在地报名；符合报名条件

的在校学生，在其学籍所在地报名；符合报名条件的其他人员，在其户籍所在地或居住地报名。

（三）报名方式

全国会计专业技术资格考试全部实行网上报名。

（四）报名关注网站

1. 财政部会计财务评价中心（全国会计资格评价网）；
2. 各省市财政局官网。

三、考试日程

（一）考试日程安排的公告

2022年11月18日，全国会计专业技术资格考试领导小组办公室发布《关于2023年度全国会计专业技术资格考试考务日程安排及有关事项的通知》。

（二）大纲发布

2023年1月3日，全国会计专业技术资格考试领导小组办公室发布《2023年度全国会计专业技术资格考试大纲》。

（三）报名时间

2023年初级资格考试报名时间为2023年2月7日至2月28日。在上述时间内，各省级考试管理机构自行确定本地区的报名开始时间。考试报名统一在2月28日12：00截止，缴费统一在2月28日18:00截止。

（四）准考证打印时间

2023年4月12日前，各省级考试管理机构公布本地区初级资格考试准考证网上打印的起止时间。

（五）考试时间及时长

2023年初级资格考试考试时间为2023年5月13日至17日。

考试日期	考试时间及科目
5月13日至17日	8：30-11：30 初级会计实务 经济法基础
	14：30-17：30 初级会计实务 经济法基础

"初级会计实务"科目考试时长为105分钟，"经济法基础"科目考试时长为75分钟，两个科目连续考试，时间不能混用。

（六）成绩查询时间

2023年初级资格考试成绩于2023年6月16日在"财政部会计财务评价中心（全国

会计资格评价网)"上公布。

(七) 合格标准

初级资格考试各科目的合格标准均为60分（各科目试卷满分均为100分）。

四、"经济法基础"考试题型及题量（以2022年为例）

题型	题量及分数
单项选择题	23题×2分/题=46分
多项选择题	10题×2分/题=20分
判断题	10题×1分/题=10分
不定项选择题	3题×4小题/题×2分/小题=24分
合计	100分

(一) 单项选择题

单项选择题较容易，综合性较弱，主要考查教材基础知识点，考生应力争多拿分，为后续题型减轻压力，为通过考试奠定基础。

1. 记忆型

（2022年）根据税收征收管理法律制度的规定，除另有规定外，从事生产、经营的纳税人的账簿、记账凭证、报表、完税凭证、发票、出口凭证以及其他有关涉税资料应当保存的期限为（　　）年。

A. 30　　　　　　　　　　　B. 10
C. 15　　　　　　　　　　　D. 20

2. 计算分析型

（2022年）甲石化公司2021年11月生产汽油6 000吨，其中5 000吨对外销售，20吨属于本单位车辆使用，50吨属于赞助其他单位。已知汽油1吨=1 388升，汽油消费税税率为1.52元/升，该企业应缴纳消费税为（　　）。

A. 6 000×1 388×1.52　　　　　B.（5 000+20+50）×1 388×1.52
C.（5 000+50）×1 388×1.52　　　D.（5 000+20）×1 388×1.52

(二) 多项选择题

多项选择题综合性较强，一个题目中往往涉及多个知识点，至少选择两个答案，全部选对得满分，少选得相应分值，多选、错选、不选均不得分，属于比较难的题型。

1.（2022年）以下各项所得中，适用累进税率形式的有（　　）。
A. 工资薪金所得
B. 个体工商户生产经营所得
C. 财产转让所得
D. 承包承租经营所得

2.（2022年）下列车辆中，免征车辆购置税的有（　　）。
A. 贸易公司进口自用的商务汽车
B. 城市公交公司购买的公共汽车
C. 中国人民武装警察部队列入装备订货计划的小汽车
D. 设有固定装置的非运输专用作业车辆

（三）判断题
错答、不答均不得分，也不扣分。判断题出题范围较广，注重细节，要求大家全面掌握教材内容。

（四）不定项选择题
有一个或一个以上符合题意的正确选项。每小题全部选对得满分，少选得相应分值，多选、错选、不选均不得分。考查内容涉及多个业务，综合性强，难度大，前面题目的结果可能决定后面题目的结果。

五、"经济法基础"命题规律总结

1. 考核全面
注重考查基础知识，要求考生全面掌握教材内容。
2. 重点突出
有侧重的全面考核，重点内容反复出题。
3. 考新考变
当年教材更新及变化部分，通常是考试的重点方向，要求考生依照最新版教材学习。
4. 综合性强，灵活多变
要求考生在全面掌握教材内容的基础上，融会贯通，以不变应万变。

六、"经济法基础"教材框架

"经济法基础"教材框架，如下表所示。

章	主要内容	考查分数（约）	重要程度
第一章 总论	介绍法学的基础知识，难度一般	9分	(★★)
第二章 会计法律制度	本章主要介绍会计基本法律制度，难度一般	8分	(★★)
第三章 支付结算法律制度	本章主要介绍支付结算的基础知识，难度较大	20分	(★★★)
第四章 税法概述及货物和劳务税法律制度	本章主要介绍税法的基础知识和增值税、消费税法律制度等，难度较大	20分	(★★★)
第五章 所得税法律制度	本章主要介绍所得税原理，考生在复习企业所得税时需要结合会计实务的内容准确理解税法原理，掌握税会差异调整，难度较大	20分	(★★★)
第六章 财产和行为税法律制度	本章主要介绍小税种，考点较多，考生主要应从纳税人、征税范围、应纳税额计算、税收优惠以及征收管理等方面来复习每一个税种，难度一般	13分	(★★)
第七章 税收征管法律制度	本章主要介绍税收征管基本法律制度，难度一般	4分	(★)
第八章 劳动合同与社会保险法律制度	本章主要介绍劳动合同和社会保险法律制度，难度一般	14分	(★★)

七、学习方法

（一）坚持

1. 认真对待

初级资格很有用，职业发展打基础！

2. 坚持听课

相信老师能带领大家快乐地通过考试！

（二）全面理解教材内容，抓住重点

1. 尊重教材，学习和考试以教材为准；
2. 针对性地做经典题目，建议做历年真题；
3. 重点章节重点练，达到融会贯通的目的。

（三）合理分配时间

1. 平时合理分配时间；
2. 注重考前时间。

（四）加强机考模拟训练

适应机考环境。

祝大家能够取得好成绩！

第二部分

考点精讲

第一章 总论

内容框架

单元	考点	星级
法律基础	法和法律	★
	法律关系	★★★
	法律事实	★★★
	法的渊源	★★★
法律主体	法律主体的分类	★★★
	法律主体资格	★★★
法律责任	法律责任的种类	★★★

考情分析

本章最近3年的考查分值约为9分,涉及单选题、多选题和判断题,一般不涉及不定项选择题,属于一般重要章节。本章主要介绍法学的基础知识,难度一般。

教材变化

1. 将"法律事件和法律行为"替换为"法律事件、法律行为和事实行为",并增加事实行为的解释,属于重要的变化。

2. 将"意思表示行为与非意思表示行为"替换为"有偿行为和无偿行为",具体内容一并替换,属于重要的变化。

第一单元 法律基础

考点一 法和法律 ★

一、法的本质

法的本质：法是统治阶级的国家意志的体现。法的本质具体内容，如表1-1所示。

表1-1 法的本质

具体体现	内容
体现统治阶级意志	（1）是由统治阶级的物质生活条件决定的，是社会客观需要的反映 （2）法体现的是统治阶级的整体意志和根本利益，而不是统治阶级每个成员个人意志的简单相加
体现国家意志	法体现的不是统治阶级的一般意志，而是统治阶级的国家意志

二、法的特征

法的特征，如表1-2所示。

表1-2 法的特征

特征	基本含义
国家意志性	法是经过国家制定或者认可才得以形成的规范
国家强制性	法凭借国家强制力的保证而获得普遍遵行的效力
规范性	（1）能为人们提供一个行为模式、标准 （2）通过规定人们的权利和义务来分配利益，从而影响人们的动机和行为，维持社会秩序
明确公开性和普遍约束性	（1）明确公开性：法具有明确的内容，能使人们预知自己或者他人一定行为的法律后果 （2）普遍适用性：凡是在国家权力管辖和法律调整的范围、期限内，对所有社会成员（包括统治阶级和被统治阶级）及其活动都普遍适用

【例题·多选题】（2021年）下列关于法的本质与特征的表述中，正确的有（　　）。
A. 法由统治阶级的物质生活条件所决定
B. 法是确定人们在社会关系中的权利和义务的行为规范
C. 法是全社会成员共同意志的体现
D. 法是由国家制定或者认可的规范

【答案】ABD

【解析】选项A、B、D正确。选项C错误，法体现的是统治阶级的整体意志和根本利益，而不是全社会成员的共同意志。

【例题·多选题】（2020年）下列各项中，属于法的特征的有（　　）。
A. 行为规范性　　　　　　　　B. 国家意志性
C. 国家强制性　　　　　　　　D. 普遍约束性

【答案】ABCD

【解析】选项A、B、C、D正确。法的特征主要有以下方面：(1)法是经过国家制定或者认可才得以形成的规范，具有国家意志性（选项B正确）；(2)法凭借国家强制力的保证而获得普遍遵行的效力，具有国家强制性（选项C正确）；(3)法是确定人们在社会关系中的权利和义务的行为规范，具有规范性（选项A正确）；(4)法是明确而普遍适用的规范，具有明确公开性和普遍约束性（选项D正确）。

考点二　法律关系★★★

法律关系，是法律规范调整人们的行为过程中所形成的一种特殊的社会关系，即法律上的权利与义务关系。法律关系的要素，包括主体、内容、客体。

一、法律关系的主体

法律关系的主体，是指参加法律关系、依法享有权利和承担义务的当事人。

1. 主体的种类

法律关系主体的种类，如表1-3所示。

表1-3　法律关系主体的种类

主体的种类	具体内容
自然人	包括中国公民、外国公民和无国籍人
法人	（1）营利法人：股份有限公司、有限责任公司、其他企业法人 （2）非营利法人：事业单位、社会团体、基金会、社会服务机构等

续表

主体的种类	具体内容
法人	（3）特别法人：机关法人、农村集体经济组织法人、城镇农村的合作经济组织法人、基层群众性自治组织法人
非法人组织	包括个人独资企业、合伙企业、不具有法人资格的专业服务机构等
国家	特殊情况下，国家也可以成为法律关系主体，如发行国债

【例题·单选题】（2020年）甲公司和乙公司签订购买20台办公电脑的合同，总价款为20万元。该法律关系的主体是（   ）。

A. 甲公司和乙公司　　　　　　B. 20台办公电脑
C. 20万元价款　　　　　　　　D. 买卖合同

【答案】A

【解析】选项A正确。法律关系的主体是指参加法律关系、依法享有权利和承担义务的当事人。

【例题·多选题】（2019年）下列各项中，可以作为法律关系主体的有（   ）。

A. 个人独资企业　　　　　　　B. 股份有限公司
C. 自然人　　　　　　　　　　D. 个体工商户

【答案】ABCD

【解析】选项A正确，个人独资企业属于法律关系主体中的非法人组织。选项B正确，股份有限公司属于法律关系主体中的法人。选项C、D正确，个体工商户作为自然人对待。

2. 主体的资格

法律关系主体的资格，如表1-4所示。

表1-4　主体的资格

类型	含义
权利能力	法律关系主体能够参加某种法律关系，依法享有一定的权利和承担一定的义务的法律资格
行为能力	法律关系主体能够"通过自己的行为"实际取得权利和履行义务的能力

3. 自然人的民事行为能力

自然人的民事行为能力，如表1-5所示。

表 1-5　自然人的民事行为能力

种类	年龄标准	关系	智力、精神状况标准
无民事行为能力人	不满8周岁的未成年人	或者	8周岁以上的不能辨认自己行为的未成年人
			不能辨认自己行为的成年人
限制民事行为能力人	8周岁以上（≥8周岁）的未成年人	或者	不能完全辨认自己行为的成年人
完全民事行为能力人	（1）18周岁以上的成年人 （2）16周岁以上的未成年人，以自己的劳动收入为主要生活来源的，视为完全民事行为能力人	且	智力正常、精神健康

【例题·多选题】（2020年）下列关于自然人民事行为能力的表述中，正确的有（　　）。

A. 年满18周岁的自然人是完全民事行为能力人

B. 不能辨认自己行为的成年人是限制民事行为能力人

C. 8周岁以下的自然人是无民事行为能力人

D. 16周岁以上的未成年人但以自己的劳动收入为主要生活来源的自然人视为完全民事行为能力人

【答案】AD

【解析】选项A、D正确。选项B不正确，不能完全辨认自己行为的成年人为限制民事行为能力人。选项C不正确，不满8周岁的未成年人为无民事行为能力人。8周岁以下包括8周岁，不满8周岁不包括8周岁。

【例题·多选题】（2019年）下列自然人中，属于限制民事行为能力人的有（　　）。

A. 范某，20周岁，有精神障碍，不能辨认自己的行为

B. 孙某，7周岁，不能辨认自己的行为

C. 周某，15周岁，系体操专业运动员

D. 杨某，13周岁，系大学少年班在校大学生

【答案】CD

【解析】选项C、D正确。选项A错误，不能辨认自己行为的成年人属于无民事行为能力人。选项B错误，不满8周岁的未成年人属于无民事行为能力人。

二、法律关系的内容

法律关系的内容是指法律关系主体所享有的权利和承担的义务。

三、法律关系的客体

法律关系的客体，如表 1-6 所示。

表 1-6 法律关系的客体

法律关系的客体	具体类型
物	（1）自然物：土地、矿藏等 （2）人造物：建筑、机器等 （3）货币及有价证券 （4）有体物：天然气、电力等 （5）无体物：权利等
人身、人格	（1）人身和人格是生命权、身体权、健康权、姓名权、肖像权、名誉权、荣誉权、隐私权、婚姻自主权等人身权指向的客体 （2）人的整体不能作为法律关系的客体；而人的部分（如头发、骨髓）从身体中分离出去，可以作为客体的"物"，如出售剪掉的头发
精神产品 （智力成果）	如作品；发明、实用新型、外观设计；商标等 通常有物质载体，如书籍
信息、数据、 网络虚拟财产	如矿产情报、产业情报、国家机密、个人信息等
行为	如生产经营行为、经济管理行为、完成一定工作的行为、提供一定劳务的行为

【例题·判断题】（2021年）网络虚拟财产不可以成为法律关系的客体。（　　）
【答案】×
【解析】网络虚拟财产可以成为法律关系的客体。

考点三　法律事实 ★★★

法律事实是法律关系发生、变更和消灭的直接原因。

按照"是否以当事人的意志为转移"的标准，可以将法律事实划分为三大类：法律事件、法律行为和事实行为。

一、法律事件（不以当事人的意志为转移）

1. 自然现象（绝对事件）：地震、洪水、台风、森林大火等自然灾害；生老病死及意外事故。

2. 社会现象（相对事件）：社会革命、战争、重大政策的改变等。

二、法律行为（以当事人的意志为转移）

法律行为具体内容，如表 1-7 所示。

表 1-7 法 律 行 为

分类标准	分类内容	举例
行为是否符合法律规范的要求	合法行为	买卖合同
	违法行为	—
行为的表现形式	积极行为（作为）	—
	消极行为（不作为）	—
行为人取得权利是否需要支付对价	有偿行为	买卖、租赁
	无偿行为	无偿保管、赠予
作出意思表示的主体数量	单方行为	遗嘱、行政命令
	多方行为	合同行为
行为是否需要特定形式或者实质要件	要式行为	不动产转让须办理登记、票据行为
	非要式行为	口头订立的合同
主体实际参与行为的状态	自主行为	自己与他人签订买卖合同
	代理行为	代理他人到外地采购药品

【例题·单选题】（2021 年）下列法律事实中，属于法律事件的是（　　）。
A. 核酸检测　　　　　　　　B. 捐赠口罩
C. 出口疫苗　　　　　　　　D. 暴发疫情
【答案】D
【解析】选项 D 正确，暴发疫情是当事人无法控制、无法预见的事件，属于法律事件。法律事件具有客观性，是指不以当事人的意志为转移而引起法律关系发生、变更或者消灭的法定情况或者现象。选项 A、B、C 属于法律行为。法律行为是指以法律关系主体意志为转移，能够引起法律后果，即引起法律关系发生、变更和消灭的人们有意识的活动。

【例题·单选题】（2020 年）下列法律事实中，属于法律事件的是（　　）。
A. 赠予房屋　　　　　　　　B. 书立遗嘱
C. 火山喷发　　　　　　　　D. 登记结婚

【答案】C

【解析】选项C正确,法律事件是指不以当事人的主观意志为转移的,能够引起法律关系发生、变更和消灭的法定情况或者现象。选项A、B、D属于法律行为。法律行为是指以法律关系主体意志为转移,能够引起法律后果,即引起法律关系发生、变更和消灭的人们有意识的活动。

三、事实行为

民事领域中,在法律行为之外还存在事实行为。事实行为是与法律关系主体的意思表示无关,由法律直接规定法律后果的行为。民法中常见的事实行为有无因管理行为、正当防卫行为、紧急避险行为以及侵权行为、违约行为、遗失物的拾得行为、埋藏物的发现行为等。

考点四 法的渊源★★★

一、我国法的主要渊源

我国法的主要渊源,如表1-8所示。

表1-8 我国法的主要渊源

法的形式	制定机关
宪法	全国人民代表大会
法律	全国人民代表大会(基本法律) 全国人民代表大会常务委员会(其他法律)
行政法规	国务院
地方性法规	省、自治区、直辖市和设区的市、自治州的人民代表大会及其常务委员会
自治条例和单行条例	民族自治地方的人民代表大会
部门规章	国务院各部、委员会、中国人民银行、审计署和具有行政管理职能的直属机构
地方政府规章	省、自治区、直辖市和设区的市、自治州的人民政府
特别行政区的法	全国人民代表大会(特别行政区基本法) 特别行政区依法制定并报全国人民代表大会常务委员会备案
国际条约	我国缔结和参加

二、法的效力冲突及其解决方式

1. 解决法的效力冲突的一般原则见下：
（1）根本法优于普通法
普通法必须以宪法为依据，不得同宪法相抵触。
（2）上位法优于下位法
不同位阶的法之间发生冲突，适用上位法。
（3）新法优于旧法
同一国家机关在不同时期颁布的法产生冲突时，遵循新法优于旧法的原则。
（4）特别法优于一般法
同一国家机关制定的法发生冲突时：
① 在适用对象上，对特定主体和特定事项的法，优于对一般主体和一般事项的法；
② 在适用空间上，对特定时间和特定区域的法，优于平时和一般地区的法。
2. 解决法的效力冲突的特殊方式
解决法的效力冲突的特殊方式，如表1-9所示。

表1-9 效力冲突的解决

冲突情形		解决措施
"法律之间"对同一事项的新的一般规定与旧的特别规定不一致，不能确定如何适用时		由全国人民代表大会常务委员会裁决
"行政法规之间"对同一事项的新的一般规定与旧的特别规定不一致，不能确定如何适用时		由国务院裁决
根据授权制定的法规与法律不一致，不能确定如何适用时		由全国人民代表大会常务委员会裁决
地方性法规、部门规章之间对同一事项的规定不一致	同一机关制定的新的一般规定与旧的特别规定不一致时	由制定机关裁决
	地方性法规与部门规章之间对同一事项的规定不一致，不能确定如何适用时	由国务院提出意见： （1）认为应当适用地方性法规的，应当决定在该地方适用地方性法规的规定 （2）认为应当适用部门规章的，应当提请全国人民代表大会常务委员会裁决
部门规章之间、部门规章与地方政府规章之间对同一事项的规定不一致时		由国务院裁决

【例题·单选题】（2021年）下列规范性文件中，属于行政法规的是（　　）。
A. 国务院发布的《企业财务会计报告条例》
B. 全国人民代表大会通过的《香港特别行政区基本法》
C. 全国人民代表大会常务委员会通过的《票据法》
D. 财政部发布的《企业会计准则——基本准则》
【答案】A
【解析】选项A正确。行政法规是由国家最高行政机关即国务院在法定职权范围内为实施宪法和法律而制定、发布的规范性文件，通常冠以条例、办法、规定等名称。选项B、C属于法律。选项D属于部门规章。

【例题·判断题】（2021年）中国人民银行发布的《支付结算办法》属于行政法规。（　　）
【答案】×
【解析】行政法规是由国家最高行政机关即国务院在法定职权范围内为实施宪法和法律而制定、发布的规范性文件，通常冠以条例、办法、规定等名称。中国人民银行发布的《支付结算办法》属于部门规章。

【例题·判断题】（2019年）地方性法规的效力高于行政法规的效力。（　　）
【答案】×
【解析】效力排序：宪法＞法律＞行政法规＞地方性法规＞同级和下级地方政府规章。

第二单元　法律主体

考点一　法律主体的分类★★★

法律主体，也称法律关系主体，是指参加法律关系，依法享有权利和承担义务的当事人。根据我国法律规定，能够参与法律关系的主体包括以下四类：

一、自然人

（一）自然人的概念

自然人，是指具有生命的个体的人，即生物学上的人，是基于出生而取得主体资格的人。既包括中国公民，也包括居住在中国境内或者在境内活动的外国公民和无国籍人。

（二）自然人的出生时间和死亡时间

自然人的出生时间和死亡时间，以出生证明、死亡证明记载的时间为准；没有出生证明、死亡证明的，以户籍登记或者其他有效身份登记记载的时间为准。有其他证据足以推翻以上记载时间的，以该证据证明的时间为准。

自然人在出生之前也可以成为特殊法律关系的主体。例如《民法典》第十六条规定："涉及遗产继承、接受赠与等胎儿利益保护的，胎儿视为具有民事权利能力。但是，胎儿娩出时为死体的，其民事权利能力自始不存在。"

（三）自然人的住所

自然人以户籍登记或者其他有效身份登记记载的居所为住所；经常居所与住所不一致的，经常居所视为住所。

二、法人

（一）法人制度概述

法人制度是指法律赋予符合条件的团体以法律人格，从而使这些团体成为独立的民事主体。

1. 法人的概念与成立

法人是具有民事权利能力和民事行为能力，依法独立享有民事权利和承担民事义务的组织。法人应当依法成立，应当有自己的名称、组织机构、住所、财产或者经费。法人以其全部财产独立承担民事责任。

2. 法人的法定代表人

依照法律或者法人章程的规定，代表法人从事民事活动的负责人，为法人的法定代表人。法定代表人以法人名义从事的民事活动，其法律后果由法人承受。法人章程或者法人权力机构对法定代表人代表权的限制，不得对抗善意相对人。

法定代表人因执行职务造成他人损害的，由法人承担民事责任。法人承担民事责任后，依照法律或者法人章程的规定，可以向有过错的法定代表人追偿。

3. 法人的分类

法人分为营利法人、非营利法人和特别法人。

4. 法人设立中的责任承担

设立人为设立法人从事的民事活动，其法律后果由法人承受；法人未成立的，其法律后果由设立人承受，设立人为二人以上的，享有连带债权，承担连带债务。设立人为设立法人以自己的名义从事民事活动产生的民事责任，第三人有权选择请求法人或者设立人承担。

5. 法人的合并和分立

法人合并的，其权利和义务由合并后的法人享有和承担。法人分立的，其权利和义务由分立后的法人享有连带债权，承担连带债务，但是债权人和债务人另有约定的除外。

6. 法人解散

《民法典》第六十九条规定:"有下列情形之一的,法人解散:(一)法人章程规定的存续期间届满或者法人章程规定的其他解散事由出现;(二)法人的权力机构决议解散;(三)因法人合并或者分立需要解散;(四)法人依法被吊销营业执照、登记证书,被责令关闭或者被撤销;(五)法律规定的其他情形。"

7. 法人的清算

法人解散的,除合并或者分立的情形外,清算义务人应当及时组成清算组进行清算。法人的董事、理事等执行机构或者决策机构的成员为清算义务人。清算义务人未及时履行清算义务,造成损害的,应当承担民事责任;主管机关或者利害关系人可以申请人民法院指定有关人员组成清算组进行清算。清算期间法人存续,但是不得从事与清算无关的活动。法人清算后的剩余财产,按照法人章程的规定或者法人权力机构的决议处理。清算结束并完成法人注销登记时,法人终止;依法不需要办理法人登记的,清算结束时,法人终止。法人被宣告破产的,依法进行破产清算并完成法人注销登记时,法人终止。

8. 法人的分支机构

法人可以依法设立分支机构。分支机构以自己的名义从事民事活动,产生的民事责任由法人承担;也可以先以该分支机构管理的财产承担,不足以承担的,由法人承担。

(二)营利法人

1. 营利法人的概念与成立

以取得利润并分配给股东等出资人为目的成立的法人,为营利法人。营利法人经依法登记成立。依法设立的营利法人,由登记机关发给营利法人营业执照。营业执照签发日期为营利法人的成立日期。

2. 营利法人的组织机构

设立营利法人应当依法制定法人章程。营利法人应当设权力机构。权力机构行使修改法人章程,选举或者更换执行机构、监督机构成员,以及法人章程规定的其他职权。

营利法人应当设执行机构。执行机构行使召集权力机构会议,决定法人的经营计划和投资方案,决定法人内部管理机构的设置,以及法人章程规定的其他职权。执行机构为董事会或者执行董事的,董事长、执行董事或者经理按照法人章程的规定担任法定代表人;未设董事会或者执行董事的,法人章程规定的主要负责人为其执行机构和法定代表人。

营利法人设监事会或者监事等监督机构的,监督机构依法行使检查法人财务,监督执行机构成员、高级管理人员执行法人职务的行为,以及法人章程规定的其他职权。

3. 营利法人的出资人

营利法人的出资人<u>不得滥用出资人权利损害法人或者其他出资人的利益</u>;滥用出资人权利造成法人或者其他出资人损失的,应当依法承担民事责任。

营利法人的出资人不得滥用法人独立地位和出资人有限责任损害法人债权人的利益;

滥用法人独立地位和出资人有限责任，逃避债务，严重损害法人债权人的利益的，应当对法人债务承担连带责任。

营利法人的控股出资人、实际控制人、董事、监事、高级管理人员不得利用其关联关系损害法人的利益；利用关联关系造成法人损失的，应当承担赔偿责任。

营利法人的权力机构、执行机构作出决议的会议召集程序、表决方式违反法律、行政法规、法人章程，或者决议内容违反法人章程的，营利法人的出资人可以请求人民法院撤销该决议。但是，营利法人依据该决议与善意相对人形成的民事法律关系不受影响。

（三）非营利法人

非营利法人是指为公益目的或者其他非营利目的成立，不向出资人、设立人或者会员分配所取得利润的法人。非营利法人包括事业单位、社会团体、基金会、社会服务机构等。

【例题·多选题】下列主体中，可以成为法律关系主体的有（   ）。
A. 无国籍人士　　　　　　　　B. 事业单位
C. 个人独资企业　　　　　　　D. 股份有限公司
【答案】ABCD
【解析】选项A、B、C、D均正确。可以成为法律关系主体的包括自然人（选项A正确）、法人（选项B、D正确）和非法人组织（选项C正确）、国家。

（四）特别法人

主要包括机关法人、农村集体经济组织法人、城镇农村的合作经济组织法人、基层群众性自治组织法人。

三、非法人组织

非法人组织是指不具有法人资格，但是能够依法以自己的名义从事民事活动的组织。非法人组织包括个人独资企业、合伙企业、不具有法人资格的专业服务机构等。

非法人组织的财产不足以清偿债务的，其出资人或者设立人承担无限责任。法律另有规定的，依照其规定。例如，合伙企业也具有自己的合伙财产。《合伙企业法》第二十条规定："合伙人的出资、以合伙企业名义取得的收益和依法取得的其他财产，均为合伙企业的财产。"在承担债务时，首先以合伙企业的财产承担责任，只有在合伙企业财产不足以承担责任时，才由各合伙人承担无限连带责任。

四、国家

在特殊情况下，国家可以作为一个整体成为法律主体。

【例题·单选题】下列主体中，属于非营利法人的是（ ）。
A. 基金会
B. 股份有限公司
C. 合伙企业
D. 有限责任公司

【答案】A

【解析】选项 A 正确，基金会属于非营利法人。选项 B、D，均属于营利法人。选项 C，合伙企业属于非法人组织。

考点二 法律主体资格★★★

法律主体资格包括权利能力和行为能力两个方面。

一、权利能力

权利能力，是指法律主体能够参加某种法律关系，依法享有一定权利和承担一定义务的法律资格。

（一）自然人的权利能力

自然人从出生时起到死亡时止，具有民事权利能力，依法享有民事权利，承担民事义务。自然人的民事权利能力一律平等。

（二）法人的权利能力

法人权利能力的范围由法人成立的宗旨和业务范围决定，自法人成立时产生，至法人终止时消灭。

二、行为能力

（一）自然人的行为能力（详见第一单元）

（二）自然人的刑事责任能力

刑事责任能力指行为人构成犯罪和承担刑事责任所必须具备的刑法意义上辨认和控制自己行为的能力。不具备刑事责任能力者即使实施了危害社会的行为，也不能成为犯罪主体，不能被追究刑事责任；刑事责任能力减弱者，其刑事责任相应地适当减轻。对于一般自然人来说，只要达到一定的年龄，生理和智力发育正常，就具有了相应的辨认和控制自己行为的能力，从而具有刑事责任能力。但有的人因患病等原因会丧失或者减弱刑事责任能力。

1. 已满16周岁的人犯罪，应当负刑事责任。

2. 已满14周岁不满16周岁的人，犯故意杀人、故意伤害致人重伤或者死亡、强奸、抢劫、贩卖毒品、放火、爆炸、投放危险物质罪的，应当负刑事责任。

3. 已满12周岁不满14周岁的人，犯故意杀人、故意伤害罪，致人死亡或者以特别残忍手段致人重伤造成严重残疾，情节恶劣，经最高人民检察院核准追诉的，应当负刑事责任。

4. 已满12周岁不满18周岁的人犯罪，应当从轻或者减轻处罚。因不满16周岁不予刑事处罚的，责令其父母或者其他监护人加以管教；在必要的时候，依法进行专门矫治教育。

5. 已满75周岁的人故意犯罪的，可以从轻或者减轻处罚；过失犯罪的，应当从轻或者减轻处罚。

6. 精神病人在不能辨认或者不能控制自己行为的时候造成危害结果，经法定程序鉴定确认的，不负刑事责任，但是应当责令他的家属或者监护人严加看管和医疗；在必要的时候，由政府强制医疗。间歇性的精神病人在精神正常的时候犯罪，应当负刑事责任。尚未完全丧失辨认或者控制自己行为能力的精神病人犯罪的，应当负刑事责任，但是可以从轻或者减轻处罚。

7. 醉酒的人犯罪，应当负刑事责任。

8. 又聋又哑的人或者盲人犯罪，可以从轻、减轻或者免除处罚。

第三单元 法律责任

考点 法律责任的种类★★★

一、民事责任

民事责任，如表1-10所示。

表1-10 民事责任

事项	法律规定
民事责任的主要形式	（1）停止侵害；（2）排除妨碍；（3）消除危险；（4）返还财产；（5）恢复原状；（6）修理、重作、更换；（7）继续履行；（8）赔偿损失；（9）支付违约金；（10）消除影响、恢复名誉；（11）赔礼道歉
民事责任的适用	可以单独适用，也可以合并适用

【例题·单选题】(2020年)下列各选项中,属于民事责任的是( )。
A. 没收违法所得
B. 行政拘留
C. 恢复原状
D. 吊销营业执照

【答案】C

【解析】选项C正确。民事责任包括:① 停止侵害;② 排除妨碍;③ 消除危险;④ 返还财产;⑤ 恢复原状;⑥ 修理、重作、更换;⑦ 继续履行;⑧ 赔偿损失;⑨ 支付违约金;⑩ 消除影响、恢复名誉;⑪ 赔礼道歉。选项A、B、D,属于行政责任。

二、行政责任

行政责任是指违反法律法规规定的行为人所应承受的由国家行政机关对其依行政程序所给予的制裁。如表1-11所示。

表1-11 行政责任

分类	形式	
行政处罚（对违法的单位或者个人）	（1）警告、通报批评	声誉罚
	（2）罚款 （3）没收违法所得、没收非法财物	财产罚
	（4）限制开展生产经营活动、责令停产停业、责令关闭、限制从业	行为罚
	（5）暂扣或者吊销许可证件、降低资质等级	
	（6）行政拘留	人身自由罚
行政处分（对内部公务员）	种类（6类）：警告、记过、记大过、降级、撤职、开除。	

【例题·单选题】(2020年)甲公司因生产的奶制品所含食品添加剂严重超标,被市场监督管理局责令停产停业。甲公司承担的该项法律责任属于( )。
A. 刑事责任　　　　　　　B. 行政处分
C. 民事责任　　　　　　　D. 行政处罚

【答案】D

【解析】选项D正确。行政处罚是指行政机关依法对违反行政管理秩序的公民、法人或者其他组织,以减损权益或者增加义务的方式予以惩戒的行为。包括:警告,通报批评；罚款；没收违法所得、没收非法财物；责令停产停业；暂扣或者吊销许可证件；行政拘留等。

三、刑事责任（国家审判机关、最严厉）

刑事责任，如表1-12所示。

表1-12 刑事责任

刑罚种类	内容
主刑	管制（3个月以上2年以下）
	拘役（1个月以上6个月以下）
	有期徒刑（6个月以上15年以下）
	无期徒刑
	死刑（包括死刑立即执行和死刑缓期2年执行）
附加刑	包括：罚金、剥夺政治权利、没收财产、驱逐出境（对犯罪的外国人适用） 【新东方提示】附加刑既可以独立适用，也可以同主刑一起适用

【例题·单选题】（2021年）下列属于行政处罚的是（　　）。
A. 没收违法所得　　　　　B. 记过
C. 管制　　　　　　　　　D. 返还财产
【答案】A
【解析】选项A正确。选项B，属于行政处分。选项C，属于刑事责任。选项D，属于民事责任。

【例题·判断题】（2021年）附加刑不得独立适用。（　　）
【答案】×
【解析】附加刑是补充、辅助主刑适用的刑罚方法。附加刑可以附加于主刑之后作为主刑的补充，同主刑一起适用；也可以独立适用。

第二章 会计法律制度

内容框架

单元	考点	星级
会计法律制度概述	会计工作管理体制	★★
会计核算与监督	会计核算	★★★
	会计档案管理	★★★
	会计监督	★★★
会计机构和会计人员	代理记账	★★
	会计岗位设置、会计工作交接	★★
	会计人员	★★★
会计法律责任	违反国家统一的会计制度的法律责任	★
	其他违反会计制度的法律责任	★

考情分析

本章最近3年的考查分值约为8分，涉及单选题、多选题和判断题，也可能涉及不定项选择题，属于重要章节。本章主要介绍会计基本制度，难度一般。

教材变化

1. "会计监督"中，将"财务保管人员"改为"财物保管人员"，属于不重要的变化。
2. 增加"会计信息质量检查"，属于不重要的变化。

第一单元　会计法律制度概述

考点　会计工作管理体制 ★★

一、会计工作的行政管理

会计工作的行政管理部门与职责，如表 2-1 所示。

表 2-1　会计工作的行政管理

行政部门	职责
国务院财政部门	主管全国的会计工作
县级以上地方各级人民政府财政部门	管理本行政区域内的会计工作

二、单位内部的会计工作管理

（一）单位负责人的概念

单位负责人是指单位法定代表人或者法律、行政法规规定代表单位行使职权的主要负责人。

（二）单位负责人的职责内容

1. 单位负责人对本单位的会计工作和会计资料的真实性、完整性负责。
2. 单位负责人应当保证会计机构、会计人员依法履行职责。
3. 单位负责人不得授意、指使、强令会计机构、会计人员违法办理会计事项。

【例题·判断题】（2021 年）单位负责人对本单位的会计工作和会计资料的真实性、完整性负责。（　　）

【答案】√

【解析】单位负责人对本单位的会计工作和会计资料的真实性、完整性负责。

第二单元　会计核算与监督

考点一　会计核算★★★

一、会计核算的基本要求

1. 依法建账。

各单位发生的各项经济业务事项应当统一进行会计核算，不得违反规定私设会计账簿进行登记、核算。

2. 根据实际发生的经济业务进行会计核算。

3. 保证会计资料的真实和完整。

会计资料，主要是指会计凭证、会计账簿、财务会计报告等会计核算专业资料。

伪造、变造会计资料是造成会计资料不真实、不完整的重要手段之一。伪造、变造的相关定义，如表2-2所示。

表2-2　伪造与变造

类型	要点
伪造会计凭证和会计账簿	以虚假的经济业务为前提来编制会计凭证和会计账簿，旨在以假充真（无中生有）
变造会计凭证和会计账簿	用涂改、挖补等手段来改变会计凭证和会计账簿的真实内容，以歪曲事实真相（篡改事实）
《会计法》的规定	（1）任何单位不得以虚假的经济业务事项或者资料进行会计核算 （2）任何单位和个人不得伪造、变造会计凭证、会计账簿及其他会计资料，不得提供虚假的财务会计报告

4. 正确采用会计处理方法。

（1）各单位的会计核算应当按照规定的会计处理方法进行，保证会计指标的口径一致、相互可比和会计处理方法的前后各期一致，不得随意变更。

（2）确有必要变更的，应当按照国家统一的会计制度的规定变更，并将变更的原因、情况及影响在财务会计报告中说明。

5. 正确使用会计记录文字。

（1）会计记录的文字应当使用中文。

（2）在民族自治地方，会计记录可以"同时使用"当地通用的一种民族文字。

（3）在中国境内的外商投资企业、外国企业和其他外国组织的会计记录可以"同时使用"一种外国文字。

6. 使用电子计算机进行会计核算必须符合法律规定（会计电算化）。

二、会计核算的主要内容

下列经济业务事项，应当办理会计手续，进行会计核算：

1. 款项和有价证券的收付。
2. 财物的收发、增减和使用。

财物包括存货、固定资产、投资、无形资产等。

3. 债权的发生和结算。
4. 债务的发生和结算。
5. 资本、基金的增减。

主要包括实收资本（股本）、资本公积、盈余公积、基金等的增减变动。

6. 收入、支出、费用、成本的计算。
7. 财务成果的计算和处理。
8. 需要办理会计手续、进行会计核算的其他事项。

三、会计年度

我国以公历年度为会计年度，即以每年公历1月1日起至12月31日止为一个会计年度。

四、记账本位币

1. 会计核算以人民币为记账本位币。
2. 业务收支以人民币以外的货币为主的单位，可以选定其中一种货币作为记账本位币，但是编报的财务会计报告应当折算为人民币。

【例题·单选题】（2021年）甲外商投资企业的业务收支以欧元为主，兼有少量人民币业务。下列关于甲企业记账本位币适用的表述中，正确的是（　　）。

A. 可同时选择欧元和人民币作为记账本位币
B. 可从欧元和人民币中选择一种作为记账本位币
C. 只能选择人民币作为记账本位币
D. 只能选择欧元作为记账本位币

【答案】B
【解析】选项B正确。为便于单位对外开展业务,简化会计核算手续,方便我国境内财务会计报告使用者的阅读和使用,业务收支以人民币以外的货币为主的单位,可以选定其中一种货币作为记账本位币,但是编报的财务会计报告应当折算为人民币。

五、会计凭证

会计凭证,是指具有一定格式、用以记录经济业务事项发生和完成情况,明确经济责任,并作为记账凭证的书面证明,是会计核算的重要会计资料。会计凭证按其来源和用途,分为原始凭证和记账凭证两种。

(一)原始凭证

原始凭证,又称单据,是指在经济业务事项发生时,由业务经办人员直接取得或者填制,用以表明某项经济业务已经发生或完成情况并明确有关经济责任的一种原始凭据。

1. 原始凭证必须具备的内容
(1)凭证的名称;
(2)填制凭证的日期;
(3)填制凭证单位名称或者填制人姓名;
(4)经办人员的签名或者盖章;
(5)接受凭证单位名称;
(6)经济业务内容;
(7)数量、单价和金额。

2. 原始凭证的基本要求
(1)从外单位取得的原始凭证,必须盖有填制单位的公章;从个人取得的原始凭证,必须有填制人员的签名或者盖章;自制原始凭证必须有经办单位负责人或者其指定的人员签名或者盖章。
(2)对外开出的原始凭证,必须加盖本单位公章。
(3)凡填有大写和小写金额的原始凭证,大写与小写金额必须相符。
(4)购买实物的原始凭证,必须有验收证明。
(5)支付款项的原始凭证,必须有收款单位和收款人的收款证明。
(6)一式几联的原始凭证,应当注明各联的用途,只能以一联作为报销凭证。
(7)发生销货退回的,除填制退货发票外,还必须有退货验收证明;退款时,必须取得对方的收款收据或者汇款银行的凭证,不得以退货发票代替收据。

3. 原始凭证的审核
不同情形下原始凭证的审核,如表2-3所示。

表 2-3 原始凭证的审核

情形	处理方式
不真实、不合法的原始凭证	有权不予接受，并向单位负责人报告
记载不准确、不完整的原始凭证	予以退回，并要求按照国家统一的会计制度的规定更正、补充

4. 原始凭证错误的更正

不同情形下原始凭证错误的更正，如表 2-4 所示。

表 2-4 原始凭证错误的更正

情形	处理方式
原始凭证有错误的（金额除外）	应当由出具单位重开或者更正，更正处应当加盖出具单位印章
原始凭证金额有错误的	应当由出具单位重开，不得在原始凭证上更正

【新东方提示】

原始凭证记载的各项内容均不得涂改。

（二）记账凭证

记账凭证，亦称传票，是指对经济业务事项按其性质加以归类，确定会计分录，并据以登记会计账簿的凭证。它具有分类归纳原始凭证和满足登记会计账簿需要的作用。

1. 记账凭证的种类

记账凭证分为收款凭证、付款凭证和转账凭证，也可以使用通用记账凭证。

2. 记账凭证的内容

（1）填制凭证的日期；

（2）凭证编号；

（3）经济业务摘要；

（4）会计科目；

（5）金额；

（6）所附原始凭证张数；

（7）填制凭证人员、稽核人员、记账人员、会计机构负责人（会计主管人员）签名或者盖章。

【新东方提示】

收款和付款记账凭证还应当由出纳人员签名或者盖章。实行会计电算化的单位，打印出的机制记账凭证要加盖制单人员、审核人员、记账人员及会计机构负责人（会计主管人员）印章或者签字。

3. 其他填制要求

（1）记账凭证应当根据经过审核的原始凭证及有关资料编制。除结账和更正错误的记账凭证可以不附原始凭证外，其他记账凭证必须附有原始凭证。

（2）填制记账凭证时，应当对记账凭证进行连续编号。一笔经济业务需要填制两张以上记账凭证的，可以采用分数编号法编号。

（3）记账凭证可以根据每一张原始凭证填制，或者根据若干张同类原始凭证汇总填制，也可以根据原始凭证汇总表填制。但不得将不同内容和类别的原始凭证汇总填制在一张记账凭证上。

（4）一张原始凭证所列支出需要几个单位共同负担的，应当将其他单位负担的部分，开给对方原始凭证分割单，进行结算。原始凭证分割单必须具备原始凭证的基本内容以及费用分摊情况等。

【例题·多选题】（2021年）根据会计法律制度的规定，下列关于记账凭证填制要求的表述中，正确的有（　　）。

A. 记账凭证可以根据原始凭证汇总表填制
B. 记账凭证可以根据若干张同类原始凭证汇总填制
C. 可以将不同内容和类别的原始凭证在一张记账凭证上汇总填制
D. 记账凭证可以根据每一张原始凭证填制

【答案】ABD

【解析】选项A、B、D正确。记账凭证可以根据每一张原始凭证填制（选项D正确），或者根据若干张同类原始凭证汇总填制（选项B正确），也可以根据原始凭证汇总表填制（选项A正确）。不得将不同内容和类别的原始凭证汇总填制在一张记账凭证上（选项C错误）。

4. 记账凭证错误的更正

（1）如果在填制记账凭证时发生错误，应当重新填制。

（2）已经登记入账的记账凭证，在当年内发现填写错误时，可以用红字填写一张与原内容相同的记账凭证，在摘要栏注明"注销某月某日某号凭证"字样，同时再用蓝字重新填制一张正确的记账凭证，注明"订正某月某日某号凭证"字样。如果会计科目没有错误，只是金额错误，也可以将正确数字与错误数字之间的差额，另编一张调整的记账凭证。

（3）发现以前年度记账凭证有错误的，应当用蓝字填制一张更正的记账凭证。

【例题·多选题】（2021年）甲公司会计人员赵某审核原始凭证所采取的下列处理方式中，符合法律规定的有（   ）。

A. 发现原始凭证有涂改，要求出具单位重开
B. 退回记载不完整的原始凭证，要求补充
C. 拒绝接受不真实的原始凭证，并向单位负责人报告
D. 发现原始凭证金额有错误，要求出具单位更正

【答案】ABC
【解析】选项A、B、C正确。会计机构、会计人员必须按照国家统一的会计制度的规定对原始凭证进行审核，对不真实、不合法的原始凭证有权不予接受，并向单位负责人报告（选项C符合）；对记载不准确、不完整的原始凭证予以退回，并要求按照国家统一的会计制度的规定更正、补充（选项B符合）；原始凭证记载的各项内容均不得涂改（选项A符合）；原始凭证有错误的，应当由出具单位重开或者更正，更正处应当加盖出具单位印章；原始凭证金额有错误的，应当由出具单位重开，不得在原始凭证上更正（选项D不符合）。

（三）会计凭证的保管

1. 记账凭证的保管

记账凭证应当连同所附的原始凭证或者原始凭证汇总表，按照编号顺序，折叠整齐，按期装订成册，并加具封面，注明单位名称、年度、月份和起讫日期、凭证种类、起讫号码，由装订人在装订线封签外签名或者盖章。

2. 原始凭证的保管

原始凭证不得外借，其他单位如因特殊原因需要使用原始凭证时，经本单位会计机构负责人、会计主管人员批准，可以复制。向外单位提供的原始凭证复制件，应当在专设的登记簿上登记，并由提供人员和收取人员共同签名或者盖章。

3. 原始凭证的遗失处理

（1）从外单位取得的原始凭证如有遗失，应当取得原开出单位盖有公章的证明，并注明原来凭证的号码、金额和内容等，由经办单位会计机构负责人、会计主管人员和单位领导人批准后，才能代作原始凭证。

（2）如果确实无法取得证明的，如火车、轮船、飞机票等凭证，由当事人写出详细情况，由经办单位会计机构负责人、会计主管人员和单位领导人批准后，代作原始凭证。

六、会计账簿

会计账簿，是指全面记录和反映一个单位经济业务事项，把大量分散的数据或者资料

进行归类整理，逐步加工成有用会计信息的簿籍，它是编制财务会计报告的重要依据。

（一）会计账簿的种类

会计账簿的种类，如表 2-5 所示。

表 2-5　会计账簿的种类

账簿种类	含义	账簿形式
总账 （总分类账）	根据会计科目开设，用于分类登记单位的全部经济业务事项	一般有订本账和活页账两种
明细账 （明细分类账）	根据总账科目所属的明细科目设置，用于分类登记某一类经济业务事项	通常使用活页账
日记账	一种特殊的序时明细账，是按照经济业务事项发生的时间先后顺序，逐日逐笔进行登记的账簿。包括现金日记账和银行存款日记账	必须采用订本式账簿；不得用银行对账单或者其他方法代替
其他辅助账簿 （备查账簿）	是为备忘备查而设置的。主要包括各种租借设备、物资的辅助登记或有关应收、应付款项的备查簿，担保、抵押备查簿等	—

（二）启用会计账簿的基本要求

1. 启用会计账簿时，应当在账簿封面上写明单位名称和账簿名称。

2. 在账簿扉页上应当附启用表，内容包括：启用日期、账簿页数、记账人员和会计机构负责人、会计主管人员姓名，并加盖名章和单位公章。

3. 记账人员或者会计机构负责人、会计主管人员调动工作时，应当注明交接日期、接办人员或者监交人员姓名，并由交接双方人员签名或者盖章。

4. 启用订本式账簿，应当从第一页到最后一页顺序编定页数，不得跳页、缺号。

（三）登记会计账簿的基本要求

1. 登记会计账簿时，应当将会计凭证日期、编号、业务内容摘要、金额和其他有关资料逐项记入账内，做到数字准确、摘要清楚、登记及时、字迹工整。

2. 登记完毕后，要在记账凭证上签名或者盖章，并注明已经登账的符号，表示已经记账。

3. 账簿中书写的文字和数字上面要留有适当空格，不要写满格；一般应占格距的二分之一。

4. 各种账簿按页次顺序连续登记，不得跳行、隔页。如果发生跳行、隔页，应当将空行、空页划线注销，或者注明"此行空白""此页空白"字样，并由记账人员签名或者盖章。

（四）账簿记录发生错误的更正方法

账簿记录发生错误，不准涂改、挖补、刮擦或者用药水消除字迹，不准重新抄写，必须按照下列方法进行更正：

1. 登记账簿时发生错误，应当将错误的文字或者数字划红线注销，但必须使原有字迹仍可辨认；然后在划线上方填写正确的文字或者数字，并由记账人员在更正处盖章。
2. 对于错误的数字，应当全部划红线更正，不得只更正其中的错误数字。
3. 对于文字错误，可只划去错误的部分。
4. 由于记账凭证错误而使账簿记录发生错误，应当按更正的记账凭证登记账簿。

（五）结账

1. 结账前，必须将本期内所发生的各项经济业务全部登记入账。结账时，应当结出每个账户的期末余额。年度终了结账时，所有总账账户都应当结出全年发生额和年末余额。
2. 年度终了，要把各账户的余额结转到下一会计年度，并在摘要栏注明"结转下年"字样；在下一会计年度新建有关会计账簿的第一行余额栏内填写上年结转的余额，并在摘要栏注明"上年结转"字样。

七、财务会计报告

财务会计报告，也称财务报告，是指单位对外提供的、反映单位某一特定日期财务状况和某一会计期间经营成果、现金流量等会计信息的文件。

（一）构成

1. 会计报表。应当包括资产负债表、利润表、现金流量表及相关附表。
2. 会计报表附注。
3. 财务情况说明书。

（二）按编制时间分类

1. 按编制时间分为年度、半年度、季度和月度财务会计报告。
2. 季度、月度财务会计报告通常仅指会计报表，会计报表至少应当包括资产负债表和利润表。

（三）财务会计报告的对外提供

1. 向不同的会计资料使用者提供的财务会计报告，其编制依据应当一致。有关法律、行政法规规定会计报表、会计报表附注和财务情况说明书须经注册会计师审计的，注册会计师及其所在的会计师事务所出具的审计报告应当随同财务会计报告一并提供。

2. 对外报送的财务会计报告，应当由单位负责人和主管会计工作的负责人、会计机构负责人（会计主管人员）签名并盖章；设置总会计师的单位，还须由总会计师签名并盖章。

3. 单位负责人应当保证财务会计报告真实、完整。

4. 国有企业、国有控股的或者占主导地位的企业，应当至少每年一次向本企业的职工代表大会公布财务会计报告。

【例题·多选题】（2020年）根据会计法律制度的规定，下列各项中，属于会计报表的有（　　）。

A. 现金流量表　　　　　　　　B. 利润表
C. 资产负债表　　　　　　　　D. 审计报告

【答案】ABC

【解析】选项A、B、C正确。会计报表应当包括资产负债表（选项C）、利润表（选项B）、现金流量表（选项A）及相关附表。

八、账务核对及财产清查

账务核对和财产清查的相关规定，如表2-6所示。

表2-6　账务核对和财产清查

项目	方式
账务核对	（1）对账工作每年至少进行一次 （2）账证核对：核对会计账簿记录与原始凭证、记账凭证的时间、凭证字号、内容、金额是否一致，记账方向是否相符 （3）账账核对：核对不同会计账簿之间的账簿记录是否相符 （4）账实核对：核对会计账簿记录与财产等实有数额是否相符
财产清查 （保证账实相符）	（1）在编制年度财务会计报告之前，必须进行财产清查 （2）定期或不定期、全面或部分地对各项财产物资进行实地盘点和对库存现金、银行存款、债权债务进行清查核实

【例题·判断题】（2020年）会计账簿记录与记账凭证记录核对属于账账核对。（　　）

【答案】×

【解析】属于账证核对。账证核对是核对会计账簿记录与原始凭证、记账凭证的时间、凭证字号、内容、金额是否一致，记账方向是否相符。

考点二　会计档案管理★★★

各单位的预算、计划、制度等文件材料属于文书档案，不属于会计档案。

一、会计档案的归档

（一）归档范围

会计档案的归档范围，如表 2-7 所示。

表 2-7　会计档案的归档范围

种类	包含内容
会计凭证	原始凭证、记账凭证
会计账簿类	总账、明细账、日记账、固定资产卡片及其他辅助性账簿
财务会计报告类	月度、季度、半年度财务会计报告和年度财务会计报告
其他会计资料	银行存款余额调节表、银行对账单、纳税申报表、会计档案移交清册、会计档案保管清册、会计档案销毁清册、会计档案鉴定意见书及其他具有保存价值的会计资料

（二）归档要求

1. 同时满足下列条件的，单位"内部形成"的属于归档范围的电子会计资料可仅以电子形式保存，形成电子会计档案：

（1）形成的电子会计资料来源真实有效，由计算机等电子设备形成和传输；

（2）使用的会计核算系统能够准确、完整、有效接收和读取电子会计资料，能够输出符合国家标准归档格式的会计凭证、会计账簿、财务会计报表等会计资料，设定了经办、审核、审批等必要的审签程序；

（3）使用的电子档案管理系统能够有效接收、管理、利用电子会计档案，符合电子档案的长期保管要求，并建立了电子会计档案与相关联的其他纸质会计档案的检索关系；

（4）采取有效措施，防止电子会计档案被篡改；

（5）建立电子会计档案备份制度，能够有效防范自然灾害、意外事故和人为破坏的影响；

（6）形成的电子会计资料不属于具有永久保存价值或者其他重要保存价值的会计档案。

2. 单位会计管理机构的临时保管期限。

（1）当年形成的会计档案，在会计年度终了后，可由单位会计管理机构临时保管

1 年，再移交单位档案管理机构保管。

（2）因工作需要确需推迟移交的，应当经单位档案管理机构同意。单位会计管理机构临时保管会计档案最长不超过 3 年。

（3）出纳人员不得兼管会计档案。

【例题·单选题】（2021 年）根据会计法律制度的规定，下列文件资料中，属于会计档案归档范围的是（   ）。

A. 年度财务工作总结　　　　　B. 年度预算方案
C. 会计档案销毁清册　　　　　D. 单位财务规章制度

【答案】C

【解析】选项 C 正确。会计档案的归档范围：（1）会计凭证；（2）会计账簿；（3）财务会计报告；（4）其他会计资料，包括银行存款余额调节表、银行对账单、纳税申报表、会计档案移交清册、会计档案保管清册、会计档案销毁清册（选项 C）、会计档案鉴定意见书及其他具有保存价值的会计资料。

二、会计档案的移交和利用

（一）移交

1. 单位会计管理机构在办理会计档案移交时，应当编制会计档案移交清册。

2. 单位档案管理机构接收电子会计档案时，应当对电子会计档案的准确性、完整性、可用性、安全性进行检测，符合要求的才能接收。

3. 移交时的处理。

会计档案移交时的处理，如表 2-8 所示。

表 2-8　会计档案移交时的处理

会计档案类型	移交时处理方式
纸质会计档案	应当保持原卷的封装
电子会计档案	应当将电子会计档案及其元数据一并移交，文件格式应当符合国家档案管理的有关规定
特殊格式的电子会计档案	应当与其读取平台一并移交

（二）利用

1. 单位保存的会计档案一般不得对外借出，必须借出的，应当严格按照规定办理相关手续。

2. 借用单位应妥善保管和利用借入的会计档案，确保借入会计档案的安全完整，并在规定时间内归还。

三、会计档案的保管期限

（一）分类

1. 会计档案保管期限分为永久和定期两类。定期保管期限一般分为10年和30年。
2. 保管期限从会计年度终了后第一天算起。

（二）企业和其他组织会计档案保管期限表

《会计档案管理办法》规定的会计档案保管期限为最低保管期限。会计档案保管期限，如表2-9所示。

表2-9 企业和其他组织会计档案保管期限表

档案名称		保管期限
会计凭证	（1）原始凭证 （2）记账凭证	30年
会计账簿	（1）总账 （2）明细账 （3）日记账 （4）其他辅助性账簿	30年
	（5）固定资产卡片	固定资产报废清理后保管5年
财务会计报告	（1）月度、季度、半年度财务报告	10年
	（2）年度财务报告	永久
其他会计资料	（1）银行存款余额调节表 （2）银行对账单 （3）纳税申报表	10年
	（4）会计档案移交清册	30年
	（5）会计档案保管清册 （6）会计档案销毁清册 （7）会计档案鉴定意见书	永久

【例题·单选题】（2022年）根据《会计档案管理办法》的规定，下列会计档案应永久保存的是（   ）。

A. 记账凭证　　　　　　　　　　　B. 原始凭证

C. 会计档案保管清册　　　　　　D. 半年度财务报告

【答案】C

【解析】选项 C 正确。应永久保存的会计档案包括年度财务报告、会计档案销毁清册、会计档案保管清册（选项 C 正确）、会计档案鉴定意见书；定期保管期限为 30 年的会计档案包括会计凭证（选项 A、B 不正确）、会计账簿（除固定资产卡片）、会计档案移交清册；定期保管期限为 10 年的会计档案包括月度、季度、半年度财务报告（选项 D 不正确）、银行存款余额调节表、银行对账单、纳税申报表。

【例题·判断题】（2021 年）会计档案移交清册须永久保存。（　　）

【答案】×

【解析】会计档案移交清册的最低保管期限为 30 年。

四、会计档案的鉴定和销毁

（一）鉴定

1. 单位应当定期对已到保管期限的会计档案进行鉴定，并形成会计档案鉴定意见书。

2. 经鉴定，仍需继续保存的会计档案，应当重新划定保管期限；对保管期满，确无保存价值的会计档案，可以销毁。

3. 会计档案鉴定工作应当由单位档案管理机构牵头，组织单位会计、审计、纪检监察等机构或人员共同进行。

（二）销毁

1. 单位档案管理机构编制会计档案销毁清册。

2. 单位负责人、档案管理机构负责人、会计管理机构负责人、档案管理机构经办人、会计管理机构经办人在会计档案销毁清册上签署意见。

3. 专人负责监销。

会计档案的销毁相关规定，如表 2-10 所示。

表 2-10　会计档案的销毁

情形	监销机构
一般会计档案的销毁	单位档案管理机构负责组织会计档案销毁工作，并与会计管理机构共同派员监销
电子会计档案的销毁	由单位档案管理机构、会计管理机构和信息系统管理机构共同派员监销

【新东方提示】

监销人在会计档案销毁前应当按照会计档案销毁清册所列内容进行清点核对；在会计档案销毁后，应当在会计档案销毁清册上签名或盖章。

4. 不得销毁的会计档案。

（1）保管期满但未结清的债权债务会计凭证；

（2）涉及其他未了事项的会计凭证。

5. 不销毁时的处理。

（1）纸质会计档案应当单独抽出立卷，电子会计档案单独转存，保管到未了事项完结时为止。

（2）单独抽出立卷或转存的会计档案，应当在会计档案鉴定意见书、会计档案销毁清册和会计档案保管清册中列明。

五、特殊情况下的会计档案处置

（一）单位分立情况下的会计档案处置

单位分立情况下的会计档案处置，如表 2-11 所示。

表 2-11 单位分立情况下的会计档案处置

情形	处置方式
分立后原单位存续的	应当由分立后的存续方统一保管，其他方可以查阅、复制与其业务相关的会计档案
分立后原单位解散的	应当经各方协商后由其中一方代管或按照国家档案管理的有关规定处置，各方可以查阅、复制与其业务相关的会计档案
分立中未结清的	应当单独抽出由业务相关方保存
因业务移交其他单位办理	应当由原单位保管，承接业务单位可以查阅、复制与其业务相关的会计档案

（二）单位合并情况下的会计档案处置

单位合并情况下的会计档案处置，如表 2-12 所示。

表2-12 单位合并情况下的会计档案处置

情形	处置方式
合并后原各单位解散或者一方存续其他方解散的	原各单位的会计档案应当由合并后的单位统一保管
合并后原各单位仍存续的	会计档案仍应当由原各单位保管

（三）建设单位项目建设会计档案的交接

建设单位在项目建设期间形成的会计档案，需要移交给建设项目接受单位的，应当在办理竣工财务决算后及时移交，并按照规定办理交接手续。

（四）单位之间交接会计档案的手续

1. 移交会计档案的单位，应当编制会计档案移交清册。

2. 交接会计档案时，交接双方应当按照会计档案移交清册所列内容逐项交接，并由交接双方的单位有关负责人负责监督。交接完毕后，交接双方经办人和监督人应当在会计档案移交清册上签名或盖章。

3. 电子会计档案应当与其元数据一并移交，特殊格式的电子会计档案应当与其读取平台一并移交。

考点三 会计监督★★★

会计监督可分为单位内部监督、社会监督和政府监督。

一、单位内部会计监督

单位内部会计监督是指各单位的会计机构、会计人员依据法律、法规、制度规定，通过会计手段对本单位经济活动的合法性、合理性和有效性进行监督。

（一）单位内部会计监督制度的要求

1. 记账人员与经济业务事项和会计事项的审批人员、经办人员、财物保管人员的职责权限应当明确，并相互分离、相互制约；

2. 重大对外投资、资产处置、资金调度和其他重要经济业务事项的决策和执行的相互监督、相互制约程序应当明确；

3. 财产清查的范围、期限和组织程序应当明确；

4. 对会计资料定期进行内部审计的办法和程序应当明确。

(二)发现问题的处理

会计机构、会计人员发现会计账簿记录与实物、款项及有关资料不相符的,按照国家统一的会计制度的规定有权自行处理的,应当及时处理;无权自行处理的,应当立即向单位负责人报告,请求查明原因,作出处理。

(三)单位内部控制原则

单位内部控制原则,如表 2-13 所示。

表 2-13 单位内部控制原则

一般单位	小企业
(1)全面性原则 (2)重要性原则 (3)制衡性原则 (4)适应性原则 (5)成本效益原则	(1)风险导向原则 (2)适应性原则 (3)实质重于形式原则 (4)成本效益原则

(四)企业内部控制措施

企业内部控制措施,如表 2-14 所示。

表 2-14 企业内部控制措施

措施	要点
不相容职务分离控制	不相容职务主要包括:授权批准与业务经办、业务经办与会计记录、会计记录与财产保管、业务经办与稽核检查、授权批准与监督检查等
授权审批控制	—
会计系统控制	—
财产保护控制	要求企业建立财产日常管理和定期清查制度,采取财产记录、实物保管、定期盘点、账实核对等措施,确保财产安全
预算控制	要求企业实施全面预算管理制度,明确各责任单位在预算管理中的职责权限,规范预算的编制、审定、下达和执行程序,强化预算约束
运营分析控制	要求企业建立运营情况分析制度,经理层应当综合运用生产、购销、投资、筹资、财务等方面的信息,通过因素分析、对比分析、趋势分析等方法,定期开展运营情况分析,发现存在的问题,及时查明原因并加以改进
绩效考评控制	对企业内部各责任单位和全体员工的业绩进行定期考核和客观评价,将考核结果作为确定员工薪酬以及职务晋升、评优、降级、调岗、辞退等的依据

（五）行政事业单位内部控制方法

1. 不相容岗位相互分离。

2. 内部授权审批控制。

3. 归口管理。

根据本单位实际情况，按照权责对等的原则，采取成立联合工作小组并确定牵头部门或牵头人员等方式，对有关经济活动实行统一管理。

4. 预算控制。

5. 财产保护控制。

建立资产日常管理制度和定期清查机制，采取资产记录、实物保管、定期盘点、账实核对等措施，确保资产安全完整。

6. 会计控制。

建立健全本单位财会管理制度，加强会计机构建设，提高会计人员业务水平，强化会计人员岗位责任制，规范会计基础工作，加强会计档案管理，明确会计凭证、会计账簿和财务会计报告处理程序。

7. 单据控制。

8. 信息内部公开。

二、会计工作的社会监督

（一）概念

会计工作的社会监督，主要是指由注册会计师及其所在的会计师事务所等中介机构接受委托，依法对单位的经济活动进行审计，出具审计报告，发表审计意见的一种监督制度。

【新东方提示】

单位和个人检举违反《会计法》和国家统一的会计制度规定的行为，也**属于**会计工作社会监督的范畴。

任何单位或者个人不得以任何方式要求或者示意注册会计师及其所在的会计师事务所出具不实或者不当的审计报告。

（二）注册会计师审计报告

1. 审计报告要素

标题；收件人；审计意见；形成审计意见的基础；管理层对财务报表的责任；注册会计师对财务报表审计的责任；按照相关法律法规的要求报告的事项（如适用）；注册会计师的签名和盖章；会计师事务所的名称、地址和盖章；报告日期。

2. 审计报告种类

审计报告的种类，如表2-15所示。

表2-15　审计报告的种类

种类	含义
标准审计报告	（1）不含有说明段、强调事项段、其他事项段或其他任何修饰性用语的无保留意见的审计报告 （2）包含其他报告责任段，但不含有强调事项段或其他事项段的无保留意见的审计报告
非标准审计报告	（1）带强调事项段或其他事项段的无保留意见的审计报告 （2）非无保留意见的审计报告（保留意见、否定意见、无法表示意见）

3. 审计意见的类型

审计意见的类型，如表2-16所示。

表2-16　审计意见的类型

意见类型		适用情形
无保留意见		当注册会计师认为财务报表在所有重大方面按照适用的财务报告编制基础的规定编制并实现公允反映时发表的审计意见
非无保留意见		（1）根据获取的审计证据，得出财务报表整体存在重大错报的结论 （2）无法获取充分、适当的审计证据，不能得出财务报表整体不存在重大错报的结论
	保留意见	（1）在获取充分、适当的审计证据后，注册会计师认为错报单独或汇总起来对财务报表影响重大，但不具有广泛性 （2）注册会计师无法获取充分、适当的审计证据以作为形成审计意见的基础，但认为未发现的错报（如存在）对财务报表可能产生的影响重大，但不具有广泛性
	否定意见	在获取充分、适当的审计证据后，如果认为错报单独或汇总起来对财务报表的影响重大且具有广泛性
	无法表示意见	（1）如果无法获取充分、适当的审计证据以作为形成审计意见的基础，但认为未发现的错报（如存在）对财务报表可能产生的影响重大且具有广泛性 （2）在极少数情况下，可能存在多个不确定事项。尽管注册会计师对每个单独的不确定事项获取了充分、适当的审计证据，但由于不确定事项之间可能存在相互影响，以及可能对财务报表产生累积影响，注册会计师不可能对财务报表形成审计意见

【例题·多选题】（2022年）属于非标准审计报告的有（　　　）。

A. 否定意见　　　　　　　　B. 保留意见
C. 无法表示意见　　　　　　D. 带强调事项段的审计报告

【答案】ABCD

【解析】选项 A、B、C、D 正确。非标准审计报告：是指带强调事项段或其他事项段的无保留意见的审计报告（选项 D）和非无保留意见的审计报告。其中非无保留意见的审计报告包括：（1）保留意见的审计报告（选项 B）、（2）否定意见的审计报告（选项 A）、（3）无法表示意见的审计报告（选项 C）。

【例题·单选题】（2020 年）对 M 市甲公司实施的下列会计监督中，属于社会监督的是（　　）。

A. 市财政局对甲公司开展会计信息质量检查
B. 甲公司的审计部门审核本公司会计账簿
C. 市税务局对甲公司开展增值税专项税务检查
D. 乙会计师事务所接受委托审计甲公司的年度财务会计报告

【答案】D

【解析】选项 D 正确。会计工作的社会监督，主要是指由注册会计师及其所在的会计师事务所等中介机构接受委托，依法对单位的经济活动进行审计，出具审计报告，发表审计意见的一种监督制度。

三、会计工作的政府监督

（一）政府监督的主体

1. 国务院财政部门、省级以上人民政府财政部门的派出机构和县级以上人民政府财政部门。

2. 审计、税务、人民银行、证券监管、保险监管等部门依照有关法律、行政法规规定的职责和权限，可以对有关单位的会计资料实施监督检查。

（二）财政部门会计监督的对象

财政部门实施会计监督检查的对象是会计行为，并对发现的违法会计行为实施行政处罚。

（三）财政部门会计监督的主要内容

1. 各单位是否依法设置会计账簿。
2. 会计凭证、会计账簿、财务会计报告和其他会计资料是否真实、完整。
3. 会计核算是否符合《会计法》和国家统一的会计制度的规定。
4. 从事会计工作的人员是否具备专业能力、遵守职业道德等情况。

【例题·多选题】（2021年）根据会计法律制度的规定，下列各项中，属于财政部对各单位实施监督的内容有（ ）。

A. 会计资料是否真实、完整
B. 会计核算是否符合《会计法》和国家统一的会计制度的规定
C. 从事会计工作的人员是否具备专业能力、遵守职业道德
D. 是否依法设置会计账簿

【答案】ABCD

【解析】选项A、B、C、D正确。财政部门对各单位的下列情况实施监督：（1）是否依法设置会计账簿（选项D）；（2）会计凭证、会计账簿、财务会计报告和其他会计资料是否真实、完整（选项A）；（3）会计核算是否符合《会计法》和国家统一的会计制度的规定（选项B）；（4）从事会计工作的人员是否具备专业能力、遵守职业道德（选项C）。

第三单元　会计机构和会计人员

考点一　代理记账★★

一、基本要求

各单位应当根据会计业务的需要：
1. 设置会计机构。
2. 不具备设置会计机构条件的，在有关机构中设置会计人员并指定会计主管人员。
3. 没有设置会计机构或者配备会计人员的单位，应当根据《代理记账管理办法》的规定，委托会计师事务所或者持有代理记账许可证书的代理记账机构进行代理记账。

二、代理记账机构的审批

代理记账机构的审批相关规定，如表2-17所示。

表2-17　代理记账机构的审批

代理记账机构	审批
会计师事务所及其分所	可以依法从事代理记账业务
除会计师事务所以外的机构	应当经县级以上人民政府财政部门批准，领取由财政部统一规定样式的代理记账许可证书

申请代理记账资格的机构应当同时具备以下条件：

1. 为依法设立的企业。

2. 专职从业人员**不少于 3 名**，专职从业人员是指仅在一个代理记账机构从事代理记账业务的人员。

3. 主管代理记账业务的负责人具有会计师以上专业技术职务资格或者从事会计工作**不少于 3 年**，且为专职从业人员。

4. 有健全的代理记账业务内部规范。

代理记账机构从业人员应当具有会计类专业基础知识和业务技能，能够独立处理基本会计业务，并由代理记账机构自主评价认定。

【例题·单选题】（2021 年）2020 年 12 月甲公司成立，依规定其经济业务需要委托代理记账。下列各项中，甲公司可以委托其办理代理记账业务的是（　　）。

A. M 会计师事务所　　　　　　B. 会计专业在校生李某
C. N 公司会计师宋某　　　　　D. 退休会计人员徐某

【答案】A

【解析】选项 A 正确。除会计师事务所以外的机构从事代理记账业务，应当经县级以上人民政府财政部门（以下简称审批机关）批准，领取由财政部统一规定样式的代理记账许可证书。具体审批机关由省、自治区、直辖市、计划单列市人民政府财政部门确定。会计师事务所（选项 A）及其分所可以依法从事代理记账业务。

三、代理记账的业务范围

代理记账机构可以接受委托办理下列业务：

1. 根据委托人提供的原始凭证和其他相关资料，按照国家统一的会计制度的规定进行会计核算，包括审核原始凭证、填制记账凭证、登记会计账簿、编制财务会计报告等。

2. 对外提供财务会计报告。

3. 向税务机关提供税务资料。

4. 委托人委托的其他会计业务。

四、委托合同的内容

委托人委托代理记账机构代理记账，应当在相互协商的基础上，订立书面委托合同。

五、各方的义务

委托人、代理记账机构及其从业人员各方的义务，如表 2-18 所示。

表 2-18　各方的义务

主体	义务
委托人	（1）对本单位发生的经济业务事项，应当填制或者取得符合国家统一的会计制度规定的原始凭证 （2）应当配备专人负责日常货币收支和保管 （3）及时向代理记账机构提供真实、完整的原始凭证和其他相关资料 （4）对于代理记账机构退回的，要求按照国家统一的会计制度规定进行更正、补充的原始凭证，应当及时予以更正、补充
代理记账机构及其从业人员	（1）遵守有关法律、法规和国家统一的会计制度的规定，按照委托合同办理代理记账业务 （2）对在执行业务中知悉的商业秘密予以保密 （3）对委托人要求其作出不当的会计处理，提供不实的会计资料，以及其他不符合法律、法规和国家统一的会计制度行为的，予以拒绝 （4）对委托人提出的有关会计处理相关问题予以解释

六、代理机构编制的财务会计报告

代理记账机构为委托人编制的财务会计报告，经代理记账机构负责人和委托人负责人签名并盖章后，按照有关法律、法规和国家统一的会计制度的规定对外提供。

七、对代理记账机构的管理

1. 代理记账机构应当于每年 4 月 30 日之前，向审批机关报送下列材料：
（1）代理记账机构基本情况表。
（2）专职从业人员变动情况。代理记账机构设立分支机构的，分支机构应当于每年 4 月 30 日之前向其所在地的审批机关报送上述材料。

2. 县级以上人民政府财政部门对代理记账机构及其从事代理记账业务情况实施监督，随机抽取检查对象、随机选派执法检查人员，并将抽查情况及查处结果依法及时向社会公开。对委托代理记账的企业因违反财税法律、法规受到处理处罚的，县级以上人民政府财政部门应当将其委托的代理记账机构列入重点检查对象。对其他部门移交的代理记账违法行为线索，县级以上人民政府财政部门应当及时予以查处。

3. 代理记账机构有下列情形之一的，审批机关应当办理注销手续，收回代理记账许可证书并予以公告：
（1）代理记账机构依法终止的；
（2）代理记账资格被依法撤销或撤回的；
（3）法律、法规规定的应当注销的其他情形。

考点二 会计岗位设置、会计工作交接★★

一、会计工作岗位设置要求

1. 会计工作岗位，可以一人一岗、一人多岗或者一岗多人，但出纳人员不得兼任（监管）稽核、会计档案保管和收入、支出、费用、债权债务账目的登记工作。
2. 会计人员的工作岗位应当有计划地进行轮换。
3. 档案管理部门的人员管理会计档案，不属于会计岗位。

【例题·判断题】（2021年）因故意销毁应当保存的会计凭证被追究刑事责任的会计人员，不得再从事会计工作。（　　）

【答案】√

【解析】因有提供虚假财务会计报告，做假账，隐匿或者故意销毁会计凭证、会计账簿、财务会计报告，贪污，挪用公款，职务侵占等与会计职务有关的违法行为被依法追究刑事责任的人员，不得再从事会计工作。

二、会计人员回避制度

1. 实行回避制度的主体

国家机关、国有企业、事业单位任用会计人员应当实行回避制度。

2. 回避要求

（1）单位领导人的直系亲属不得担任本单位的会计机构负责人、会计主管人员。

（2）会计机构负责人、会计主管人员的直系亲属不得在本单位会计机构中担任出纳工作。

【新东方提示】

　　直系亲属包括夫妻关系、直系血亲关系（父母，子女）、三代以内旁系血亲（兄弟姐妹）以及姻亲关系。

【例题·多选题】（2022年）下列国有企业拟对会计工作岗位的设置中，符合会计法律制度的有（　　）。

A. 丁企业由董事长的女婿吴某担任会计机构负责人
B. 丙企业由会计机构负责人的儿子周某担任出纳工作
C. 甲企业出纳人员赵某临时兼任人事档案保管工作
D. 乙企业的财务成果核算岗位由会计人员钱某、孙某和李某同时担任

【答案】CD

【解析】选项A、B错误,国家机关、国有企业、事业单位任用会计人员应当实行回避制度。单位领导人的直系亲属不得担任本单位的会计机构负责人、会计主管人员。会计机构负责人、会计主管人员的直系亲属不得在本单位会计机构中担任出纳工作。选项C、D正确,会计工作岗位,可以一人一岗、一人多岗或者一岗多人。但出纳人员不得兼任(兼管)稽核、会计档案保管和收入、支出、费用、债权债务账目的登记工作。

【例题·判断题】(2021年)国有企业单位领导人的直系亲属可以担任本单位的会计机构负责人。( )

【答案】×

【解析】国家机关、国有企业、事业单位任用会计人员应当实行回避制度。单位领导人的直系亲属不得担任本单位的会计机构负责人、会计主管人员。

三、会计工作交接

1. 需要办理交接的情形

(1)会计人员调动工作或者因故离职不能工作,应与接管人员办清交接手续。

(2)会计人员临时离职或者因病不能工作且需要接替或者代理的,以及之后恢复工作的,应当与接替或者代理人员办理交接手续。

(3)单位撤销时,必须留有必要的会计人员,会同有关人员办理清理工作,编制决算。未移交前,不得离职。

2. 专人负责监交

(1)一般会计人员办理交接手续,由会计机构负责人(会计主管人员)监交。

(2)会计机构负责人(会计主管人员)办理交接手续,由单位负责人负责监交,必要时主管单位可以派人会同监交。

3. 交接时的原则

(1)移交人员要按移交清册逐项移交。

(2)接替人员要逐项核对点收。

4. 交接后的有关事宜

(1)交接双方和监交人要在移交清册上签名或盖章,并应在移交清册上注明:单位名称、交接日期、交接双方和监交人的职务、姓名、移交清册页数以及需要说明的问题和意见等。

(2)接替人员应当继续使用移交的会计账簿,不得自行另立新账,以保持会计记录的连续性。

(3)移交清册一般应填制一式三份,交接双方各执一份,存档一份。

5. 交接人员的责任

(1)"移交人员"对所移交的会计凭证、会计账簿、会计报表和其他有关资料的合法性、真实性承担法律责任。

（2）移交人员因病或者其他特殊原因不能亲自办理移交的，经单位领导人批准，可由移交人员委托他人代办移交，但<u>委托人</u>应当承担对所移交的会计凭证、会计账簿、会计报表和其他有关资料的合法性、真实性的法律责任。

6. 会计工作移交前的准备工作

（1）已经受理的经济业务尚未填制会计凭证的，应当填制完毕。

（2）尚未登记的账目，应当登记完毕，并在最后一笔余额后加盖经办人员印章。

（3）整理应该移交的各项资料，对未了事项写出书面材料。

（4）编制移交清册，列明应当移交的会计凭证、会计账簿、会计报表、印章、现金、有价证券、支票簿、发票、文件、其他会计资料和物品等内容；实行会计电算化的单位，从事该项工作的移交人员还应当在移交清册中列明会计软件及密码、会计软件数据磁盘（磁带等）有关资料、实物等内容。

【例题·单选题】（2021年）甲公司出纳人员曾某因病住院不能亲自办理移交，经法定代表人批准，曾某委托李某将经管的会计资料等移交给接替人员王某，会计机构负责人宋某进行监交。王某事后发现曾某所移交的部分会计资料的合法性、真实性存在问题。下列人员中，应对该会计资料的合法性、真实性承担法律责任的是（　　）。

A. 受托人李某　　　　　　B. 接替人员王某

C. 出纳人员曾某　　　　　D. 监交人宋某

【答案】C

【解析】选项C正确。移交人员因病或者其他特殊原因不能亲自办理移交的，经单位领导人批准，可由移交人员委托他人代办移交，但委托人（曾某）应当承担对所移交的会计凭证、会计账簿、会计报表和其他有关资料的合法性、真实性的法律责任。

考点三　会计人员★★★

一、会计人员的范围

（1）出纳；（2）稽核；（3）资产、负债和所有者权益（净资产）的核算；（4）收入、费用（支出）的核算；（5）财务成果（政府预算执行结果）的核算；（6）财务会计报告（决算报告）编制；（7）会计监督；（8）会计机构内会计档案管理；（9）其他会计工作。

【新东方提示】

担任单位会计机构负责人（会计主管人员）、总会计师的人员，属于会计人员。

二、对会计人员的一般要求

（一）会计机构负责人、会计主管人员应具备的条件

1. 会计机构负责人或会计主管人员，是在一个单位内具体负责会计工作的中层领导人员。
2. 应当具备会计师以上专业技术职务资格或者从事会计工作不少于 3 年。

【例题·单选题】（2022 年）根据会计法律制度的规定，担任单位会计机构负责人（会计主管人员的），应当具备会计师以上专业技术职务资格或者从事会计工作不少于（　　）年。

A. 1 年　　　　　　　　　　　　B. 2 年
C. 3 年　　　　　　　　　　　　D. 5 年

【答案】C

【解析】选项 C 正确。会计机构负责人、会计主管人员应当具备会计师以上专业技术职务资格或者从事会计工作不少于 3 年。

（二）会计工作的禁入规定

1. 因有提供虚假财务会计报告，做假账，隐匿或者故意销毁会计凭证、会计账簿、财务会计报告，贪污，挪用公款，职务侵占等与会计职务有关的违法行为被依法追究刑事责任的人员，不得再从事会计工作。
2. 因伪造、变造会计凭证、会计账簿，编制虚假财务会计报告，隐匿或者故意销毁依法应当保存的会计凭证、会计账簿、财务会计报告，尚不构成犯罪的，5 年内不得从事会计工作。
3. 会计人员具有违反国家统一的会计制度的一般违法行为，情节严重的，5 年内不得从事会计工作。

三、会计专业职务

会计专业职务，是区别会计人员从事业务技能的技术等级。

【新东方提示】

会计专业职务不包括总会计师和注册会计师。

会计专业职务级别，如表 2-19 所示。

第二部分 考点精讲/第二章 会计法律制度

表 2-19 会计专业职务

专业职务划分	级别	
正高级会计师	正高级	高级职务
高级会计师	副高级	
会计师	中级职务	
助理会计师	初级职务	

会计专业职务条件,如表 2-20 所示。

表 2-20 会计专业职务条件

级别	具备条件
助理会计师	（1）基本掌握会计基础知识和业务技能 （2）能正确理解并执行财经政策、会计法律法规和规章制度 （3）能独立处理一个方面或某个重要岗位的会计工作 （4）具备国家教育部门认可的高中毕业（含高中、中专、职高、技校）以上学历
会计师	（1）系统掌握会计基础知识和业务技能 （2）掌握并能正确执行财经政策、会计法律法规和规章制度 （3）具有扎实的专业判断和分析能力,能独立负责某领域会计工作 （4）具备博士学位；或具备硕士学位,从事会计工作满1年；或具备第二学士学位或研究生班毕业,从事会计工作满2年；或具备大学本科学历或学士学位,从事会计工作满4年；或具备大学专科学历,从事会计工作满5年
高级会计师	（1）系统掌握和应用经济与管理理论、财务会计理论与实务 （2）具有较高的政策水平和丰富的会计工作经验,能独立负责某领域或一个单位的财务会计管理工作 （3）工作业绩较为突出,有效提高了会计管理水平或经济效益 （4）有较强的科研能力,取得一定的会计相关理论研究成果,或主持完成会计相关研究课题、调研报告、管理方法或制度创新等 （5）具备博士学位,取得会计师职称后,从事与会计师职责相关工作满2年；或具备硕士学位,或第二学士学位或研究生班毕业,或大学本科学历或学士学位,取得会计师职称后,从事与会计师职责相关工作满5年；或具备大学专科学历,取得会计师职称后,从事与会计师职责相关工作满10年
正高级会计师	（1）系统掌握和应用经济与管理理论、财务会计理论与实务,把握工作规律 （2）政策水平高,工作经验丰富,能积极参与一个单位的生产经营决策 （3）工作业绩突出,主持完成会计相关领域重大项目,解决重大会计相关疑难问题或关键性业务问题,提高单位管理效率或经济效益 （4）科研能力强,取得重大会计相关理论研究成果,或其他创造性会计相关研究成果,推动会计行业发展 （5）一般应具有大学本科及以上学历或学士以上学位,取得高级会计师职称后,从事与高级会计师职责相关工作满5年

【例题·单选题】（2022年）根据会计法律制度，报考会计师，本科毕业要从事相关工作满几年（　　）。

A. 2年　　　　　　　　B. 3年
C. 4年　　　　　　　　D. 5年

【答案】C

【解析】选项C正确。会计师应具备以下条件：（1）系统掌握会计基础知识和业务技能；（2）掌握并能正确执行财经政策、会计法律法规和规章制度；（3）具有扎实的专业判断和分析能力，能独立负责某领域会计工作；（4）具备博士学位；或具备硕士学位，从事会计工作满1年；或具备第二学士学位或研究生班毕业，从事会计工作满2年；或具备大学本科学历或学士学位，从事会计工作满4年；或具备大学专科学历，从事会计工作满5年。

四、会计专业技术资格

会计专业技术资格考试制度，如表2-21所示。

表2-21　会计专业技术资格考试制度

技术资格级别	实施制度
初级、中级会计资格	全国统一考试制度
高级会计师资格	考试与评审相结合制度

五、会计专业技术人员继续教育

1. 专业技术人员参加继续教育的时间，每年累计不少于90学分，其中，专业科目一般不少于总学分的2/3。

2. 会计专业人员参加继续教育取得的学分，在全国范围内当年度有效，不得结转以后年度。

【例题·判断题】（2021年）会计专业技术人员每年参加继续教育取得的学分应不少于90学分。（　　）

【答案】√

【解析】会计专业技术人员参加继续教育实行学分制管理。每年参加继续教育取得的学分不少于90学分。

六、总会计师

总会计师是主管本单位会计工作的行政领导，是单位行政领导成员，协助单位主要行政领导人工作，直接对单位主要行政领导人负责。

国有的和国有资产占控股地位或者主导地位的大、中型企业必须设置总会计师，其他单位可以根据业务需要，自行决定是否设置总会计师。

> 【新东方提示】
> 凡设置总会计师的单位，在单位行政领导成员中，不设与总会计师职权重叠的副职。

【例题·单选题】（2020年）根据会计法律制度的规定，下列各项工作中，不属于总会计师组织领导本单位会计工作职责的是（ ）。

A. 预算管理　　　　　　B. 财务管理
C. 成本管理　　　　　　D. 产品质量管理

【答案】D

【解析】选项D不属于总会计师组织领导本单位会计工作职责。总会计师组织领导本单位的财务管理（选项B）、成本管理（选项C）、预算管理（选项A）、会计核算和会计监督等方面的工作，参与本单位重要经济问题的分析和决策。

第四单元　会计法律责任

考点一　违反国家统一的会计制度的法律责任★

一、违反国家统一的会计制度的行为

违反国家统一的会计制度的行为包括：
1. 不依法设置会计账簿的。
2. 私设会计账簿的。
3. 未按照规定填制、取得原始凭证或者填制、取得的原始凭证不符合规定的。
4. 以未经审核的会计凭证为依据登记会计账簿或者登记会计账簿不符合规定的。
5. 随意变更会计处理方法的。
6. 向不同的会计资料使用者提供的财务会计报告编制依据不一致的。

7. 未按照规定使用会计记录文字或者记账本位币的。
8. 未按照规定保管会计资料，致使会计资料毁损、灭失的。
9. 未按照规定建立并实施单位内部会计监督制度或者拒绝依法实施的监督或者不如实提供有关会计资料及有关情况的。
10. 任用会计人员不符合《会计法》规定的。

二、违反国家统一的会计制度应当承担的法律责任

由县级以上人民政府财政部门责令限期改正，可以对单位并处 3 000 元以上 5 万元以下的罚款；对其直接负责的主管人员和其他直接责任人员，可以处 2 000 元以上 2 万元以下的罚款；属于国家工作人员的，还应当由其所在单位或者有关单位依法给予行政处分。

构成犯罪的，依法追究刑事责任。

会计人员有上述行为之一，情节严重的，5 年内不得从事会计工作。

考点二 其他违反会计制度的法律责任★

一、伪造、变造行为

伪造、变造会计凭证、会计账簿，编制虚假财务会计报告：
1. 构成犯罪的：依法追究刑事责任。
2. 尚不构成犯罪的：由县级以上人民政府财政部门予以通报，可以对单位并处 5 000 元以上 10 万元以下的罚款；对其直接负责的主管人员和其他直接责任人员，可以处 3 000 元以上 5 万元以下的罚款；属于国家工作人员的，还应当由其所在单位或者有关单位依法给予撤职直至开除的行政处分；其中的会计人员，5 年内不得从事会计工作。

二、隐匿或故意销毁行为

隐匿或者故意销毁依法应当保存的会计凭证、会计账簿、财务会计报告：
1. 尚不构成犯罪的：由县级以上人民政府财政部门予以通报，可以对单位并处 5 000 元以上 10 万元以下的罚款；对其直接负责的主管人员和其他直接责任人员，可以处 3 000 元以上 5 万元以下的罚款；属于国家工作人员的，还应当由其所在单位或者有关单位依法给予撤职直至开除的行政处分；其中的会计人员，5 年内不得从事会计工作。
2. 依法追究刑事责任的情形：
（1）构成犯罪的，依法追究刑事责任。
（2）情节严重的，处 5 年以下有期徒刑或者拘役，并处或者单处 2 万元以上 20 万元

以下罚金。

（3）单位犯该罪，对单位判处罚金，并对其直接负责的主管人员和其他直接责任人员，依照前述规定处罚。

三、授意、指使、强令他人从事违法行为

授意、指使、强令会计机构、会计人员及其他人员伪造、变造会计凭证、会计账簿，编制虚假财务会计报告或者隐匿、故意销毁依法应当保存的会计凭证、会计账簿、财务会计报告。

1. 构成犯罪的：依法追究刑事责任。
2. 尚不构成犯罪的：可以处 5 000 元以上 5 万元以下的罚款；属于国家工作人员的，还应当由其所在单位或者有关单位依法给予降级、撤职、开除的行政处分。

四、打击报复行为

单位负责人对依法履行职责、抵制违反《会计法》规定行为的会计人员以降级、撤职、调离工作岗位、解聘或者开除等方式实行打击报复。

1. 尚不构成犯罪的：由其所在单位或者有关单位依法给予行政处分。
2. 依法追究刑事责任的情形：
① 构成犯罪的，依法追究刑事责任。
② 公司、企业、事业单位、机关、团体的领导人，对依法履行职责、抵制违反《会计法》行为的会计人员实行打击报复，情节恶劣的，处 3 年以下有期徒刑或者拘役。
3. 对受打击报复的会计人员：应当恢复其名誉和原有职务、级别。

【例题·不定项选择题】（2020 年）2019 年年底，甲公司会计机构负责人赵某按照公司董事长王某的要求，让会计人员孙某通过伪造原始凭证、变造会计账簿等手段少列收入以少缴税款。孙某对此拒绝，赵某另安排会计人员李某完成上述工作并据此编制了虚假财务会计报告。

王某听取了赵某的工作汇报，要求对孙某作出处理。甲公司以不服从工作安排为由将孙某调离会计工作岗位，指定出纳人员陈某兼管孙某的全部工作，包括营业收入明细账、固定资产明细账、无形资产明细账的登记和会计档案保管。双方办理了工作交接。

孙某认为公司将其调离会计工作岗位是对其实行打击报复，于是向当地财政部门和税务机关举报甲公司。财政部门和税务机关根据举报线索进行调查后，认定甲公司存在会计违法行为和逃税行为，分别进行了处罚。

要求：根据上述资料，不考虑其他因素，分析回答下列小题：
1. 甲公司的下列行为中，属于违反会计法律制度的是（　　）。

A. 变造会计账簿

B. 编制虚假财务会计报告

C. 以不服从工作安排为由将孙某调离会计工作岗位

D. 伪造原始凭证

【答案】ABCD

【解析】选项 A、B、C、D 均正确。选项 A、B、D 属于伪造、变造会计凭证、会计账簿，编制虚假财务会计报告的行为，违反了会计法律制度；选项 C 属于单位负责人对依法履行职责、抵制违反《会计法》规定行为的会计人员实行打击报复的行为。

2. 孙某的下列工作中，不得由陈某兼管的是（　　）。

A. 营业收入明细账的登记　　　　　B. 固定资产明细账的登记

C. 会计档案保管　　　　　　　　　D. 无形资产明细账的登记

【答案】AC

【解析】选项 A、C 正确。出纳人员不得兼任（兼管）稽核、会计档案保管（选项 C）和收入（选项 A）、支出、费用、债权债务账目的登记工作。"无形资产明细账、固定资产明细账"不属于收入、支出、费用、债权债务账目，可以由出纳人员负责登记。

3. 下列关于孙某和陈某工作交接的表述中，正确的是（　　）。

A. 移交清册仅需孙某和陈某签名或盖章

B. 陈某应按照移交清册逐项核对点收

C. 陈某应当继续使用移交的会计账簿，不得自行另立新账

D. 应由赵某负责监交

【答案】BCD

【解析】选项 B、C、D 正确。选项 A 不正确，交接完毕后，交接双方和监交人要在移交清册上签名或者盖章。选项 B 正确，交接会计档案时，交接双方应当按照会计档案移交清册所列内容逐项交接，并由交接双方的单位有关负责人负责监督。选项 C 正确，接替人员应当继续使用移交的会计账簿，不得自行另立新账，以保持会计记录的连续性。选项 D 正确，会计人员办理交接手续，必须有监交人负责监交。一般会计人员办理交接手续，由会计机构负责人（会计主管人员）监交。

4. 对甲公司及相关责任人的违法行为，财政部门和税务机关可采取的处罚措施是（　　）。

A. 财政部门对甲公司的违法行为予以通报

B. 税务机关对甲公司处以罚款

C. 税务机关向甲公司追缴少缴的税款

D. 财政部门对甲公司及相关责任人处以罚款

【答案】ABCD

【解析】选项 A、B、C、D 正确。伪造、变造会计凭证、会计账簿，编制虚假财务会

计报告，构成犯罪的，依法追究刑事责任。尚不构成犯罪的，由县级以上人民政府财政部门予以通报（选项 A 正确），可以对单位并处 5 000 元以上 10 万元以下的罚款；对其直接负责的主管人员和其他直接责任人员，可以处 3 000 元以上 5 万元以下的罚款（选项 D 正确）；属于国家工作人员的，还应由其所在单位或者有关单位依法给予撤职直至开除的行政处分；其中的会计人员，5 年内不得从事会计工作。纳税人采取伪造、变造、隐匿、擅自销毁账簿、记账凭证，或者在账簿上多列支出或者不列、少列收入，或者经税务机关通知申报而拒不申报或者进行虚假的纳税申报的手段，不缴或者少缴应纳税款的，由税务机关追缴其不缴或少缴的税款（选项 C 正确）、滞纳金，并处不缴或者少缴的税款 50% 以上 5 倍以下的罚款（选项 B 正确）。

第三章　支付结算法律制度

❖ 内容框架

单元	考点	星级
支付结算概述	支付结算的概念与原则	★
	支付结算的基本要求	★
银行结算账户	银行结算账户的种类	★
	银行结算账户的开立、变更和撤销	★★★
	银行结算账户的管理	★★
	各类银行结算账户的开立和使用	★★
票据	票据概述	★★
	票据行为	★★★
	票据责任	★★
	票据权利	★★★
	票据追索	★★
	银行汇票	★★★
	商业汇票	★★★
	银行本票	★★
	支票	★★★
非票据结算方式与支付工具	汇兑	★★
	委托收款	★
	银行卡	★★★
	银行电子支付	★★
	网络支付	★★
	预付卡	★★
支付结算纪律与法律责任	支付结算纪律	★
	违反支付结算法律制度的法律责任	★

考情分析

本章最近3年的考查分值约为20分,涉及单选题、多选题、判断题和不定项选择题,属于非常重要章节。本章主要介绍支付结算的基础知识,难度较大。

教材变化

1. 修改了各类票据业务占比、各类银行卡业务占比、各类支付机构支付业务占比、各类单位银行账户占比,属于不重要的变化。
2. "银行办理撤销银行账户的手续"中,交回资料增加了例外情况,属于不重要的变化。
3. "个人银行结算账户"中,无民事行为能力或限制民事行为能力的开户申请人代理办理做了调整,属于不重要的变化。

第一单元 支付结算概述

考点一 支付结算的概念与原则★

一、支付结算服务组织

我国的支付结算服务组织主要有中央银行、银行业金融机构(以下简称银行)、特许清算机构、非金融支付机构(以下简称支付机构)等。中国人民银行作为我国的中央银行,负责建设运行支付清算系统,向银行、特许清算机构、支付机构提供账户、清算等服务。银行面向广大单位和个人提供账户、支付工具、结算等服务。特许清算机构主要向其成员机构提供银行卡、电子商业汇票等特定领域的清算服务。

二、支付结算的工具

(一)传统的人民币非现金支付工具

传统的人民币非现金支付工具主要包括"三票一卡"和结算方式。
1. "三票一卡":汇票、本票、支票和银行卡。
2. 结算方式:汇兑、托收承付和委托收款。

（二）电子支付方式

随着互联网技术的发展，网上银行、条码支付、网络支付等电子支付方式得到快速发展。我国已形成了以票据和银行卡为主体、以电子支付为发展方向的非现金支付工具体系。

三、支付结算的原则

1. 恪守信用，履约付款。
2. 谁的钱进谁的账，由谁支配。
3. 银行不垫款。

考点二　支付结算的基本要求★

一、不得伪造、变造

1. 伪造：指无权限人假冒他人或者虚构他人名义签章的行为，如伪造出票签章。
2. 变造：指无权更改票据内容的人，对票据上签章以外的记载事项加以改变的行为，如变造票据金额。

二、填写应当规范

在具体支付结算实务中，有以下基本要求，如表 3-1 所示。

表 3-1　支付结算填写规范

项目	法律要求
签章	（1）个人在票据和结算凭证上的签章，为该个人本人的签名或者盖章 （2）单位、银行在票据和结算凭证上的签章，为该单位、银行的盖章，加其法定代表人或者其授权的代理人的签名或者盖章
收款人名称	单位和银行的名称应当记载全称或者规范化简称 【新东方提示】 "中国银行保险监督管理委员会"的规范化简称为"银保监会"

第二部分　考点精讲/第三章　支付结算法律制度

续表

项目	法律要求
出票日期	（1）票据的出票日期必须使用中文大写 （2）在填写月、日时，月为"壹""贰""壹拾"的，日为"壹"至"玖"和"壹拾""贰拾""叁拾"的，应当在其前加"零"；日为"拾壹"至"拾玖"的，应当在其前加"壹" 例如：1月15日，应写成"零壹月壹拾伍日"；10月20日，应写成"零壹拾月零贰拾日"
金额	票据和结算凭证金额以中文大写和阿拉伯数码同时记载，二者必须一致，二者不一致的票据无效；二者不一致的结算凭证银行不予受理
前述3项	出票金额、出票日期、收款人名称不得更改，更改的票据无效；更改的结算凭证，银行不予受理
其他事项	对票据和结算凭证上的其他记载事项，原记载人可以更改，更改时应当由原记载人在更改处签章证明

【例题·判断题】（2018年）结算凭证金额以中文大写和阿拉伯数码同时记载，二者必须一致，二者不一致的，银行不予受理（　　）。

【答案】√

【解析】票据金额以中文大写和阿拉伯数码同时记载，二者必须一致，二者不一致的票据无效。

第二单元　银行结算账户

考点一　银行结算账户的种类★

一、基本分类

银行结算账户是指银行为存款人开立的办理资金收付结算的活期存款账户。

银行结算账户按存款人不同分为单位银行结算账户和个人银行结算账户。

单位银行结算账户按用途分为基本存款账户、一般存款账户、专用存款账户、临时存款账户。

存款人凭个人身份证件以自然人名称开立的银行结算账户为个人银行结算账户。

【新东方提示】
个体工商户凭营业执照以字号或者经营者姓名开立的银行结算账户纳入单位银行结算账户管理。

【例题·多选题】（2020年）根据支付结算法律制度的规定，下列单位银行结算账户中，属于按用途分类的有（　　）。
A. 一般存款账户　　　　　　B. 预算单位零余额账户
C. 专用存款账户　　　　　　D. 基本存款账户
【答案】ACD
【解析】选项A、C、D正确。单位银行结算账户按用途分为基本存款账户（选项D正确）、一般存款账户（选项A正确）、专用存款账户（选项C正确）、临时存款账户。

二、预算单位零余额账户

财政部门为实行财政国库集中支付的预算单位在银行开设的零余额账户按基本存款账户或者专用存款账户管理。

预算单位未开立基本存款账户，或者原基本存款账户在国库集中支付改革后已按照财政部门的要求撤销的，经同级财政部门批准，预算单位零余额账户作为基本存款账户管理。

除上述情况外，预算单位零余额账户作为专用存款账户管理。

【例题·单选题】未在银行开立账户的W市退役军人事务局经批准在P银行开立了预算单位零余额账户。下列账户种类中，该零余额账户应按其管理的是（　　）。
A. 基本存款账户　　　　　　B. 一般存款账户
C. 临时存款账户　　　　　　D. 专用存款账户
【答案】A
【解析】选项A正确。预算单位未开立基本存款账户，或者原基本存款账户在国库集中支付改革后已按照财政部门的要求撤销的，经同级财政部门批准，预算单位零余额账户作为基本存款账户管理。

考点二　银行结算账户的开立、变更和撤销★★★

一、银行结算账户的开立

企业（在境内设立的企业法人、非法人企业和个体工商户）开立基本存款账户、临时存款账户取消核准制，实行备案制，不再颁发开户许可证。

第二部分 考点精讲／第三章 支付结算法律制度

【新东方提示】

企业银行结算账户自开立之日即可办理收付款业务。

开立银行结算账户时，银行应与存款人签订银行结算账户管理协议，明确双方的权利与义务。

二、银行结算账户的变更

1. 企业营业执照、法定代表人或者单位负责人有效身份证件列明有效期限的，银行应当于到期日前提示企业及时更新；有效期到期后，在合理期限内企业仍未更新，且未提出合理理由的，银行应当按规定中止其办理业务。

2. 存款人更改名称，但不改变开户银行及账号的，应于 5 个工作日内向开户银行提出银行结算账户的变更申请，并出具有关部门的证明文件。

3. 单位的法定代表人或者主要负责人、住址以及其他开户资料发生变更时，应于 5 个工作日内书面通知开户银行并提供有关证明。

【例题·单选题】根据支付结算法律制度的规定，存款人更改名称，但不改变开户银行及账号的，应于一定期限向其开户银行提出银行结算账户的变更申请，该期限是（　　）。

A. 3 个工作日内　　　　　　　B. 5 个工作日内
C. 10 个工作日内　　　　　　D. 30 个工作日内

【答案】B

【解析】选项 B 正确。存款人更改名称，但不改变开户银行及账号的，应于 5 个工作日内向开户银行提出银行结算账户的变更申请，并出具有关部门的证明文件。

三、银行结算账户的撤销

（一）撤销的情形及处理

撤销是指存款人因开户资格或者其他原因终止银行结算账户使用的行为。撤销情形与处理如表 3-2 所示。

表 3-2　撤销的情形及处理

情形	撤销处理
被撤并、解散、宣告破产或者关闭的	应于 5 个工作日内提出撤销申请
注销、被吊销营业执照的	

67

续表

情形	撤销处理
因迁址需要变更开户银行的	撤销基本存款账户后，需要重新开立基本存款账户的，应在撤销其原基本存款账户后10日内申请重新开立
其他原因需要撤销银行结算账户的	

（二）撤销顺序

撤销银行结算账户时，应先撤销一般存款账户、专用存款账户、临时存款账户，将账户资金转入基本存款账户后，方可办理基本存款账户的撤销。

（三）强制撤销

对按规定应撤销而未办理销户手续的单位银行结算账户，银行应通知存款人，自发出通知之日起 30 日内 到开户银行办理销户手续，逾期视同自愿销户。

（四）不得撤销

存款人 尚未清偿 其开户银行债务的， 不得申请撤销 该账户。

（五）交回证件

1. 存款人撤销银行结算账户，必须与开户银行核对银行结算账户存款余额，交回各种重要空白票据及结算凭证和开户许可证（不含取消企业银行账户许可之后无开户许可证的企业），银行核对无误后方可办理销户手续。

2. 企业因转户原因撤销基本存款账户的，银行还应打印"已开立银行结算账户清单"并交付企业。

【例题·单选题】（2021 年）根据支付结算法律制度的规定，对于应撤销而未办理销户手续的单位银行结算账户，银行通知该账户的存款人在法定期限内办理销户手续，逾期视同自愿销户。该期限是（　　）。

A. 自银行发出通知之日起 10 日内　　B. 自银行发出通知之日起 5 日内
C. 自银行发出通知之日起 30 日内　　D. 自银行发出通知之日起 2 日内

【答案】C

【解析】选项 C 正确。存款人尚未清偿其开户银行债务的，不得申请撤销该银行结算账户。对于按照账户管理规定应撤销而未办理销户手续的单位银行结算账户，银行通知该单位银行结算账户的存款人自发出通知之日起 30 日内办理销户手续（选项 C 正确），逾期视同自愿销户，未划转款项列入久悬未取专户管理。存款人撤销核准类银行结算账户时，应交回开户许可证。

【例题·判断题】（2021年）甲公司法定代表人发生变更后，应在5个工作日内书面通知开户银行并提供证明，办理账户变更手续。（　　）

【答案】√

【解析】单位的法定代表人或者主要负责人，住址以及其他开户资料发生变更时，应于5个工作日内书面通知开户银行并提供有关证明。

【例题·单选题】（2020年）甲公司因长期经营不善被宣告破产，撤销在银行开立的结算账户时，其应当最后撤销的是（　　）。

A. 临时存款账户　　　　　　B. 专用存款账户
C. 一般存款账户　　　　　　D. 基本存款账户

【答案】D

【解析】选项D正确。撤销银行结算账户时，应先撤销一般存款账户、专用存款账户、临时存款账户，将账户资金转入基本存款账户后，方可办理基本存款账户的撤销。

考点三　银行结算账户的管理★★

一、实名制管理

1. 存款人应以实名开立银行结算账户，并对其出具的开户（变更、撤销）申请资料实质内容的真实性负责，但法律、行政法规另有规定除外。

2. 不得出租、出借银行结算账户和利用银行结算账户套取银行信用或者洗钱。

二、变更事项办理

存款人申请临时存款账户展期，变更、撤销单位银行结算账户以及补（换）发开户许可证，单位存款人申请变更预留公章或者财务专用章，可由法定代表人或者单位负责人直接办理，也可授权他人办理。

三、对账管理

银行结算账户的存款人应与银行按规定核对账务。存款人收到对账单或者对账信息后，应及时核对账务并在规定期限内向银行发出对账回单或者确认信息。

考点四 各类银行结算账户的开立和使用★★

一、基本存款账户

基本存款账户是存款人因办理日常转账结算和现金收付需要开立的银行结算账户。

（一）开户申请人

下列申请人可以申请开立基本存款账户：

1. 企业法人；
2. 非法人企业；
3. 机关、事业单位；
4. 团级（含）以上军队、武警部队及分散执勤的支（分）队；
5. 社会团体；
6. 民办非企业组织；
7. 异地常设机构；
8. 外国驻华机构；
9. 个体工商户；
10. 居民委员会、村民委员会、社区委员会；
11. 单位设立的独立核算的附属机构，包括食堂、招待所、幼儿园；
12. 其他组织，即按照现行的法律、行政法规规定可以成立的组织，如业主委员会、村民小组等组织；
13. 境外机构。

（二）开户证明文件

开户时，应出具法定代表人或者单位负责人有效身份证件。法定代表人或者单位负责人授权他人办理的，还应出具法定代表人或者单位负责人授权书以及被授权人的有效身份证件。

（三）使用规定

1. 基本存款账户是存款人的主办账户，一个单位只能开立一个基本存款账户。
2. 存款人日常经营活动的资金收付及其工资、奖金和现金的支取，应通过基本存款账户办理。

【例题·判断题】（2018年）一个单位可以根据实际需要在银行开立两个以上基本存款账户。（　　）

【答案】×

【解析】基本存款账户是存款人的主办账户，一个单位只能开立"一个"基本存款账户。

【例题·多选题】下列各项中，可以开立基本存款账户的有（　　）。

A. 外国驻华机构　　　　　　B. 个体工商户
C. 单位非独立核算的机构　　D. 居民委员会

【答案】ABD

【解析】选项A、B、D正确。单位设立的独立核算的附属机构，包括食堂、招待所、幼儿园，可以开立基本存款账户。

二、一般存款账户

一般存款账户是指存款人因借款或者其他结算需要，在基本存款账户开户银行以外的银行营业机构开立的银行结算账户。

（一）开户证明文件

1. 开立基本存款账户规定的证明文件。
2. 基本存款账户开户许可证或者企业基本存款账户编号。
3. 存款人因向银行借款需要，应出具借款合同。
4. 存款人因其他结算需要，应出具有关证明。

（二）使用规定

1. 一般存款账户用于办理存款人借款转存、借款归还和其他结算的资金收付。
2. 一般存款账户可以办理现金缴存，但不得办理现金支取。

【例题·单选题】根据支付结算法律制度的规定，下列关于一般存款账户开立和使用的表述中，正确的是（　　）。

A. 须经中国人民银行核准
B. 可用于办理存款人借款转存和借款归还
C. 可在基本存款账户开户银行申请开立
D. 可支取现金

【答案】B

【解析】选项B正确。选项A错误，一般存款账户不属于核准类账户，属于备案类账户。选项B正确、选项D错误，一般存款账户用于办理存款人借款转存、借款归还和其他结算的资金收付，一般存款账户可以办理现金缴存，但不得办理现金支取。选项C错误，一般存款账户应在基本存款账户开户银行以外的银行营业机构开立。

三、专用存款账户

专用存款账户是存款人按照法律、行政法规和规章，对其特定用途资金进行专项管理和使用而开立的银行结算账户。

1. 开户证明文件

存款人申请开立专用存款账户，应向银行出具其开立基本存款账户规定的证明文件、基本存款账户开户许可证或者企业基本存款账户编号和有关证明文件。

2. 使用规定

专用存款账户使用规定，如表3-3所示。

表3-3　专用存款账户使用规定

专用存款账户	使用规定
证券交易结算资金、期货交易保证金和信托基金	不得支取现金
基本建设资金、更新改造资金、政策性房地产开发资金	需要支取现金的，应在开户时报中国人民银行当地分支机构批准
粮、棉、油收购资金，社会保障基金，住房基金和党、团、工会经费	支取现金应按照国家现金管理的规定办理
收入汇缴资金	除向其基本存款账户或者预算外资金财政专用存款账户划缴款项外，只收不付，不得支取现金
业务支出资金	除从其基本存款账户拨入款项外，只付不收，其现金支取必须按照国家现金管理的规定办理

四、预算单位零余额账户

（一）开立要求

1. 预算单位使用财政性资金，应当按照规定的程序和要求，向"财政部门"提出设立零余额账户的申请，财政部门审核同意后通知代理银行具体办理。

2. 一个基层预算单位开设一个零余额账户。

（二）账户的使用

1. 可以办理转账、提取现金等结算业务。

2. 可以向本单位按账户管理规定保留的相应账户划拨工会经费、住房公积金及提租补贴，以及财政部门批准的特殊款项。

3. 不得违反规定向本单位其他账户和上级主管单位、所属下级单位账户划拨资金。

五、临时存款账户

临时存款账户,是指存款人因临时需要并在规定期限内使用而开立的银行结算账户。

(一)适用范围

1. 设立临时机构,例如工程指挥部等。
2. 异地临时经营活动,例如建筑施工及安装单位等在异地的临时经营活动。
3. 注册验资、增资。
4. 军队、武警单位承担基本建设或者异地执行作战、演习、抢险救灾、应对突发事件等临时任务。

(二)使用规定

1. 临时存款账户的有效期最长不得超过 2 年。
2. 临时存款账户支取现金,应当按国家现金管理的规定办理。
3. 注册验资的临时存款账户在验资期间只收不付。

【例题·单选题】(2019 年)根据支付结算法律制度的规定,临时存款账户的有效期最长不得超过一定期限,该期限为(   )。
A. 1 年	B. 10 年
C. 5 年	D. 2 年
【答案】D
【解析】选项 D 正确。临时存款账户有效期最长不得超过 2 年。

六、个人银行结算账户

个人银行结算账户是指存款人因投资、消费、结算等需要而凭个人身份证件以自然人名称开立的银行结算账户。

(一)分类

个人银行结算账户分为Ⅰ类银行账户、Ⅱ类银行账户和Ⅲ类银行账户(以下分别简称Ⅰ类户、Ⅱ类户和Ⅲ类户)。如表 3-4 所示。

表 3-4　个人银行结算账户分类

账户分类	功能	限额规定
Ⅰ类户	存款、购买投资理财产品等金融产品、转账、消费和缴费支付、支取现金等服务	—

续表

账户分类	功能	限额规定
Ⅱ类户	（1）存款、购买投资理财产品等金融产品、限额消费和缴费、限额向非绑定账户转出资金业务 （2）经银行柜面、自助设备加以银行工作人员现场面对面确认身份的，还可以办理存取现金、非绑定账户资金转入业务 （3）银行可以向Ⅱ类户发放本银行贷款资金并通过Ⅱ类户还款 （4）可以配发银行卡实体卡片	（1）非绑定账户转入资金、存入现金日累计限额合计为1万元、年累计限额合计为20万元 （2）消费和缴费、向非绑定账户转出资金、取出现金日累计限额合计为1万元、年累计限额合计为20万元 （3）发放贷款和贷款资金归还，不受转账限额规定
Ⅲ类户	（1）办理限额消费和缴费、限额向非绑定账户转出资金业务 （2）经银行柜面、自助设备加以银行工作人员现场面对面确认身份的，还可以办理非绑定账户资金转入业务	账户任一时点账户余额不得超过2 000元

【例题·单选题】根据支付结算法律制度的规定，关于个人银行结算账户管理的下列表述中，不正确的是（　　）。

A. 银行可以通过Ⅲ类银行账户为存款人提供限定金额的消费和支付服务
B. 银行可以通过Ⅱ类银行账户为存款人提供购买投资理财产品服务
C. 银行可以通过Ⅰ类银行账户为存款人提供购买投资理财产品服务
D. 银行可以通过Ⅱ类银行账户为存款人提供单笔无限额的存取现金服务

【答案】D

【解析】选项D不正确，当选。Ⅱ类银行账户，取出现金或者存入现金日累计限额合计为1万元，年累计限额合计为20万元。

（二）开户时的身份验证

1. 提交有效身份证件

根据个人银行账户实名制的要求，存款人申请开立个人银行结算账户时，应向银行出具本人有效身份证件，银行通过有效身份证件仍无法准确判断开户申请人身份的，应要求其出具辅助身份证明材料。

有效身份证件包括：

（1）在中华人民共和国境内已登记常住户口的中国公民为居民身份证；不满16周岁的，可以使用居民身份证或者户口簿。

（2）香港、澳门特别行政区居民为港澳居民来往内地通行证、港澳居民居住证。

（3）台湾地区居民为台湾居民来往大陆通行证、台湾居民居住证。

（4）国外的中国公民为中国护照。

（5）外国公民为护照或者外国人永久居留证。

（6）法律、行政法规规定的其他身份证明文件。

2. 绑定银行账户验证

个人开立Ⅱ、Ⅲ类账户，<u>可以绑定Ⅰ类户或者信用卡账户进行身份验证</u>，不得绑定非银行支付机构开立的支付账户进行身份验证。

在银行柜面开立的，则无需绑定Ⅰ类户或者信用卡账户进行身份验证。

（三）代理开户

1. 他人代理开立个人银行账户的，代理人应出具代理人、被代理人的有效身份证件以及合法的委托书等。

2. 存款人开立代发工资、教育、社会保障（如社保、医保、军保）、公共管理（如公共事业、拆迁、捐助、助农扶农）等特殊用途个人银行账户时，可由所在单位代理办理。

3. 单位代理开立个人银行账户的，在被代理人持本人有效身份证件到开户银行办理身份确认、密码设（重）置等激活手续前，该银行账户只收不付。

4. 无民事行为能力或者限制民事行为能力的开户申请人，由法定代理人或者人民法院、有关部门依法指定的人员代理办理。

（四）账户使用

下列款项可以转入个人银行结算账户：

1. 工资、奖金收入；

2. 稿费、演出费等劳务收入；

3. 债券、期货、信托等投资的本金和收益；

4. 个人债权或者产权转让收益；

5. 个人贷款转存；

6. 证券交易结算资金和期货交易保证金；

7. 继承、赠与款项；

8. 保险理赔、保费退还等款项；

9. 纳税退还；

10. 农、副、矿产品销售收入；

11. 其他合法款项。

（五）单位账户向个人账户支付

单位从其银行结算账户支付给个人银行结算账户的款项，每笔超过5万元（不包含5万元）的，应向其开户银行提供相应的付款依据；付款单位若在付款用途栏或者备注栏注明事由，可不再另行出具付款依据，付款单位应对支付款项事由的真实性、合法性负责。

但是，具有下列一种或者多种特征的可疑交易，银行应关闭单位银行结算账户的网上银行转账功能，要求存款人到银行网点柜台办理转账业务，并出具书面付款依据或者相关证明文件。如存款人未提供相关依据或者相关依据不符合规定的，银行应拒绝办理转账业务。

具体情形：

1. 账户资金集中转入，分散转出，跨区域交易；
2. 账户资金快进快出，不留余额或者留下一定比例余额后转出，过渡性质明显；
3. 拆分交易，故意规避交易限额；
4. 账户资金金额较大，对外收付金额与单位经营规模、经营活动明显不符；
5. 其他可疑情形。

七、异地银行结算账户

（一）账户的开立

异地银行结算账户，是存款人在其注册地或者住所地行政区域之外（跨省、市、县）开立的银行结算账户。

（二）适用范围

1. 营业执照注册地与经营地不在同一行政区域（跨省、市、县）需要开立基本存款账户的。
2. 办理异地借款和其他结算需要开立一般存款账户的。
3. 存款人因附属的非独立核算单位或者派出机构发生的收入汇缴或者业务支出需要开立专用存款账户的。
4. 异地临时经营活动需要开立临时存款账户的。
5. 自然人根据需要在异地开立个人银行结算账户的。

【例题·判断题】存款人在异地只能开具一般存款账户、专用存款账户和临时存款账户，不能开具基本存款账户。（   ）

【答案】×

【解析】营业执照注册地与经营地不在同一行政区域（跨省、市、县）需要开立基本存款账户的，可以开具异地银行结算账户。

第三单元　票　　据

考点一　票据概述 ★★

一、概念

我国《票据法》中规定的"票据",指由出票人签发的、约定自己或者委托付款人在见票时或者指定的日期向收款人或者持票人无条件支付一定金额的有价证券。

二、种类

票据种类,如图 3-1 所示。

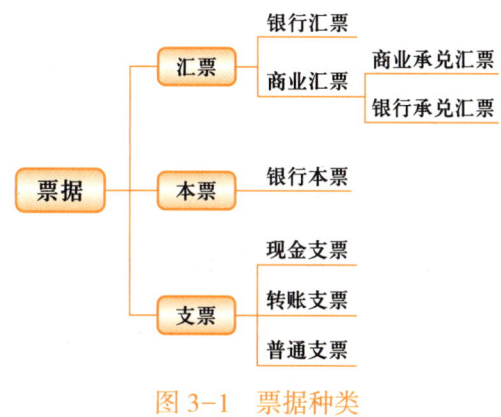

图 3-1　票据种类

【例题·单选题】(2020 年)下列票据中,不属于我国《票据法》所称票据的是(　　)。

A. 本票　　　　　　　　　　B. 支票

C. 汇票　　　　　　　　　　D. 股票

【答案】D

【解析】选项 D 不属于我国《票据法》所称的票据,我国《票据法》中规定的票据限于汇票、本票、支票。

三、票据当事人

（一）基本当事人

票据基本当事人，是指在票据作成或者交付时就已经存在的当事人，包括出票人、付款人和收款人。

1. 出票人

出票人，是指依法定方式签发票据并将票据交付给收款人的人。银行汇票的出票人为银行；商业汇票的出票人为银行以外的企业和其他组织；银行本票的出票人为出票银行；支票的出票人，为在银行开立支票存款账户的企业、其他组织和个人。

2. 付款人

付款人，是指由出票人委托付款或自行承担付款责任的人。商业承兑汇票的付款人是合同中应给付款项的一方当事人，也是该汇票的承兑人；银行承兑汇票的付款人是承兑银行；支票的付款人是出票人的开户银行。

3. 收款人

收款人，是指票据正面记载的到期后有权收取票据所载金额的人。

【新东方提示】
（1）汇票和支票的基本当事人：出票人、收款人、付款人。
（2）本票的基本当事人：出票人、收款人。

（二）非基本当事人

票据非基本当事人，是指在票据作成并交付后，通过一定的票据行为加入票据关系而享有一定权利、承担一定义务的当事人。

非基本当事人包括：承兑人、背书人、被背书人、保证人等。

1. 承兑人

承兑人，是指接受汇票出票人的付款委托、同意承担支付票款义务的人，是汇票主债务人。

2. 背书人与被背书人

背书人，是指在转让票据时，在票据背面或粘单上签字或盖章，并将该票据交付给受让人的票据收款人或持有人。被背书人，是指被记名受让票据或接受票据转让的人。

背书后，被背书人成为票据新的持有人，享有票据的所有权利。

3. 保证人

保证人，是指为票据债务提供担保的人，由票据债务人以外的第三人担当。保证人在被保证人不能履行票据责任时，以自己的资金履行票据责任，然后取得持票人的权利，向票据债务人追索。

【例题·多选题】（2020年）根据支付结算法律制度的规定，下列票据中，出票人是银行的有（ ）。

A. 商业汇票　　　　　　B. 银行汇票
C. 本票　　　　　　　　D. 支票

【答案】BC

【解析】选项B、C正确。选项A，商业汇票的出票人为在银行开立存款账户的法人以及其他组织。选项B，银行汇票是出票银行签发的，由其在见票时按照实际结算金额无条件支付给收款人或者持票人的票据。选项C，本票是指出票人签发的，承诺自己在见票时无条件支付确定的金额给收款人或者持票人的票据。选项D，支票由在银行开立支票存款账户的单位或者个人签发。

考点二　票据行为★★★

票据行为是指票据当事人以发生票据债务为目的的、以在票据上签名或盖章为权利义务成立要件的法律行为。票据行为包括出票、背书、承兑和保证。

一、出票

出票是指出票人签发票据并将其交付给收款人的票据行为。

（一）基本要求

出票人必须与付款人具有真实的委托付款关系，并且具有支付票据金额的可靠资金来源，不得签发无对价的票据用以骗取银行或者其他票据当事人的资金。

（二）票据的记载事项

1. 必须记载事项（必要记载事项）：如不记载，票据行为即为无效的事项。如表3-5所示。

表3-5　票据的记载事项

记载事项	商业汇票	银行汇票	银行本票	支票
表明"×××票"的字样	√	√	√	√
无条件支付的委托（或者承诺）	√	√	√	√
确定的金额	√	√	√	√
付款人名称	√	√	×	√

续表

记载事项	商业汇票	银行汇票	银行本票	支票
收款人名称	√	√	√	×
出票日期	√	√	√	√
出票人签章	√	√	√	√

2. 相对记载事项：未记载，由法律另作相应规定予以明确，并不影响票据的效力。

【新东方提示】

背书未记载日期的，视为在票据到期日前背书。

3. 任意记载事项：不记载时不影响票据效力，记载时则产生票据效力的事项。

4. 记载不产生《票据法》上效力的事项：这些事项不具有票据效力，银行不负审查责任。

二、背书

（一）背书的种类

背书是在票据背面或者粘单上记载有关事项并签章的行为。转让背书是指以转让票据权利为目的的背书；非转让背书是指以授予他人行使一定的票据权利为目的的背书。背书的种类，如表 3-6 所示。

表 3-6 背书的种类

种类		具体规定
转让背书		以转让票据权利为目的
非转让背书	委托收款背书	（1）被背书人有权代背书人行使被委托的票据权利。但是，被背书人不得再以背书转让票据权利 （2）应记载"委托收款"字样、被背书人和背书人签章
	质押背书	（1）以担保债务而在票据上设定质权，被背书人依法实现其质权时，可以行使票据权利 （2）应记载"质押"字样、质权人和出质人签章

（二）记载事项

1. 必须记载事项：背书人签章、被背书人名称。

【新东方提示】

背书人未记载被背书人名称即将票据交付他人的,持票人在票据被背书人栏内记载自己的名称与背书人记载具有同等法律效力。

2. 相对记载事项:背书日期。

【新东方提示】

背书未记载日期的,视为在票据到期日前背书。

【新东方提示】

票据凭证不能满足背书人记载事项的需要,可以附加粘单,附于票据凭证上;粘单上的第一记载人,应当在票据和粘单的粘接处签章。

(三)背书效力

背书人以背书转让票据后,即承担保证其后手所持票据承兑和付款的责任。

背书应当连续,持票人以背书的连续,证明其票据权利;非经背书转让,而以其他合法方式取得票据的,依法举证,证明其票据权利。

背书连续:在票据转让中,转让票据的背书人与受让票据的被背书人在票据上的签章依次前后衔接。第一背书人为票据收款人,最后持票人为最后背书的被背书人,中间的背书人为前手背书的被背书人。背书样式如表3-7所示。

表3-7 背书的样式

被背书人: C公司	被背书人: D公司	被背书人: E公司	被背书人: E公司开户行
B公司签章	C公司签章	D公司签章	E公司签章 (委托收款)

(四)特别规定

1. 附条件背书:背书时附有条件的,所附条件不具有票据上的效力。(背书有效)

2. 部分背书:将票据金额的一部分转让的背书或者将票据金额分别转让给两人以上的背书,部分背书属于无效背书。

3. 期后背书:票据被拒绝承兑、被拒绝付款或者超过付款提示期限的,不得背书转让;背书转让的,背书人应当承担票据责任。

4. 禁转背书（记载"不得转让"或类似字样）：

出票人记载"不得转让"的，票据不得背书转让；

背书人在票据上记载"不得转让"或类似字样，其后手再背书转让的，原背书人对后手的被背书人不承担保证责任。

【例题·单选题】（2021年）下列关于票据背书行为的表述中，正确的是（   ）。
A. 甲公司委托 P 银行收取支票款项，被背书人可继续背书转让该支票
B. 乙公司可将一张商业汇票金额的 50% 背书转让给丙公司
C. 王某在银行汇票上背书时未记载背书日期，背书无效
D. 张某在本票上背书时未记载被背书人李某的姓名，李某可自行记载

【答案】D

【解析】选项 D 正确。选项 A 错误，委托收款背书的被背书人未取得票据权利，不得再以背书转让票据权利。选项 B 错误，将票据金额的一部分转让或者将票据金额分别转让给 2 人以上的背书无效。选项 C 错误，背书未记载日期的，背书有效（视为在票据到期日前背书）。选项 D 正确，背书人未记载被背书人名称即将票据交付他人的，持票人在票据被背书人栏内记载自己的名称与背书人记载具有同等法律效力。

【例题·判断题】背书人未记载被背书人名称即将票据交付他人的，持票人在票据被背书人栏内记载自己的名称与背书人记载具有同等法律效力。（   ）

【答案】√

三、承兑

承兑是指汇票付款人承诺在汇票到期日支付汇票金额并签章的行为，仅适用于商业汇票。

（一）提示承兑

提示承兑是指持票人向付款人出示汇票，并要求付款人承诺付款的行为。
1. 定日付款或者出票后定期付款的汇票：到期日前提示承兑。
2. 见票后定期付款的汇票：自出票日起 1 个月内提示承兑。

【新东方提示】

　　汇票未按照规定期限提示承兑的，持票人丧失对其（部分）前手的追索权。

【总结】提示承兑与付款期，如表 3-8 所示。

表 3-8　提示承兑与付款期

票据	提示承兑	提示付款
银行本票	无须承兑	自出票日起 2 个月内
支票		自出票日起 10 日内
见票即付的汇票		自出票日起 1 个月内
定日付款和出票后定期付款的汇票	到期日前	到期日起 10 日内
见票后定期付款的汇票	出票日起 1 个月内	

【新东方提示】

　　有的票据的到期日是"见票即付",即持票人可以随时请求付款,称为即期票据;有的票据则并非持票人可以随时请求付款,而须在票据记载的特定日期或者以一定方法计算的日期到来时,才有权请求付款,称为远期票据。

　　其中,银行本票、支票均为即期票据;汇票中的银行汇票、即期商业汇票均为即期票据,定日付款的商业汇票、出票后定期付款的商业汇票、见票后定期付款的商业汇票均为远期票据。

（二）受理承兑

付款人对向其提示承兑的汇票,应当自收到提示承兑的汇票之日起 3 日内承兑或者拒绝承兑。付款人拒绝承兑的,必须出具拒绝承兑的证明。

（三）记载承兑事项

1. 绝对记载事项：在汇票正面记载"承兑"字样并"签章"。

2. 相对记载事项：承兑日期。汇票上未记载承兑日期的,应当以收到提示承兑的汇票之日起 3 日内的最后一日为承兑日期。

【新东方提示】

　　承兑效力：付款人承兑汇票,不得附有条件；承兑附有条件的,视为拒绝承兑。

【例题·判断题】（2021 年）付款人拒绝承兑商业汇票的,无须出具拒绝承兑的证明。(　　)

【答案】×

【解析】付款人拒绝承兑的，必须出具拒绝承兑的证明。

【例题·单选题】根据支付结算法律制度的规定，下列票据中，必须向付款人提示承兑的是（　　）。

A. 甲公司取得的由乙公司签发的一张支票
B. 丙公司取得的由 P 银行签发的一张银行本票
C. 丁公司取得的一张见票后定期付款的商业汇票
D. 戊公司取得的 Q 银行签发的一张银行汇票

【答案】C

【解析】选项 C 正确。选项 A、B、D，银行汇票、银行本票和支票均属于见票即付的"即期票据"，无须提示承兑；只有选项 C，"远期商业汇票"才需要提示承兑，对于见票即付的商业汇票，无须提示承兑，见票后定期付款的商业汇票属于远期商业汇票。

四、保证

（一）保证人

1. 保证人是票据债务人以外的人。
2. 国家机关、以公益为目的的事业单位、社会团体、企业法人的分支机构和职能部门作为票据保证人的，票据保证无效。

（二）记载事项

保证的记载事项，如表 3-9 所示。

表 3-9　保证的记载事项

事项	内容
必须记载事项	（1）表明"保证"的字样 （2）保证人的名称和住所 （3）保证人签章
相对记载事项	（1）被保证人的名称：未记载，已承兑的票据，承兑人为被保证人；未承兑的汇票，出票人为被保证人 （2）保证日期：未记载，出票日期为保证日期

（三）保证责任

1. 被保证的票据，保证人应当与被保证人对持票人承担连带责任。
2. 票据到期后得不到付款的，持票人有权向保证人请求付款，保证人应当足额付款。
3. 保证人为两人以上的，保证人之间承担连带责任。

（四）保证效力

1. 保证人对合法取得票据的持票人所享有的票据权利，承担保证责任。但是，被保证人的债务因票据记载事项欠缺而无效的除外。
2. 保证不得附有条件；附有条件的，不影响对票据的保证责任。
3. 保证人清偿票据债务后，可以行使持票人对被保证人及其前手的追索权。

【例题·多选题】根据支付结算法律制度的规定，票据或者粘单未记载下列事项的，保证人仍需承担票据保证责任的有（   ）。

A. 保证人签章
B. 保证日期
C. 被保证人名称
D. "保证"字样

【答案】BC

【解析】选项 B、C 正确。选项 A、D，属于"必须记载事项"，未记载的票据保证行为不成立，保证人无须承担票据保证责任。选项 B、C，属于"相对记载事项"，未记载的不影响票据保证行为的效力，保证人仍应承担票据保证责任。

考点三 票据责任★★

一、票据债务人承担票据义务的情形

票据债务人承担票据义务一般有四种情况：
1. 汇票承兑人因承兑而应承担付款义务；
2. 本票出票人因出票而承担自己付款的义务；
3. 支票付款人在与出票人有资金关系时承担付款义务；
4. 汇票、本票、支票的背书人，汇票、支票的出票人、保证人，在票据不获承兑或不获付款时的付款清偿义务。

二、提示付款

1. 见票即付的汇票，自出票日起 1 个月内向付款人提示付款。
2. 定日付款、出票后定期付款或者见票后定期付款的票据，自到期日起 10 日内向承兑人提示付款。

【新东方提示】
　　持票人未按照规定期限提示付款的，在作出说明后，承兑人或者付款人仍应当继续对持票人承担付款责任。

三、付款人付款

1. 持票人依照规定提示付款的，付款人必须在当日足额付款。
2. 付款人及其代理付款人以恶意或者有重大过失付款的，应当自行承担责任。
3. 对定日付款、出票后定期付款或者见票后定期付款的汇票，付款人在到期日前付款的，由付款人自行承担所产生的责任。

四、拒绝付款

1. 如果存在背书不连续等合理事由，票据债务人可以对票据债权人拒绝履行义务，此为票据"抗辩"。
2. 票据债务人可以对不履行约定义务的与自己有直接债权债务关系的持票人进行抗辩。
3. 票据债务人不得以自己与出票人或者与持票人的前手之间的抗辩事由，对抗持票人。若持票人明知存在抗辩事由而取得票据的除外。

考点四 票据权利★★★

一、票据权利的概念和分类

票据权利是指票据持票人向票据债务人请求支付票据金额的权利，包括付款请求权和追索权。

（一）付款请求权

付款请求权，是指持票人向汇票的承兑人、本票的出票人、支票的付款人出示票据要求付款的权利，是第一顺序权利。

1. 行使付款请求权的持票人可以是票据记载的收款人或者最后的被背书人。
2. 承担付款义务的主要是主债务人，如"承兑人X银行"即为银行承兑汇票的主债务人。

（二）票据追索权

票据追索权，是指票据当事人行使付款请求权遭到拒绝或者有其他法定原因存在时，向其前手请求偿还票据金额及其他法定费用的权利，是第二顺序权利。

1. 行使追索权的当事人除票据记载的收款人和最后被背书人外，还可能是代为清偿票据债务的保证人、背书人。
2. 持票人可以不按照票据债务人的先后顺序，对其中任何一人、数人或者全体行使追索权。

3. 持票人对票据债务人中的一人或者数人已经进行追索的，对其他票据债务人仍可以行使追索权。

4. 被追索人清偿债务后，与持票人享有同一权利。

二、票据权利的取得

（一）基本要求

1. 签发、取得和转让票据，应当遵守诚实信用的原则，具有真实的交易关系和债权债务关系。

2. 票据的取得，必须给付对价。

【新东方提示】

因税收、继承、赠与可以依法无偿取得票据，不受给付对价的限制，但是所享有的票据权利不得优于其前手的权利。

（二）取得票据享有票据权利的情形

1. 依法接受出票人签发的票据。
2. 依法接受背书转让的票据。
3. 因税收、继承、赠与可以依法无偿取得票据。

（三）取得票据不享有票据权利的情形

1. 以欺诈、偷盗或者胁迫等手段取得票据的，或者明知有上述情形，出于恶意取得票据的。
2. 持票人因重大过失取得不符合《票据法》规定的票据的。

三、票据权利的行使与保全

票据权利的行使是指持票人请求票据的付款人支付票据金额的行为，例如行使付款请求权以获得票款，行使追索权以请求清偿法定的金额和费用等。票据权利的保全是指持票人为了防止票据权利的丧失而采取的措施，例如按照规定期限提示承兑、要求承兑人或付款人提供拒绝承兑或拒绝付款的证明以保全追索权等。

（一）按期提示（提示承兑或者提示付款）

1. 汇票未按照规定期限提示承兑的，持票人丧失对其（部分）前手的追索权。

2. 本票的持票人未按照规定期限提示见票的，丧失对出票人以外的前手的追索权。

（二）依法证明

持票人不能出示拒绝证明、退票理由书或者未按照规定期限提供其他合法证明的，丧失对其前手的追索权。

（三）票据权利行使和保全的地点和时间

持票人对票据债务人行使票据权利，或者保全票据权利，应当在票据当事人的营业场所和营业时间内进行，票据当事人无营业场所的，应当在其住所进行。

四、票据权利丧失补救

（一）挂失止付

1. 挂失止付是指失票人将丧失票据的情况通知付款人或者代理付款人，由接受通知的付款人或者代理付款人审查后暂停支付的一种方式。

【新东方提示】
挂失止付并不是票据丧失后采取的必经措施，而只是一种暂时的预防措施，最终要通过申请公示催告或者提起普通诉讼来补救票据权利。

2. 可以挂失止付的票据种类：
① 已承兑的商业汇票；
② 支票；
③ 填明"现金"字样和代理付款人的银行汇票；
④ 填明"现金"字样的银行本票。

【新东方提示】
只有确定付款人或者代理付款人的票据丧失时才可进行挂失止付。

3. 失票人需要挂失止付的，应填写挂失止付通知书并签章。
4. 付款人或者代理付款人自收到挂失止付通知书之日起 12 日内没有收到人民法院的止付通知书的，自第 13 日起，不再承担止付责任，持票人提示付款即依法向持票人付款。
5. 付款人或者代理付款人在收到挂失止付通知书之前，已经向持票人付款的，不再承担责任。但是，付款人或者代理付款人以恶意或者重大过失付款的除外。

（二）公示催告

公示催告，是指在票据丧失后由失票人向人民法院提出申请，请求人民法院以公告方式通知不确定的利害关系人限期申报权利，逾期未申报者，则权利失效，而由法院通过除权判决宣告所丧失的票据无效的制度或者程序。如表3-10所示。

表3-10　公示催告

事项	法律规定
申请主体	背书转让的票据的最后持票人
申请时间	应当在通知挂失止付后的3日内，也可以在票据丧失后，依法向票据支付地人民法院申请公示催告
法院受理	人民法院决定受理的，应当同时通知付款人及代理付款人停止支付 【新东方提示】 　　非经发出止付通知的人民法院许可，擅自解付的，不得免除票据责任
发布公告	自立案之日起3日内发出公告（全国性报刊上登载），催促利害关系人申报权利
公示催告的期间	公告期间不得少于60日 在公示催告期间，转让票据权利的行为无效，以公示催告的票据质押、贴现，因质押、贴现而接受该票据的持票人主张票据权利的，人民法院不予支持，但公示催告期间届满以后人民法院作出除权判决以前取得该票据的除外
除权判决	人民法院收到利害关系人的申报后，应当裁定终结公示催告程序，并通知申请人和支付人
	没有人申报的，人民法院应当根据申请人的申请，作出除权判决，宣告票据无效。自判决公告之日起，申请人有权向支付人请求支付
	利害关系人因正当理由不能在判决前向人民法院申报权利的，自知道或者应当知道判决公告之日起1年内，可以向作出判决的人民法院起诉

（三）普通诉讼

普通诉讼，是指以丧失票据的人为原告，以承兑人或者出票人为被告，请求法院判决其向失票人付款的诉讼活动。

五、票据权利时效

票据权利时效是指票据权利在时效期间内不行使，即引起票据权利丧失。

1. 票据权利时效的具体情形

票据权利时效的具体情形，如表3-11所示。

表3-11 票据权利时效的具体情形

持票人的权利	时效期间
对远期汇票的出票人和承兑人的付款请求权与追索权	自票据到期日起2年
对本票、见票即付汇票出票人的付款请求权与追索权	自出票日起2年
对支票的出票人的权利	自出票日起6个月
对前手（不包括出票人、承兑人）的首次追索权	自被拒绝承兑或者被拒绝付款之日起6个月
对前手（不包括出票人、承兑人）的再追索权	自清偿日或者被提起诉讼之日起3个月

2. 利益返还请求权

持票人因超过票据权利时效或者因票据记载事项欠缺而丧失票据权利的，仍享有民事权利，可以请求出票人或者承兑人返还其与未支付的票据金额相当的利益。

【例题·单选题】（2021年）根据支付结算法律制度的规定，下列关于票据权利的表述中，正确的是（　　）。

A. 持票人因超过票据权利时效而丧失票据权利的，同时丧失民事权利
B. 票据权利包括付款请求权和追索权
C. 持票人行使票据权利无地点和时间限制
D. 持票人对支票出票人和汇票出票人的票据权利时效相同

【答案】B

【解析】选项B正确。选项A，如果持票人因超过票据权利时效或者因票据记载事项欠缺而丧失票据权利的，《票据法》为了保护持票人的合法权益，规定其仍享有民事权利，可以请求出票人或者承兑人返还其与未支付的票据款金额相当的利益。选项C，持票人对票据债务人行使票据权利，或者保全票据权利，应当在票据当事人的营业场所和营业时间内进行，票据当事人无营业场所的，应当在其住所进行。选项D，支票持票人对出票人的权利自出票日起6个月，银行汇票持票人对出票人的权利自出票日起2年，商业汇票持票人对出票人的权利自票据到期日起2年。

【例题·单选题】甲公司将一张商业承兑汇票背书转让给乙公司。乙公司于汇票到期日2020年5月10日向付款人请求付款时遭到拒绝，乙公司向甲公司行使追索权的最后日

期为（　　）。

A. 2020 年 8 月 10 日　　　　B. 2020 年 11 月 10 日
C. 2020 年 10 月 10 日　　　D. 2020 年 6 月 10 日

【答案】B

【解析】选项 B 正确。持票人对前手的追索权，自被拒绝承兑或者被拒绝付款之日起 6 个月。

【例题·单选题】（2019 年）根据支付结算法律制度的规定，下列关于票据权利时效的表述中，正确的是（　　）。

A. 持票人对银行汇票出票人的权利自出票日起 2 年
B. 持票人对前手的追索权自被拒绝承兑或者拒绝付款之日起 2 年
C. 持票人对商业汇票承兑人的权利自到期日起 1 年
D. 持票人对支票出票人的权利自出票日起 1 年

【答案】A

【解析】选项 A 正确。选项 B 错误，持票人对前手的追索权，自被拒绝承兑或者被拒绝付款之日起"6 个月"。选项 C 错误，持票人对票据承兑人的权利自票据到期日起"2 年"。选项 D 错误，持票人对支票出票人的权利，自出票日起"6 个月"。

考点五　票据追索 ★★

一、适用情形

1. 到期后追索：到期后被拒绝付款。
2. 到期前追索：
① 被拒绝承兑；
② 承兑人或者付款人死亡、逃匿；
③ 承兑人或者付款人被依法宣告破产或者因违法被责令终止业务活动。

二、被追索人的确定

出票人、背书人、承兑人和保证人对持票人承担连带责任：

1. 持票人可以不按照票据债务人的先后顺序，对其中任何一人、数人或者全体行使追索权；

2. 持票人对票据债务人中的一人或者数人已经开始进行追索的，对其他票据债务人仍然可以行使追索权。

三、追索内容

追索内容,如表 3-12 所示。

表 3-12 追索内容

事项	追索内容
持票人行使追索权	(1) 被拒绝付款的票据金额 (2) 票据金额从到期日或者提示付款日起至清偿日止,按照中国人民银行规定的利率计算的利息 (3) 取得有关拒绝证明和发出通知书的费用
被追索人行使再追索权	(1) 已清偿的全部金额 (2) 前项金额自清偿日起至再追索清偿日止,按照中国人民银行规定的利率计算的利息 (3) 发出通知书的费用

四、行使追索权

(一) 取得证明

持票人行使追索权,应当提供被拒绝承兑或者拒绝付款的证明,持票人不能出示拒绝证明的,丧失对其前手的追索权。但承兑人或者付款人仍应当对持票人承担责任。

(二) 通知期限

持票人应当自收到被拒绝承兑或者被拒绝付款的有关证明之日起 3 日内将被拒绝事由书面通知其前手;其前手应当自收到通知之日起 3 日内书面通知其再前手。

(三) 未通知责任

1. 未按照规定期限通知,仍可以行使追索权。
2. 因延期通知给其前手或者出票人造成损失的,由没有按照规定期限通知的票据当事人,承担对该损失的赔偿责任,但是所赔偿的金额以汇票金额为限。

(四) 追索的效力

被追索人依照规定清偿债务后,其责任解除,与持票人享有同一权利。

考点六 银行汇票 ★★★

一、概念

银行汇票是出票银行签发的,由其在见票时按照实际结算金额无条件支付给收款人或者持票人的票据。

【新东方提示】

出票银行为银行汇票的付款人。

二、适用范围

1. 银行汇票可用于转账,填明"现金"字样的银行汇票也可以支取现金。
2. 单位和个人各种款项结算,均可使用银行汇票。

三、出票

1. 申请人或者收款人为单位的,不得在"银行汇票申请书"上填明"现金"字样。

【新东方提示】

签发现金银行汇票,申请人和收款人必须均为个人。

2. 填写实际结算金额:
① 未填明实际结算金额和多余金额或者实际结算金额超过出票金额的,银行不予受理。
② 实际结算金额一经填写不得更改,更改实际结算金额的银行汇票无效。
③ 未填写实际结算金额或者实际结算金额超过出票金额的银行汇票不得背书转让。
④ 实际结算金额低于出票金额的,其多余金额由出票银行退交申请人。

四、提示付款

1. 提示付款期限:自出票日起 1 个月。
2. 持票人向银行提示付款时,须同时提交银行汇票和解讫通知,缺少任何一联,银行不予受理。

【例题·判断题】(2020年)未填写实际结算金额的银行汇票不得背书转让。(   )

【答案】√

【解析】现金银行汇票不得背书转让，转账银行汇票的背书转让以不超过出票金额的实际结算金额为准，未填写实际结算金额或者实际结算金额超过出票金额的银行汇票不得背书转让。

【例题·单选题】根据支付结算法律制度的规定，下列关于银行汇票出票金额和实际结算金额的表述中，正确的是（　　）。

A. 如果出票金额低于实际结算金额，银行应按出票金额办理结算
B. 如果出票金额高于实际结算金额，银行应按出票金额办理结算
C. 如果出票金额低于实际结算金额，银行应按实际结算金额办理结算
D. 如果出票金额高于实际结算金额，银行应按实际结算金额办理结算

【答案】D

【解析】选项 D 正确。选项 A、C 错误，实际结算金额超过出票金额的，银行不予受理。选项 B 错误，银行汇票的实际结算金额低于出票金额的，银行应按照实际结算金额办理结算，多余金额由出票银行退交申请人。

考点七　商业汇票★★★

一、商业汇票的基本规定

（一）概念

1. 商业汇票：是出票人签发的，委托付款人在指定日期无条件支付确定的金额给收款人或者持票人的票据。

2. 电子商业汇票：是出票人依托上海票据交易所电子商业汇票系统，以数据电文形式制作的，委托付款人在指定日期无条件支付确定的金额给收款人或者持票人的票据。

（二）分类

1.（纸质）商业汇票

（纸质）商业汇票，如表 3-13 所示。

表 3-13　商业汇票的分类（纸质）

分类	承兑人
商业承兑汇票	由银行以外的付款人承兑
银行承兑汇票	由银行承兑

2. 电子商业汇票

电子商业汇票，如表 3-14 所示。

表 3-14　商业汇票的分类（电子）

分类	承兑人
电子商业承兑汇票	由金融机构以外的法人或者其他组织承兑
电子银行承兑汇票	由银行业金融机构、财务公司承兑

【新东方提示】
商业汇票的付款人为承兑人。

（三）适用范围

在银行开立存款账户的法人及其他组织之间的结算，才能使用商业汇票。

二、出票与承兑

（一）电子商业汇票的特殊使用规定

1. 单张出票金额在 100 万元以上的商业汇票原则上应全部通过电子商业汇票办理。
2. 单张出票金额在 300 万元以上的商业汇票应全部通过电子商业汇票办理。

（二）出票人的确定

1. 商业承兑汇票的出票人，为在银行开立存款账户的法人以及其他组织；可以由付款人签发并承兑，也可以由收款人签发交由付款人承兑。
2. 银行承兑汇票的出票人必须是在承兑银行开立存款账户的法人以及其他组织；银行承兑汇票应由在承兑银行开立存款账户的存款人签发。

（三）付款期限规定

1. 纸质商业汇票的付款期限，最长不得超过 6 个月。
2. 电子承兑汇票期限自出票日至到期日不超过 1 年。

（四）承兑

1. 商业汇票可以在出票时向付款人提示承兑后使用，也可以在出票后先使用再向付款人提示承兑。
2. 银行承兑汇票的承兑银行，应按票面金额的一定比例向出票人收取手续费，银行承兑汇票手续费为市场调节价。

三、票据信息登记与电子化

1. 信息登记
（1）纸质票据贴现前，金融机构办理承兑、质押、保证等业务，应当不晚于业务办理的次一工作日在票据市场基础设施（即上海票据交易所）完成相关信息登记工作。
（2）电子商业汇票签发、承兑、质押、保证、贴现等信息应当通过电子商业汇票系统同步传送至票据市场基础设施。
（3）承兑信息未能及时登记的，持票人有权要求承兑人补充登记承兑信息。
2. 登记信息不一致时的处理
纸质票据票面信息与登记信息不一致的，以纸质票据票面信息为准。

四、贴现

贴现是指票据持票人在票据未到期前为获得现金向银行贴付一定利息而发生的票据转让行为。

1. 贴现条件
（1）票据未到期；
（2）未记载"不得转让"事项；
（3）持票人是在银行开立存款账户的企业法人以及其他组织；
（4）持票人与出票人或者直接前手之间具有真实的商品交易关系。
2. 承兑人确认要求
（1）纸质票据贴现后，其保管人可以向承兑人发起付款确认。付款确认可采用实物确认或者影像确认，两者具有同等效力。
（2）承兑人收到票据影像确认请求或者票据实物后，应当在3个工作日内作出或者委托其开户行作出同意或者拒绝到期付款的应答。拒绝到期付款的，应当说明理由。
（3）电子商业汇票一经承兑即视同承兑人已进行付款确认。
3. 贴现利息的计算

$$贴现利息 = 票面金额 \times 贴现率 \times 贴现期 \div 全年天数$$

【新东方提示】
（1）贴现的期限从其贴现之日起至汇票到期日止（贴现日至汇票到期前1日）。

（2）承兑人在异地的纸质商业汇票，贴现的期限以及贴现利息的计算应另加 3 日的划款日期。

4. 贴现的收款
（1）贴现到期，贴现银行应向付款人收取票款。
（2）不获付款的，贴现银行应向其前手追索票款。贴现银行追索票款时可从申请人的存款账户直接收取票款。

五、商业汇票到期处理

（一）票据到期后的偿付

票据未经承兑人付款确认和保证增信即交易的，若承兑人未付款，应当由贴现人先行偿付。该票据在交易后又经承兑人付款确认的，应当由承兑人付款；若承兑人未付款，应当由贴现人先行偿付。

【新东方提示】
贴现人可以按市场化原则选择商业银行对纸质票据进行保证增信。保证增信行对纸质票据进行保管并为贴现人的偿付责任进行先行偿付。

（二）提示付款

1. 商业汇票的提示付款期限，自汇票到期日起 10 日。

【新东方提示】
持票人超过提示付款期限提示付款的，持票人开户银行不予受理，但在作出说明后，承兑人或者付款人仍应当继续对持票人承担付款责任。

2. 商业承兑汇票的付款。
① 付款人收到开户银行的付款通知，应在当日通知银行付款；
② 付款人在接到通知日的次日起 3 日内（遇法定休假日顺延）未通知银行付款的，视同付款人承诺付款。

3. 银行承兑汇票的付款。
银行承兑汇票的出票人于汇票到期日未能足额交存票款时，承兑银行除凭票向持票人无条件付款外，对出票人尚未支付的汇票金额按照每天万分之五计收利息。

（三）通过票据市场基础设施提示付款

1. 持票人在提示付款期内通过票据市场基础设施提示付款的，承兑人应当在提示付款当日进行应答或者委托其开户行进行应答。

2. 承兑人存在合法抗辩事由拒绝付款的，应当在提示付款当日出具或者委托其开户行出具拒绝付款证明，并通过票据市场基础设施通知持票人。

3. 承兑人或者承兑人开户行在提示付款当日未作出应答的，视为拒绝付款，票据市场基础设施提供拒绝付款证明并通知持票人。

4. 商业承兑汇票承兑人在提示付款当日同意付款时的处理。如表3-15所示。

表3-15　商业承兑汇票承兑人同意付款时的处理

情形	具体内容
承兑人账户余额足够支付票款的	承兑人开户行应当代承兑人作出同意付款应答，并于提示付款日向持票人付款
承兑人账户余额不足以支付票款的	（1）视同承兑人拒绝付款 （2）承兑人开户行作出拒付应答并说明理由，通知持票人

5. 银行承兑汇票的承兑人已于到期前进行付款确认的，票据市场基础设施应当根据承兑人的委托于提示付款日代承兑人发送指令划付资金至持票人资金账户。

【例题·多选题】（2021年）2020年10月19日，P银行收到甲公司向其提示承兑的一张纸质商业汇票。下列P银行承兑该汇票的做法中，符合法律规定的有（　　）。

A. 于2020年10月30日承兑　　B. 审查甲公司的资格、资信和购销合同
C. 审查汇票记载的内容　　　　D. 与甲公司签订承兑协议

【答案】BCD

【解析】选项B、C、D正确。选项A错误，付款人对向其提示承兑的汇票，应当自收到提示承兑的汇票之日起3日内承兑或者拒绝承兑。选项B、C正确，银行承兑汇票的出票人或者持票人向银行提示承兑时，银行的信贷部门负责按照有关规定和审批程序，对出票人的资格、资信、购销合同和汇票记载的内容进行认真审查，必要时可由出票人提供担保。选项D正确，符合规定和承兑条件的，与出票人签订承兑协议。

【例题·判断题】（2021年）个人与个人之间的资金结算，可以使用商业汇票。（　　）

【答案】×

【解析】商业汇票的适用范围为在银行开立存款账户的法人及其他组织之间的结算。

考点八 银行本票 ★★

一、基本规定

1. 概念

本票是指出票人签发的，承诺自己在见票时无条件支付确定的金额给收款人或者持票人的票据。在我国，本票仅限于银行本票，即银行出票、银行付款。

> 【新东方提示】
> 本票的基本当事人只有出票人与收款人。

2. 适用范围

（1）银行本票可以用于转账，注明"现金"字样的银行本票可以用于支取现金。

（2）单位和个人在同一票据交换区域需要支付各种款项，均可以使用银行本票。

二、其他规定

1. 出票

（1）申请人或者收款人为单位的，银行不得为其签发现金银行本票。

（2）申请人和收款人均为个人需要支取现金的，应在"金额"栏先填写"现金"字样，后填写支付金额。

2. 付款

提示付款期限自出票日起最长不得超过2个月。

持票人超过提示付款期限不获付款的，在票据权利时效内向出票银行作出说明，并提供本人身份证件或者单位证明，可持银行本票向出票银行请求付款。

3. 退款和丧失

（1）出票银行对于在本行开立存款账户的申请人，只能将款项转入原申请人账户；对于现金银行本票和未在本行开立存款账户的申请人，才能退付现金。

（2）银行本票丧失，失票人可以凭人民法院出具的其享有票据权利的证明，向出票银行请求付款或者退款。

【例题·单选题】（2019年）根据支付结算法律制度的规定，下列关于银行本票的表述中，正确的是（　　）。

A. 银行本票见票即付

B. 超过提示付款期限，持票人向出票银行提示付款的，出票银行不受理

C. 银行本票一律不得用于支取现金

D. 银行本票一律不得背书转让

【答案】A

【解析】选项 A 正确。选项 B 错误，持票人超过提示付款期限不获付款的，在票据权利时效内向出票银行作出说明，并提供本人身份证件或者单位证明，可持银行本票向出票银行请求付款。选项 C 错误，注明"现金"字样的银行本票可以用于支取现金。选项 D 错误，现金银行本票不得背书转让，但转账银行本票可以背书转让。

考点九 支票★★★

一、基本规定

1. 支票的概念

支票是指出票人签发的、委托办理支票存款业务的银行在见票时无条件支付确定的金额给收款人或者持票人的票据。支票的基本当事人包括出票人、付款人和收款人。

2. 支票的种类

支票的种类，如表 3-16 所示。

表 3-16 支票的种类

种类	规定
现金支票	现金支票印有"现金"字样，只能用于支取现金
转账支票	印有"转账"字样，只能用于转账
普通支票	未印有"现金""转账"字样，既可用于支取现金，也可用于转账 【新东方提示】 　　普通支票左上角划两条平行线的，为划线支票，划线支票只能用于转账，不能支取现金

3. 适用范围

（1）单位和个人在同一票据交换区域的各种款项结算，均可以使用支票。

（2）全国支票影像系统支持全国使用。

二、其他规定

1. 出票

出票的具体记载事项，如表 3-17 所示。

表 3-17　支票的出票

票据记载事项	具体要求
必须记载事项 （未记载支票无效）	（1）表明"支票"的字样 （2）无条件支付的委托 （3）确定的金额 （4）付款人名称 （5）出票日期 （6）出票人签章
授权补记事项 （支票特有）	（1）金额 （2）收款人名称 【新东方提示】 ① 未补记前不得背书转让和提示付款 ② 出票人可以在支票上记载自己为收款人
相对记载事项	（1）付款地：支票上未记载付款地的，付款人的营业场所为付款地 （2）出票地：支票上未记载出票地的，出票人的营业场所、住所或者经常居住地为出票地
签发支票的注意事项	（1）支票的出票人所签发的支票金额不得超过其付款时在付款人处实有的存款金额。出票人签发的支票金额超过其付款时在付款人处实有的存款金额的，为空头支票。禁止签发空头支票 （2）出票人不得签发与其预留银行签章不符的支票

2. 付款

（1）支票的提示付款期限自出票日起 10 日。

（2）持票人可以委托开户银行收款或者直接向付款人提示付款。用于支取现金的支票仅限于"收款人"向付款人提示付款。

（3）委托收款时，应作委托收款背书，在支票背面背书人签章栏签章、记载"委托收款"字样、背书日期，在被背书人栏记载开户银行名称，并将支票和填制的进账单送交开户行。

【例题·单选题】（2021 年）根据支付结算法律制度的规定，下列关于支票的表述中，不正确的是（　　）。

A. 出票人可以在支票上记载自己为收款人
B. 出票人在付款人处的存款足以支付支票金额时,付款人应当在见票当日足额付款
C. 申请人开立支票存款账户必须使用本名
D. 现金支票可以采用委托收款方式提示付款

【答案】D

【解析】选项D的表述不正确。现金支票不能采用委托收款方式提示付款。

【例题·单选题】(2021年)郑某持有一张出票日期为2020年12月14日的现金支票。下列日期中,郑某提示付款时银行有权拒绝付款的是(   )。
A. 2020年12月14日
B. 2020年12月18日
C. 2020年12月23日
D. 2021年1月14日

【答案】D

【解析】选项D正确。支票的提示付款期限自出票日起10日。

第四单元　非票据结算方式与支付工具

考点一　汇兑★★

一、种类及适用范围

汇兑是汇款人委托银行将其款项支付给收款人的结算方式。
1. 汇兑分为信汇、电汇两种。
2. 单位和个人各种款项的结算,均可使用汇兑结算方式。

二、其他规定

1. 签发汇兑凭证
汇兑凭证记载的汇款人、收款人在银行开立存款账户的,必须记载其账号。
2. 汇款回单与收账通知
(1) 汇款回单:汇出银行受理汇款人签发的汇兑凭证,经审查无误后,应及时向汇入银行办理汇款,并向汇款人签发汇款回单。
汇款回单只能作为汇出银行受理汇款的依据,不能作为该笔汇款已转入收款人账户的证明。
(2) 收账通知:汇入银行对开立存款账户的收款人,应将汇入的款项直接转入收款人

账户，并向其发出收账通知。

收账通知是银行将款项确已收入收款人账户的凭据。

3. 汇兑的撤销

汇款人对汇出银行尚未汇出的款项可以申请撤销。

已汇出的：申请退汇。

【例题·多选题】（2020年）根据支付结算法律制度的规定，关于汇兑结算方式的下列表述中，正确的有（　　）。

A. 汇款人在银行开立存款账户的，在汇兑凭证上必须记载其账号

B. 汇款人对汇出银行尚未汇出的款项不得申请撤销

C. 单位和个人的款项结算，均可使用

D. 收款人在银行开立存款账户的，在汇兑凭证上必须记载其账号

【答案】ACD

【解析】选项A、D正确，汇兑凭证记载的汇款人、收款人在银行开立存款账户的，必须记载其账号。选项B错误，汇款人对汇出银行尚未汇出的款项可以申请撤销。选项C正确，单位和个人各种款项的结算，均可使用汇兑结算方式。

考点二　委托收款★

一、委托收款的适用

1. 概念

委托收款是收款人委托银行向付款人收取款项的结算方式。

2. 适用范围

（1）单位和个人凭已承兑的商业汇票、债券、存单等付款人债务证明办理款项的结算，均可以使用委托收款结算方式。

（2）委托收款在同城、异地均可以使用。

二、其他规定

（一）签发委托收款凭证

签发委托收款凭证必须记载下列事项：

1. 表明"委托收款"的字样；

2. 确定的金额；

3. 付款人名称；

4. 收款人名称；

5. 委托收款凭据名称及附寄单证张数；

6. 委托日期；

7. 收款人签章。

（二）记载开户行

1. 以银行以外的单位为付款人的，委托收款凭证必须记载付款人开户银行名称。

2. 以银行以外的单位或者在银行开立存款账户的个人为收款人的，委托收款凭证必须记载收款人开户银行名称。

3. 未在银行开立存款账户的个人为收款人的，委托收款凭证必须记载被委托银行名称。

（三）付款

1. 银行对收款人提交的委托收款凭证和债务证明，审查无误后办理付款。

2. 以银行为付款人的，银行应当在当日将款项主动支付给收款人。

3. 以单位为付款人的，银行应及时通知付款人，付款人应于接到通知的当日书面通知银行付款。如果付款人未在接到通知的次日起 3 日内通知银行付款的，视为付款人同意付款。

【例题·判断题】委托收款以单位为付款人的，银行收到委托收款凭证及债务证明，审查无误后应于当日将款项主动支付给收款人。（　　）

【答案】×

【解析】委托收款以"单位"为付款人的，银行应当及时通知付款人，付款人应于接到通知的当日书面通知银行付款，付款人未在接到通知的次日起 3 日内通知银行付款的，视同付款人同意付款。

考点三　银行卡★★★

一、银行卡的分类

银行卡的分类，如表 3-18 所示。

表 3-18　银行卡的分类

划分标准	种类		
是否具有透支功能	信用卡	贷记卡	先透支，后还款
		准贷记卡	须先交备用金；备用金不足时可透支

续表

划分标准	种类		
是否具有透支功能	借记卡	转账卡（含储蓄卡）	可转账、存取现金、消费
		专用卡	具有专门用途；可转账、存取现金
		储值卡	预付钱包式；面值或者卡内币值不得超过1 000元人民币
币种不同	人民币卡		
	外币卡		
发行对象不同	单位卡		
	个人卡		
信息载体不同	磁条卡		
	芯片卡		

【新东方提示】

发卡银行应当对借记卡持卡人在自动柜员机（ATM 机）等自助机具取款设定交易上限，每卡每日累计提款不得超过 2 万元人民币。

【例题·单选题】根据支付结算法律制度的规定，下列关于银行卡分类的表述中，不正确的是（   ）。

A. 按是否具有透支功能分为信用卡和贷记卡

B. 按发行对象分为单位卡和个人卡

C. 按币种分为人民币卡和外币卡

D. 按信息载体分为磁条卡和芯片卡

【答案】A

【解析】选项 A 的表述不正确。银行卡按是否具有透支功能分为信用卡和借记卡。

二、银行卡交易的基本规定

（一）信用卡预借现金业务

1. 包括现金提取、现金转账和现金充值。

2. 信用卡持卡人通过 ATM 等自助机具办理现金提取业务，每卡每日累计不得超过人民币 1 万元。

3. 发卡机构不得将持卡人信用卡预借现金额度内资金划转至其他信用卡，以及非持卡人的银行结算账户或者支付账户。

4. 发卡银行应当对借记卡持卡人在 ATM 机等自助机具取款设定交易上限,每卡每日累计提款不得超过 2 万元人民币。

5. 储值卡的面值或者卡内币值不得超过 1 000 元人民币。

(二) 贷记卡

贷记卡持卡人非现金交易可享受免息还款期和最低还款额待遇,银行记账日到发卡银行规定的到期还款日之间为免息还款期。

(三) 发卡银行追偿透支款项和诈骗款项的途径

1. 扣减持卡人保证金、依法处理抵押物和质物。
2. 向保证人追索透支款项。
3. 通过司法机关的诉讼程序进行追偿。

(四) 注销与清户

1. 持卡人在还清全部交易款项、透支本息和有关费用后,可申请办理销户。
2. 发卡行受理注销申请之日起 45 日后,被注销信用卡账户方能清户。

三、计息与收费

1. 发卡机构的告知义务

发卡机构应在信用卡协议中以显著方式提示信用卡利率标准和计结息方式、免息还款期和最低还款额待遇的条件和标准,以及向持卡人收取违约金的详细情形和收取标准等与持卡人有重大利害关系的事项,确保持卡人充分知悉并确认接受。

2. 信用卡透支利率

(1) 取消上下限管理,由发卡机构与持卡人"自主协商"确定。
(2) 发卡机构调整信用卡利率的,应至少提前 45 个自然日按照约定方式通知持卡人。

3. 协议约定的事项

取消信用卡滞纳金,对于持卡人违约逾期未还款的行为,发卡机构应与持卡人通过协议约定是否收取违约金,以及相关收取方式和标准。

4. 不得收取的款项

(1) 发卡机构向持卡人提供超过授信额度用卡的,不得收取超限费。
(2) 发卡机构对向持卡人收取的违约金和年费、取现手续费、货币兑换费等服务费用不得计收利息。

【例题·单选题】(2021 年) 根据支付结算法律制度的规定,下列各项中,不属于信用卡预借现金业务的是（　　）。

A. 现金转账　　　　　　　　B. 现金提取

C. 现金支付　　　　　　　　D. 现金充值

【答案】C

【解析】选项C不属于信用卡预借现金业务。信用卡预借现金业务包括现金提取（选项B）、现金转账（选项A）和现金充值（选项D）。

【例题·单选题】（2020年）根据支付结算法律制度的规定，下列业务中，信用卡持卡人使用预借现金额度内资金不得办理的是（　　）。

A. 划转到本人银行结算账户　　B. 在银行柜面提取现金

C. 在银行ATM机上提取现金　　D. 划转到其他信用卡

【答案】D

【解析】选项D正确。选项A，属于预借现金——现金转账，现金转账是指持卡人将信用卡预借现金额度内资金划转到本人银行结算账户。选项B、C，属于预借现金——现金提取，现金提取是指持卡人通过柜面和自动柜员机等自助机具，以现钞形式获得信用卡预借现金额度内资金。选项D，发卡机构不得将持卡人信用卡预借现金额度内资金划转至其他信用卡，以及非持卡人的银行结算账户或者支付账户。

四、银行卡收单

（一）银行卡收单业务的概念

银行卡收单业务，通俗地讲就是持卡人在银行签约商户那里刷卡消费，银行将持卡人刷卡消费的资金在规定周期内结算给商户，并从中扣取一定比例的手续费。

1. 银行卡收单机构

（1）从事银行卡收单业务的银行业金融机构，如各银行。

（2）获得银行卡收单业务许可、为实体特约商户提供银行卡受理并完成资金结算服务的支付机构，如拉卡拉。

（3）获得网络支付业务许可、为网络特约商户提供银行卡受理并完成资金结算服务的支付机构，如支付宝。

2. 特约商户

（1）与收单机构签订银行卡受理协议、按约定受理银行卡并委托收单机构为其完成交易资金结算的企事业单位、个体工商户或者其他组织。

（2）按照国家市场监督管理机构有关规定，开展网络商品交易等经营活动的自然人。

（二）结算收费

结算收费，如表3-19所示。

表 3-19 结 算 收 费

收费项目	收费方式	收费标准	
收单服务费	收单机构向商户收取	由收单机构与商户协商确定具体费率	
发卡行服务费	发卡机构收取	实行政府指导价、上限管理	借记卡：不超过交易金额的 0.35%（单笔收费金额不超过 13 元）
			贷记卡：不超过交易金额的 0.45%（不实行单笔收费封顶控制）
网络服务费	银行卡清算机构分别向收单、发卡机构收取		不超过交易金额的 0.065%，由发卡、收单机构各承担 50%（即分别向发卡、收单机构计收的费率均不超过交易金额的 0.032 5%）

【新东方提示】
对非营利性的医疗机构、教育机构、社会福利机构、养老机构、慈善机构刷卡交易，实行发卡行服务费、网络服务费全额减免。

【例题·多选题】（2018 年）根据支付结算法律制度的规定，下列关于银行卡收单机构对特约商户管理的表述中，正确的有（　　）。
A. 特约商户是单位的，其收单银行结算账户可以使用个人银行结算账户
B. 对特约商户实行实名制管理
C. 对实体特约商户与网络特约商户分别进行风险评级
D. 对实体特约商户收单业务实行本地化经营，不得跨省域开展收单业务
【答案】BCD
【解析】选项 A 不正确，特约商户的收单银行结算账户应当为其同名单位银行结算账户，或者其指定的、与其存在合法资金管理关系的单位银行结算账户。

考点四　银行电子支付★★

网上银行

（一）网上银行的主要功能
1. 企业网上银行的主要业务功能
（1）账户信息查询。
（2）支付指令。

（3）B2B 网上银行。
（4）批量支付。
2. 个人网上银行的主要业务功能
（1）账户信息查询。
（2）人民币转账业务。
（3）银证转账业务。
（4）外汇买卖业务。
（5）账户管理业务。
（6）B2C 网上支付。

（二）条码支付
1. 条码支付的概念
条码支付业务包括付款扫码和收款扫码。
（1）支付许可
① 支付机构向客户提供基于条码技术付款服务的，应当取得网络支付业务许可；
② 支付机构为实体特约商户和网络特约商户提供条码支付收单服务的，应当分别取得银行卡收单业务许可和网络支付业务许可。
（2）常见的条码支付
① 银行及支付机构的条码支付；
② 由中国银联携手各商业银行、支付机构共同开发建设、共同维护运营的便民支付服务，以及融合了多个银行和支付机构的支付端口、提供聚合类型二维码的聚合支付。
2. 条码交付的交易验证及限额
（1）条码交付的验证
条码支付业务可以组合选用下列三种要素进行交易验证：
① 仅客户本人知悉的要素，如静态密码等；
② 仅客户本人持有并特有的，不可复制或者不可重复利用的要素，如经过安全认证的数字证书、电子签名，以及通过安全渠道生成和传输的一次性密码等；
③ 客户本人生物特征要素，如指纹等。
（2）条码支付限额
① 风险防范能力达到 A 级，即采用包括数字证书或者电子签名在内的两类（含）以上有效要素对交易进行验证的，银行、支付机构可与客户通过协议自主约定单日累计限额；
② 风险防范能力达到 B 级，即采用不包括数字证书、电子签名在内的两类（含）以上有效要素对交易进行验证的，同一客户单个银行账户或者所有支付账户单日累计交易金额应不超过 5 000 元；

③ 风险防范能力达到 C 级，即采用不足两类要素对交易进行验证的，同一客户单个银行账户或者所有支付账户单日累计交易金额应不超过 1 000 元；

④ 风险防范能力达到 D 级，即使用静态条码的，同一客户单个银行账户或者所有支付账户单日累计交易金额应不超过 500 元。

【新东方提示】

银行、支付机构提供收款扫码服务的，应使用动态条码，设置条码有效期、使用次数等方式，防止条码被重复使用导致重复扣款，确保条码真实有效。

3. 商户管理

银行、支付机构拓展条码支付特约商户，应遵循"了解你的客户"原则，确保所拓展的是依法设立、合法经营的特约商户。

商户有营业执照：银行、支付机构拓展特约商户应落实实名制规定，严格审核特约商户的营业执照、法定代表人或者负责人的有效身份证件等申请材料，确认申请材料的真实性、完整性、有效性，并留存申请材料的影印件或者复印件。

商户没有营业执照：通过审核商户主要负责人身份证明文件和辅助证明材料为其提供条码支付收单服务。

【新东方提示】

以同一个身份证件在同一家银行、支付机构办理的全部小微商户基于信用卡的条码支付收款金额日累计不超过 1 000 元、月累计不超过 1 万元。

4. 风险管理

银行、支付机构发现特约商户发生疑似套现、洗钱、恐怖融资、欺诈、留存或者泄露账户信息等风险事件的，应对特约商户采取延迟资金结算、暂停交易、冻结账户等措施，并承担因未采取措施导致的风险损失责任；发现涉嫌违法犯罪活动的，应及时向公安机关报案。

考点五 网络支付★★

一、网络支付机构

网络支付机构的种类以及具体内容，如表 3-20 所示。

表 3-20　网络支付机构的种类以及具体内容

种类	内容
金融型支付企业	金融型支付企业是独立第三方支付模式，其不负有担保功能，仅仅为用户提供支付产品和支付系统解决方案，侧重行业需求和开拓行业应用，是立足于企业端的金融型支付企业
互联网型支付企业	互联网支付企业是依托于自有的电子商务网站并提供担保功能的第三方支付模式，以在线支付为主，是立足于个人消费者端的互联网型支付企业

二、支付账户

1. 支付账户

支付账户不得透支，不得出借、出租、出售，不得利用支付账户从事或者协助他人从事非法活动。

2. 开户要求

（1）实名制管理

支付机构为客户开立支付账户的，应当对客户实行实名制管理，登记并核验客户身份基本信息，建立客户唯一识别编码，不得开立匿名、假名支付账户。

（2）支付限额

开立支付账户时，支付机构应当与单位和个人签订协议，约定支付账户之间的日累计转账限额和笔数，超出限额和笔数的，不得再办理转账业务。

（3）支付账户的开立要求

支付机构为单位开立支付账户，应要求单位提供相关证明文件，并自主或者委托合作机构以面对面的方式核实客户身份，或者以非面对面方式通过至少 3 个合法安全的外部渠道对单位基本信息进行多重交叉验证。

（4）个人支付账户

个人支付账户，如表 3-21 所示。

表 3-21　开户要求——个人支付账户

分类	要求	用途
Ⅰ类账户	同时满足： （1）以非面对面方式通过至少一个合法安全的外部渠道进行身份基本信息验证 （2）首次在该支付机构开立支付账户	（1）账户余额可用于消费和转账 （2）余额付款交易自账户开立起累计不超过 1 000 元（包括支付账户向客户本人同名银行账户转账）

续表

分类	要求	用途
Ⅱ类账户	满足其一： （1）自主或者委托合作机构以面对面方式核实身份 （2）以非面对面方式通过至少三个合法安全的外部渠道进行身份基本信息多重交叉验证	（1）账户余额可用于消费和转账 （2）所有支付账户的余额付款交易年累计不超过10万元（不包括支付账户向客户本人同名银行账户转账）
Ⅲ类账户	满足其一： （1）以面对面方式核实身份 （2）以非面对面方式通过至少五个合法安全的外部渠道进行身份基本信息多重交叉验证	（1）账户余额可以用于消费、转账以及购买投资理财等金融类产品 （2）所有支付账户的余额付款交易年累计不超过20万元（不包括支付账户向客户本人同名银行账户转账）

三、网络支付的相关规定

1. 网络支付的限额

（1）采用包括数字证书或者电子签名在内的两类（含）以上有效要素进行验证的交易，单日累计限额由支付机构与客户通过协议自主约定；

（2）采用不包括数字证书、电子签名在内的两类（含）以上有效要素进行验证的交易，单个客户所有支付账户单日累计金额应不超过5 000元（不包括支付账户向客户本人同名银行账户转账）；

（3）采用不足两类有效要素进行验证的交易，单个客户所有支付账户单日累计金额应不超过1 000元（不包括支付账户向客户本人同名银行账户转账），且支付机构应当承诺无条件全额承担此类交易的风险损失赔付责任。

2. 业务风险管理

除单笔金额不超过200元的小额支付业务，公共事业缴费、税费缴纳、信用卡还款等收款人固定并且定期发生的支付业务，支付机构不得代替银行进行交易验证。

考点六 预付卡 ★★

一、记名预付卡与不记名预付卡的联系与区别

预付卡，是指发卡机构以特定载体和形式发行的、可在发卡机构之外购买商品或者服务的预付价值。

【新东方提示】

按是否记载持卡人身份信息分为记名预付卡和不记名预付卡。

记名预付卡与不记名预付卡的联系与区别,如表 3-22 所示。

表 3-22 记名预付卡与不记名预付卡的联系与区别

项目	记名预付卡	不记名预付卡
单张限额	≤ 5 000 元	≤ 1 000 元
挂失	可挂失	不挂失
赎回	购卡后 3 个月可赎回	不赎回
有效期	无	不得低于 3 年 超期可延期、激活、换卡
提供身份证件	需要	一次性购买 1 万元以上需要
使用信用卡购买及充值	×	×
银行转账购买 (不得使用现金)	单位:一次性购买 5 000 元以上 个人:一次性购买 50 000 元以上	
转账充值	一次性充值 5 000 元以上(不足 5 000 元可使用现金充值)	
使用规定	(1)在发卡机构拓展、签约的特约商户中使用 (2)不得用于或者变相用于提取现金 (3)不得用于购买、交换非本发卡机构发行的预付卡、单一行业卡及其他商业预付卡或者向其充值 (4)卡内资金不得向银行账户或者向非本发卡机构开立的网络支付账户转移	
发卡机构的资金管理	(1)发卡机构接受的、客户用于未来支付需要的预付卡资金,不属于发卡机构的自有财产,发卡机构不得挪用、挤占 (2)发卡机构对客户备付金需 100% 集中交存中国人民银行	

【新东方提示】

预付卡以人民币计价,不具有透支功能。

二、其他规定

(一) 信息登记

个人或者单位购买记名预付卡或者一次性购买不记名预付卡 1 万元以上的,应当使用实名并向发卡机构提供有效身份证件。

(二) 赎回

1. 持卡人应当出示预付卡及持卡人和购卡人的有效身份证件。
2. 单位购买的记名预付卡,只能由单位办理赎回,不得代理赎回。
3. 个人购买的记名预付卡,由他人代理赎回的,应同时出示代理人和被代理人的有效身份证件。

【例题·单选题】(2021 年)王某使用甲支付机构发行的记名预付卡,可以办理的业务是( )。
A. 将卡内资金转入信用卡还款
B. 提取现金
C. 购买其他商业预付卡
D. 在甲支付机构签约的特约商户消费
【答案】D
【解析】选项 D 正确。预付卡在发卡机构拓展、签约的特约商户中使用,不得用于或者变相用于提取现金(选项 B 错误),不得用于购买、交换非本发卡机构发行的预付卡、单一行业卡及其他商业预付卡或者向其充值(选项 C 错误),卡内资金不得向银行账户或者非本发卡机构开立的网络支付账户转移(选项 A 错误)。

【例题·单选题】根据支付结算法律制度的规定,下列关于预付卡的表述中,正确的是( )。
A. 记名预付卡的有效期最长为 3 年
B. 单张记名预付卡的资金限额不得超过 1 000 元
C. 购卡人可以使用信用卡购买预付卡
D. 预付卡以人民币计价,不具有透支功能
【答案】D
【解析】选项 D 的表述正确。选项 A 的表述错误,记名预付卡不得设置有效期。选项 B 的表述错误,单张记名预付卡的资金限额不得超过 5 000 元。选项 C 的表述错误,购卡人不得使用信用卡购买预付卡,也不得使用信用卡为预付卡充值。

第五单元　支付结算纪律与法律责任

考点一　支付结算纪律★

支付结算纪律，如表 3-23 所示。

表 3-23　支付结算纪律

分类	内容
单位和个人的支付结算纪律	（1）不准签发没有资金保证的票据或者远期支票，套取银行信用 （2）不准签发、取得和转让没有真实交易和债权债务的票据，套取银行和他人资金 （3）不准无理拒绝付款，任意占用他人资金；不准违反规定开立和使用账户
银行的支付结算纪律	（1）不准以任何理由压票、任意退票、截留挪用客户和他行资金 （2）不准无理拒绝支付应由银行支付的票据款项 （3）不准受理无理拒付、不扣少扣滞纳金 （4）不准违章签发、承兑、贴现票据，套取银行资金 （5）不准签发空头银行汇票、银行本票和办理空头汇款 （6）不准在支付结算制度之外规定附加条件，影响汇路畅通 （7）不准违反规定为单位和个人开立账户 （8）不准拒绝受理、代理他行正常结算业务

考点二　违反支付结算法律制度的法律责任★

一、签发空头支票、印章与预留印鉴不符、密码错误支票，未构成犯罪行为的法律责任

1. 单位或者个人签发空头支票或者签发与其预留的签章不符、使用支付密码但支付密码错误的支票，不以骗取财物为目的的，由中国人民银行处以票面金额 5% 但不低于 1 000 元的罚款；

2. 持票人有权要求出票人赔偿支票金额 2% 的赔偿金；

3. 屡次签发空头支票的，银行有权停止为其办理支票或者全部支付结算业务。

【新东方提示】

中国人民银行是空头支票的处罚主体。

二、无理拒付，占用他人资金行为的法律责任

票据的付款人对见票即付或者到期的票据，故意压票、拖延支付的，银行机构违反票据承兑等结算业务规定，不予兑现，不予收付入账、压单、压票或者违反规定退票的，由国务院银行保险监督管理机构责令其改正，有违法所得的，没收违法所得。

违法所得5万元以上的，并处违法所得1倍以上5倍以下罚款；没有违法所得或者违法所得不足5万元的，处5万元以上50万元以下罚款。

三、违反账户管理规定行为的法律责任

违反账户管理规定行为的法律责任，如表3-24所示。

表3-24 违反账户管理规定行为的法律责任

	违法情形	经营性存款人	非经营性存款人
开立、撤销	违反规定开立银行结算账户	给予警告并处以1万元以上3万元以下的罚款	给予警告并处以1 000元的罚款
	伪造、变造证明文件欺骗银行开立银行结算账户		
	违反规定不及时撤销银行结算账户		
使用	违反规定将单位款项转入个人银行结算账户	给予警告并处以5 000元以上3万元以下的罚款	给予警告并处以1 000元的罚款
	违反规定支取现金		
	利用开立银行结算账户逃废银行债务		
	出租、出借银行结算账户		
	从基本存款账户之外的银行结算账户转账存入、将销货收入存入或者现金存入单位信用卡账户		
	法定代表人或者主要负责人、存款人地址以及其他开户资料的变更事项未在规定期限内通知银行	给予警告并处以1 000元的罚款	
	伪造、变造、私自印制开户许可证	处以1万元以上3万元以下的罚款	处以1 000元的罚款

第四章 税法概述及货物和劳务税法律制度

内容框架

单元	考点	星级
税收法律制度概述	税收法律关系	★
	税法要素	★
	现行税种与征收机关	★★
增值税法律制度	增值税纳税义务人和扣缴义务人	★
	增值税征税范围的一般规定	★★★
	增值税征税范围的特殊规定	★★
	视同销售行为	★★★
	混合销售与兼营行为	★★★
	增值税税率	★
	增值税征收率	★
	增值税应纳税额的计税方法	★★★
	纳税义务发生时间	★★
	当期销项税额的计算	★★★
	当期进项税额的确定	★★★
	增值税税收优惠	★★
	增值税征收管理	★★
	增值税出口退税制度	★★
消费税法律制度	消费税税目	★★
	征税范围	★★★
	消费税税率	★★
	消费税销售额和销售量的一般规定	★★★
	消费税销售额和销售量的特殊规定	★★★

续表

单元	考点	星级
消费税法律制度	消费税应纳税额的计算	★★★
	已纳消费税的扣除	★★
	消费税征收管理	★★
城市维护建设税和教育费附加法律制度	城市维护建设税和教育费附加法律制度	★★★
车辆购置税法律制度	车辆购置税法律制度	★★
关税法律制度	关税法律制度	★★

考情分析

本章最近3年的考查分值约为20分，涉及单选题、多选题、判断题和不定项选择题，属于非常重要章节。本章主要介绍税法的基础知识和增值税、消费税法律制度等，难度较大。

教材变化

1. "不征收增值税项目"中，增加"纳税人取得的财政补贴收入"的规定，属于不重要的变化。

2. "增值税税收优惠"中，增加"法律援助人员按照《中华人民共和国法律援助法》规定获得的法律援助补贴"，删除"军队空余房产租赁收入"，均属于不重要的变化。

3. 修改"小规模纳税人免税规定"，属于重要的变化。

4. 增加"增值税期末留抵退税"，属于重要的变化。

5. 增加"增值税出口退税制度"，属于重要的变化。

6. 增加对电子烟征收消费税，属于重要的变化。

7. 增加"地方教育附加"，属于重要的变化。

8. 车辆购置税中，增加"新能源汽车"和"单车价格（不含增值税）不超过30万元的2.0升及以下排量乘用车"的税收优惠，属于不重要的变化。

第一单元 税收法律制度概述

考点一 税收法律关系 ★

税收法律关系是税法在调整征税主体与纳税主体之间的税收征纳关系过程中形成的税收权利与税收义务关系。税收法律关系与其他法律关系一样也是由主体、客体和内容三个方面构成。如表4-1所示。

表4-1 税收法律关系

法律关系要素	主要内容
主体	一方是征税主体：包括<u>国家各级税务机关和海关</u> 另一方是纳税主体：履行纳税义务的人，包括纳税人和扣缴义务人，具体表现形式有自然人、法人和其他组织
客体	即征税对象。如企业所得税法律关系的客体就是生产经营所得和其他所得
内容	主体所享受的权利和所应承担的义务 这是税收法律关系中最实质的东西，也是税法的核心

【例题·多选题】根据税收征收管理法律制度的规定，下列各项中，属于税收法律关系主体的有（   ）。

A. 征税对象　　　　　　　　　B. 纳税人
C. 海关　　　　　　　　　　　D. 税务机关

【答案】BCD

【解析】选项B、C、D正确。选项A错误，征税对象属于税收法律关系的客体。税收法律关系主体包括征税主体和纳税主体，其中征税主体包括国家各级税务机关（选项D）和海关（选项C），纳税主体包括纳税人（选项B）和扣缴义务人。

考点二 税法要素 ★

税法要素一般包括纳税人、征税对象、税率、计税依据、纳税环节、纳税期限、纳税地点、税收优惠、法律责任等。

【例题·多选题】下列各项中，属于税法要素的有（   ）。

A. 纳税人　　　　　　　　　　B. 税收优惠

C. 征税对象　　　　　　　　　　D. 税率

【答案】ABCD

【解析】选项 A、B、C、D 均正确。税法要素一般包括纳税人（选项 A 正确）、征税对象（选项 C 正确）、税率（选项 D 正确）、计税依据、纳税环节、纳税期限、纳税地点、税收优惠（选项 B 正确）、法律责任等。

一、纳税人

概念：是指法律、行政法规规定负有纳税义务的单位和个人。

二、征税对象、税目、计税依据

征税对象、税目、计税依据，如表 4-2 所示。

表 4-2　征税对象、税目、计税依据

税法要素	主要内容
征税对象	（1）又称课税对象，是纳税的客体。它是指税收法律关系中权利义务所指的对象，即对什么征税 （2）是区别不同税种的重要标志
税目	是税法中具体规定应当征税的项目，是征税对象的具体化
计税依据	（1）从价计征：以计税金额为计税依据，如增值税 （2）从量计征：以征税对象的重量、体积、数量等为计税依据，如车船税、城镇土地使用税、耕地占用税等

【例题·单选题】（2019 年）区别不同税种的重要标志是（　　）。

A. 纳税环节　　　　　　　　　　B. 税目

C. 税率　　　　　　　　　　　　D. 征税对象

【答案】D

【解析】选项 D 正确。征税对象是指税收法律关系中权利义务所指的对象，即对什么征税。不同的征税对象是区别不同税种的重要标志。选项 A 错误，纳税环节主要是指税法规定的征税对象在从生产到消费的流转过程中应当缴纳税款的环节。选项 B 错误，税目是征税对象的具体化。选项 C 错误，税率是指应征税额与计税金额（或者数量单位）之间的比例，是计算税额的尺度。

三、税率

税率,如表4-3所示。

表4-3 税 率

税法要素			主要内容
税率	比例税率		指对同一征税对象,不论其数额大小,均按同一个比例征税的税率
	累进税率	全额累进税率	按征税对象数额的逐步递增划分若干等级,并按等级规定逐步提高的税率。我国目前不采用这种税率
		超额累进税率	将征税对象数额的逐步递增划分为若干等级,按等级规定相应的递增税率,对每个等级分别计算税额 我国个人所得税中"综合所得""经营所得"采用这种税率
		超率累进税率	按征税对象的某种递增比例划分若干等级,按等级规定相应的递增税率,对每个等级分别计算税额 我国的土地增值税采用这种税率
	定额税率		按征税对象的一定单位直接规定固定的税额,而不采取百分比的形式,如车船税、城镇土地使用税等

超额累进税率,如个人所得税,如表4-4所示。

表4-4 个人所得税税率表(综合所得适用)

级数	全年应纳税所得额	税率(%)	速算扣除数
1	不超过36 000元的	3	0
2	超过36 000元至144 000元的部分	10	2 520
3	超过144 000元至300 000元的部分	20	16 920
4	超过300 000元至420 000元的部分	25	31 920
5	超过420 000元至660 000元的部分	30	52 920
6	超过660 000元至960 000元的部分	35	85 920
7	超过960 000元的部分	45	181 920

超率累进税率,如土地增值税,如表4-5。

表 4-5　土地增值税四级超率累进税率表

级数	增值额与扣除项目金额的比率	税率（%）	速算扣除系数（%）
1	不超过 50% 的部分	30	0
2	超过 50% 至 100% 的部分	40	5
3	超过 100% 至 200% 的部分	50	15
4	超过 200% 的部分	60	35

【例题·单选题】下列税率形式中，我国现行税收法律制度没有采用的是（　　）。
A. 超额累进税率　　　　　　　　B. 全额累进税率
C. 超率累进税率　　　　　　　　D. 定额税率
【答案】B
【解析】选项 B 正确。目前，在我国的税收法律制度中不采用全额累进税率。

四、纳税环节、纳税期限和纳税地点

纳税环节、纳税期限和纳税地点，如表 4-6 所示。

表 4-6　纳税环节、纳税期限和纳税地点

税法要素	主要内容
纳税环节	指税法规定的征税对象在从生产到消费的流转过程中应当缴纳税款的环节
纳税期限	指纳税人的纳税义务发生后应依法缴纳税款的期限 包括纳税义务发生时间、纳税期限、缴库期限
纳税地点	纳税人（包括代征、代扣、代缴义务人）具体申报缴纳税款的地点

五、税收优惠和法律责任

税收优惠和法律责任，如表 4-7 所示。

表 4-7　税收优惠和法律责任

税法要素	主要内容
税收优惠	（1）减税和免税：减税是减少征收部分税款；免税是免除应征税款 （2）起征点：是对征税对象开始征税的数额界限，如增值税

第二部分 考点精讲/第四章 税法概述及货物和劳务税法律制度

续表

税法要素	主要内容
税收优惠	【新东方提示】 征税对象的数额没有达到规定起征点的不征税；达到或者超过起征点的，就其全部数额征税 （3）免征额：指对征税对象总额中免予征税的数额。对纳税对象中的一部分给予减免，只就减除后的剩余部分计征税款，如个人所得税
法律责任	税法中的法律责任包括行政责任和刑事责任

考点三 现行税种与征收机关 ★★

现行税种与征收机关，如表4-8所示。

表4-8 现行税种与征收机关

征收和管理主体	征管范围
税务机关	（1）增值税；（2）消费税；（3）企业所得税；（4）个人所得税；（5）资源税；（6）城镇土地使用税；（7）城市维护建设税；（8）印花税；（9）土地增值税；（10）房产税；（11）车船税；（12）车辆购置税；（13）烟叶税；（14）耕地占用税；（15）契税；（16）环境保护税；（17）出口产品退税（增值税、消费税） 【新东方提示】 部分非税收入和社会保险费也由税务机关负责征收
海关	（1）关税；（2）船舶吨税；（3）委托代征的进口环节增值税、消费税

【例题·多选题】（2021年）下列税种中，由海关负责征收和管理的有（　　）。
A. 契税　　　　　　　　　　　B. 车船税
C. 船舶吨税　　　　　　　　　D. 关税
【答案】CD
【解析】选项C、D正确。选项A、B，由税务机关负责征收；选项C、D，由海关负责征收。海关主要负责下列税种的征收和管理：关税、船舶吨税。进口环节的增值税、消费税由海关代征。

123

第二单元 增值税法律制度

考点一 增值税纳税义务人和扣缴义务人 ★

一、纳税人

（一）概念

1. 一般规定

在中华人民共和国境内销售货物或者加工、修理修配劳务（以下简称劳务），销售服务、无形资产、不动产以及进口货物的单位和个人，为增值税的纳税人。

个人，是指个体工商户和其他个人。

2. 特殊情形

（1）单位以承包、承租、挂靠方式经营的，承包人、承租人、挂靠人（以下统称承包人）以发包人、出租人、被挂靠人（以下统称发包人）名义对外经营并由发包人承担相关法律责任的，以该发包人为纳税人。否则，以承包人为纳税人。

【新东方提示】

以谁的名义对外经营，谁就是纳税人。

（2）资管产品运营过程中发生的增值税应税行为，以资管产品管理人为增值税纳税人。

【例题·单选题】根据增值税法律制度的规定，下列关于增值税纳税人的表述中，正确的是（　　）。

A. 转让无形资产，以无形资产受让方为纳税人

B. 提供建筑安装服务，以建筑安装服务接收方为纳税人

C. 资管产品运营过程中发生的增值税应税行为，以资管产品管理人为纳税人

D. 单位以承包、承租、挂靠方式经营的，一律以承包人为纳税人

【答案】C

【解析】选项C正确。选项A、B，提供方、转让方是纳税人；选项D，需要区分不同情形。

（二）一般纳税人与小规模纳税人

根据纳税人的经营规模和会计核算水平，增值税的纳税人可以分为小规模纳税人和一般纳税人。其中，一般纳税人实行登记制，登记手续由增值税纳税人向税务机关办理，但另有规定除外。

1. 一般纳税人的认定标准

（1）应认定标准（经营规模）：年应税销售额超过 500 万元的企业和企业性单位，应当向主管税务机关办理一般纳税人登记。

（2）可以认定标准（会计核算水平）：年应税销售额未超过 500 万元的纳税人，会计核算健全，能够提供准确税务资料的，可以向主管税务机关申请办理一般纳税人登记。

【新东方提示】

年应税销售额，是指纳税人在连续不超过 12 个月或者 4 个季度的经营期内累计应征增值税销售额，包括纳税申报销售额、稽查查补销售额、纳税评估调整销售额。

2. 不办理一般纳税人资格登记的范围

销售额超过标准，但不办理一般纳税人资格登记的范围：

（1）按照政策规定，选择按照小规模纳税人纳税的（这部分纳税人可选择）；

（2）年应税销售额超过规定标准的其他个人。

【新东方提示】

（1）除国家税务总局另有规定外，纳税人一经登记为一般纳税人后，不得转为小规模纳税人。

（2）应当办理一般纳税人资格登记而未办理的，应当按销售额和增值税税率计税，不得抵扣进项税额，也不得使用增值税专用发票。

【例题·判断题】其他个人不属于增值税一般纳税人。（　　）

【答案】√

【解析】其他个人不属于增值税一般纳税人。

二、扣缴义务人

中华人民共和国境外的单位或者个人在境内销售劳务，在境内未设有经营机构的，以其境内代理人为扣缴义务人；在境内没有代理人的，以购买方为扣缴义务人。

考点二 增值税征税范围的一般规定 ★★★

增值税的征税范围包括在中华人民共和国境内销售货物或者劳务，销售服务、无形资产、不动产以及进口货物。

一、进口或者境内销售货物

1. 进口货物是指申报进入中国海关境内的货物。
2. 销售货物是指有偿转让货物的所有权。其中，货物是指有形动产，包括电力、热力、气体在内。

二、销售劳务

包括加工、修理修配劳务。

> 【新东方提示】
>
> 这里是针对"有形动产"的加工、修理修配；如果修缮不动产，则属于"销售服务——建筑服务（修缮服务）"。

【例题·多选题】下列各项中，属于增值税征税范围的有（　　）。
A. 车辆维修　　　　　　　　　　B. 手机修配
C. 金银首饰加工　　　　　　　　D. 蒸汽销售
【答案】ABCD
【解析】根据增值税法律制度的规定，销售货物（选项D正确），提供加工、修理修配劳务（选项A、B、C正确），销售服务均属于增值税征税范围。

三、销售服务

1. 交通运输服务

交通运输服务，如表4-9所示。

表 4-9 交通运输服务

税目	具体内容
陆路运输服务	包括铁路运输服务和其他陆路运输服务 【新东方提示】 出租车公司向使用本公司自有出租车的出租车司机收取的管理费用，按照陆路运输服务缴纳增值税
水路运输服务	水路运输的程租、期租业务，属于水路运输服务
航空运输服务	（1）航空运输的湿租业务，属于航空运输服务 （2）航天运输服务，按照航空运输服务缴纳增值税 【新东方提示】 航天运输服务，是指利用火箭等载体将卫星、空间探测器等空间飞行器发射到空间轨道的业务活动
管道运输服务	是指通过管道设施输送气体、液体、固体物质的运输业务活动

【新东方提示】
无运输工具承运业务，按照交通运输服务缴纳增值税
　　无运输工具承运业务，是指经营者以承运人身份与托运人签订运输服务合同，收取运费并承担承运人责任，然后委托实际承运人完成运输服务的经营活动

2. 邮政服务

邮政服务，如表 4-10 所示。

表 4-10 邮政服务

税目	具体内容
邮政普遍服务	是指函件、包裹等邮件寄递，以及邮票发行、报刊发行和邮政汇兑等业务活动
邮政特殊服务	是指义务兵平常信函、机要通信、盲人读物和革命烈士遗物的寄递等业务活动
其他邮政服务	是指邮册等邮品销售、邮政代理等业务活动

3. 电信服务

电信服务，如表4-11所示。

表4-11 电信服务

税目	具体内容
基础电信服务	提供语音通话服务，以及出租或者出售带宽、波长等网络元素的业务活动
增值电信服务	提供短信和彩信服务、电子数据和信息的传输及应用服务、互联网接入服务等业务活动 【新东方提示】 卫星电视信号落地转接服务，按照增值电信服务缴纳增值税

【例题·判断题】根据增值税法律制度的规定，卫星电视信号落地转接服务，属于增值电信服务。（　　）

【答案】√

4. 建筑服务

建筑服务，如表4-12所示。

表4-12 建筑服务

税目	具体内容
工程服务	是指新建、改建各种建筑物、构筑物的工程作业
安装服务	是指生产设备、动力设备等各种设备、设施的装配、安置工程作业 【新东方提示】 固定电话、有线电视、宽带、水、电、燃气、暖气等经营者向用户收取的安装费、初装费、开户费、扩容费以及类似收费，按照安装服务缴纳增值税
修缮服务	是指对建筑物、构筑物（不动产）进行修补、加固、养护、改善，使之恢复原来的使用价值或者延长其使用期限的工程作业
装饰服务	是指对建筑物、构筑物进行修饰装修，使之美观或者具有特定用途的工程作业

续表

税目	具体内容
其他建筑服务	是指上述工程作业之外的各种工程作业服务，如钻井（打井）、拆除建筑物或者构筑物、平整土地、园林绿化、疏浚（不包括航道疏浚）、建筑物平移、搭脚手架、爆破、矿山穿孔、表面附着物（包括岩层、土层、沙层等）剥离和清理等工程作业

【例题·单选题】根据增值税法律制度的规定，下列各项中，应按照"销售服务——建筑服务"税目计缴增值税的是（ ）。

A. 平整土地

B. 出售住宅

C. 出租办公楼

D. 转让土地使用权

【答案】A

【解析】选项 A 正确。选项 B，按照"销售不动产"税目计缴增值税。选项 C，按照"销售服务——现代服务——租赁服务"税目计缴增值税。选项 D，按照"销售无形资产"税目计缴增值税。

5. 金融服务

金融服务，如表 4–13 所示。

表 4–13 金融服务

税目	具体内容
贷款服务	各种占用、拆借资金取得的收入，包括金融商品持有期间（含到期）利息（保本收益、报酬、资金占用费、补偿金等）收入、信用卡透支利息收入、买入返售金融商品利息收入、融资融券收取的利息收入，以及融资性售后回租、押汇、罚息、票据贴现、转贷等业务取得的利息及利息性质的收入，按照贷款服务缴纳增值税 【新东方提示】 以货币资金投资收取的固定利润或者保底利润，按照贷款服务缴纳增值税
直接收费金融服务	包括提供货币兑换、账户管理、电子银行、信用卡、信用证、财务担保、资产管理、信托管理、基金管理、金融交易场所（平台）管理、资金结算、资金清算、金融支付等服务

续表

税目	具体内容
保险服务	包括人身保险服务和财产保险服务
金融商品转让	是指转让外汇、有价证券、非货物期货和其他金融商品（如基金、信托、理财产品）所有权的业务活动

【例题·多选题】根据增值税法律制度的规定，下列各项中，应按照"金融服务"税目计算缴纳增值税的有（   ）。
  A. 转让外汇
  B. 融资性售后回租
  C. 货币兑换服务
  D. 财产保险服务
【答案】ABCD
【解析】选项A、B、C、D正确。选项A，转让外汇按"金融服务——金融商品转让"缴纳增值税。选项B，融资性售后回租按"金融服务——贷款服务"缴纳增值税。选项C，货币兑换服务按"金融服务——直接收费金融服务"缴纳增值税。选项D，财产保险服务按"金融服务——保险服务"缴纳增值税。

6. 现代服务

现代服务，如表4-14所示。

表4-14 现 代 服 务

税目	具体内容
研发和技术服务	包括研发服务、合同能源管理服务、工程勘察勘探服务、专业技术服务
信息技术服务	包括软件服务、电路设计及测试服务、信息系统服务、业务流程管理服务和信息系统增值服务
文化创意服务	包括设计服务、知识产权服务、广告服务和会议展览服务
物流辅助服务	包括航空服务、港口码头服务、货运客运场站服务、打捞救助服务、仓储服务、装卸搬运服务和收派服务
租赁服务	包括动产（或者不动产）融资租赁服务和动产（或者不动产）经营租赁服务

续表

税目	具体内容
租赁服务	【新东方提示】 （1）将建筑物、构筑物等不动产或者飞机、车辆等有形动产的广告位出租给其他单位或者个人用于发布广告，按照经营租赁服务缴纳增值税 （2）车辆停放服务、道路通行服务（包括过路费、过桥费、过闸费等）等按照不动产经营租赁服务缴纳增值税 （3）融资性售后回租按"金融服务——贷款服务"缴纳增值税
鉴证咨询服务	包括认证服务、鉴证服务和咨询服务 【新东方提示】 翻译服务和市场调查服务按照咨询服务缴纳增值税
广播影视服务	包括广播影视节目（作品）的制作服务、发行服务和播映（含放映）服务
商务辅助服务	包括企业管理服务、经纪代理服务、人力资源服务、安全保护服务
其他现代服务	除前述以外的现代服务

7. 生活服务

包括文化体育服务、教育医疗服务、旅游娱乐服务、餐饮住宿服务、居民日常服务以及其他生活服务。

【新东方提示】

居民日常服务主要是为满足居民个人及其家庭日常生活需求提供的服务，包括市容市政管理、家政、婚庆、养老、殡葬、照料和护理、救助救济、美容美发、按摩、桑拿、氧吧、足疗、沐浴、洗染、摄影扩印等服务。

【例题·单选题】（2021年）根据增值税法律制度的规定，下列各项中，应按"生活服务"缴纳增值税的是（　　）。

A. 广播影视服务　　　　　　B. 安全保护服务

C. 道路通行服务　　　　　　D. 教育医疗服务

【答案】 D

【解析】 选项 D 正确，属于生活服务。生活服务，包括文化体育服务、教育医疗服务、旅游娱乐服务、餐饮住宿服务、居民日常服务和其他生活服务；选项 A、B、C 错误，属于现代服务。

【例题·单选题】（2021年）根据增值税法律制度的规定，下列各项中，应按"现代服务—租赁服务"缴纳增值税的是（　　）。

A. 水路运输的程租业务　　　B. 融资性售后回租

C. 航空运输的湿租业务　　　D. 车辆停放业务

【答案】 D

【解析】 选项 D 正确。选项 A 错误，属于"交通运输服务——水路运输服务"。选项 B 错误，属于"金融服务——贷款服务"。选项 C 错误，属于"交通运输服务——航空运输服务"。现代服务，是指围绕制造业、文化产业、现代物流产业等提供技术性、知识性服务的业务活动。包括研发和技术服务、信息技术服务、文化创意服务、物流辅助服务、租赁服务、鉴证咨询服务、广播影视服务、商务辅助服务和其他现代服务。选项 D 正确，车辆停放业务、道路通行服务（包括过路费、过桥费、过闸费等）等按照不动产经营租赁缴纳增值税。

四、销售无形资产

指转让无形资产所有权或者使用权的业务活动。包括技术（专利技术和非专利技术）、商标、著作权、商誉、自然资源使用权和其他权益性无形资产。

自然资源使用权，包括土地使用权、海域使用权、探矿权、采矿权、取水权和其他自然资源使用权。

其他权益性无形资产，包括基础设施资产经营权、公共事业特许权、配额、经营权、经销权、分销权、代理权、会员权、席位权、网络游戏虚拟道具、域名、名称权、肖像权、冠名权、转会费等。

五、销售不动产

是指转让不动产所有权的业务活动，包括建筑物、构筑物等。

转让建筑物有限产权或者永久使用权的，转让在建的建筑物或者构筑物所有权的，以及在转让建筑物或者构筑物时一并转让其所占土地的使用权的，按照销售不动产缴纳增值税。

转让土地使用权，按照销售无形资产缴纳增值税。

考点三 增值税征税范围的特殊规定★★

一、非经营活动

非经营活动不征收增值税，具体情形包括：

1. 行政单位收取的同时满足以下条件的政府性基金或者行政事业性收费。

（1）由国务院或者财政部批准设立的政府性基金，由国务院或者省级人民政府及其财政、价格主管部门批准设立的行政事业性收费。

（2）收取时开具省级以上（含省级）财政部门监（印）制的财政票据。

（3）所收款项全额上缴财政。

2. 单位或者个体工商户与员工之间的下列交易。

单位或者个体工商户与员工之间的交易，如表4-15所示。

表4-15 单位或者个体工商户与员工之间的交易

提供方	接受方	内容
单位或者个体工商户聘用的员工	本单位或者雇主	提供取得工资的服务
单位或者个体工商户	聘用的员工	提供服务

二、"境内"的界定

"境内"的界定，如表4-16所示。

表4-16 "境内"的界定

类别	"境内"的界定
在境内销售服务、无形资产或者不动产	（1）服务（租赁不动产除外）或者无形资产（自然资源使用权除外）的销售方或者购买方在境内 （2）所销售或者租赁的不动产在境内 （3）所销售自然资源使用权的自然资源在境内 下列情形不属于在境内销售服务或者无形资产（不征税）： （1）境外单位或者个人向境内单位或者个人销售完全在境外发生的服务 （2）境外单位或者个人向境内单位或者个人销售完全在境外使用的无形资产 （3）境外单位或者个人向境内单位或者个人出租完全在境外使用的有形动产

三、不征收增值税的特殊项目

1. 根据国家指令无偿提供的铁路运输服务、航空运输服务，属于规定的用于公益事业的服务。
2. 存款利息。
3. 被保险人获得的保险赔付。
4. 房地产主管部门或者其指定机构、公积金管理中心、开发企业以及物业管理单位代收的住宅专项维修资金。
5. 在资产重组过程中，通过合并、分立、出售、置换等方式，将全部或者部分实物资产以及与其相关联的债权、负债和劳动力一并转让给其他单位和个人，其中涉及的货物、不动产、土地使用权转让行为。
6. 纳税人取得的财政补贴收入，与其销售货物、劳务、服务、无形资产、不动产的收入或者数量直接挂钩的，应按规定计算缴纳增值税。纳税人取得的其他情形的财政补贴收入，不属于增值税应税收入，不征收增值税。

【例题·多选题】（2019年）根据增值税法律制度的规定，下列各项中，不征收增值税的有（   ）。

A. 物业管理单位代收的住宅专项维修资金
B. 被保险人获得的医疗保险赔付
C. 保险人取得的财产保险费收入
D. 物业管理单位收取的物业费

【答案】AB

【解析】选项A正确，房地产主管部门或者其指定机构、公积金管理中心、开发企业以及物业管理单位代收的住宅专项维修资金，不征收增值税。选项B正确，被保险人获得的医疗保险赔付，不征收增值税。选项C错误，保险人取得的财产保险费收入，应按照"金融服务——保险服务"缴纳增值税。选项D错误，物业管理单位收取的物业费应按照"现代服务——商务辅助服务"缴纳增值税。

【例题·判断题】（2019年）根据国家指令无偿提供用于公益事业的铁路运输服务，应征收增值税。（   ）

【答案】×

【解析】根据国家指令无偿提供的铁路运输服务、航空运输服务，属于规定的用于公益事业的服务，不征收增值税。

考点四 视同销售行为★★★

一、视同销售货物

单位或者个体工商户的下列行为,视同销售货物:

1. 将货物交付其他单位或者个人代销。
2. 销售代销货物。
3. 设有两个以上机构并实行统一核算的纳税人,将货物从一个机构移送至其他机构用于销售,但相关机构设在同一县(市)的除外。

【新东方提示】

机构之间移送货物,必须同时满足三个条件,才视同销售:① 实行统一核算;② 用于销售;③ 设立在不同的县(市)。

4. 将自产、委托加工的货物用于非增值税应税项目。
5. 将自产、委托加工的货物用于集体福利或者个人消费。
6. 将自产、委托加工或者购进的货物作为投资,提供给其他单位或者个体工商户。
7. 将自产、委托加工或者购进的货物分配给股东或者投资者。
8. 将自产、委托加工或者购进的货物无偿赠送给其他单位或者个人。

【总结】货物的来源不同,用途不同,可能导致不同的结果,具体如下:
视同销售行为总结,如表 4-17 所示。

表 4-17 视同销售行为总结

货物来源分类	货物用途	是否视同销售
自产、委托加工	集体福利或者个人消费;非增值税应税项目;投资;分配;无偿赠送	是
购进	投资;分配;无偿赠送	是
	非增值税应税项目;集体福利或者个人消费	否

二、视同销售服务、无形资产或者不动产

单位或者个人的下列行为,视为销售服务、无形资产或者不动产:
1. 单位或者个体工商户向其他单位或者个人无偿提供服务,但用于公益事业或者以

社会公众为对象的除外。

【新东方提示】
根据国家指令无偿提供的铁路运输服务、航空运输服务，属于用于公益事业的服务不视同销售。

2. 单位或者个人向其他单位或者个人无偿转让无形资产或者不动产，但用于公益事业或者以社会公众为对象的除外。

3. 财政部和国家税务总局规定的其他情形。

【例题·多选题】（2021年）根据增值税法律制度的规定，单位或者个体工商户的下列行为中，应视同销售货物征收增值税的有（ ）。

A. 将自产的货物分配给股东
B. 将委托加工的货物用于个人消费
C. 将购进的货物用于集体福利
D. 销售代销货物

【答案】ABD

【解析】选项A、B、D正确，应视同销售征收增值税。单位或者个体工商户的下列行为，视同销售货物，征收增值税：

（1）将货物交付其他单位或者个人代销；
（2）销售代销货物（选项D）；
（3）设有两个以上机构并实行统一核算的纳税人，将货物从一个机构移送至其他机构用于销售，但相关机构设在同一县（市）的除外；
（4）将自产或者委托加工的货物用于非增值税应税项目；
（5）将自产、委托加工的货物用于集体福利或者个人消费（选项B）；
（6）将自产、委托加工或者购进的货物作为投资，提供给其他单位或者个体工商户；
（7）将自产、委托加工或者购进的货物分配给股东或者投资者（选项A）；
（8）将自产、委托加工或者购进的货物无偿赠送其他单位或者个人。

选项C错误，将购进的货物用于集体福利，不视同销售。

【例题·单选题】（2019年）根据增值税法律制度的规定，下列行为中，属于视同销售货物行为的是（ ）。

A. 甲商贸公司将外购的矿泉水用于交际应酬
B. 乙超市将外购的洗衣粉作为集体福利发给员工
C. 丙玩具厂将自产的玩具无偿赠送给福利院
D. 丁服装厂将外购的面料用于生产服装

【答案】C

【解析】选项 C 正确,将自产、委托加工或者购进的货物无偿赠送给其他单位或者个人,视同销售货物。选项 A 错误,将购进的货物用于个人消费(纳税人的交际应酬消费属于个人消费)的,不视同销售货物。选项 B 错误,将购进的货物用于集体福利的,不视同销售货物。选项 D 错误,外购的面料用于生产服装,如果取得了合法的扣税凭证,对应的进项税额可以抵扣,不属于视同销售行为。

考点五 混合销售与兼营行为 ★★★

一、混合销售行为

1. 混合销售的概念

"一项"销售行为如果既涉及"货物"又涉及"服务",为混合销售。

2. 混合销售的增值税处理

混合销售的增值税处理,如表 4-18 所示。

表 4-18 混合销售的增值税处理

分类	适用的增值税税目	销售额的确定
从事货物的生产、批发或者零售的单位和个体工商户的混合销售	销售货物	货物销售额与服务销售额的合计
其他单位和个体工商户的混合销售	销售服务	

二、兼营行为

1. 概念

纳税人的经营范围既包括销售货物,又包括加工、修理修配劳务或者销售服务、无形资产和不动产,为兼营行为。

2. 增值税处理

兼营行为增值税处理,如表 4-19 所示。

表 4-19 兼营行为增值税处理

分类	增值税处理
分别核算适用不同税率或者征收率的销售额	按各自适用的税率或者征收率分别计税

续表

分类	增值税处理
未分别核算销售额	从高适用税率或者征收率 【新东方提示】 如果都是税率，则从高适用税率；如果都是征收率，则从高适用征收率；如果是税率和征收率，则从高适用税率（因为税率大于征收率）

【例题·单选题】（2021年）根据增值税法律制度的规定，下列各项中，属于兼营行为的是（　　）。

A. 购物中心既销售商品又提供餐饮服务
B. 家用空调专卖店在销售家用空调的同时提供安装服务
C. 装修公司在提供装修服务的同时销售装修材料
D. 门窗商店在销售门窗的同时提供送货服务

【答案】A

【解析】兼营，是指纳税人的经营中包括销售货物、劳务以及销售服务、无形资产和不动产的行为。一项销售行为如果既涉及货物又涉及服务，为混合销售。选项A正确，属于兼营行为。选项B、C、D错误，属于混合销售行为。

考点六　增值税税率★

增值税采用比例税率，可以分为基本税率、低税率和零税率，适用于一般纳税人。
增值税税率具体适用范围，如表4-20所示。

表4-20　增值税税率

税率		规定
基本税率13%		（1）销售货物，除适用低税率、税率为零和征收率外 （2）进口货物，除适用低税率外 （3）提供加工、修理修配劳务 （4）提供有形动产租赁服务
低税率9%	货物	（1）粮食等（初级）农产品、食用植物油、食用盐 （2）自来水、暖气、冷气、热水、煤气、石油液化气、天然气、二甲醚、沼气、居民用煤炭制品

第二部分 考点精讲/第四章 税法概述及货物和劳务税法律制度

续表

税率	规定	
低税率9%	货物	（3）图书、报纸、杂志、音像制品、电子出版物 （4）饲料、化肥、农药、农机、农膜
	服务	销售交通运输、邮政、基础电信、建筑、不动产租赁服务
	销售不动产、转让土地使用权	
低税率6%	提供增值电信服务、金融服务、现代服务（租赁服务除外）、生活服务和销售无形资产（转让土地使用权除外）	
零税率	（1）纳税人出口货物，国务院另有规定的除外 （2）境内单位和个人销售的下列服务和无形资产（跨境业务）： ① 国际运输服务 ② 航天运输服务 ③ 向境外单位提供的完全在境外消费的研发服务、合同能源管理服务、设计服务、广播影视节目（作品）的制作和发行服务、软件服务、电路设计及测试服务、信息系统服务、业务流程管理服务、离岸服务外包业务、转让技术	

考点七 增值税征收率★

增值税小规模纳税人和一般纳税人从事特定业务可以依照简易计税方法计税。

一、征收率3%

（一）小规模纳税人

小规模纳税人采用简易计税方法征收增值税，除采用5%征收率（转让或者出租不动产）的情形外，应当采用3%征收率。

（二）一般纳税人

1. 属于下列情形之一的，暂按简易计税方法依照3%征收率计算缴纳增值税：
① 寄售商店代销寄售物品（包括居民个人寄售物品在内）；
② 典当业销售死当物品。
2. 销售自产的下列货物，可选择适用3%征收率计算缴纳增值税：
① 县级及县级以下小型水力发电单位（装机容量5万千瓦及以下）生产的电力；
② 建筑用和生产建筑材料所用的砂、土、石料；
③ 以自己采掘的砂、土、石料或者其他矿物连续生产的砖、瓦、石灰（不含黏土实心砖、瓦）；

④ 用微生物、微生物代谢产物、动物毒素、人或者动物的血液或者组织制成的生物制品；

⑤ 自来水；

⑥ 商品混凝土（仅限于以水泥为原料生产的水泥混凝土）。

3. 建筑企业一般纳税人提供建筑服务属于老项目的，可以选择简易计税方法依照3%的征收率征收增值税。

【新东方提示】

建筑工程老项目，是指《建筑工程施工许可证》注明的合同开工日期在2016年4月30日前的建筑工程项目。

二、征收率 5%

1. 纳税人提供劳务派遣服务，选择差额纳税的，按照5%征收率征收增值税。

2. 自2021年10月1日起，住房租赁企业中的增值税一般纳税人向个人出租住房取得的全部出租收入，可以选择适用简易计税方法，按照5%征收率减按1.5%计算缴纳增值税，或者适用一般计税方法计算缴纳增值税。住房租赁企业中的增值税小规模纳税人向个人出租住房，按照5%征收率减按1.5%计算缴纳增值税。

3. 转让不动产、出租不动产的具体规定。

转让不动产、出租不动产的具体规定，如表4-21所示。

表 4-21　转让不动产、出租不动产的具体规定

纳税人身份	转让不动产	出租不动产
一般纳税人	（1）一般纳税人转让2016年4月30日前取得的不动产可选择5%的征收率征收增值税 （2）房地产开发企业（一般纳税人）销售自行开发的房地产老项目（2016年4月30日前开工建设），可选择5%的征收率征收增值税	出租2016年4月30日前取得的不动产可选择5%的征收率征收增值税
小规模纳税人	（1）小规模纳税人转让其取得的不动产，按照5%的征收率征收增值税 （2）房地产开发企业（小规模纳税人）销售自行开发的房地产项目，按照5%的征收率征收增值税	按照5%的征收率征收增值税（不含个人出租住房及住房租赁企业向个人出租住房）

三、一般纳税人可选择适用简易计税方法计算缴纳增值税

1. 公共交通运输服务，包括轮客渡、公交客运、地铁、城市轻轨、出租车、长途客

运、班车。

2. 经认定的动漫企业提供的动漫产品设计、制作服务以及境内转让动漫版权。
3. 电影放映服务、仓储服务、装卸搬运服务、收派服务和文化体育服务。
4. 以纳入"营改增"试点之日前取得的有形动产为标的物提供的经营租赁服务。
5. 在纳入"营改增"试点之日前签订的尚未执行完毕的有形动产租赁合同。

【新东方提示】
　　一般纳税人选择简易计税方法计算缴纳增值税后，36个月内不得变更。

【例题·多选题】（2019年）根据增值税法律制度的规定，下列各项中，符合条件的一般纳税人，可以选择简易计税方法的有（　　）。
　　A. 装卸搬运服务　　　　　　B. 公共交通运输服务
　　C. 文化体育服务　　　　　　D. 电影放映服务
【答案】ABCD
【解析】选项A、B、C、D均正确。一般纳税人可以按照税法规定选择简易计税方法计税的应税行为主要有：公共交通运输服务，包括轮客渡、公交客运、地铁、城市轻轨、出租车、长途客运、班车（选项B）；电影放映服务（选项D）；仓储服务；装卸搬运服务（选项A）；收派服务；文化体育服务（选项C）等。

【例题·多选题】（2018年）根据增值税法律制度的规定，一般纳税人销售的下列货物中，可以选择按照简易计税方法计算增值税的有（　　）。
　　A. 自来水厂销售自产的自来水　　B. 县级以下小型水力发电站生产的电力
　　C. 食品厂销售的食用植物油　　　D. 煤气公司销售的煤气
【答案】AB
【解析】选项A、B正确。一般纳税人销售自产的下列货物，可以选择按照简易计税方法依照3%征收率计算缴纳增值税：
（1）县级及县级以下小型水力发电单位生产的电力（选项B）。
（2）建筑用和生产建筑材料所用的砂、土、石料。
（3）以自己采掘的砂、土、石料或者其他矿物连续生产的砖、瓦、石灰（不含黏土实心砖、瓦）。
（4）用微生物、微生物代谢产物、动物毒素、人或者动物的血液或组织制成的生物制品。
（5）自来水（选项A）。
（6）商品混凝土（仅限于以水泥为原料生产的水泥混凝土）。
　　选项C、D错误，食品厂销售的食用植物油、煤气公司销售的煤气，没有可以选择按照简易计税方法计算增值税的规定。

四、销售旧货或者自己使用过的固定资产的特殊规定

(一) 一般纳税人处理

一般纳税人处理,如表 4-22 所示。

表 4-22　一般纳税人处理

类别		税务处理
销售自己使用过的物品(除其他个人)	一般纳税人	购入时不得抵扣且未抵扣进项税额的固定资产	依照 3% 征收率减按 2% 征收增值税 计税公式: 应纳增值税 = 含税销售额 ÷ (1+3%) × 2% 【新东方提示】该类资产具体包括:(1) 2008 年 12 月 31 日以前购进或者自制的;(2) 小规模纳税人身份购入的;(3) 纳税人可以放弃减税,按照简易计税方法依照 3% 征收率缴纳增值税,并可以开具增值税专用发票
		其他物品(含除上述外的固定资产)	按照适用税率征收增值税

(二) 小规模纳税人处理

小规模纳税人处理,如表 4-23 所示。

表 4-23　小规模纳税人处理

类别		税务处理
销售自己使用过的物品(除其他个人)	小规模纳税人	固定资产	减按 2% 征收率 计税公式: 应纳增值税 = 含税销售额 ÷ (1+3%) × 2% 【新东方提示】纳税人可以放弃减税,依照 3% 征收率缴纳增值税,并可以开具增值税专用发票
		其他物品	3% 征收率

(三)销售旧货

1. 纳税人销售旧货，按简易计税方法依照 3% 征收率减按 2% 征收增值税。

【新东方提示】

所称旧货，是指进入二次流通的具有部分使用价值的货物，但不包括自己使用过的物品。

2. 自 2020 年 5 月 1 日至 2023 年 12 月 31 日，从事二手车经销业务的纳税人销售其收购的二手车，由原按照简易计税方法依 3% 征收率减按 2% 征收增值税，改为减按 0.5% 征收增值税，并按下列公式计算销售额：销售额 = 含税销售额 /（1 + 0.5%）。

考点八 增值税应纳税额的计税方法 ★★★

增值税应纳税额的计税方法有三种，包括一般计税方法、简易计税方法、扣缴计税方法，由于进口环节计税具有特殊性，因此也在本考点一并介绍。

一、一般计税方法

适用于一般纳税人的大多数情形（可选择简易计税方法的除外）。

$$当期应纳税额 = 当期销项税额 - 当期进项税额$$

当期销项税额小于当期进项税额不足抵扣时，其不足部分可以结转下期继续抵扣。

$$当期销项税额 = 不含税销售额 \times 适用税率 = 含税销售额 \div (1 + 适用税率) \times 适用税率$$

二、简易计税方法

适用于小规模纳税人和一般纳税人可选择简易计税的项目。

$$应纳税额 = 不含税销售额 \times 征收率 = 含税销售额 \div (1 + 征收率) \times 征收率$$

【新东方提示】

采用简易计税方法计税，因销售折让、中止或者退回而退还给购买方的销售额，应当从当期销售额中扣减。扣减当期销售额后仍有余额造成多缴的税款，可以从以后的应纳税额中扣减。

三、进口环节应纳税额的计算

无论进口人是一般纳税人,还是小规模纳税人,均应按组成计税价格和适用税率计算应纳税额,且不允许抵扣境外任何税金。

应纳税额 = 组成计税价格 × 增值税税率
　　　　 = (关税完税价格 + 关税 + 消费税) × 增值税税率
　　　　 = (关税完税价格 + 关税 + 进口数量 × 消费税定额税率) ÷
　　　　　 (1 - 消费税税率) × 增值税税率

> 【新东方提示】
> (1) 进口货物的关税完税价格以成交价格为基础确定,具体包括货价,运抵我国境内输入地点起卸前的包装费、运费、保险费和其他费用。
> (2) 进口不征收消费税的货物,上述公式的消费税为 0;进口从价定率计征消费税的货物,上述公式中定额税率为 0。

四、扣缴计税方法

境外单位或者个人在境内发生应税行为,在境内未设有经营机构的,扣缴义务人根据下列公式计算应扣缴税额:

应扣缴税额 = 购买方支付的价款 ÷ (1 + 税率) × 税率

考点九 纳税义务发生时间 ★★

一、一般规定

1. 纳税人发生应税销售行为,其增值税纳税义务发生时间为<u>收讫销售款项或者取得索取销售款项凭据</u>的当天;先开具发票的,为开具发票的当天。
2. 进口货物,其增值税纳税义务发生时间为<u>报关进口</u>的当天。
3. 增值税扣缴义务发生时间为纳税人增值税纳税义务发生的当天。

二、特殊情形下的具体规定

收讫销售款项或者取得索取销售款项凭据的当天,按销售结算方式的不同,具体情况如表 4-24 所示。

第二部分 考点精讲/第四章 税法概述及货物和劳务税法律制度

表4-24 纳税义务发生时间

不同情形	纳税义务发生时间
直接收款方式销售货物	收到销售款或者取得索取销售款凭据的当天（不考虑货物是否发出）
托收承付和委托银行收款方式销售货物	为发出货物"并"办妥托收手续的当天
赊销和分期收款方式销售货物	为书面合同约定的收款日期的当天，无书面合同的或者书面合同没有约定收款日期的，为货物发出的当天
预收款方式（销售货物）	为货物发出的当天，但生产工期超过12个月的，为收到预收款或者书面合同约定的收款日期的当天
预收款方式（提供租赁服务）	收到预收款的当天
委托其他纳税人代销货物	三者孰早：（1）收到代销清单的当天；（2）收到全部或者部分货款的当天；（3）发出代销货物满180天的当天
金融商品转让	金融商品所有权转移的当天
视同销售货物行为	货物移送的当天
视同销售劳务、服务、无形资产或者不动产	为劳务、服务、无形资产转让完成的当天或者不动产权属变更的当天

【例题·单选题】（2020年）2019年8月甲公司采用直接收款方式销售货物给乙公司，9日签订合同，13日开具发票，20日发出货物，28日收到货款。甲公司该笔业务的增值税纳税义务发生时间为（　　）。

A. 8月13日　　　　　　　　B. 8月20日
C. 8月9日　　　　　　　　　D. 8月28日

【答案】A

【解析】选项A正确。采取直接收款方式销售货物，不论货物是否发出，均为收到销售款或者取得索取销售款凭据的当天；先开具发票的，为发票开具的当天。即增值税纳税义务发生时间应为"收钱日期"和"开票日期"的较早者。甲公司于8月28日收到货款（选项D），但于8月13日（选项A）先开具发票，其增值税纳税义务发生时间应为2019年8月13日。

考点十　当期销项税额的计算 ★★★

一般纳税人除可选择简易计税的情形外，在计算当期应纳增值税税额时，需要先确定当期销项税额。计算公式为：

当期销项税额 = 当期不含税销售额 × 适用税率

前面已经介绍了征税范围、税率、纳税义务发生时间，本考点主要对不含税销售额的确定进行讲述。

一、销售额的一般规定

（一）销售额的概念

销售额是纳税人发生应税销售行为向购买方收取的全部价款和价外费用。如表 4-25 所示。

表 4-25 价外费用

销售额包含的内容	销售额不包含的内容
全部价款和价外费用 【新东方提示】 价外费用指价外向购买方收取的手续费、补贴、基金、集资费、返还利润、奖励费、违约金、滞纳金、延期付款利息、赔偿金、代收款项、代垫款项、包装费、包装物租金、储备费、优质费、运输装卸费以及其他各种性质的价外收费	（1）受托加工应税消费品所代收代缴的消费税 （2）同时符合一定条件的代收政府性基金或者行政事业性收费（省级以上部门批准、省级以上财政票据、全额上缴财政） （3）销售货物的同时代办保险等而向购买方收取的保险费，以及向购买方收取的代购买方缴纳的车辆购置税、车辆牌照费 （4）以委托方名义开具发票代委托方收取的款项

【例题·单选题】（2020 年）根据增值税法律制度的规定，一般纳税人销售货物向购买方收取的下列款项中，不计入销售额计算销项税额的是（　　）。
A. 代办保险收取的保险费　　　　B. 包装费
C. 违约金　　　　　　　　　　　D. 手续费
【答案】A
【解析】选项 A 正确，不属于应计入销售额计算销项税额的价外费用。销售额是指纳税人发生应税销售行为向购买方收取的全部价款和价外费用，但是不包括收取的销项税额。价外费用，包括价外向购买方收取的手续费（选项 D）、补贴、基金、集资费、返还利润、奖励费、违约金（选项 C）、滞纳金、延期付款利息、赔偿金、代收款项、代垫款项、包装费（选项 B）、包装物租金、储备费、优质费、运输装卸费以及其他各种性质的价外收费。上述价外费用无论其会计制度如何核算，均应并入销售额计算销项税额。但下列项目不包括在内：

（1）受托加工应征消费税的消费品所代收代缴的消费税；

（2）同时符合以下条件的代垫运输费用：

① 承运部门的运输费用发票开具给购买方的。

② 纳税人将该项发票转交给购买方的。

（3）代为收取的政府性基金或者行政事业性收费；

（4）以委托方名义开具发票代委托方收取的款项；

（5）销售货物的同时代办保险等而向购买方收取的保险费（选项 A），以及向购买方收取的代购买方缴纳的车辆购置税、车辆牌照费。

（二）含税销售额的换算

1. 是否含税的判定

（1）考试中所称"增值税专用发票上注明的金额"为不含税销售额。

（2）"普通发票"上注明的金额为含税金额。

（3）价外费用含税。

（4）未明确的零售价格，视为含税。

（5）包装物押金如果需并入销售额计税，则视为含税。

【新东方提示】

　　判断是否含税，先看题目是否直接明确，如果不明确，再按以上方法进行判断。

2. 含税销售额的换算公式

$$不含税销售额 = 含税销售额 \div (1 + 增值税税率)$$

【新东方提示】

　　如果是简易计税项目的销售额，也按以上方法判断是否含税，并使用征收率进行换算。换算公式：不含税销售额 = 含税销售额 ÷（1 + 征收率）。

【例题·单选题】（2020年）甲商场为增值税一般纳税人，2019年7月销售货物取得含增值税销售额101.7万元，销售餐饮服务取得含增值税销售额21.2万元。已知，销售货物增值税税率为13%，销售餐饮服务增值税税率为6%。计算甲商场当月增值税销项税额的下列算式中，正确的是（　　）。

A. 101.7÷（1+13%）×13%+21.2÷（1+6%）×6%=12.9（万元）

B. 101.7÷（1+13%）×13%+21.2×6%=12.972（万元）

C. 101.7×13%+21.2×6%=14.493（万元）

D. 101.7×13%+21.2÷（1+6%）×6%=14.421（万元）

【答案】A

【解析】选项 A 正确。含增值税销售额需要进行价税分离处理，增值税销项税额=不含税销售额×增值税适用税率=含税销售额÷（1+增值税税率）×增值税适用税率。本题中的销售货物销售额101.7万元和销售餐饮服务销售额21.2万元都是含税的，需要进行价税分离，当月增值税销项税额=101.7÷（1+13%）×13%+21.2÷（1+6%）×6%=12.9（万元）。

（三）销售额的核定

1. 需核定销售额的情形

（1）发生视同销售行为，但无销售额。

（2）销售货物或者提供劳务的价格明显偏低，且无正当理由。

2. 核定方法

主管税务机关按下列顺序确定其销售额：

（1）按纳税人最近时期销售同类货物、服务、无形资产或者不动产的平均价格确定。

（2）按其他纳税人最近时期销售同类货物、服务、无形资产或者不动产的平均价格确定。

（3）按组成计税价格确定。

组成计税价格的公式为：

$$组成计税价格 = 成本 \times (1 + 成本利润率)$$

征收增值税的货物，同时又征收消费税的，其组成计税价格中应加上消费税税额。其组成计税价格公式为：

$$组成计税价格 = 成本 \times (1 + 成本利润率) + 消费税税额$$

或者：组成计税价格=成本×（1+成本利润率）÷（1-消费税税率）

【新东方提示】

征收增值税的货物，如果不征收消费税，则成本利润率为10%。考试时一般会给出。

二、销售额的特殊规定

（一）特殊销售方式下销售额的确定

1. 折扣方式销售（商业折扣）

概念：销售行为发生时给予的价格优惠。

销售额的确定：

（1）如果销售额和折扣额在同一张发票上"金额"栏内分别注明的，可按折扣后的销售额征收增值税（仅限于价格折扣，不包括实物折扣）。

（2）折扣额另开发票，折扣额不得从销售额中减除。

【例题·单选题】（2021年）甲公司为增值税一般纳税人，2019年10月采取折扣方式销售货物一批，不含增值税销售额10万元，由于购买方购买数量较大给予10%的折扣。销售额和折扣额在同一张发票上分别注明。已知增值税税率为13%。计算甲公司当月该笔业务增值税销项税额的下列算式中，正确的是（　　）。

A. 10×（1-10%）×13%=1.17（万元）

B. 10×（1+13%）×13%=1.469（万元）

C. 10×13%=1.3（万元）

D. 10×10%×13%=0.13（万元）

【答案】A

【解析】选项A正确，10万元为不含增值税销售额，不需要价税分离，由于销售额和折扣额在同一张发票上分别注明，按折扣后的销售额征收增值税。因此，甲公司当月该笔业务增值税销项税额=10×（1-10%）×13%=1.17（万元）。

【例题·单选题】甲公司为增值税一般纳税人，2020年10月采取折扣方式销售货物一批，该批货物不含税销售额90 000元，折扣额9 000元，销售额和折扣额在同一张发票的金额栏分别注明。已知增值税税率为13%。甲公司当月该笔业务增值税销项税额的下列计算列式中，正确的是（　　）。

A.（90 000-9 000）÷（1+13%）×13%=9 318.58（元）

B. 90 000×13%=11 700（元）

C. 90 000÷（1+13%）×13%=10 353.98（元）

D.（90 000-9 000）×13%=10 530（元）

【答案】D

【解析】选项D正确，折扣前的销售额与折扣后的销售额在同一张发票的金额栏分别注明，应按照折扣后的金额计算缴纳增值税。即（90 000-9 000）×13%=10 530（元）。

2. 以旧换新方式销售

概念：以旧换新是以旧货物的折价款冲减新货物价款的销售方式。

销售额的确定：

（1）非金银首饰：按新货物的同期销售价格确定销售额。

（2）金银首饰：应按销售方实际收取的不含增值税的全部价款征收增值税。

3. 还本销售方式销售

概念：纳税人销售货物后，一定期限内退换全部或者部分货款。

销售额的确定：销售额就是货物销售价格，不得扣减还本支出。

4. 以物易物方式销售

销售额的确定：以物易物双方都应作购销处理，以各自发出的货物核算销售额并计算销项税额，以各自收到的货物按规定核算购货额并计算进项税额。

【新东方提示】
　　如收到的货物不能取得相应的增值税专用发票或者其他合法票据的，不能抵扣进项税额。

5. 直销方式销售

区分以下两种情形：

（1）直销企业向直销员销售货物，直销员再向消费者销售货物。直销企业和直销员分别确认销售额。

（2）直销企业通过直销员销售，并直接向消费者收取货款，直销企业的销售额为其向消费者收取的全部价款和价外费用。

6. 包装物押金

包装物押金，如表4-26所示。

表4-26　包装物押金

货物	收取时	逾期或者收取1年以上时
除酒类外的货物	不并入销售额	并入销售额
啤酒、黄酒	不并入销售额	并入销售额
啤酒、黄酒以外的酒	并入销售额	不并入销售额

【新东方提示】
　　需要征税时，包装物押金属于含税销售额；注意与包装物租金的区分，包装物租金属于价外费用，收到就要征税。

（二）"营改增"行业销售额的规定

1. "营改增"行业全额确定销售额的业务

（1）贷款服务

贷款服务，以提供贷款服务取得的全部利息及利息性质的收入为销售额。

（2）直接收费金融服务

直接收费金融服务，以提供直接收费金融服务收取的手续费、佣金、酬金、管理费、服务费、经手费、开户费、过户费、结算费、转托管费等各类费用为销售额。

2. "营改增"行业差额确定销售额的特殊业务

"营改增"行业差额确定销售额的特殊业务，如表 4-27 所示。

表 4-27 "营改增"行业差额确定销售额的特殊业务

类别	销售额的确定
金融商品转让	销售额 = 卖出价 − 买入价 【新东方提示】 （1）转让金融商品发生的正负差，按盈亏相抵后的余额为销售额。负差不得转入下一个纳税年度，但可以在本年度纳税期结转 （2）金融商品转让，不得开具增值税专用发票 （3）纳税人无偿转让股票时，转出方以该股票的买入价为卖出价，按照"金融商品转让"计算缴纳增值税；在转入方将上述股票再转让时，以原转出方的卖出价为买入价，按照"金融商品转让"计算缴纳增值税
经纪代理服务	销售额 = 全部价款和价外费用 − 向委托方收取并代为支付的政府性基金或者行政事业性收费 【新东方提示】 向委托方收取的政府性基金或者行政事业性收费，不得开具增值税专用发票
航空运输企业	不包括代收的民航发展基金（原机场建设费）和代售其他航空运输企业客票而代收转付的价款
一般纳税人提供客运场站服务	销售额 = 全部价款和价外费用 − 支付给承运方的运费
提供旅游服务	可选择销售额 = 全部价款和价外费用 − 向旅游服务购买方收取并支付给其他单位或者个人的住宿费、餐饮费、交通费、签证费、门票费和支付给其他接团旅游企业的旅游费用

续表

类别	销售额的确定
提供旅游服务	【新东方提示】 选择上述方法的纳税人，向旅游服务购买方收取并支付的上述费用，不得开具增值税专用发票
提供建筑服务适用简易计税方法的	销售额＝全部价款和价外费用－支付的分包款
销售自行开发的房地产项目	销售额＝全部价款和价外费用－向政府部门支付的土地价款 【新东方提示】 房地产开发企业中的一般纳税人销售其开发的房地产项目采用一般计税方法才可采用

【例题·单选题】（2020年）甲公司为增值税一般纳税人，2019年10月转让金融商品卖出价为106万元，所转让金融商品买入价为90.1万元。上一纳税期转让金融商品出现负差6.36万元。已知，增值税税率为6%。计算甲公司当月金融商品转让增值税销项税额的下列算式中，正确的是（　　）。

A. 106÷（1+6%）×6%＝6（万元）

B. （106－90.1－6.36）÷（1+6%）×6%＝0.54（万元）

C. （106－90.1）×6%＝0.954（万元）

D. 106×6%＝6.36（万元）

【答案】B

【解析】选项B正确。金融商品转让，按照卖出价扣除买入价后的余额为销售额。转让金融商品出现的正负差，按盈亏相抵后的余额为销售额；若相抵后出现负差，可结转下一纳税期与下期转让金融商品销售额相抵，但年末时仍出现负差的，不得转入下一个会计年度。本题中，负差6.36万元未出现在年末，可按盈亏相抵之后的余额作为销售额（选项ACD错误）。因此，甲公司当月金融商品转让增值税销项税额＝（106－90.1－6.36）÷（1+6%）×6%＝0.54（万元）。

（三）销售额的其他特殊规定

1. 纳税人兼营减税或者免税项目的，应当分别核算减税、免税项目的销售额；未分别核算的，不得减税、免税。

2. 纳税人以人民币以外的货币结算销售额的，人民币折合率可以选择销售额发生的当天或者当月 1 日的人民币外汇中间价。纳税人应在事先确定采用何种人民币折合率，确定后在 1 年内不得变更。

【例题·多选题】根据增值税法律制度的规定，下列确定增值税销售额的表述中，正确的有（   ）。

A. 航空运输企业的销售额，不包括代收的机场建设费（民航发展基金）和代售其他航空运输企业客票而代收转付的价款
B. 混合销售的销售额为货物的销售额与服务销售额的合计
C. 金融商品转让，按照卖出价扣除买入价后的余额为销售额
D. 贷款服务，以提供贷款服务取得的全部利息及利息性质的收入为销售额

【答案】ABCD

【解析】选项 A、B、C、D 的表述均正确。贷款服务没有差额计税的规定。

考点十一　当期进项税额的确定★★★

一、合适的票据

1. 增值税专用发票。
2. 海关进口增值税专用缴款书。
3. 农产品收购发票。
4. 农产品销售发票。
5. 完税凭证。
6. 符合规定的国内旅客运输发票。

【新东方提示】

取得的发票不合规，则该支出不得确认进项税额。

二、可抵扣金额的确定

1. 从销售方取得的增值税专用发票上注明的增值税税额。
2. 从海关取得的海关进口增值税专用缴款书上注明的增值税税额。
3. 纳税人购进农产品的：
① 取得一般纳税人开具的增值税专用发票或者海关进口增值税专用缴款书的，为专

用发票或者专用缴款书上注明的增值税税额。

② 从按照简易计税方法依照 3% 征收率计算缴纳增值税的小规模纳税人取得增值税专用发票的，以增值税专用发票上注明的金额和 9% 的扣除率计算进项税额。

③ 取得（开具）农产品销售发票或者收购发票的，以农产品销售发票或者收购发票上注明的农产品买价和 9% 的扣除率计算进项税额。

计算公式：进项税额 = 买价 × 扣除率

【新东方提示】
　　纳税人购进用于生产或者委托加工 13% 税率货物的农产品，按照 10% 的扣除率计算进项税额。

4. 纳税人购进国内旅客运输服务，未取得增值税专用发票的，进项税额如表 4-28 所示。

表 4-28　购进国内旅客运输服务增值税进项税额的确定

取得发票类别	进项税额
增值税电子普通发票	发票上注明的税额
注明旅客身份信息的航空运输电子客票行程单	航空旅客运输进项税额 =（票价 + 燃油附加费）÷（1 + 9%）× 9%
注明旅客身份信息的铁路车票	铁路旅客运输进项税额 = 票面金额 ÷（1 + 9%）× 9%
注明旅客身份信息的公路、水路等其他客票	公路、水路等其他旅客运输进项税额 = 票面金额 ÷（1 + 3%）× 3%

5. 从境外单位或者个人购进劳务、服务、无形资产或者境内的不动产，自税务机关或者扣缴义务人取得的代扣代缴税款的完税凭证上注明的增值税税额准予确认进项税额。

【新东方提示】
　　抵扣时应当具备书面合同、付款证明、境外单位的对账单或者发票。

【例题·单选题】（2021 年）甲公司为增值税一般纳税人，2019 年 7 月从小规模纳税人乙公司购进一批农产品用于生产食用植物油。取得增值税专用发票注明金额 10 000 元，税额 300 元，甲公司购进的该批农产品当月申报抵扣进项税额。已知农产品扣除率为 9%。甲公司当月购进该批农产品准予抵扣的进项税额为（　　）。

A. 927 元　　　　　　　　　B. 900 元
C. 300 元　　　　　　　　　D. 873 元

【答案】B

【解析】选项 B 正确。从按照简易计税方法依照 3% 征收率计算缴纳增值税的小规模纳税人取得增值税专用发票的,以增值税专用发票上注明的金额和 9% 的扣除率(购进农产品用于生产低税率产品,食用植物油属于 9% 低税率产品)计算进项税额。甲公司当月购进该批农产品准予抵扣的进项税额 = 10 000 × 9% = 900(元)。

【例题·多选题】(2020 年)根据增值税法律制度的规定,一般纳税人购进货物、服务取得的下列合法凭证中,属于增值税扣税凭证的有(　　)。

A. 农产品销售发票
B. 增值税专用发票
C. 注明旅客身份信息的国内航空运输电子客票行程单
D. 海关进口增值税专用缴款书

【答案】ABCD

【解析】选项 A、B、C、D 均正确。增值税扣税凭证,是指增值税专用发票(选项 B 正确);海关进口增值税专用缴款书(选项 D 正确);农产品收购发票、农产品销售发票(选项 A 正确);完税凭证和符合规定的国内旅客运输发票(选项 C 正确)。

三、不得从销项税额中抵扣进项税额的项目

(一)用于不产生销项税额的项目

用于简易计税方法计税项目、免征增值税项目、集体福利或者个人消费的购进货物、加工、修理修配劳务、服务、无形资产和不动产。

其中涉及的固定资产、无形资产、不动产,仅指专用于上述项目的固定资产、无形资产(不包括其他权益性无形资产)、不动产;如果既用于上述项目,又用于可抵扣项目的,该进项税额准予全部抵扣。

个人消费包括纳税人的交际应酬消费。

【新东方提示】

自 2018 年 1 月 1 日起,纳税人租入固定资产、不动产,既用于一般计税方法计税项目,又用于简易计税方法计税项目、免征增值税项目、集体福利或者个人消费的,其进项税额准予从销项税额中全额抵扣。

(二)非正常损失

1. 非正常损失的购进货物,以及相关的加工、修理修配劳务和交通运输服务。

2. 非正常损失的在产品、产成品所耗用的购进货物（不包括固定资产）、加工、修理修配劳务和交通运输服务。

3. 非正常损失的不动产，以及该不动产所耗用的购进货物、设计服务和建筑服务。

4. 非正常损失的不动产在建工程所耗用的购进货物、设计服务和建筑服务。

【新东方提示】

前述的非正常损失，是指因管理不善造成货物被盗、丢失、霉烂变质以及因违反法律法规造成货物或者不动产被依法没收、销毁、拆除的情形；反之，如果是自然灾害等其他原因造成的货物损毁，则进项税额可以抵扣。

（三）特殊的外购业务

1. 购进的贷款服务、餐饮服务、居民日常服务和娱乐服务。

【新东方提示】

记忆的时候需注意，除贷款服务外的其他项目主要服务对象是自然人。同时注意与住宿服务、旅游服务、教育服务相区分。

2. 纳税人接受贷款服务向贷款方支付的与该笔贷款直接相关的投融资顾问费、手续费、咨询费等费用，其进项税额不得从销项税额中抵扣。（实质上属于购进的贷款服务）

【例题·多选题】（2021年）根据增值税法律制度的规定，一般纳税人购进的下列服务中，不得抵扣进项税额的有（　　）。

A. 娱乐服务　　　　　　　　B. 贷款服务
C. 居民日常服务　　　　　　D. 餐饮服务

【答案】ABCD

【解析】选项A、B、C、D均正确。购进的贷款服务（选项B正确）、餐饮服务（选项D正确）、居民日常服务（选项C正确）和娱乐服务（选项A正确）的进项税额，不得从销项税额中抵扣。

（四）无法划分不得抵扣的进项税额

适用一般计税方法的纳税人，兼营简易计税方法计税项目、免征增值税项目而无法划分不得抵扣的进项税额，按照下列公式计算不得抵扣的进项税额：

不得抵扣的进项税额 = 当期无法划分的全部进项税额 ×（当期简易计税方法计税项目销售额 + 免征增值税项目销售额）÷ 当期全部销售额

【练习题】甲公司为增值税一般纳税人，外购原材料一批，取得增值税专用发票注明的增值税税额为13万元，该原材料同时用于生产应税货物和免税货物，当月取得应税货物不含税销售额800万元、免税货物销售额200万元。则当月不得抵扣的进项税额 = 13 × 200 ÷ (800 + 200) = 2.6（万元）。

（五）扣减进项税额（即进项税额转出）

已抵扣进项税额的购进货物（不含固定资产）、劳务、服务，发生不得从销项税额中抵扣情形的，应当将该进项税额从当期进项税额中扣减。具体类型如下：

类型一：直接转出——税额题目中给出

【练习题】甲公司为增值税一般纳税人，上月外购原材料一批，取得增值税专用发票注明的增值税税额为13万元，已申报抵扣。本月该批原材料因管理不善全部损毁，则该业务应进项税额转出13万元。

类型二：简单计算转出——原税额需简单计算

【练习题】甲公司为增值税一般纳税人，上月外购原材料一批，取得增值税专用发票注明价款为100万元，已申报抵扣。本月该批原材料因管理不善损毁10%，则该业务应进项税额转出 = 100 × 13% × 10% = 1.3（万元）。

类型三：含运费——货物和运费分别计算转出额

【练习题】甲公司为增值税一般纳税人，本月因管理不善损毁上月外购A材料（上月已申报抵扣）的10%，该材料成本为109万元（含运费9万元），则该业务应进项税额转出 = (109 − 9) × 13% × 10% + 9 × 9% × 10% = 1.381（万元）。

【新东方提示】

一般计税方法下增值税应纳税额的计算

适用于一般纳税人的大多数情形（可选择简易计税方法除外）：

当期应纳税额 = 当期销项税额 − 当期进项税额

当期销项税额 = 不含税销售额 × 适用税率 = 含税销售额 ÷ (1 + 适用税率) × 适用税率

在计税时，注意以下关键点：

（1）销售额是否含税。

（2）是否存在价外费用。

（3）是否属于采用简易计税方法的业务。

（4）本期纳税义务是否发生。

（5）是否取得可抵扣发票或者属于可计算抵扣的范围。

（6）是否属于进项税额不得抵扣的范围以及是否需要转入或者转出进项税额。

（7）是否存在上期留抵进项税额。

考点十二 增值税税收优惠★★

一、增值税起征点的确定

增值税的起征点适用范围限于个人，且不适用于登记为一般纳税人的个体工商户（即适用于属于小规模纳税人的个体工商户）。

增值税的起征点为：

1. 按期纳税的：月销售额 5 000~20 000 元（含本数）。
2. 按次纳税的：每次（日）销售额 300~500 元（含本数）。

【新东方提示】

个人发生应税销售行为的销售额未达到增值税起征点的，免征增值税；达到起征点的，全额计算缴纳增值税。

二、小规模纳税人增值税免征规定

自 2022 年 4 月 1 日至 2022 年 12 月 31 日，增值税小规模纳税人适用 3% 征收率的应税销售收入，免征增值税；适用 3% 预征率的预缴增值税项目，暂停预缴增值税。

三、增值税期末留抵退税

（一）试行增值税期末留抵税额退税

1. 申请退还增量留抵税额的条件

同时符合以下条件（以下称符合留抵退税条件）的纳税人，可以向主管税务机关申请退还增量留抵税额：

（1）自 2019 年 4 月税款所属期起，连续 6 个月（按季纳税的，连续两个季度）增量留抵税额均大于零，且第 6 个月增量留抵税额不低于 50 万元；

（2）纳税信用等级为 A 级或者 B 级；

（3）申请退税前 36 个月未发生骗取留抵退税、出口退税或虚开增值税专用发票情形的；

（4）申请退税前 36 个月未因偷税被税务机关处罚两次及以上的；

（5）自 2019 年 4 月 1 日起未享受即征即退、先征后返（退）政策的。

2. 当期允许退还的增量留抵税额的计算

增量留抵税额是指与 2019 年 3 月底相比新增加的期末留抵税额。

允许退还的增量留抵税额＝增量留抵税额×进项构成比例×60%

进项构成比例，为2019年4月至申请退税前一税款所属期内已抵扣的增值税专用发票（含税控机动车销售统一发票）、海关进口增值税专用缴款书、解缴税款完税凭证注明的增值税额占同期全部已抵扣进项税额的比重。

（二）先进制造业期末留抵退税

1. 申请退还增量留抵税额的条件

自2019年6月1日起，同时符合以下条件的部分先进制造业纳税人，可以自2019年7月及以后纳税申报期向主管税务机关申请退还增量留抵税额：

（1）增量留抵税额大于零；

（2）纳税信用等级为A级或者B级；

（3）申请退税前36个月未发生骗取留抵退税、出口退税或虚开增值税专用发票情形；

（4）申请退税前36个月未因偷税被税务机关处罚两次及以上；

（5）自2019年4月1日起未享受即征即退、先征后返（退）政策。

2. 部分先进制造业的范围

部分先进制造业纳税人，是指生产并销售非金属矿物制品、通用设备、专用设备及计算机、通信和其他电子设备销售额占全部销售额的比重超过50%的纳税人。

自2021年4月1日起，将部分先进制造业纳税人退还增量留抵税额有关政策扩大至先进制造业，增加医药、化学纤维、铁路、船舶、航空航天和其他运输设备、电气机械和器材、仪器仪表销售额占全部销售额的比重超过50%的纳税人。

3. 允许退还的增量留抵税额的计算

允许退还的增量留抵税额＝增量留抵税额×进项构成比例

增量留抵税额是指与2019年3月底相比新增加的期末留抵税额。

进项构成比例，为2019年4月至申请退税前一税款所属期内已抵扣的增值税专用发票（含税控机动车销售统一发票）、海关进口增值税专用缴款书、解缴税款完税凭证注明的增值税额占同期全部已抵扣进项税额的比重。

【练习题】一般纳税人甲公司主营业务为食品加工，纳税信用等级为A级，无违规行为，未享受即征即退、先征后返（退）政策，2019年3月末留抵税额60万元，4—10月增值税的期末留抵税额分别为：

单位：万元

4月	5月	6月	7月	8月	9月	10月
50	65	70	75	80	90	110

2019年4—10月已抵扣进项税额为250万元，其中取得增值税专用发票190万元、海关进口增值税专用缴款书35万元、购进国内旅客运输服务取得的电子普通发票中注明

进项税额为 25 万元。

要求：

（1）哪个月符合增量留抵退税条件？并说明原因。

（2）计算该企业进项构成比例。

（3）该企业能否享受部分先进制造业的增值税增量留抵退税政策，说明原因并计算该企业申报的留抵退税。

【答案】

（1）10 月符合增量留抵退税条件。

理由：

① 自 2019 年 5 月税款所属期起，该企业连续六个月增量留抵税额均大于零，分别为 5 万元、10 万元、15 万元、20 万元、30 万元、50 万元，且第六个月增量留抵税额为 50 万元，符合税法规定的不低于 50 万元的标准；

② 纳税信用等级为 A 级；

③ 无违规行为；

④ 未享受即征即退、先征后返（退）政策。

（2）进项构成比例 =（190 + 35）/250 × 100% = 90%

（3）该企业不能享受部分先进制造业的增值税增量留抵退税政策，食品加工的企业不属于生产并销售非金属矿物制品、通用设备、专用设备及计算机、通信和其他电子设备的企业。

允许退还的增量留抵税额 = 增量留抵税额 × 进项构成比例 × 60% =（110 − 60）× 90% × 60% = 27（万元）。

（三）小微企业和制造业等行业期末留抵退税

1. 小微企业和制造业的范围

（1）自 2021 年 4 月 1 日起，加大小微企业增值税期末留抵退税政策力度，将先进制造业按月全额退还增值税增量留抵税额政策范围扩大至符合条件的小微企业（含个体工商户，下同），并一次性退还小微企业存量留抵税额。

（2）自 2021 年 4 月 1 日起，加大"制造业""科学研究和技术服务业""电力、热力、燃气及水生产和供应业""软件和信息技术服务业""生态保护和环境治理业"和"交通运输、仓储和邮政业"（以下简称制造业等行业）增值税期末留抵退税政策力度，将先进制造业按月全额退还增值税增量留抵税额政策范围扩大至符合条件的制造业等行业企业（含个体工商户，下同），并一次性退还制造业等行业企业存量留抵税额。

（3）自 2022 年 7 月 1 日起，将制造业等行业按月全额退还增值税增量留抵税额、一次性退还存量留抵税额的政策范围、扩大至"批发和零售业""农、林、牧、渔业""住宿和餐饮业""居民服务、修理和其他服务业""教育""卫生和社会工作"和"文化、体育和娱乐业"企业（含个体工商户，下同）。

2. 申请退还增量留抵税额的条件

小微企业和制造业等行业纳税人办理期末留抵退税，需同时符合以下条件：

（1）纳税信用等级为 A 级或者 B 级；

（2）申请退税前 36 个月未发生骗取留抵退税、骗取出口退税或虚开增值税专用发票情形；

（3）申请退税前 36 个月未因偷税被税务机关处罚两次及以上；

（4）2019 年 4 月 1 日起未享受即征即退、先征后返（退）政策。

3. 增量留抵税额的确定

增量留抵税额，区分以下情形确定：

（1）纳税人获得一次性存量留抵退税前，增量留抵税额为当期期末留抵税额与 2019 年 3 月 31 日相比新增加的留抵税额。

（2）纳税人获得一次性存量留抵退税后，增量留抵税额为当期期末留抵税额。

4. 存量留抵税额的确定

存量留抵税额，区分以下情形确定：

（1）纳税人获得一次性存量留抵退税前，当期期末留抵税额大于或等于 2019 年 3 月 31 日期末留抵税额的，存量留抵税额为 2019 年 3 月 31 日期末留抵税额。当期期末留抵税额小于 2019 年 3 月 31 日期末留抵税额的，存量留抵税额为当期期末留抵税额。

（2）纳税人获得一次性存量留抵退税后，存量留抵税额为零。

5. 纳税人按照以下公式计算允许退还的留抵税额：

允许退还的增量留抵税额＝增量留抵税额 × 进项构成比例 ×100%

允许退还的存量留抵税额＝存量留抵税额 × 进项构成比例 ×100%

进项构成比例，为 2019 年 4 月至申请退税前一税款所属期已抵扣的增值税专用发票（含带有"增值税专用发票"字样全面数字化的电子发票、税控机动车销售统一发票）、收费公路通行费增值税电子普通发票、海关进口增值税专用缴款书、解缴税款完税凭证注明的增值税额占同期全部已抵扣进项税额的比重。

四、免税项目（包括但不限于）

1. 需重点掌握的优惠（考查频率高）：

（1）农业生产者销售的自产农产品。

（2）避孕药品和用具。

（3）古旧图书。古旧图书，是指向社会收购的古书和旧书。

（4）直接用于科学研究、科学试验和教学的进口仪器、设备。

（5）外国政府、国际组织无偿援助的进口物资和设备。

（6）由残疾人的组织直接进口供残疾人专用的物品。

（7）其他个人（即自然人）销售自己使用过的物品。

（8）托儿所、幼儿园提供的保育和教育服务。

（9）养老机构提供的养老服务。

（10）残疾人福利机构提供的育养服务。

（11）残疾人员本人为社会提供的服务。

（12）殡葬服务。

（13）婚姻介绍服务。

2. 需熟悉的优惠（考查频率低）：

（1）医疗机构提供的医疗服务。

（2）从事学历教育的学校提供的教育服务。

（3）学生勤工俭学提供的服务。

（4）提供社区养老、托育、家政等服务取得的收入。

（5）农业机耕、排灌、病虫害防治、植物保护、农牧保险以及相关技术培训业务，家禽、牲畜、水生动物的配种和疾病防治。

（6）将土地使用权转让给农业生产者用于农业生产。

（7）个人转让著作权。

（8）个人销售自建自用住房。

（9）金融同业往来利息收入。

（10）纳税人提供技术转让、技术开发和与之相关的技术咨询、技术服务。

（11）纪念馆、博物馆、文化馆、文物保护单位管理机构、美术馆、展览馆、书画院、图书馆在自己的场所提供文化体育服务取得的第一道门票收入。

（12）寺院、宫观、清真寺和教堂举办文化、宗教活动的门票收入。

（13）纳税人提供的直接或者间接国际货物运输代理服务。

（14）家政服务企业由员工制家政服务员提供家政服务取得的收入。

（15）福利彩票、体育彩票的发行收入。

（16）涉及家庭财产分割的个人无偿转让不动产、土地使用权。

（17）土地所有者出让土地使用权和土地使用者将土地使用权归还给土地所有者。

（18）保险公司开办的一年期以上人身保险产品取得的保费收入。

（19）法律援助人员按照《中华人民共和国法律援助法》规定获得的法律援助补贴。

【例题·判断题】（2021年）医疗器械公司直接进口供残疾人专用的轮椅，免征增值税。（　　）

【答案】×

【解析】只有由残疾人的组织直接进口供残疾人专用的物品，才免征增值税。

【例题·多选题】（2020年）根据增值税法律制度的规定，下列各项中，免征增值税的有（　　）。
　　A. 福利彩票发行单位发行福利彩票取得的收入
　　B. 在校大学生勤工俭学提供服务取得的收入
　　C. 养老机构提供养老服务取得的收入
　　D. 幼儿园提供保育服务取得的收入
【答案】ABCD
【解析】选项 A、B、C、D 均正确，均属于免征增值税的收入。
【例题·判断题】（2020 年）职业培训机构开办考前培训班取得的收入，免征增值税。（　　）
【答案】×
【解析】从事学历教育的学校（不包括职业培训机构）提供的教育服务，免征增值税。
【例题·单选题】（2018 年）根据增值税法律制度的规定，下列各项中，属于免税项目的是（　　）。
　　A. 养老机构提供的养老服务　　B. 装修公司提供的装饰服务
　　C. 企业转让著作权　　　　　　D. 福利彩票的代销手续费收入
【答案】A
【解析】选项 A 正确，养老机构提供的养老服务，免征增值税。选项 B 错误，装修公司提供的装饰服务，应按"建筑服务——装饰服务"计缴增值税。选项 C 错误，个人转让著作权免征增值税，但企业转让著作权不免征。选项 D 错误，福利彩票、体育彩票的发行收入免征增值税，而代销手续费收入不免征，应按"现代服务——商务辅助服务"计缴增值税。

五、其他减免税规定

1. 一般纳税人提供管道运输服务，对其增值税实际税负超过 3% 的部分实行增值税的即征即退政策。

2. 个人购买住房对外销售。

个人购买住房对外销售增值税优惠政策，如表 4-29 所示。

表 4-29　个人购买住房对外销售增值税优惠政策

分类			税务处理
持有 2 年以内			5% 征收率全额纳税
持有 2 年以上（含）	北上广深	普通住房	免征增值税
		非普通住房	销售收入减去购入价差额的 5% 征收率纳税
	其他地区		免征增值税

> 【新东方提示】
> 深圳市自 2020 年 7 月 15 日起、上海市自 2021 年 1 月 22 日起、广州市 9 个区自 2021 年 4 月 21 日起，将个人住房转让增值税征免年限由 2 年调整到 5 年。

3. 纳税人兼营免税、减税项目的，应当分别核算免税、减税项目的销售额；未分别核算的，不得免税、减税。

4. 纳税人发生应税销售行为适用免税规定的，可以放弃免税权，按现行规定缴纳增值税。放弃免税后，36 个月内不得再申请免税。

5. 纳税人同时适用免税或者零税率规定的，可选择适用免税或者零税率。

6. 退役士兵创业就业。

自主就业退役士兵从事个体经营的，自办理个体工商户登记当月起，在 3 年（36 个月，下同）内按每户每年 12 000 元为限额依次扣减其当年实际应缴纳的增值税、城市维护建设税、教育费附加、地方教育附加和个人所得税。限额标准最高可上浮 20%，各省、自治区、直辖市人民政府可根据本地区实际情况在此幅度内确定具体限额标准。纳税人年度应缴纳税款小于上述扣减限额的，减免税额以其实际缴纳的税款为限；大于上述扣减限额的，以上述扣减限额为限。纳税人的实际经营期不足 1 年的，应当按月换算其减免税限额。换算公式为：减免税限额 = 年度减免税限额 /12 × 实际经营月数。

城市维护建设税、教育费附加、地方教育附加的计税依据是享受本项税收优惠政策前的增值税应纳税额。

7. 重点群体创业就业。

从事个体经营的，自办理个体工商户登记当月起，在 3 年（36 个月，下同）内按每户每年 12 000 元为限额依次扣减其当年实际应缴纳的增值税、城市维护建设税、教育费附加、地方教育附加和个人所得税。限额标准最高可上浮 20%，各省、自治区、直辖市人民政府可根据本地区实际情况在此幅度内确定具体限额标准。

考点十三 增值税征收管理 ★★

一、纳税地点

1. 区分固定业户与非固定业户。

固定业户与非固定业户纳税地点，如表 4-30 所示。

表 4-30　固定业户与非固定业户纳税地点

不同情形			申报纳税地点
固定业户	一般情形		机构所在地的税务机关
	总、分支机构不在同一县（市）		分别向各自所在地的税务机关申报纳税
			经批准，可由总机构汇总向总机构所在地的税务机关申报纳税
	到外县（市）销售	向其机构所在地的税务机关报告外出经营事项	向其机构所在地的税务机关申报纳税
		未报告外出经营事项	向销售地或者劳务发生地的税务机关申报纳税，未申报纳税的，由其机构所在地的税务机关补征税款
非固定业户			向销售地或者劳务发生地的税务机关申报纳税；未向销售地或者劳务发生地的税务机关申报纳税的，由其机构所在地或者居住地的税务机关补征税款

2. 其他个人提供建筑服务，销售或者租赁不动产，转让自然资源使用权，应向建筑服务发生地、不动产所在地、自然资源所在地的税务机关申报纳税。

3. 进口货物在报关地海关申报纳税。

4. 扣缴义务人应当向其机构所在地或者居住地的税务机关申报缴纳其扣缴的税款。

二、纳税期限

1. 纳税期限：1 日、3 日、5 日、10 日、15 日、1 个月、1 个季度。

【新东方提示】

　　以 1 个季度为纳税期限的规定，适用于小规模纳税人、银行、财务公司、信托投资公司、信用社。

2. 报缴税款期限：以月（或者季）为纳税期的，自期满之日起 15 日内申报纳税；其他纳税期限的，期满之日起 5 日内预缴税款，次月 1 日起 15 日内申报纳税并结清上月应纳税款。

3. 进口货物：海关填发缴款书之日起 15 日内缴纳税款。

三、增值税专用发票

（一）增值税专用发票的基本联次及用途
1. 发票联，作为购买方核算采购成本和增值税进项税额的记账凭证。
2. 抵扣联，作为购买方报送主管税务机关认证和留存备查的扣税凭证。
3. 记账联，作为销售方核算销售收入和增值税销项税额的记账凭证。

（二）一般纳税人不得领购开具增值税专用发票的情形
1. 会计核算不健全，不能向税务机关准确提供增值税销项税额、进项税额、应纳税额数据及其他有关增值税税务资料的。
2. 有《税收征管法》规定的税收违法行为，拒不接受税务机关处理的。
3. 存在开具、使用增值税专用发票的违法、违规行为，经税务机关责令限期改正而仍未改正的。

（三）增值税专用发票开票限额
增值税专用发票实行最高开票限额管理。

纳税人申请最高开票限额时，税务机关根据需要进行实地查验。一般纳税人申请增值税专用发票最高开票限额不超过 10 万元的，主管税务机关不需要事前进行实地查验。

（四）不得开具增值税专用发票的范围
1. 商业企业一般纳税人零售烟、酒、食品、服装、鞋帽（不包括劳保专用部分）、化妆品等消费品的。
2. 应税销售行为的购买方为消费者个人的。
3. 发生应税销售行为适用免税规定的。

【新东方提示】

　　小规模纳税人（其他个人除外）发生增值税应税行为，需要开具增值税专用发票的，也可以自愿使用增值税发票管理系统自行开具。

【例题·单选题】（2020 年）根据增值税法律制度的规定，一般纳税人的下列行为中，允许开具增值税专用发票的是（　　）。

　　A. 汽车租赁公司向租赁者个人出租车辆

　　B. 装修公司向消费者个人提供装修服务

　　C. 专利代理公司向一般纳税人提供专利代理服务

　　D. 超市向一般纳税人零售食品

【答案】C

【解析】选项C正确,不属于不得开具增值税专用发票的情形。

属于下列情形之一的,不得开具增值税专用发票:

(1)商业企业一般纳税人零售烟、酒、食品、服装、鞋帽(不包括劳保专用部分)、化妆品等消费品的(选项D);

(2)应税销售行为的购买方为消费者个人的(选项A、B);

(3)发生应税销售行为适用免税规定的。

【例题·多选题】(2020年)根据增值税法律制度的规定,一般纳税人发生的下列业务中,不得开具增值税专用发票的有(   )。

A. 酒店向消费者个人提供餐饮服务

B. 百货公司向消费者个人销售家用电器

C. 装修公司向一般纳税人提供装修服务

D. 律师事务所向消费者个人提供咨询服务

【答案】ABD

【解析】选项A、B、D正确。属于下列情形之一的,不得开具增值税专用发票:

(1)商业企业一般纳税人零售烟、酒、食品、服装、鞋帽(不包括劳保专用部分)、化妆品等消费品的;

(2)应税销售行为的购买方为消费者个人的(选项A、B、D);

(3)发生应税销售行为适用免税规定的。

选项C错误,接受方是"一般纳税人",可以开具增值税专用发票。

考点十四 增值税出口退税制度★★

一、适用增值税退(免)税政策范围

对下列出口货物、劳务、零税率应税服务,除适用增值税免税和征税政策外,实行免征并退还增值税政策。

1. 出口企业出口货物。

出口货物,是指企业向海关报关后实行离境并销售给境外单位和个人的货物,分为自营出口货物和委托出口货物两类。

2. 出口企业或其他单位视同出口货物。

3. 出口企业对外提供加工修理修配劳务。

对外提供加工修理修配劳务,是指对进境复出口货物或从事国际运输的运输工具进行的加工修理修配。

4. 增值税一般纳税人提供零税率应税服务。

二、增值税退（免）税办法

出口货物、劳务、零税率应税服务，实行增值税退（免）税政策，包括免抵退税办法和免退税办法。

（一）增值税免抵退税办法

1. 增值税免抵退税政策的说明

增值税免抵退税，是指免征增值税，相应的进项税额抵减应纳增值税额（不包括适用增值税即征即退、先征后退政策的应纳增值税额），未抵减完的部分予以退还。

2. 增值税免抵退税的适用范围

（1）生产企业

① 生产企业出口自产货物与视同自产货物、对外提供加工修理修配劳务，以及《财政部国家税务总局关于出口货物劳务增值税和消费税政策的通知》列名的生产企业出口非自产货物。

② 适用增值税一般计税方法的境内的单位和个人提供适用增值税零税率的服务和无形资产。

（2）外贸企业直接出口服务或自行研发的无形资产

适用一般计税方法的外贸企业直接将服务或自行研发的无形资产出口，视同生产企业连同其出口货物统一实行免抵退税办法。

（二）增值税免退税办法

1. 增值税免退税政策的说明

增值税免退税，是指不具有生产能力的出口企业或其他单位出口货物劳务，免征增值税，相应的进项税额予以退还。

2. 增值税免退税的适用范围

适用一般计税方法的外贸企业购进服务或者无形资产出口实行免退税办法。

【例题·单选题】下列各项中，适用增值税出口退税"免、退"税办法的是（　　）。

A. 收购货物出口的外贸企业
B. 生产企业委托外贸企业代理出口货物
C. 自营出口自产货物的生产企业
D. 委托出口自产货物的生产企业

【答案】A

【解析】选项A正确，收购货物出口的外贸企业适用增值税出口退税"免、退"税办法。选项B、C、D错误，适用增值税"免、抵、退"税办法。

三、增值税出口退税率

1. 退税率的一般规定

除单独规定外,出口货物的退税率为其适用税率。目前我国出口退税率分为五档:13%、10%、9%、6% 和零税率。

2. 退税率的特殊规定

(1) 外贸企业购进按简易办法征税的出口货物、从小规模纳税人购进的出口货物,其退税率分别为简易办法实际执行的征收率、小规模纳税人征收率。

(2) 出口企业委托加工修理修配货物,其加工修理修配费用的退税率,为出口货物的退税率。

3. 适用不同退税率的情形

适用不同退税率的货物劳务以及跨境应税行为,应分开报关、核算并申报退(免)税,未分开报关、核算或划分不清的,从低适用退税率。

四、增值税退(免)税的计税依据

1. 出口货物劳务的增值税退(免)税的计税依据

出口货物劳务的增值税退(免)税的计税依据,按出口货物劳务的出口发票(外销发票)、其他普通发票或购进出口货物劳务的增值税专用发票、海关进口增值税专用缴款书确定。

2. 跨境应税行为的退(免)税计税依据

(1) 实行免抵退税办法的退(免)税计税依据

① 以铁路运输方式载运旅客的,为按照铁路合作组织清算规则清算后的实际运输收入。

② 以铁路运输方式载运货物的,为按照铁路运输进款清算办法,对"发站"或"到站(局)"名称包含"境"字的货票上注明的运输费用以及直接相关的国际联运杂费清算后的实际运输收入。

③ 以航空运输方式载运货物或旅客的,如果国际运输或港澳台运输各航段由多个承运人承运的,为中国航空结算有限责任公司清算后的实际收入;如果国际运输或港澳台运输各航段由一个承运人承运的,为提供航空运输服务取得的收入。

④ 其他实行免抵退税办法的增值税零税率应税服务,为提供增值税零税率应税服务取得的收入。

(2) 实行免退税办法的退(免)税计税依据

实行免退税办法的退(免)税计税依据为购进应税服务的增值税专用发票或解缴税款的中华人民共和国税收缴款凭证上注明的金额。

五、增值税免抵退税和免退税的计算

1. 生产企业出口货物劳务增值税免抵退税

生产企业出口货物劳务增值税免抵退税的计算步骤如下:

(1) 当期应纳税额的计算

当期应纳税额 = 当期销项税额 -（当期进项税额 - 当期不得免征和抵扣税额）- 上期留抵税额

当期不得免征和抵扣税额 = 当期出口货物离岸价 × 外汇人民币折合率 ×（出口货物适用税率 - 出口货物退税率）- 当期不得免征和抵扣税额抵减额

当期不得免征和抵扣税额抵减额 = 当期免税购进原材料价格 ×（出口货物适用税率 - 出口货物退税率）

(2) 当期免抵退税额的计算

当期免抵退税额 = 当期出口货物离岸价 × 外汇人民币折合率 × 出口货物退税率 - 当期免抵退税额抵减额

当期免抵退税额抵减额 = 当期免税购进原材料价格 × 出口货物退税率

(3) 当期应退税额和免抵税额的计算

① 当期期末留抵税额 ≤ 当期免抵退税额，则:

当期应退税额 = 当期期末留抵税额

当期免抵税额 = 当期免抵退税额 - 当期应退税额

② 当期期末留抵税额 > 当期免抵退税额，则:

当期应退税额 = 当期免抵退税额

当期免抵税额 = 0

当期期末留抵税额为当期增值税纳税申报表中"期末留抵税额"。

【例题·单选题】某生产企业为一般纳税人，2020 年 6 月外购原材料取得防伪税控机开具的增值税专用发票，注明增值税税额 137.7 万元。取得的发票均已在当月申报抵扣。当月内销货物取得不含税销售额 150 万元，外销货物取得收入 115 万美元（美元与人民币的汇率为 1∶7），该企业适用增值税税率为 13%，出口退税率为 11%。该企业 6 月末留抵结转下期继续抵扣税额为（   ）。

A. 75.4 万元
B. 13.55 万元
C. 119.6 万元
D. 137.7 万元

【答案】B

【解析】选项 B 正确。应纳增值税 = 150 × 13% -［137.7 - 115 × 7 ×（13% - 11%）］= -102.1（万元），免抵退税额 = 115 × 7 × 11% = 88.55（万元），即应退税额 = 88.55（万元），因此期末留抵结转下期继续抵扣税额 = 102.1 - 88.55 = 13.55（万元）。

【例题·单选题】某出口企业为增值税一般纳税人，增值税税率 13%，退税率 9%，

2020年10月外购A材料,取得的增值税专用发票注明价款300万元,增值税39万元,货已入库。当月进口保税料件一批,到岸价格折合人民币为170万元,该企业进料加工计划分配率为30%,当月出口产品销售额折合人民币510万元,内销产品不含税销售额80万元。该企业上期期末留抵税额5万元。该企业当期免抵税额为(   )万元。

A. 0　　　　　　　　　　　　B. 19.32

C. 12.81　　　　　　　　　　D. 32.13

【答案】C

【解析】选项C正确。进料加工出口货物耗用的保税进口料件金额=510×30%=153(万元),当期不得免征和抵扣税额=(510-153)×(13%-9%)=14.28(万元),当期应纳税额=80×13%-(39-14.28)-5=-19.32(万元),当期免抵退税额=(510-153)×9%=32.13(万元),应退税额为19.32万元,免抵税额=32.13-19.32=12.81(万元)。

2. 外贸企业出口货物劳务增值税免退税

外贸企业出口货物劳务增值税免退税,按下列公式计算:

(1)外贸企业出口委托加工修理修配货物以外的货物:

增值税应退税额=增值税退(免)税计税依据 × 出口货物退税率

(2)外贸企业出口委托加工修理修配货物:

出口委托加工修理修配货物的增值税应退税额=委托加工修理修配的增值税退(免)税计税依据 × 出口货物退税率

【例题·单选题】某外贸公司2020年6月份购进玩具猫10 000只,不含税单价80元/只,已取得增值税专用发票。将外购的玩具猫全部报关出口,离岸单价15美元/只,此笔出口已收汇并做销售处理。(美元与人民币的汇率为1∶6.2,退税率为11%)。该笔出口业务应退增值税为(   )。

A. 88 000元　　　　　　　　B. 136 000元

C. 139 500元　　　　　　　　D. 145 690元

【答案】A

【解析】选项A正确。该笔出口业务应退增值税=10 000×80×11%=88 000(元)。

3. 退税率低于适用税率的,相应计算出的差额部分的税款计入出口货物劳务成本。

4. 出口企业既有适用增值税免抵退项目,也有增值税即征即退、先征后退项目的,增值税即征即退和先征后退项目不参与出口项目免抵退税计算。出口企业应分别核算增值税免抵退项目和增值税即征即退、先征后退项目,并分别申请享受增值税即征即退、先征后退和免抵退税政策。

用于增值税即征即退或者先征后退项目的进项税额无法划分的,按照下列公式计算:

无法划分进项税额中用于增值税即征即退或者先征后退项目的部分=当月无法划分的全部进项税额 × 当月增值税即征即退或者先征后退项目销售额 ÷ 当月全部销售额、营业额合计

第三单元 消费税法律制度

考点一 消费税税目★★

在中华人民共和国境内生产、委托加工和进口《消费税暂行条例》规定的消费品的单位和个人,以及国务院确定的销售《消费税暂行条例》规定的消费品的其他单位和个人,为消费税的纳税人。

个人,是指个体工商户及其他个人。

电子烟生产环节纳税人,是指取得烟草专卖生产企业许可证,并取得或经许可使用他人电子烟产品注册商标(以下称持有商标)的企业。通过代加工方式生产电子烟的,由持有商标的企业缴纳消费税。电子烟批发环节纳税人,是指取得烟草专卖批发企业许可证并经营电子烟批发业务的企业。电子烟进口环节纳税人,是指进口电子烟的单位和个人。

消费税只针对部分货物征税,具体内容如表4-31所示。

表4-31 消费税税目

税目	要点
烟	包括:卷烟、雪茄烟、烟丝和电子烟
酒	(1)包括:白酒、黄酒、啤酒和其他酒 【新东方提示】 　　对饮食业、商业、娱乐业举办的啤酒屋(啤酒坊)利用啤酒生产设备生产的啤酒,应当征收消费税 (2)不包括:调味料酒、酒精
高档化妆品	(1)包括:高档美容、修饰类化妆品、高档护肤类化妆品(不含增值税的价格在10元/毫升(克)或者15元/片(张)及以上) (2)不包括:舞台、戏剧、影视演员化妆用的上妆油、卸妆油、油彩
贵重首饰及珠宝玉石	包括:(1)金银首饰、铂金首饰和钻石及钻石饰品 (2)其他贵重首饰和珠宝玉石

续表

税目	要点
贵重首饰及珠宝玉石	【新东方提示】宝石坯是经采掘、打磨、初级加工的珠宝玉石半成品，对宝石坯应按规定征收消费税
鞭炮、焰火	不包括：体育上用的发令纸，鞭炮药引线
成品油	包括：汽油、柴油、石脑油、溶剂油、航空煤油、润滑油、燃料油 【新东方提示】催化料、焦化料应当征收消费税
摩托车	包括气缸容量为250毫升的摩托车和气缸容量在250毫升（不含）以上的摩托车
小汽车	（1）包括：乘用车、中轻型商用客车、超豪华（不含增值税零售单价≥130万元）小汽车、购进乘用车和中轻型商用客车整车改装生产的汽车 （2）不包括：电动汽车、沙滩车、雪地车、卡丁车、高尔夫车、购进货车或厢式货车改装的专用车
高尔夫球及球具	包括：高尔夫球、高尔夫球杆及高尔夫球包（袋）、高尔夫球杆的杆头、杆身和握把
高档手表	销售价格（不含增值税）每只在10 000元（含）以上的各类手表
游艇	机动艇
木制一次性筷子	包括：各种规格的木制一次性筷子和未经打磨、倒角的木制一次性筷子
实木地板	包括：实木地板、实木指接地板、实木复合地板、实木装饰板等以及未经涂饰的素板
电池	（1）包括：原电池、蓄电池、燃料电池、太阳能电池和其他电池 （2）免征：无汞原电池、金属氢化物镍蓄电池、锂原电池、锂离子蓄电池、太阳能电池、燃料电池和全钒液流电池
涂料	免征：施工状态下挥发性有机物含量低于420克/升（含）的涂料

【例题·多选题】（2021年）根据消费税法律制度的规定，下列各项中，属于消费税征税范围的有（　　）。

A. 沙滩车　　　　　　　　　B. 超豪华小汽车
C. 高尔夫车　　　　　　　　D. 中轻型商用客车

【答案】BD

【解析】选项B、D正确。消费税的"小汽车"税目包括乘用车、中轻型商用客车（选项D）、超豪华小汽车（选项B）。沙滩车（选项A）、雪地车、卡丁车、高尔夫车（选项C）不属于消费税征收范围，不征收消费税。

【例题·单选题】（2018年）根据消费税法律制度的规定，下列各项中，不属于消费税征税范围的是（　　）。

A. 葡萄酒　　　　　　　　　B. 果木酒
C. 药酒　　　　　　　　　　D. 调味料酒

【答案】D

【解析】选项D正确，调味料酒不属于消费税征税范围。消费税税目中的酒，包括白酒、黄酒、啤酒和其他酒。其他酒包括糠麸白酒、其他原料白酒、土甜酒、复制酒、果木酒（选项B）、汽酒、药酒（选项C）、葡萄酒（选项A）等。

考点二　征税范围★★★

一、生产应税消费品

1. 销售自产应税消费品→生产后的 第一道销售环节纳税。

2. 将自产应税消费品移送用于连续生产应税消费品以外的方面→移送使用时纳税。

纳税人将生产的应税消费品用于生产非应税消费品、在建工程、管理部门、非生产机构、提供劳务、馈赠、赞助、集资、广告、样品、职工福利、奖励等方面应缴纳消费税。

【新东方提示】

纳税人自产自用的应税消费品，用于连续生产应税消费品的，不纳税。

二、委托加工应税消费品

1. 概念

由委托方提供原料和主要材料，受托方只收取加工费和代垫部分辅助材料加工的应税消费品。

2. 委托加工应税消费品的纳税人

除受托方为个人外，由受托方在向委托方交货时代收代缴消费税。委托个人加工的应税消费品，由委托方收回后缴纳消费税。如表 4-32 所示。

表 4-32　委托加工应税消费品的纳税人

受托方	委托方	消费税缴纳
个人	纳税人	委托方收回后缴纳
单位		交货时受托方代收代缴

3. 委托加工收回应税消费品的处理

委托加工收回应税消费品的处理，如表 4-33 所示。

表 4-33　委托加工收回应税消费品的处理

处理类别		消费税处理
用于连续生产应税消费品		委托加工环节的所纳税款准予按规定抵扣
出售	以不高于受托方的计税价格出售	为直接出售，不缴纳消费税
	以高于受托方的计税价格出售	不属于直接出售，需申报缴纳消费税，并准予扣除受托方已代收代缴的消费税

三、进口应税消费品

进口环节缴纳的消费税由海关代征。

四、批发应税消费品

1. 卷烟和电子烟在批发环节加征消费税。

【新东方提示】

　　计税时，不得扣除生产环节已缴纳的消费税。

2. 烟草批发企业将卷烟销售给其他烟草批发企业的，不缴纳消费税。

五、零售应税消费品

零售应税消费品消费税处理，如表 4-34 所示。

表 4-34　零售应税消费品消费税处理

类别	消费税处理
金银首饰、铂金首饰、钻石及钻石饰品	（1）金银首饰、铂金首饰、钻石及钻石饰品在零售环节征收消费税 【新东方提示】 金银首饰具体包括金基、银基合金首饰以及金、银和金基、银基合金的镶嵌首饰 （2）计税依据的特殊规定 ① 金银首饰以旧换新（含翻新改制）业务，应按销售方实际收取的不含增值税的全部价款为计税依据征收消费税 ② 金银首饰与其他产品组成成套消费品销售的，应按销售额全额征收消费税 ③ 带料加工的金银首饰（视为受托加工），应按受托方销售同类金银首饰的销售价格确定计税依据征收消费税。没有同类金银首饰销售价格的，按照组成计税价格计算纳税 ④ 既销售金银首饰，又销售非金银首饰，划分不清的，生产环节一律从高适用税率征收消费税；零售环节一律按金银首饰征收消费税 【新东方提示】 为经营单位以外的单位和个人加工金银首饰视同零售业务缴纳消费税。这里的加工不包括修理和清洗
超豪华小汽车	不含增值税价格≥130万元的超豪华小汽车在零售环节"加征"消费税 【新东方提示】 计税时，不得扣除生产环节已纳的消费税

【总结】针对各环节对应的应税消费品进行汇总分析。如表 4-35 所示。

表 4-35　各环节对应的应税消费品汇总分析

不同环节	应税消费品
一般环节：生产销售环节、进口环节、委托加工环节	除金银首饰、铂金首饰和钻石及钻石饰品外的其他应税消费品 【新东方提示】 卷烟、电子烟、超豪华小汽车征收两道消费税

续表

不同环节		应税消费品
特殊环节	批发环节	卷烟（不含烟丝和雪茄烟）、电子烟
	零售环节	金银首饰、铂金首饰和钻石及钻石饰品；超豪华小汽车

【例题·多选题】（2021年）根据消费税法律制度的规定，下列情形中，应征收消费税的有（   ）。

A. 金店零售金银首饰　　　　　　B. 连锁超市零售电池
C. 商场零售高档手表　　　　　　D. 汽车经销商零售超豪华小汽车

【答案】AD

【解析】选项A、D正确。零售环节缴纳消费税的应税消费品分为"征收"和"加征"两种形式："金银铂钻"在零售环节"征收"消费税（选项A应征收消费税）；超豪华小汽车在零售环节"加征"一道消费税（选项D应征收消费税）；卷烟在生产、委托加工或者进口环节缴纳消费税，并且在批发环节"加征"一道消费税；电子烟在生产、代加工或者进口环节缴纳消费税，并且在批发环节"加征"一道消费税；其他应税消费品均在生产、委托加工或者进口环节征收（选项B、C均不在零售环节征收消费税）。

【例题·单选题】（2021年）根据消费税法律制度的规定，下列应税消费品中，在零售环节缴纳消费税的是（   ）。

A. 实木地板　　　　　　　　　　B. 金银首饰
C. 高档手表　　　　　　　　　　D. 木制一次性筷子

【答案】B

【解析】选项B正确。零售环节缴纳消费税的应税消费品分为"征收"和"加征"两种形式："金银铂钻"在零售环节"征收"消费税（选项B）；超豪华小汽车在零售环节"加征"一道消费税；卷烟在生产、委托加工或者进口环节缴纳消费税，并且在批发环节"加征"一道消费税；电子烟在生产、代加工或者进口环节缴纳消费税，并且在批发环节"加征"一道消费税。其他应税消费品均在生产、委托加工或者进口环节征收消费税（选项A、C、D）。

【例题·单选题】（2020年）根据消费税法律制度的规定，下列应税消费品中，在零售环节征收消费税的是（   ）。

A. 金银首饰　　　　　　　　　　B. 实木地板
C. 高档手表　　　　　　　　　　D. 卷烟

【答案】A

【解析】选项A正确。零售环节缴纳消费税的应税消费品分为"征收"和"加征"两种形式："金银铂钻"在零售环节"征收"消费税，超豪华小汽车在零售环节"加征"一道消费税。选项B、C错误，实木地板、高档手表在生产、委托加工或者进口环节缴纳消费税。选项 D 错误，卷烟在生产、委托加工或者进口环节缴纳消费税，并且在批发环节"加征"一道消费税；电子烟在生产、代加工或者进口环节缴纳消费税，并且在批发环节"加征"一道消费税。

考点三 消费税税率★★

消费税税率，如表 4-36 所示。

表 4-36 消费税税率

税率形式	适用范围
从价定率	除从量定额、复合计税适用范围外的其他税目
从量定额	啤酒、黄酒、成品油
复合计税	卷烟（含批发环节）、白酒

【新东方提示】

纳税人兼营不同税率的应税消费品，应当分别核算不同税率应税消费品的销售额、销售数量。未分别核算销售额、销售数量，或者将不同税率的应税消费品组成成套消费品销售的，从高适用税率。

【例题·单选题】（2020 年）根据消费税法律制度的规定，下列应税消费品中，实行从量计征办法计缴消费税的是（　　）。

A. 啤酒　　　　　　　　　　B. 葡萄酒
C. 药酒　　　　　　　　　　D. 果木酒

【答案】A

【解析】选项 A 正确。消费税税率采取比例税率（从价计征）和定额税率（从量计征）两种形式，以适应不同应税消费品的实际情况。采取定额税率（从量计征）的，包括啤酒（选项 A）、黄酒、成品油；采用比例税率（从价计征）和定额税率（从量计征）并用（复合计征）的，包括卷烟、白酒；采用比例税率（从价计征）的，包括除上述项目以外的其他项目（选项 B、C、D）。

【例题·单选题】（2018 年）2019 年 9 月甲啤酒厂生产 150 吨啤酒，销售 100 吨，取得不含增值税销售额 30 万元，增值税税额 3.9 万元。甲啤酒厂当月销售啤酒消费税计税依据为（　　）。

A. 100 吨　　　　　　　　　　B. 33.9 万元

C. 30万元　　　　　　　　　D. 150吨

【答案】A

【解析】选项A正确，啤酒、黄酒、成品油，从量定额计征消费税，计税依据是销售数量，不是销售额（选项B、C错误）。纳税人销售应税消费品的，计税依据为应税消费品的销售数量，而非生产数量（选项D错误）。

考点四　消费税销售额和销售量的一般规定★★★

一、从价计征销售额的确定

实行从价定率办法征税的应税消费品，消费税的计税依据为应税消费品的销售额。

1. 销售额为纳税人销售应税消费品向购买方收取的不含增值税的全部价款和价外费用。

【新东方提示】

（1）价外费用的内容与增值税的价外费用基本一致，这里需关注不包含符合条件的代垫运费、符合条件的代为收取的政府性基金或者行政事业性收费。

（2）增值税是价外税，不包括在销售额中；消费税是价内税，包括在销售额中。

（3）实行从价定率办法征税的应税消费品，其消费税的计税依据和增值税的计税依据基本相同（均包括消费税，不包括增值税）。

2. 含增值税的换算：应税消费品的销售额＝含增值税的销售额÷（1＋增值税税率或者征收率）。

【例题·多选题】甲酒厂主要从事白酒生产销售业务，该酒厂销售白酒取得的下列款项中，应并入销售额缴纳消费税的有（　　）。

A. 向W公司收取的产品优质费　　　B. 向X公司收取的包装物租金
C. 向Y公司收取的品牌使用费　　　D. 向Z公司收取的储备费

【答案】ABCD

【解析】选项A、B、C、D均正确，均属于价外费用，应并入销售额缴纳消费税。

二、从量计征销售数量的确定

1. 纳税人销售应税消费品的，为应税消费品的销售数量。
2. 自产自用应税消费品的，为应税消费品的移送使用数量。

3. 委托加工应税消费品的,为纳税人收回的应税消费品数量。
4. 进口应税消费品的,为海关核定的应税消费品进口征税数量。

三、复合计征销售额和销售数量的确定

结合前面的"一、二"分别确定销售额和销售数量。

> 【新东方提示】
> 现行消费税的征税范围中,只有"卷烟"和"白酒"采用复合计征方法。

考点五 消费税销售额和销售量的特殊规定 ★★★

一、消费税计税价格的核定

纳税人应税消费品的计税价格明显偏低且无正当理由的,由主管税务机关核定计税价格。如表 4-37 所示。

表 4-37 消费税计税价格的核定

类别	具体规定
卷烟、白酒和小汽车	由国家税务总局核定,送财政部备案
其他应税消费品	由省、自治区和直辖市税务局核定
进口的应税消费品	由海关核定

二、非独立核算门市部

纳税人通过自设非独立核算门市部销售的自产应税消费品,应当按照门市部对外销售额或者销售数量征收消费税。

三、最高销售价格

纳税人用于换取生产资料和消费资料、投资入股和抵偿债务的应税消费品,应当以纳税人同类应税消费品的最高销售价格作为计税依据计算消费税。

四、收取"品牌使用费"的处理

白酒生产企业向商业销售单位收取的"品牌使用费"是随着应税白酒的销售而向购货方收取的,属于应税白酒销售价款的组成部分,因此,不论企业采取何种方式或者以何种名义收取价款,均应并入白酒的销售额中缴纳消费税。

五、包装物

包装物处理,如表 4-38 所示。

表 4-38 包装物处理

对象		情形	税务处理
实行从价计征办法征收消费税的应税消费品连同包装物销售(包装物直接销售)			应并入应税消费品的销售额中征收消费税
针对包装物收取的押金	非酒类产品（成品油除外）	包装物不作价随同产品销售	（1）押金收取时不征消费税 （2）逾期未退或者收取时间超过 12 个月的,应并入应税消费品的销售额,缴纳消费税
		包装物作价随同产品销售	逾期未退,并入应税消费品销售额征税
	酒类产品	黄酒、啤酒	不征收消费税
		其他酒类产品	收取时并入酒类产品销售额,征收消费税

【例题·单选题】(2021 年)甲酒厂为增值税一般纳税人,2019 年 11 月销售自产白酒 50 吨,取得不含增值税价款 2 200 000 元,同时收取包装物押金 45 200 元。当月不予退还 3 个月前销售自产白酒时收取的包装物押金 33 900 元。已知增值税税率为 13%；消费税比例税率为 20%,定额税率为 0.5 元/500 克；1 吨 = 1 000 千克。下列计算甲酒厂当月上述业务应缴纳消费税税额的算式中,正确的是(   )。

A.（2 200 000 + 45 200）× 20% = 449 040（元）
B.（2 200 000 + 33 900）× 20% + 50 × 1 000 × 2 × 0.5 = 496 780（元）
C.[2 200 000 + 33 900 ÷（1 + 13%）]× 20% + 50 × 1 000 × 2 × 0.5 = 496 000（元）
D.[2 200 000 + 45 200 ÷（1 + 13%）]× 20% + 50 × 1 000 × 2 × 0.5 = 498 000（元）

【答案】D
【解析】选项 D 正确,对酒类生产企业销售酒类产品(啤酒、黄酒除外)而收取的包装物押金,无论押金是否返还及会计上如何核算,均应并入酒类产品销售额,征收消费税。收取的包装物押金需要做价税分离（选项 A 错误）。不予退还的 3 个月前销售自产白酒时收取的包装物押金 33 900 元不需要计征消费税（选项 BC 错误）。因此，甲酒厂当月上述业务应缴纳消费税税额＝销售额×比例税率＋销售数量×定额税率＝［2 200 000＋45 200÷（1＋13%）］×20%＋50×1 000×2×0.5＝498 000（元）。

【例题·判断题】（2021 年）酒厂销售自产葡萄酒收取的包装物押金，应并入销售额征收消费税。（　　）

【答案】√

【解析】对销售酒类产品（啤酒、黄酒除外）而收取的包装物押金，无论押金是否返还及会计上如何核算，均应在收取时并入酒类产品销售额征收消费税。

【例题·单选题】（2020 年）甲筷子厂为增值税一般纳税人，2019 年 12 月销售自产竹制筷子取得不含增值税价款 15 万元。销售自产木制一次性筷子取得不含增值税价款 12 万元。逾期不予退还的木制一次性筷子包装物押金 0.226 万元。已知，增值税税率为 13%；消费税税率为 5%。下列计算甲筷子厂当月上述业务应缴纳消费税税额的算式中，正确的是（　　）。

A. ［15＋12＋0.226÷（1＋13%）］×5%＝1.36（万元）
B. ［12＋0.226÷（1＋13%）］×5%＝0.61（万元）
C. 12×5%＝0.6（万元）
D. ［15＋0.226÷（1＋13%）］×5%＝0.76（万元）

【答案】B

【解析】选项 B 正确。竹制筷子不属于消费税应税消费品，销售竹制筷子不缴纳消费税（选项 AD 错误）。销售木制一次性筷子需要缴纳消费税，木制一次性筷子属于非酒类产品，其包装物押金在逾期未退还时，价税分离后并入销售额计税（选项 C 错误）。所以甲筷子厂当月上述业务应缴纳消费税税额＝［12＋0.226÷（1＋13%）］×5%＝0.61（万元）。

【例题·多选题】（2020 年）根据消费税法律制度的规定，下列情形中，应当以纳税人同类应税消费品的最高销售价格作为计税依据计缴消费税的有（　　）。

A. 以自产应税消费品抵偿债务
B. 以自产应税消费品投资入股
C. 以自产应税消费品换取消费资料
D. 以自产应税消费品换取生产资料

【答案】ABCD

【解析】选项 A、B、C、D 正确。纳税人用于换取生产资料和消费资料（选项 C、D 正确），投资入股（选项 B 正确）和抵偿债务（选项 A 正确）等方面的应税消费品，应当以纳税人同类应税消费品的最高销售价格作为计税依据计算消费税。

六、电子烟

1. 纳税人生产、批发电子烟的，按照生产、批发电子烟的销售额计算纳税。电子烟生产环节纳税人采用代销方式销售电子烟的,按照经销商(代理商)销售给电子烟批发企业的销售额计算纳税。

2. 纳税人进口电子烟的,按照组成计税价格计算纳税。

3. 电子烟生产环节纳税人从事电子烟代加工业务的,应当分开核算持有商标电子烟的销售额和代加工电子烟的销售额;未分开核算的,一并缴纳消费税。

考点六 消费税应纳税额的计算★★★

一、生产应税消费品应纳税额的计算

纳税人生产销售环节应缴纳的消费税,包括直接对外销售应税消费品应缴纳的消费税和自产自用应税消费品应缴纳的消费税。

1. 直接对外销售纳税人生产的应税消费品,于纳税人销售时纳税。如表4-39所示。

表4-39 生产应税消费品应纳税额的计算——直接对外销售

计税办法	计算公式
从价定率办法	应纳税额=不含税销售额 × 比例税率
从量定额办法	应纳税额=销售数量 × 定额税率
复合计税办法	应纳税额=不含税销售额 × 比例税率+销售数量 × 定额税率

2. 将自产应税消费品移送用于连续生产应税消费品以外的方面。

移送使用时纳税,有同类消费品销售价格的,按照纳税人生产的同类消费品的销售价格(一般是平均价格,特殊情况是最高价格)计算纳税;没有同类消费品销售价格的,按照组成计税价格计算纳税。具体计税公式,如表4-40所示。

表4-40 生产应税消费品应纳税额的计算——用于连续生产应税消费品以外的方面

计税办法	计算公式
从价定率办法	组成计税价格=成本 ×(1+成本利润率)÷(1-比例税率) 应纳税额=组成计税价格 × 比例税率
复合计税办法	组成计税价格=[成本 ×(1+成本利润率)+自产自用数量 × 定额税率]÷(1-比例税率) 应纳税额=组成计税价格 × 比例税率+自产自用数量 × 定额税率

【例题·单选题】(2021年)2019年9月,甲化妆品厂将一批新研制的高档香水用于

赠送客户,该批高档香水生产成本 29 325 元,无同类香水销售价格。已知消费税税率为 15%,成本利润率为 5%,计算甲化妆品厂当月该笔业务应缴纳消费税税额的下列算式中,正确的是(　　)。

　　A. 29 325×(1+5%)÷(1+15%)×15%＝4 016.25(元)
　　B. 29 325×(1+15%)×15%＝5 058.56(元)
　　C. 29 325×(1-15%)×15%＝3 738.94(元)
　　D. 29 325×(1+5%)÷(1-15%)×15%＝5 433.75(元)

【答案】D

【解析】选项 D 正确。纳税人自产自用的应税消费品,用于连续生产应税消费品的,不纳税;用于其他方面的,于移送使用时纳税。用于其他方面,是指纳税人将自产自用的应税消费品用于生产非应税消费品、在建工程、管理部门、非生产机构、提供劳务、馈赠、赞助、集资、广告、样品、职工福利、奖励等方面。用于其他方面的,应按照纳税人生产的同类消费品的销售价格计算纳税;没有同类消费品销售价格的,按照组成计税价格计算纳税。实行从价定率办法计征消费税的,其组成计税价格＝成本×(1+成本利润率)÷(1-消费税税率)。因此,甲化妆品厂当月该笔业务应缴纳消费税税额＝29 325×(1+5%)÷(1-15%)×15%＝5 433.75(元)。

【例题·单选题】(2021年)甲汽车经销商为增值税一般纳税人。2019 年 10 月零售超豪华小汽车 10 辆,取得含增值税销售额 2 034 万元。已知增值税税率为 13%,消费税税率为 10%。下列计算甲经销商当月零售超豪华小汽车应缴纳消费税税额的算式中,正确的是(　　)。

　　A. 2 034÷(1+13%)×10%＝180(万元)
　　B. 2 034÷(1-10%)×10%＝226(万元)
　　C. 2 034×10%＝203.4(万元)
　　D. 2 034÷(1+13%)÷(1-10%)×10%＝200(万元)

【答案】A

【解析】选项 A 正确。自 2016 年 12 月 1 日起,对每辆零售价格 130 万元(不含增值税)及以上的超豪华小汽车,在零售环节加征消费税,税率为 10%。本题中 10 辆超豪华小汽车的不含增值税的价款是 2 034/(1+13%)＝1 800 万元,每辆超豪华小汽车的零售价格超过了 130 万元,因此需要在零售环节加征消费税。销售额 2 034 万元为含税价格,需要换算成不含税价格(选项 B、C 错误)。消费税是价内税,不需要还原(选项 D 错误)。因此,甲经销商当月零售超豪华小汽车应缴纳消费税税额＝2 034÷(1+13%)×10%＝180(万元)。

【例题·单选题】甲公司为增值税一般纳税人,2020 年 10 月将 1 辆生产成本 5 万元的自产小汽车用于抵偿债务,同型号小汽车含增值税平均售价 11.3 万元/辆,含增值税最高售价 13.56 万元/辆。已知增值税税率为 13%;消费税税率为 5%,下列计算甲公司当月该笔业务应缴纳消费税税额的算式中,正确的是(　　)。

A. 1×5×5%=0.25（万元）
B. 1×11.3÷（1+13%）×5%=0.5（万元）
C. 1×13.56÷（1+13%）×5%=0.6（万元）
D. 1×5×（1+5%）×5%=0.26（万元）

【答案】C

【解析】选项 C 正确。消费税纳税人将生产的应税消费品用于换取生产资料、抵偿债务以及投资的，应当以纳税人同类应税消费品的最高销售价格作为计税依据计算消费税；含税价格需换算为不含税价格。

二、委托加工应税消费品应纳税额的计算

委托加工的应税消费品，按照受托方的同类消费品的销售价格计算纳税；没有同类消费品销售价格的，按照组成计税价格计算纳税（注意先后顺序）。具体计税公式如表 4-41 所示。

表 4-41　委托加工应税消费品应纳税额的计算

计税办法	计算公式
从价定率办法	组成计税价格=（材料成本+加工费）÷（1－比例税率） 应纳税额=组成计税价格 × 比例税率
复合计税办法	组成计税价格=（材料成本+加工费+委托加工数量 × 定额税率）÷（1－比例税率） 应纳税额=组成计税价格 × 比例税率+委托加工数量 × 定额税率

【例题·单选题】（2021 年）甲鞭炮厂为增值税一般纳税人，2019 年 8 月受托加工一批焰火，委托方提供原材料成本 48 025 元。甲鞭炮厂收取含增值税加工费 9 605 元，甲鞭炮厂无同类焰火销售价格。已知增值税税率为 13%，消费税税率为 15%。下列计算甲鞭炮厂该笔业务应代收代缴消费税税额的算式中，正确的是（　　）。

A. [48 025+9 605÷（1+13%）]×15%=8 478.75（元）
B. [48 025+9 605÷（1+13%）]÷（1-15%）×15%=9 975（元）
C. （48 025+9 605）×15%=8 644.5（元）
D. （48 025+9 605）÷（1+13%）÷（1-15%）×15%=9 000（元）

【答案】B

【解析】选项 B 正确。委托加工的应税消费品，按照受托方的同类消费品的销售价格计算纳税，没有同类消费品销售价格的，按照组成计税价格计算纳税。实行从价定率办法计征消费税的，组成计税价格=（材料成本+加工费）÷（1－比例税率），应纳税额=组成

计税价格 × 比例税率。所以甲鞭炮厂该笔业务应代收代缴消费税税额 =［48 025 + 9 605 ÷（1 + 13%）］÷（1 − 15%）× 15% = 9 975（元）。

三、进口应税消费品应纳税额的计算

进口的应税消费品，按照组成计税价格计算纳税。具体计税公式如表 4-42 所示。

表 4-42　进口应税消费品应纳税额的计算

计税办法	计算公式
从价定率办法	（1）组成计税价格 =（关税完税价格 + 关税）÷（1 − 消费税比例税率） 　　　　　　 = 关税完税价格 ×（1 + 关税税率）÷（1 − 消费税比例税率） （2）应纳税额 = 组成计税价格 × 消费税比例税率
复合计税办法	（1）组成计税价格 =（关税完税价格 + 关税 + 进口数量 × 消费税定额税率）÷ 　　　　　　　（1 − 消费税比例税率） （2）应纳税额 = 组成计税价格 × 消费税比例税率 + 进口数量 × 消费税定额税率

【例题·单选题】某汽酒进口公司，2020 年 10 月进口一批汽酒，已知该批汽酒的关税完税价格 10 800 元；消费税税率 10%，关税税率 14%。下列该批汽酒进口环节应缴纳消费税税额的计算中，正确的是（　　）。

A. 10 800 × 10% = 1 080（元）
B. 10 800 ×（1 + 14%）× 10% = 1 231.2（元）
C. 10 800 × 14% × 10% = 151.2（元）
D. 10 800 ×（1 + 14%）÷（1 − 10%）× 10% = 1 368（元）

【答案】D

【解析】选项 D 正确。进口环节应纳消费税税额 = 关税完税价格 ×（1 + 关税税率）÷（1 − 消费税比例税率）× 消费税比例税率 = 10 800 ×（1 + 14%）÷（1 − 10%）× 10% = 1 368（元）。

考点七　已纳消费税的扣除★★

一、概念

将外购或者委托加工收回的应税消费品连续生产应税消费品销售的，可按生产领用量将外购或者委托加工收回应税消费品已纳的消费税给予扣除。

二、已纳税款扣除额的计算

当期准予扣除的已纳消费税税款按当期生产领用数量计算。即：当期准予扣除的应税消费品已纳税款＝期初库存应税消费品的已纳税款＋当期购进／收回的委托加工应税消费品的已纳税款－期末库存应税消费品的已纳税款

【新东方提示】

注意与增值税的差异，增值税是购进就可扣，消费税是必须领用才可扣。

三、扣除范围

1. 外购或者委托加工收回的已税烟丝为原料生产的卷烟。
2. 外购或者委托加工收回的已税高档化妆品为原料生产的高档化妆品。
3. 外购或者委托加工收回的已税珠宝、玉石为原料生产的贵重首饰及珠宝、玉石。
4. 外购或者委托加工收回的已税鞭炮、焰火为原料生产的鞭炮、焰火。
5. 外购或者委托加工收回的已税杆头、杆身和握把为原料生产的高尔夫球杆。
6. 外购或者委托加工收回的已税木制一次性筷子为原料生产的木制一次性筷子。
7. 外购或者委托加工收回的已税实木地板为原料生产的实木地板。
8. 外购或者委托加工收回的已税石脑油、燃料油、润滑油为原料生产的成品油。
9. 外购或者委托加工收回的已税汽油、柴油为原料生产的汽油、柴油。

【例题·单选题】（2021年）根据消费税法律制度的规定，在对下列连续生产出来的应税消费品计算征税时，准予扣除外购的应税消费品已纳消费税税款的是（　　）。

A. 外购已税溶剂油生产的涂料　　B. 外购已税珠宝生产的铂金镶嵌首饰
C. 外购已税白酒生产的药酒　　　D. 外购已税烟丝生产的卷烟

【答案】D

【解析】选项D正确。外购已税烟丝生产的卷烟，税法规定应按当期生产领用数量计算准予扣除外购的应税消费品已纳的消费税税款。外购或者委托加工应税消费品已纳税款准予抵扣的范围：

（1）外购或者委托加工收回的已税烟丝为原料生产的卷烟；
（2）外购或者委托加工收回的已税高档化妆品为原料生产的高档化妆品；
（3）外购或者委托加工收回的已税珠宝、玉石为原料生产的贵重首饰及珠宝、玉石；
（4）外购或者委托加工收回的已税鞭炮、焰火为原料生产的鞭炮、焰火；
（5）外购或者委托加工收回的已税杆头、杆身和握把为原料生产的高尔夫球杆；
（6）外购或者委托加工收回的已税木制一次性筷子为原料生产的木制一次性筷子；

(7)外购或者委托加工收回的已税实木地板为原料生产的实木地板；

(8)外购或者委托加工收回的已税石脑油、润滑油、燃料油为原料生产的成品油；

(9)外购或者委托加工收回的已税汽油、柴油为原料生产的汽油、柴油。

【例题·单选题】根据消费税法律制度的规定，下列各项中，可以按当期生产领用数量计算准予扣除外购的应税消费品已纳消费税税款的是（　　）。

A. 外购已税白酒生产的药酒

B. 外购已税烟丝生产的卷烟

C. 外购已税翡翠生产加工的金银翡翠首饰

D. 外购已税钻石生产的高档手表

【答案】B

【解析】选项B正确。选项A、D，属于不得扣除的应税消费品；选项C，不得跨纳税环节抵扣。

考点八 消费税征收管理 ★★

一、消费税纳税义务发生时间

消费税纳税义务发生时间，如表4-43所示。

表4-43 消费税纳税义务发生时间

类别		纳税义务发生时间
销售应税消费品（与增值税销售货物基本一致）	赊销和分期收款结算方式	（1）书面合同约定的收款日期的当天 （2）书面合同没有约定收款日期或者无书面合同的，为发出应税消费品的当天
	预收货款结算方式	发出应税消费品的当天
	托收承付和委托银行收款方式	发出应税消费品并办妥托收手续的当天
	其他结算方式	收讫销售款或者取得索取销售款凭据的当天
自产自用应税消费品		移送使用的当天
委托加工应税消费品		纳税人提货的当天
进口应税消费品		报关进口的当天

【例题·单选题】（2021年）根据消费税法律制度的规定，下列关于消费税纳税义务发生时间的表述中，正确的是（　　）。

A. 采取预收货款结算方式销售应税消费品的，为纳税人收到预收货款的当天

B. 采取托收承付方式销售应税消费品的，为纳税人发出应税消费品并办妥托收手续的当天

C. 采取赊销结算方式销售应税消费品的，为纳税人收讫销售款的当天

D. 委托加工应税消费品的，为纳税人支付加工费的当天

【答案】B

【解析】选项 B 正确。选项 A 错误，采取预收货款结算方式的，为发出应税消费品的当天。选项 C 错误，采取赊销和分期收款结算方式的，为书面合同约定的收款日期的当天，书面合同没有约定收款日期或者无书面合同的，为发出应税消费品的当天。选项 D 错误，纳税人委托加工应税消费品的，为纳税人提货的当天。

【例题·单选题】（2021年）2019年5月，甲地板厂采取赊销结算方式销售一批实木地板给乙公司，5月6日双方签订书面合同，合同约定收款日期为5月30日。甲地板厂于5月11日发出货物，6月5日收到乙公司支付的货款。甲地板厂该笔业务消费税纳税义务发生时间为（　　）。

A. 5月30日　　　　　　　　B. 6月5日

C. 5月11日　　　　　　　　D. 5月6日

【答案】A

【解析】选项 A 正确。采取赊销和分期收款结算方式的，消费税纳税义务发生时间为书面合同约定的收款日期的当天；书面合同没有约定收款日期或者无书面合同的，为发出应税消费品的当天。本题中，合同约定收款日期为5月30日，所以纳税义务发生时间为5月30日。

二、消费税纳税地点

消费税纳税地点，如表4-44所示。

表4-44　消费税纳税地点

类别		纳税地点的规定
销售及自产自用应税消费品		除另有规定外，向纳税人机构所在地或者居住地的税务机关申报纳税
到外县（市）销售或者委托外县（市）代销		向机构所在地或者居住地税务机关申报纳税
总、分机构不在同一县（市）	一般情形	分别向各自机构所在地的税务机关申报纳税
	在同一省	经省财政厅、税务局审批同意，可以由总机构汇总向总机构所在地的税务机关申报

续表

类别		纳税地点的规定
委托加工应税消费品	委托个人加工	委托方向其机构所在地税务机关申报纳税
	其他情形	受托方向其机构所在地或者居住地税务机关代收代缴
进口应税消费品		向报关地海关申报纳税

> 【新东方提示】
> 纳税人直接出口的应税消费品办理免税后，发生退关或者国外退货，进口时已予以免税的，经机构所在地或者居住地税务机关批准，可暂不办理补税，待其转为国内销售时，再申报补缴消费税。

三、消费税纳税期限

消费税的纳税期限分别为 1 日、3 日、5 日、10 日、15 日、1 个月或者 1 个季度。纳税人以 1 个月或者以 1 个季度为 1 个纳税期的，自期满之日起 15 日内申报纳税；以 1 日、3 日、5 日、10 日或者 15 日为 1 个纳税期的，自期满之日起 5 日内预缴税款，于次月 1 日起至 15 日内申报纳税并结清上月应纳税款。

纳税人进口应税消费品，应当自海关填发海关进口消费税专用缴款书之日起 15 日内缴纳税款。

第四单元　城市维护建设税与教育费附加法律制度

考点 城市维护建设税与教育费附加法律制度★★★

城市维护建设税与教育费附加法律制度，如表 4-45 所示。

表 4-45　城市维护建设税与教育费附加法律制度

税法要素	学习重点
纳税人	在中华人民共和国境内缴纳增值税、消费税（以下简称"两税"）的单位和个人
征税范围	城市、县城、镇以及税法规定征税的其他地区（包括农村）

续表

税法要素	学习重点
税率	城市维护建设税：按纳税人所在地的不同，设置了三档比例税率：7%（市区）、5%（县城、镇）、1%（不在市区、县城、镇） 【新东方提示】 （1）由受托方代扣代缴、代收代缴"两税"的单位和个人，其代扣代缴、代收代缴的城市维护建设税按受托方所在地适用税率执行 （2）流动经营等无固定纳税地点的单位和个人，在经营地缴纳"两税"的，其城市维护建设税的缴纳按经营地适用税率执行
	教育费附加：征收比率为3% 地方教育附加：征收比率为2%
计税依据	纳税人依法实际缴纳的"两税"税额 【新东方提示】 城市维护建设税的计税依据应当按照规定扣除期末留抵退税退还的增值税税额
应纳税额的计算	城市维护建设税应纳税额=纳税人实际缴纳的"两税"税额×适用税率
	应纳教育费附加=纳税人实际缴纳的"两税"税额×征收比率（3%） 应纳地方教育附加=纳税人实际缴纳的"两税"税额×征收比率（2%）
税收优惠	减免原则：不单独减免，"两税"发生减免时，城市维护建设税、教育费附加和地方教育附加相应发生减免 （1）对进口货物或者境外单位和个人向境内销售劳务、服务、无形资产缴纳的"两税"税额，不征收城市维护建设税、教育费附加和地方教育附加（进口不征） （2）出口货物、劳务和跨境销售服务、无形资产以及因优惠政策退还"两税"的，不退还已缴纳的城市维护建设税、教育费附加和地方教育附加（出口不退） （3）对"两税"实行先征后返、先征后退、即征即退办法的，除另有规定外，对随"两税"附征的城市维护建设税，一律不予退（返）还

续表

税法要素	学习重点
征收管理	纳税义务发生时间：与"两税"纳税义务发生时间一致
	纳税地点：纳税人缴纳"两税"的地点 💡【新东方提示】 （1）代扣代缴、代收代缴"两税"的单位和个人，其纳税地点在代扣代收地 （2）流动经营等无固定纳税地点的单位和个人，其纳税地点在经营地。按经营地适用税率计算
	纳税期限：与"两税"纳税期限一致 根据增值税法和消费税法规定，增值税、消费税的纳税期限分别为1日、3日、5日、10日、15日、1个月或者1个季度；纳税人的具体纳税期限，由税务机关根据纳税人应纳税额的大小分别核定 💡【新东方提示】 不能按照固定期限计征的，可以按次计征

【例题·单选题】（2021年）甲公司为增值税一般纳税人，2019年6月向税务机关实际缴纳增值税60 000元，消费税30 000元，预缴企业所得税75 000元。已知城市维护建设税税率为5%。甲公司当月应缴纳城市维护建设税税额为（   ）。

A. 3 000元   B. 6 750元
C. 4 500元   D. 8 250元

【答案】C

【解析】选项C正确。城市维护建设税是以纳税人实际缴纳的增值税、消费税税额为计税依据。甲公司当月应缴纳城市维护建设税税额 =（60 000 + 30 000）× 5% = 4 500(元)。

【例题·单选题】（2021年）根据教育费附加法律制度的规定，纳税人向税务机关实际缴纳的下列税款中，应计入教育费附加计征依据的是（   ）。

A. 城市维护建设税税款   B. 房产税税款
C. 土地增值税税款   D. 增值税税款

【答案】D

【解析】选项 D 正确。教育费附加以纳税人实际缴纳的增值税、消费税税额之和为计征依据。

【例题·单选题】(2020 年)企业缴纳的下列税额中,应作为城市维护建设税计税依据的是( )。

A. 当期免抵的增值税税额
B. 当期免征和减征的增值税税额
C. 纳税人在查补"两税"时被处以的罚款
D. 进口环节海关代征的消费税

【答案】A

【解析】选项 B 不正确,"两税"发生减免时,城市维护建设税、教育费附加和地方教育附加相应发生减免。选项 C 不正确,城市维护建设税的计税依据是纳税人依法实际缴纳的"两税"税额,不包括滞纳金和罚款。选项 D 不正确,对进口货物或者境外单位和个人向境内销售劳务、服务、无形资产缴纳的"两税"税额,不征收城市维护建设税。

【例题·单选题】(2020 年)甲公司委托乙公司加工一批高档化妆品,材料费 20 000 元,加工费 3 360 元,该批产品没有同类产品销售价格,已知消费税税率为 15%,甲公司、乙公司所在地城市维护建设税的税率分别为 5%、7%,下列关于应纳城市维护建设税税额的计算中,正确的是( )。

A.(20 000 + 3 360)× 15% × 5% = 175.2(元)
B.(20 000 + 3 360)× 15% × 7% = 245.28(元)
C.(20 000 + 3 360)÷(1 - 15%)× 15% × 5% = 206.12(元)
D.(20 000 + 3 360)÷(1 - 15%)× 15% × 7% = 288.56(元)

【答案】D

【解析】选项 D 正确。由受托方代扣代缴、代收代缴"两税"的单位和个人,其代扣代缴、代收代缴的城市维护建设税按受托方所在地适用税率执行。

第五单元 车辆购置税法律制度

考点 车辆购置税法律制度 ★★

车辆购置税法律制度,如表 4-46 所示。

表 4-46　车辆购置税法律制度

税法要素	学习重点
纳税人	在我国境内购置应税车辆的单位和个人 【新东方提示】 　　购置，是指以购买、进口、自产、受赠、获奖或者其他方式取得并自用应税车辆的行为
征税范围	汽车、有轨电车、汽车挂车、排气量超过 150 毫升的摩托车
税率	比例税率（10%）
计税依据	（1）纳税人购买自用应税车辆的计税价格，为纳税人实际支付给销售者的全部价款，不包括增值税税款。自 2020 年 6 月 1 日起，纳税人购置应税车辆，以电子发票信息中的不含增值税价作为计税价格。纳税人依据相关规定提供其他有效价格凭证的情形除外 （2）纳税人进口自用应税车辆的计税价格，为关税完税价格加上关税和消费税 （3）纳税人自产自用应税车辆的计税价格，按照纳税人生产的同类应税车辆的销售价格确定，不包括增值税税款；没有同类应税车辆销售价格的，按照组成计税价格确定，计算公式为：组成计税价格 = 成本 ×（1 + 成本利润率） 属于应征消费税的应税车辆，其组成计税价格中包括消费税税额 （4）纳税人以受赠、获奖或者其他方式取得自用应税车辆的计税价格，按照购置应税车辆时相关凭证载明的价格确定，不包括增值税税款 【新东方提示】 　　纳税人以外汇结算应税车辆价款的，按照申报纳税之日的人民币汇率中间价折合成人民币计算缴纳税款
应纳税额的计算	应纳税额 = 计税依据 × 税率
税收优惠	下列车辆免征车辆购置税： （1）依照法律规定应当予以免税的外国驻华使馆、领事馆和国际组织驻华机构及其有关人员自用的车辆 （2）中国人民解放军和中国人民武装警察部队列入装备订货计划的车辆 （3）悬挂应急救援专用号牌的国家综合性消防救援车辆 （4）设有固定装置的非运输专用作业车辆 （5）城市公交企业购置的公共汽电车辆 （6）购置的新能源汽车免征车辆购置税。免征车辆购置税的新能源汽车是指纯电动汽车、插电式混合动力（含增程式）汽车、燃料电池汽车 （7）对购置日期在 2022 年 6 月 1 日至 2022 年 12 月 31 日期间内且单车价格（不含增值税）不超过 30 万元的 2.0 升及以下排量乘用车，减半征收车辆购置税

续表

税法要素	学习重点
征收管理	车辆购置税实行一次性征收 【新东方提示】 购置已征车辆购置税的车辆，不再征收车辆购置税
	纳税义务发生时间：纳税人购置应税车辆的当日
	纳税期限：应当自纳税义务发生之日起 60 日内 申报纳税
	纳税环节：应当在向公安机关交通管理部门办理车辆注册登记前，缴纳车辆购置税
	【新东方提示】 车辆购置税的补、退税 　补税：免税、减税车辆因转让、改变用途等原因不再属于免税、减税范围的，纳税人应当在办理车辆转移登记或者变更登记前缴纳车辆购置税。计税价格以免税、减税车辆初次办理纳税申报时确定的计税价格为基准，每满 1 年扣减 10% 　退税：纳税人将已征车辆购置税的车辆退回车辆生产企业或者销售企业的，可以向主管税务机关申请退还车辆购置税。退税额以已缴税款为基准，自缴纳税款之日至申请退税之日，每满 1 年扣减 10%
	纳税地点：纳税人购置应税车辆，应当向 车辆登记地 的主管税务机关申报纳税；购置不需要办理车辆登记的应税车辆，应当向 纳税人所在地 的主管税务机关申报纳税

【例题·单选题】（2021 年）甲公司为增值税一般纳税人，2019 年 10 月进口一辆小汽车自用，海关审定的关税完税价格为 182 000 元，甲公司缴纳关税 27 300 元、消费税 20 700 元。已知车辆购置税税率为 10%。甲公司进口该辆自用小汽车应缴纳车辆购置税税额为（　　）。

A. 20 930 元　　　　　　　　　　　B. 20 270 元
C. 18 200 元　　　　　　　　　　　D. 23 000 元

【答案】D

【解析】选项 D 正确。纳税人进口自用应税车辆的车辆购置税计税价格＝关税完税价格＋关税＋消费税。甲公司进口该辆自用小汽车应缴纳车辆购置税税额＝（182 000＋27 300＋20 700）×10%＝23 000（元）。

【例题·判断题】（2021年）纳税人购买自用应税车辆的车辆购置税计税价格，为纳税人支付给销售者的含增值税价款。（　　）

【答案】×

【解析】纳税人购买自用应税车辆的计税价格，为纳税人实际支付给销售者的全部价款，不包括增值税税款。

【例题·单选题】（2020年）甲公司于2019年8月进口自用小汽车一辆，海关审定关税完税价格120万元，缴纳关税30万元、消费税50万元。已知，车辆购置税税率为10%，下列计算甲公司进口该自用小汽车应缴纳车辆购置税税额的算式中，正确的是（　　）。

A.（120＋30）×10%＝15（万元）　　B.（120＋50）×10%＝17（万元）

C. 120×10%＝12（万元）　　D.（120＋30＋50）×10%＝20（万元）

【答案】D

【解析】选项 D 正确。纳税人进口自用应税车辆的计税价格，为关税完税价格加上关税和消费税，所以应该是（120＋30＋50）×10%＝20（万元）。

【例题·单选题】（2020年）甲公司机构所在地为 M 市，于 N 市购进一辆应税汽车，在 P 市办理车辆登记，该汽车生产企业机构所在地为 Q 市。甲公司购置该汽车车辆购置税的纳税地点是（　　）。

A. N 市　　B. Q 市

C. M 市　　D. P 市

【答案】D

【解析】选项 D 正确。纳税人购置应税车辆，应当向车辆登记地的主管税务机关申报纳税；购置不需要办理车辆登记的应税车辆，应当向纳税人所在地的主管税务机关申报纳税。

【例题·单选题】（2019年）根据车辆购置税法律制度的规定，下列车辆中，不属于车辆购置税免税项目的是（　　）。

A. 外国驻华使馆的自用小汽车　　B. 设有固定装置的非运输车辆

C. 城市公交企业购置的公共汽电车　　D. 个人购买的经营用小汽车

【答案】D

【解析】选项 D 正确。个人购买的经营用小汽车，应缴纳车辆购置税。

第六单元 关税法律制度

考点 关税法律制度 ★★

关税法律制度，如表 4-47 所示。

表 4-47 关税法律制度

税法要素	学习重点
纳税人	进口货物的收货人、出口货物的发货人、进出境物品的所有人
	（1）进出口货物的收、发货人是依法取得对外贸易经营权，并且进口或者出口货物的法人或者其他社会团体。具体包括： ① 外贸进出口公司 ② 工贸或者农贸结合的进出口公司 ③ 其他经批准经营进出口商品的企业
	（2）进出境物品的所有人包括该物品的所有人和推定为所有人的人，具体包括： ① 入境旅客随身携带的行李、物品的持有人 ② 各种运输工具上服务人员入境时携带自用物品的持有人 ③ 馈赠物品以及其他方式入境个人物品的所有人 ④ 个人邮递物品的收件人
征税范围（课税对象）	进出境的货物和物品
税率	税率的种类：关税的税率分为进口税率和出口税率两种 进口税率又分为普通税率、最惠国税率、协定税率、特惠税率、关税配额税率和暂定税率 【新东方提示】 进口关税一般采用比例税率。对啤酒、原油等少数货物实行从量计征；对广播用录像机、放像机、摄像机等实行从价加从量的复合税率

续表

税法要素	学习重点
计税依据	主要采用从价计征的办法,以进出口货物的完税价格作为计税依据 进口货物的完税价格: 一般贸易项下进口货物的完税价格一般由海关以成交价格为基础的到岸价格作为完税价格 【新东方提示】 到岸价格包括货价以及货物运抵中华人民共和国境内输入地点起卸前的包装费、运费、保险费和其他劳务费等费用构成的一种价格,其中还应包括为了在境内生产、制造、使用或者出版、发行的目的而向境外支付的与该进口货物有关的专利、商标、著作权,以及专有技术、计算机软件和资料等费用 出口货物完税价格: 出口货物应当以海关审定的货物售予境外的离岸价格,扣除出口关税后作为完税价格。计算公式为: 出口货物完税价格=离岸价格÷(1+出口税率)
应纳税额的计算	从价税应纳税额的计算: 关税税额=应税进(出)口货物数量 × 单位完税价格 × 适用税率 从量税应纳税额的计算: 关税税额=应税进口货物数量 × 关税单位税额 复合税应纳税额的计算: 关税税额=应税进口货物数量 × 关税单位税额+应税进口货物数量 × 单位完税价格 × 适用税率 滑准税应纳税额的计算: 关税税额=应税进口货物数量 × 单位完税价格 × 滑准税税率 【新东方提示】 税率与价格反向变动,货物价格越高,税率越低
税收优惠	法定减免税: (1)一票货物关税税额、进口环节增值税或者消费税税额在人民币 50 元以下的 (2)无商业价值的广告品和货样 (3)国际组织、外国政府无偿赠送的物资

第二部分 考点精讲/第四章 税法概述及货物和劳务税法律制度

续表

税法要素	学习重点
税收优惠	（4）进出境运输工具装载的**途中必需**的燃料、物料和饮食用品 （5）因故退还的中国出口货物，可以免征进口关税，但已征收的出口关税，不予退还 （6）因故退还的境外进口货物，可以免征出口关税，但已征收的进口关税不予退还
	酌情减免税： （1）在境外运输途中或者在起卸时，遭受损坏或者损失的 （2）起卸后海关放行前，因不可抗力遭受损坏或者损失的 （3）海关查验时已经破漏、损坏或者腐烂，经证明不是保管不慎造成的
征收管理	（1）关税是在货物实际进出境时，即在纳税人按进出口货物通关规定向海关申报后、海关放行前一次性缴纳 （2）应当自海关填发税款缴款书之日起15日内，向指定银行缴纳税款 【新东方提示】 　　逾期不缴的，由海关自到期次日起至缴清税款之日止，按日征收欠缴税额0.5‰的滞纳金
	旅客携运进出境的行李物品，有下列情形之一的，海关暂不予放行： （1）旅客不能当场缴纳进境物品税款的 （2）进出境的物品属于许可证件管理的范围，但旅客不能当场提交的 （3）进出境的物品超出自用合理数量，按规定应当办理货物报关手续或者其他海关手续，其尚未办理的 （4）对进出境物品的属性、内容存疑，需要由有关主管部门进行认定、鉴定、验核的 （5）按规定暂不予以放行的其他行李物品
	关税退还：纳税人可以从缴纳税款之日起1年内申请退还 补征和追征：少征或者漏征税款，1年内补征；因纳税人违反海关规定造成的少征或者漏征税款，3年内追征

【例题·单选题】（2020年）2019年9月，甲公司进口生产设备一台，海关审定的货价45万元，运抵我国境内输入地起卸前的运费4万元、保险费2万元。已知关税税率为10%。下列计算甲公司当月该笔业务应纳关税税额的算式中，正确的是（　　）。

　　A.（45+4+2）×10%=5.1（万元）　　B. 45÷（1-10%）×10%=5（万元）

　　C.（45-2）×10%=4.3（万元）　　D.（45-4）×10%=4.1（万元）

【答案】A

【解析】选项 A 正确。一般贸易项下进口的货物以海关审定的成交价格为基础的到岸价格作为完税价格。到岸价格是指包括货价以及货物运抵我国境内输入地点起卸前的包装费、运费、保险费和其他劳务费等费用构成的一种价格。

【例题·单选题】（2020年）根据关税法律制度的规定，进出口货物完税后，如因收发货人违反规定而造成少征或者漏征税款，海关在一定期限内可以追缴。该期限为（　　）。

A. 3年　　　　　　　　　　B. 6年
C. 4年　　　　　　　　　　D. 5年

【答案】A

【解析】选项 A 正确。补征和追征：少征或者漏征税款，1年内补征；因纳税人违反海关规定造成的少征或者漏征税款，3年内追征。

【例题·单选题】（2019年）2020年9月，甲公司进口一批货物，海关审定的成交价格为1 100万元，货物运抵我国境内输入地点起卸前的运费96万元、保险费4万元。已知关税税率为10%。下列计算甲公司该笔业务应缴纳的关税税额的算式中，正确的是（　　）。

A.（1 100+96+4）×10%=120（万元）
B.（1 100+4）×10%=110.4（万元）
C. 1 100×10%=110（万元）
D.（1 100+96）×10%=119.6（万元）

【答案】A

【解析】选项 A 正确。一般贸易项下进口的货物以海关审定的成交价格为基础的到岸价格作为关税完税价格，而货物运抵我国境内输入地点起卸前的包装费、运费（96万元）、保险费（4万元）和其他劳务费等费用均应计入关税完税价格。因此进口环节关税应纳税额=关税完税价格×适用税率=（1 100+96+4）×10%=120（万元）。

【例题·单选题】（2018年）根据关税法律制度的规定，下列关税应纳税额计算方法中，关税税率随着进口商品价格的变动而反方向变动的是（　　）。

A. 从价税计算方法　　　　B. 复合税计算方法
C. 滑准税计算方法　　　　D. 从量税计算方法

【答案】C

【解析】选项 C 正确。滑准税是指关税的税率随着进口商品价格的变动而反方向变动的一种税率形式，即价格越高，税率越低，税率为比例税率。

第五章　所得税法律制度

❈ 内容框架

单元	考点	星级
企业所得税法律制度	企业所得税概述	★★
	企业所得税应纳税所得额的计算	★★★
	资产的税务处理	★★★
	企业所得税应纳税额的计算	★★★
	企业所得税税收优惠	★★
	企业所得税特别纳税调整	★
	企业重组业务企业所得税处理	★★
	企业所得税征收管理	★
个人所得税法律制度	个人所得税纳税人及其纳税义务	★★
	个人所得税应税所得项目	★★★
	个人所得税应纳税所得额的确定	★★★
	个人所得税应纳税额的计算	★★★
	个人所得税税收优惠	★★
	个人所得税征收管理	★

考情分析

　　本章最近3年的考查分值约为20分，涉及单选题、多选题、判断题和不定项选择题，属于非常重要的章节。本章主要介绍所得税原理，考生在复习企业所得税时需要结合会计实务的内容准确理解税法原理，掌握税会差异调整，难度较大。

 教材变化

1. "企业所得税免税收入"中，符合条件的居民企业之间的股息、红利等权益性投资收益，增加"不包括连续持有居民企业公开发行并上市流通的股票不足12个月取得的投资收益"，属于重要的变化。

2. "企业所得税税收优惠"中，增加"基础研究资金收入"的税收优惠政策，"研究开发费用"、"加速折旧"中增加部分税收优惠政策，修改"小型微利企业"的税收优惠政策，均属于重要的变化。

3. 增加企业所得税特别纳税调整，属于重要的变化。

4. 增加企业重组业务企业所得税处理，属于重要的变化。

5. "个人所得税专项附加扣除"中，增加"3岁以下婴幼儿照护支出"，属于重要的变化。

6. "个人所得税应纳税额计算的特殊规定"中，增加"个人取得全年一次性奖金的征税规定"，属于重要的变化。

7. "个人所得税税收优惠"中，增加"法律援助补贴"和"对出售自有住房并在现住房出售后1年内在市场重新购买住房"的税收优惠，属于重要的变化。

第一单元　企业所得税法律制度

考点一　企业所得税概述★★

一、企业所得税纳税人

在中华人民共和国境内，企业和其他取得收入的组织（以下统称企业）为企业所得税的纳税人。

【新东方提示】

　　个人独资企业、合伙企业不适用企业所得税法，如合伙人是个人，应依法缴纳个人所得税。

根据收入来源地管辖权和居民管辖权相结合的双重管辖权，企业分为"居民企业"和"非居民企业"。企业所得税纳税人类型，如表5-1所示。

表 5-1 企业所得税纳税人类型

类型	条件
居民企业	依法在中国境内成立,或者依照外国(地区)法律成立但"实际管理机构在中国境内"的企业
非居民企业	依照外国(地区)法律成立且实际管理机构不在中国境内,但在中国境内设立机构、场所的,或者在中国境内未设立机构、场所,但有来源于中国境内所得的企业

【例题·判断题】(2021年)依照中国法律、行政法规成立的个人独资企业属于企业所得税纳税人。( )

【答案】×

【解析】依照中国法律、行政法规成立的个人独资企业、合伙企业,不属于企业所得税纳税人,不缴纳企业所得税。

二、企业所得税的征税对象

1. 企业所得税的征税对象

企业所得税的征税对象,如表5-2所示。

表 5-2 企业所得税的征税对象

类型	征税对象
居民企业	来源于中国境内、境外的所得
非居民企业	在中国境内设立机构、场所的,应当就其所设机构、场所取得的来源于中国境内的所得,以及发生在中国境外但与其所设机构、场所有实际联系的所得,缴纳企业所得税
	在中国境内未设立机构、场所的,或者虽设立机构、场所但取得的所得与其所设机构、场所没有实际联系的,应当就其来源于中国境内的所得缴纳企业所得税

2. 来源于中国境内、境外所得的确定原则

来源于中国境内、境外所得的确定原则,如表5-3所示。

表 5-3 来源于中国境内、境外所得的确定原则

所得类型	所得来源地确定
销售货物所得	交易活动发生地

续表

所得类型		所得来源地确定
提供劳务所得		劳务发生地
转让财产所得	不动产转让所得	不动产所在地
	动产转让所得	转让动产的企业或者机构、场所所在地
	权益性投资资产转让所得	被投资企业所在地
股息、红利等权益性投资所得		分配所得的企业所在地
利息所得、租金所得、特许权使用费所得		负担、支付所得的企业或者机构、场所所在地,或者按照负担、支付所得的个人的住所地
其他所得		由国务院财政、税务主管部门确定

【例题·单选题】（2019年）根据企业所得税法律制度的规定，下列关于来源于中国境内、境外所得确定来源地的表述中，不正确的是（   ）。

A. 提供劳务所得，按照劳务发生地确定
B. 股息、红利等权益性投资收益所得，按照分配所得的企业所在地确定
C. 动产转让所得，按照转让动产活动发生地确定
D. 销售货物所得，按照交易活动发生地确定

【答案】C

【解析】选项C表述不正确，动产转让所得，按照转让动产的企业或者机构、场所所在地确定。

三、企业所得税税率

企业所得税实行比例税率，如表5-4所示。

表5-4 企业所得税税率

类型		企业所得税税率
居民企业		25%
非居民企业	在中国境内设立机构、场所的，且取得的所得与其所设机构、场所有实际联系	
	在中国境内未设立机构、场所	20%（实际10%）
	虽设立机构、场所但取得的所得与其所设机构、场所没有实际联系	

考点二 企业所得税应纳税所得额的计算★★★

应纳税所得额＝收入总额－不征税收入－免税收入－各项扣除－以前年度亏损

一、收入总额

企业的收入总额是以<u>货币</u>形式和<u>非货币</u>形式从各种来源取得的收入，收入总额形式如表5-5所示。

表5-5 收入总额形式

形式	具体项目
货币形式	现金、存款、应收账款、应收票据、准备持有至到期的债券投资以及债务的豁免等
非货币形式	固定资产、生物资产、无形资产、股权投资、存货、不准备持有至到期的债券投资、劳务以及有关权益等（按<u>公允价值</u>确认）

1. 销售货物收入

除法律另有规定外，企业销售货物收入的确认，必须遵循"权责发生制原则"和"实质重于形式原则"。不同销售方式下收入的确认，如表5-6所示。

表5-6 不同销售方式下收入的确认

销售方式	收入的确认
托收承付方式	在办妥托收手续时确认收入
预收款方式	在<u>发出商品时</u>确认收入
需要安装和检验	在购买方接受商品以及安装和检验完毕时确认收入 【新东方提示】如果安装程序比较简单，可在发出商品时确认收入
支付手续费方式委托代销	在<u>收到代销清单时</u>确认收入

续表

销售方式		收入的确认
售后回购		销售的商品按售价确认收入，回购的商品作为购进商品处理 【新东方提示】 有证据表明不符合销售收入确认条件的，如以销售商品方式进行融资，收到的款项应确认为负债，回购价格大于原售价的，差额应在回购期间确认为利息费用
以旧换新		销售商品应当按照销售商品收入确认条件确认收入，回收的商品作为购进商品处理
折扣	商业折扣	应当按照扣除商业折扣后的金额确定销售商品收入金额
	现金折扣	应当按扣除现金折扣前的金额确定销售商品收入金额，现金折扣在实际发生时作为财务费用扣除
销售折让和销售退回		应当在发生当期冲减当期销售商品收入
特殊收入	分期收款	按照合同约定的收款日期确认收入的实现（分期确认）
	产品分成	按照企业分得产品的日期确认收入的实现，其收入额按照产品的公允价值确定
	买一赠一	应将总的销售金额按各项商品的公允价值的比例来分摊确认各项的销售收入（不属于捐赠）

2. 提供劳务收入

企业在各个纳税期末，提供劳务交易的结果能够可靠估计的，应采用完工进度（完工百分比）法确认提供劳务收入。

【新东方提示】
特殊收入：企业受托加工制造大型机械设备、船舶、飞机，以及从事建筑、安装、装配工程业务或者提供其他劳务等，持续时间超过12个月的，按照纳税年度内完工进度或者完成的工作量确认收入的实现。

3. 转让财产收入

转让财产收入，是指企业转让固定资产、生物资产、无形资产、股权、债权等财产取得的收入（不包括销售货物）。

转让财产收入应当按照从财产受让方已收或应收的合同或协议价款确认收入。

4. 股息、红利等权益性投资收益

股息、红利等权益性投资收益，除国务院财政、税务主管部门另有规定外，按照被投资方作出利润分配决定的日期确认收入的实现。

5. 利息收入

利息收入，按照合同约定的债务人应付利息的日期确认收入的实现。

6. 租金收入

租金收入，按照合同约定的承租人应付租金的日期确认收入的实现。

【新东方提示】

如果租赁期限跨年度，且租金提前一次性支付的，出租人可对上述已确认的收入，在租赁期内分期均匀计入相关年度收入。

7. 特许权使用费收入

特许权使用费收入，是指企业提供专利权、非专利技术、商标权、著作权以及其他特许权的使用权取得的收入。

特许权使用费收入，按照合同约定的特许权使用人应付特许权使用费的日期确认收入的实现。

8. 接受捐赠收入

接受捐赠收入，按照实际收到捐赠资产的日期确认收入的实现。

9. 其他收入

其他收入，是指企业取得的除以上收入外的其他收入，包括企业资产溢余收入、逾期未退包装物押金收入、确实无法偿付的应付款项、已作坏账损失处理后又收回的应收款项、债务重组收入、补贴收入、违约金收入、汇兑收益等。

10. 视同销售收入

企业发生非货币性资产交换，以及将货物、财产、劳务用于捐赠、偿债、赞助、集资、广告、样品、职工福利或者利润分配等用途的，应当视同销售货物、转让财产或者提供劳务，但国务院财政、税务主管部门另有规定的除外。

【例题·判断题】（2021年）计算企业所得税应纳税所得额时，企业的利息收入按照实际收到利息的日期确认收入的实现。（   ）

【答案】×

【解析】利息收入按照合同约定的债务人应付利息的日期确认收入的实现。

二、不征税收入

1. 财政拨款。
2. 依法收取并纳入财政管理的行政事业性收费、政府性基金。
3. 国务院规定的其他不征税收入,是指企业取得的,由国务院财政、税务主管部门规定专项用途并经国务院批准的财政性资金。

【新东方提示】

并非企业取得的所有财政性资金都属于不征税收入,需要有专项用途并经过批准,才能作为不征税收入。

(1)县级以上人民政府将国有资产无偿划入企业,凡指定专门用途并按规定进行管理的,企业可作为不征税收入进行企业所得税处理。

(2)对全国社会保障基金理事会及基本养老保险基金投资管理机构在国务院批准的投资范围内,运用养老基金投资取得的归属于养老基金的投资收益,作为企业所得税不征税收入。

(3)对全国社会保障基金取得的直接股权投资收益、股权投资基金收益,作为企业所得税不征税收入。

三、免税收入

1. 国债利息收入、地方政府债券利息收入。

【新东方提示】

铁路债券利息收入减半征收。

2. 符合条件的居民企业之间的股息、红利等权益性投资收益,是指居民企业直接投资于其他居民企业取得的投资收益。

【新东方提示】

股息、红利等权益性投资收益,不包括连续持有居民企业公开发行并上市流通的股票不足12个月取得的投资收益。

3. 在中国境内设立机构、场所的非居民企业从居民企业取得与该机构、场所有实际联系的股息、红利等权益性投资收益。

4. 符合条件的非营利组织的收入。

【新东方提示】
（1）不包括非营利组织从事营利性活动取得的收入。
（2）不征税收入不属于收入范围；免税收入属于收入范围，但享受税收优惠。企业的不征税收入用于支出所形成的费用或者财产，不得扣除或者计算对应的折旧、摊销扣除；企业取得的各项免税收入所对应的各项成本费用，除另有规定外，可以在计算企业应纳税所得额时扣除。

【例题·多选题】（2021年）根据企业所得税法律制度的规定，下列各项中，属于不征税收入的有（　　）。
A. 财政拨款
B. 接受捐赠收入
C. 依法收取并纳入财政管理的政府性基金
D. 国债利息收入
【答案】AC
【解析】下列收入为不征税收入：(1)财政拨款（选项A正确）；(2)依法收取并纳入财政管理的行政事业性收费、政府性基金（选项C正确）；(3)国务院规定的其他不征税收入。选项B，按规定征收企业所得税；选项D，属于免税收入。

四、税前扣除项目

企业实际发生的与取得收入有关的、合理的支出，包括成本、费用、税金、损失和其他支出，准予在计算应纳税所得额时扣除。

【新东方提示】
企业发生的支出应当区分收益性支出和资本性支出。收益性支出在发生当期直接扣除；资本性支出应当分期扣除或者计入有关资产成本，不得在发生当期直接扣除。

1. 成本，是指企业在生产经营活动中发生的销售成本、销货成本、业务支出以及其他耗费。
2. 费用，是指企业在生产经营活动中发生的销售费用、管理费用和财务费用。
3. 税金，是指企业发生的除企业所得税和允许抵扣的增值税以外的各项税金及其附加。

【新东方提示】

税金不包括：企业所得税和允许抵扣的增值税。税金包括：消费税、资源税、土地增值税、关税、城市维护建设税、教育费附加及房产税、车船税、城镇土地使用税、印花税等。

4. 损失，是指企业在生产经营活动中发生的固定资产和存货的盘亏、毁损、报废损失，转让财产损失，呆账损失，坏账损失，自然灾害等不可抗力因素造成的损失以及其他损失。

5. 其他支出，是指除成本、费用、税金、损失外，企业在生产经营活动中发生的与生产经营活动有关的、合理的支出。

五、税前扣除标准

税前扣除标准，如表 5-7 所示。

表 5-7　税前扣除标准

项目	税前扣除标准
工资、薪金支出	合理的工资、薪金支出，准予据实扣除 【新东方提示】 包括基本工资、奖金、津贴、补贴、年终加薪、加班工资，以及与员工任职或者受雇有关的其他支出
三项经费	职工福利费支出，不超过工资、薪金总额 14% 的部分，准予扣除 【新东方提示】 企业职工福利费，包括以下内容： （1）尚未实行分离办社会职能的企业，其内设福利部门所发生的设备、设施和人员费用，包括职工食堂、职工浴室、理发室、医务所、托儿所、疗养院等集体福利部门的设备、设施及维修保养费用和福利部门工作人员的工资薪金、社会保险费、住房公积金、劳务费等

续表

项目	税前扣除标准
三项经费	（2）为职工卫生保健、生活、住房、交通等所发放的各项补贴和非货币性福利，包括企业向职工发放的因公外地就医费用、未实行医疗统筹企业职工医疗费用、职工供养直系亲属医疗补贴、供暖费补贴、职工防暑降温费、职工困难补贴、救济费、职工食堂经费补贴、职工交通补贴等 （3）按照其他规定发生的其他职工福利费，包括丧葬补助费、抚恤费、安家费、探亲假路费等
	工会经费，不超过工资、薪金总额2%的部分，准予扣除
	职工教育经费支出，不超过工资、薪金总额8%的部分，准予扣除；超过部分，准予在以后纳税年度结转扣除
社会保险费	按规定的范围和标准为职工缴纳的基本养老保险费、基本医疗保险费（合并生育保险费）、失业保险费、工伤保险费等基本社会保险费和住房公积金，准予扣除 【新东方提示】 企业根据国家有关政策规定，为在本企业任职或者受雇的全体员工支付的补充养老保险费、补充医疗保险费，分别在不超过职工工资总额5%标准内的部分，在计算应纳税所得额时准予扣除；超过的部分，不予扣除
借款费用	合理的不需要资本化的借款费用，准予扣除 【新东方提示】 企业为购置、建造固定资产、无形资产和经12个月以上的建造才能达到预定可销售状态的存货发生借款的，在有关资产购置、建造期间发生的合理的借款费用，应当作为资本性支出计入有关资产的成本，并依照有关规定扣除

续表

项目	税前扣除标准
利息费用	非金融企业向金融企业借款的利息支出、金融企业的各项存款利息支出和同业拆借利息支出、企业经批准发行债券的利息支出，可据实扣除
	非金融企业向非金融企业借款的利息支出，不超过按照金融企业同期同类贷款利率计算的数额的部分可据实扣除
	企业向无关联关系的内部职工或其他人员借款的利息支出，其借款情况同时符合以下条件的，不超过按照金融企业同期同类贷款利率计算的数额的部分，准予扣除 （1）企业与个人之间的借贷是真实、合法、有效的，并且不具有非法集资目的或其他违反法律、法规的行为 （2）企业与个人之间签订了借款合同 【新东方提示】 若企业向股东或其他与企业有关联关系的自然人借款，利息费用按关联方利息支出税前扣除标准扣除
	凡企业投资者在规定期限内未缴足其应缴资本额的，该企业对外借款所发生的利息，相当于投资者实缴资本额与在规定期限内应缴资本额的差额应计付的利息，其不属于企业合理的支出，应由企业投资者负担，不得在计算企业应纳税所得额时扣除
汇兑损失	除已经计入有关资产成本以及与向所有者进行利润分配相关的部分外，准予扣除
公益性捐赠支出	在年度利润总额 12% 以内的部分，准予在计算应纳税所得额时扣除；超过部分，准予在未来 3 年内结转扣除 【新东方提示】 （1）公益性捐赠，是指企业通过公益性社会组织或者县级以上人民政府及其部门，用于符合法律规定的慈善活动、公益事业的捐赠。 （2）自 2019 年 1 月 1 日至 2025 年 12 月 31 日，企业通过公益性社会组织或者县级（含县级）以上人民政府及其组成部门和直属机构，用于目标脱贫地区的扶贫捐赠支出，准予在计算企业所得税应纳税所得额时据实扣除

续表

项目	税前扣除标准
公益性捐赠支出	（3）自2021年1月1日起，企业或个人通过公益性群众团体用于符合法律规定的公益慈善事业捐赠支出，准予按税法规定在计算应纳税所得额时扣除 （4）企业在非货币性资产捐赠过程中发生的运费、保险费、人工费用等相关支出，凡纳入国家机关、公益性社会组织开具的公益捐赠票据记载的数额中的，作为公益性捐赠支出按照规定在税前扣除；上述费用未纳入公益性捐赠票据记载的数额中的，作为企业相关费用按照规定在税前扣除
业务招待费	按照发生额的60%扣除，但最高不得超过当年销售（营业）收入的0.5% 【新东方提示】 （1）计提业务招待费、广告费和业务宣传费的基数"销售（营业）收入"是指主营业务收入、其他业务收入及视同销售收入之和 （2）企业在筹建期间，与筹办有关的业务招待费支出，按实际发生额的60%计入筹办费，按规定在税前扣除
广告费和业务宣传费	除国务院财政、税务主管部门另有规定外，不超过当年销售（营业）收入15%的部分，准予扣除；超过部分，准予在以后纳税年度结转扣除 【新东方提示】 （1）企业在筹建期间，发生的广告费、业务宣传费，按实际发生额计入筹办费，按规定在税前扣除 （2）自2021年1月1日起至2025年12月31日，对化妆品制造或销售、医药制造和饮料制造（不含酒类制造）企业发生的广告费和业务宣传费支出，不超过当年销售（营业）收入30%的部分，准予扣除；超过部分，准予在以后纳税年度结转扣除

续表

项目	税前扣除标准
广告费和业务宣传费	（3）烟草企业的烟草广告费和业务宣传费支出，一律不得在计算应纳税所得额时扣除 （4）对签订广告费和业务宣传费分摊协议的关联企业，其中一方发生的不超过当年销售（营业）收入税前扣除限额比例内的广告费和业务宣传费支出可以在本企业扣除，也可以将其中的部分或全部按照分摊协议归集至另一方扣除。另一方在计算本企业广告费和业务宣传费支出企业所得税税前扣除限额时，可将按照上述办法归集至本企业的广告费和业务宣传费不计算在内
环境保护专项资金	企业依照法律、行政法规有关规定提取的用于环境保护、生态恢复等方面的专项资金，准予扣除；上述专项资金提取后改变用途的，不得扣除
保险费	按规定缴纳的财产保险费，准予扣除 【新东方提示】 （1）除企业依照国家有关规定为特殊工种职工支付的人身安全保险费和国务院财政、税务主管部门规定可以扣除的其他商业保险费外，企业为投资者或者职工支付的商业保险费，不得扣除 （2）企业参加雇主责任险、公众责任险等责任保险，按照规定缴纳的保险费，准予在企业所得税税前扣除 （3）企业职工因公出差乘坐交通工具发生的人身意外保险费支出，准予企业在计算应纳税所得额时扣除
租赁费	以经营租赁方式租入固定资产发生的租赁费支出，按照租赁期限均匀扣除
	以融资租赁方式租入固定资产发生的租赁费支出，按照规定构成融资租入固定资产价值的部分应当提取折旧费用分期扣除
劳动保护支出	合理的劳动保护支出，准予扣除

续表

项目	税前扣除标准
有关资产的费用	企业转让各类固定资产发生的费用，允许扣除
	企业按规定计算的固定资产折旧费、无形资产和递延资产的摊销费，准予扣除
总机构分摊的费用	非居民企业在中国境内设立的机构、场所，就其中国境外总机构发生的与该机构、场所生产经营有关的费用，能够提供总机构出具的费用汇集范围、定额、分配依据和方法等证明文件，并合理分摊的，准予扣除
手续费及佣金支出	保险企业：不超过当年全部保费收入扣除退保金等后余额的18%（含本数）的部分，在计算应纳税所得额时准予扣除 【新东方提示】 超过部分，允许结转以后年度扣除 证券、期货、保险代理等企业（主营业务收入为佣金、手续费收入）：为取得该类收入而实际发生的营业成本（包括手续费及佣金支出），准予在企业所得税前据实扣除 其他企业：按与具有合法经营资格中介服务机构或个人（不含交易双方及其雇员、代理人和代表人等）所签订服务协议或合同确认的收入金额的5%计算限额，不超过规定比例计算限额以内的部分，准予扣除 【新东方提示】 超过部分，不得扣除 除委托个人代理外，企业以现金等非转账方式支付的手续费及佣金不得在税前扣除
党组织工作经费	（1）国有企业纳入管理费用的党组织工作经费，实际支出不超过职工年度工资薪金总额1%的部分，可以据实在企业所得税前扣除 （2）非公有制企业党组织工作经费纳入企业管理费列支，不超过职工年度工资薪金总额1%的部分，可以据实在企业所得税前扣除
其他	会员费、合理的会议费、差旅费、违约金、诉讼费用等允许扣除

【新东方提示】

在计算应纳税所得额时，下列支出不得扣除：

① 向投资者支付的股息、红利等权益性投资收益款项。
② 企业所得税税款。
③ 税收滞纳金。
④ 罚金、罚款和被没收财物的损失。
⑤ 超过规定标准的捐赠支出。
⑥ 赞助支出。
⑦ 未经核定的准备金支出。
⑧ 企业之间支付的管理费、企业内营业机构之间支付的租金和特许权使用费，以及非银行企业内营业机构之间支付的利息。
⑨ 与取得收入无关的其他支出。

【例题·单选题】（2022年）某居民企业2018年计入成本、费用的实发工资总额为400万元，拨缴职工工会经费10万元、支出职工福利费55万元、职工教育经费20万元。已知，企业发生的职工福利费支出、职工教育经费支出、工会经费支出，分别不超过工资薪金总额14%、8%、2%的部分准予扣除。下列计算该企业2018年应纳税所得额时准予在税前扣除的工资和三项经费合计的算式中，正确的是（　　）。

A. $400+400×14\%+400×2\%+400×8\%=496$（万元）
B. $400+55+400×2\%+20=483$（万元）
C. $400+55+10+20=485$（万元）
D. $400+400×14\%+10+20=486$（万元）

【答案】B

【解析】选项B正确。企业发生的合理的工资、薪金支出准予据实扣除；职工福利费扣除限额$400×14\%=56$（万元）＞实际发生55万元，准予扣除55万元；工会经费扣除限额$=400×2\%=8$（万元）＜实际发生10万元，可以扣除限额8万元；职工教育经费扣除限额$=400×8\%=32$（万元）＞实际发生20万元，准予扣除20万元；税前准予扣除的工资和三项经费合计$=400+55+400×2\%+20=483$（万元）。

【例题·单选题】（2021年）根据企业所得税法律制度的规定，下列各项中，在计算企业所得税应纳税所得额时准予扣除的是（　　）。

A. 罚金
B. 合理的劳动保护支出
C. 向投资者支付的股息
D. 税收滞纳金

【答案】B

【解析】选项B正确。在计算应纳税所得额时，下列支出不得扣除：（1）向投资者支付的股息（选项 C 错误）、红利等权益性投资收益款项；（2）企业所得税税款；（3）税收滞纳金（选项 D 错误）；（4）罚金（选项 A 错误）、罚款和被没收财物的损失；（5）超过规定标准的捐赠支出；（6）赞助支出；（7）未经核定的准备金支出；（8）企业之间支付的管理费、企业内营业机构之间支付的租金和特许权使用费，以及非银行企业内营业机构之间支付的利息；（9）与取得收入无关的其他支出。

【例题·单选题】（2021 年）甲公司 2019 年年度利润总额为 3 000 万元，当年通过公益性社会团体捐赠 200 万元用于救助灾害，直接向某小学捐款 120 万元，准予结转的上年度未在税前扣除的公益性捐赠支出 100 万元。已知企业当年发生以及以前年度结转的公益性捐赠支出，不超过年度利润总额 12% 的部分，准予在计算企业所得税应纳税所得额时扣除。在计算甲公司 2019 年年度企业所得税应纳税所得额时，准予扣除的公益性捐赠支出为（　　）。

A. 300 万元
B. 360 万元
C. 320 万元
D. 420 万元

【答案】A

【解析】选项 A 正确。公益性捐赠是指企业通过公益性社会组织或者县级以上人民政府及其部门，用于符合法律规定的慈善活动、公益事业的捐赠。企业当年发生以及以前年度结转的公益性捐赠支出，在年度利润总额 12% 以内的部分，在计算应纳税所得额时准予扣除；超过年度利润总额 12% 的部分，准予结转以后 3 年内在计算应纳税所得额时扣除。本题中，直接捐赠的 120 万元不得扣除；公益性捐赠支出扣除限额 = 3 000 × 12% = 360（万元），360 万元 > 300 万元（本年发生额 200 万元 + 上年结转额 100 万元），因此当年准予扣除的公益性捐赠支出为 300 万元。

【例题·单选题】（2020 年）2019 年 8 月，甲公司向金融企业借入流动资金 900 万元，期限 3 个月，年利率为 6%；向非关联企业乙公司借入同类借款 1 800 万元，期限 3 个月，年利率为 12%。下列计算甲公司 2019 年年度企业所得税应纳税所得额时准予扣除的利息费用的算式中，正确的是（　　）。

A. 1 800 × 12% ÷ 12 × 3 = 54（万元）
B. 900 × 6% ÷ 12 × 3 + 1 800 × 12% ÷ 12 × 3 = 67.5（万元）
C. 900 × 6% ÷ 12 × 3 = 13.5（万元）
D. 900 × 6% ÷ 12 × 3 + 1 800 × 6% ÷ 12 × 3 = 40.5（万元）

【答案】D

【解析】选项 D 正确。非金融企业向金融企业借款的利息支出，准予据实扣除，这部分利息费为 900 × 6% ÷ 12 × 3；非金融企业向非金融企业借款的利息支出，不超过按照金融企业同期同类贷款利率计算的数额的部分，准予在税前扣除，这部分利息费为 1 800 × 6% ÷ 12 × 3，准予扣除的利息费用一共是 900 × 6% ÷ 12 × 3 + 1 800 × 6% ÷ 12 × 3 = 40.5（万元）。

【例题·单选题】（2020年）甲公司2019年年度的利润总额为1 000万元，通过民政部门向目标脱贫地区捐赠60万元，另通过公益性社会组织向卫生事业捐赠75万元。已知公益性捐赠支出不超过利润总额12%的部分准予扣除。则可以在企业所得税税前抵扣的捐赠金额是（　　）。

A. 135万元　　　　　　　　B. 75万元
C. 120万元　　　　　　　　D. 60万元

【答案】A

【解析】选项A正确。自2019年1月1日至2025年12月31日，企业通过公益性社会组织或者县级（含县级）以上人民政府及其组成部门和直属机构，用于目标脱贫地区的扶贫捐赠支出，准予在计算企业所得税应纳税所得额时据实扣除。除扶贫捐赠支出外，其他公益性捐赠支出75万元，在公益性捐赠限额内扣除，公益性捐赠扣除限额＝1 000×12%＝120（万元）＞75万元，准予全额扣除，合计扣除的捐赠支出＝75＋60＝135（万元）。

【例题·单选题】（2020年）根据企业所得税法律制度的规定，下列企业发生的广告费和业务宣传费一律不得扣除的是（　　）。

A. 化妆品制造企业的化妆品广告费　　B. 医药制造企业的药品广告费
C. 饮料制造企业的饮料广告费　　　　D. 烟草企业的烟草广告费

【答案】D

【解析】选项D正确。烟草企业的烟草广告费和业务宣传费支出，一律不得在计算应纳税所得额时扣除。

六、亏损弥补

企业纳税年度发生的亏损，准予向以后年度结转，用以后年度的所得弥补，但结转年限最长"**不得超过5年**"。

【新东方提示】

亏损，是指企业将每一纳税年度的收入总额减除不征税收入、免税收入和各项扣除后小于零的数额。当年发生亏损，当年不纳税，应纳税所得额计算时减去的是以前年度亏损。

企业在汇总计算缴纳企业所得税时，其境外营业机构的亏损不得抵减境内营业机构的盈利。

【新东方提示】

弥补亏损年限的特殊规定：

（1）自2018年1月1日起，当年具备高新技术企业或科技型中小企业资格的企业，其具备资格年度之前5个年度发生的尚未弥补完的亏损，准予结转以后年度弥补，最长结转年限由5年延长至10年。

（2）国家鼓励的线宽小于130纳米（含）的集成电路生产企业纳税年度发生的亏损，准予向以后年度结转，总结转年限最长不得超过10年。

【例题·判断题】（2020年）居民企业在汇总计算缴纳企业所得税时，其境外营业机构的亏损可以抵减境内营业机构的盈利。（　　）

【答案】×

【解析】企业在汇总计算缴纳企业所得税时，其境外营业机构的亏损不得抵减境内营业机构的盈利。

考点三 资产的税务处理★★★

资产的税务处理（见表5-8），应掌握以下三方面的内容：

表5-8 资产的税务处理

阶段	税务处理
取得时	企业的各项资产，包括固定资产、生产性生物资产、无形资产、长期待摊费用、投资资产、存货等，均以历史成本为计税基础
持有期间	企业持有各项资产期间资产增值或者减值，除国务院财政、税务主管部门规定可以确认损益外，不得调整该资产的计税基础 【新东方提示】 固定资产、无形资产等部分资产，可以通过折旧和摊销扣除
转让时	企业转让资产，该项资产的净值，准予在计算应纳税所得额时扣除 【新东方提示】 资产的净值，是指有关资产、财产的计税基础减除已经按照规定扣除的折旧、折耗、摊销、准备金（允许扣除的准备金）等后的余额

一、固定资产的税务处理

固定资产是指企业为生产产品、提供劳务、出租或者经营管理而持有的、使用时间超过 12 个月的非货币性资产,包括房屋、建筑物、机器、机械、运输工具以及其他与生产经营活动有关的设备、器具、工具等。

1. 固定资产计税基础(见表 5-9)

表 5-9　固定资产计税基础

取得方式	固定资产计税基础
外购	以购买价款和支付的相关税费以及直接归属于使该资产达到预定用途发生的其他支出为计税基础
自行建造	以竣工结算前发生的支出为计税基础
融资租入	以租赁合同约定的付款总额和承租人在签订租赁合同过程中发生的相关费用为计税基础 【新东方提示】租赁合同未约定付款总额的,以该资产的公允价值和承租人在签订租赁合同过程中发生的相关费用为计税基础
盘盈	以同类固定资产的重置完全价值为计税基础
捐赠、投资、非货币性资产交换、债务重组等方式取得	以该资产的公允价值和支付的相关税费为计税基础
改建	以改建过程中发生的改建支出增加计税基础

2. 固定资产折旧

固定资产按照直线法计算的折旧,准予扣除。(满足条件时,也可以采用其他方法进行加速折旧)

【新东方提示】
企业应当自固定资产投入使用月份的次月起计算折旧;停止使用的固定资产,应当自停止使用月份的次月起停止计算折旧。

除另有规定外，固定资产计算折旧的最低年限如下：
（1）房屋、建筑物，为 20 年。
（2）飞机、火车、轮船、机器、机械和其他生产设备，为 10 年。
（3）与生产经营活动有关的器具、工具、家具等，为 5 年。
（4）飞机、火车、轮船以外的运输工具，为 4 年。
（5）电子设备，为 3 年。

【新东方提示】

下列固定资产不得计算折旧扣除：
（1）房屋、建筑物以外未投入使用的固定资产；
（2）以经营租赁方式租入的固定资产；
（3）以融资租赁方式租出的固定资产；
（4）已足额提取折旧仍继续使用的固定资产；
（5）与经营活动无关的固定资产；
（6）单独估价作为固定资产入账的土地；
（7）其他不得计算折旧扣除的固定资产。

【例题·单选题】（2019 年）根据企业所得税法律制度的规定，下列固定资产计提的折旧允许在计算应纳税所得额前扣除的是（　　）。

A. 闲置生产设备计提的折旧
B. 经营租入设备计提的折旧
C. 融资租入资产计提的折旧
D. 已提足折旧但继续使用的生产设备

【答案】C

【解析】选项 C 正确。下列固定资产不得计算折旧扣除：(1) 房屋、建筑物以外未投入使用的固定资产（选项 A）；(2) 以经营租赁方式租入的固定资产（选项 B）；(3) 以融资租赁方式租出的固定资产；(4) 已足额提取折旧仍继续使用的固定资产（选项 D）；(5) 与经营活动无关的固定资产；(6) 单独估价作为固定资产入账的土地；(7) 其他不得计算折旧扣除的固定资产。

二、生产性生物资产的税务处理

生产性生物资产，是指企业为生产农产品、提供劳务或者出租等而持有的生物资产，包括经济林、薪炭林、产畜和役畜等。

1. 生产性生物资产计税基础（见表 5-10）

表 5-10　生产性生物资产计税基础

取得方式	生产性生物资产计税基础
外购	以购买价款和支付的相关税费为计税基础
捐赠、投资、非货币性资产交换、债务重组等方式取得	以该资产的公允价值和支付的相关税费为计税基础

2. 生产性生物资产折旧

生产性生物资产按照直线法计算的折旧，准予扣除。

【新东方提示】
　　企业应当自生产性生物资产投入使用月份的次月起计算折旧；停止使用的生产性生物资产，应当自停止使用月份的次月起停止计算折旧。

生产性生物资产的最低折旧年限如下：
（1）林木类生产性生物资产，为 10 年；
（2）畜类生产性生物资产，为 3 年。

【例题·多选题】（2019 年）根据企业所得税法律制度的规定，下列各项中，属于生产性生物资产的有（　　）。
A. 产畜　　　　　　　　　　B. 经济林
C. 役畜　　　　　　　　　　D. 薪炭林
【答案】ABCD
【解析】选项 A、B、C、D 正确。生产性生物资产，是指企业为生产农产品、提供劳务或者出租等而持有的生物资产，包括经济林（选项 B）、薪炭林（选项 D）、产畜（选项 A）和役畜（选项 C）等。

三、无形资产的税务处理

　　无形资产，是指企业为生产产品、提供劳务、出租或者经营管理而持有的、没有实物形态的非货币性长期资产，包括专利权、商标权、著作权、土地使用权、非专利技术、商誉等。

1. 无形资产计税基础（见表 5-11）

表 5-11　无形资产计税基础

取得方式	无形资产计税基础
外购	以购买价款和支付的相关税费以及直接归属于使该资产达到预定用途发生的其他支出为计税基础
自行开发	以开发过程中该资产符合资本化条件后至达到预定用途前发生的支出为计税基础
捐赠、投资、非货币性资产交换、债务重组等方式取得	以该资产的公允价值和支付的相关税费为计税基础

2. 无形资产摊销

无形资产按照直线法计算的摊销费用，准予扣除。摊销年限不得低于 10 年。

【新东方提示】

下列无形资产不得计算摊销费用扣除：
（1）自行开发的支出已在计算应纳税所得额时扣除的无形资产；
（2）自创商誉（外购商誉的支出，企业整体转让或清算时可以扣除）；
（3）与经营活动无关的无形资产；
（4）其他不得计算摊销费用扣除的无形资产。

四、长期待摊费用的税务处理

长期待摊费用，是指企业发生的应在 1 个年度以上进行摊销的费用。

企业发生的下列支出作为长期待摊费用，按照规定摊销的，准予扣除。长期待摊费用摊销方法，如表 5-12 所示。

表 5-12　长期待摊费用摊销方法

长期待摊费用支出	长期待摊费用摊销方法
已足额提取折旧的固定资产的改建支出	按固定资产预计尚可使用年限分期摊销
租入固定资产的改建支出	按照合同约定的剩余租赁期限分期摊销
固定资产的大修理支出	按照固定资产尚可使用年限分期摊销
其他应当作为长期待摊费用的支出	自支出发生月份的次月起，分期摊销，摊销年限不得低于 3 年

【例题·多选题】(2020年) 根据企业所得税法律制度的规定,下列各项中,属于长期待摊费用的有( )。
A. 固定资产的大修理支出
B. 融资租入固定资产的租赁费支出
C. 已足额提取折旧的固定资产的改建支出
D. 经营租入固定资产的改建支出
【答案】ACD
【解析】选项B不属于长期待摊费用。融资租入固定资产,以租赁合同约定的付款总额和承租人在签订租赁合同过程中发生的相关费用为计税基础,作为固定资产核算。

五、投资资产的税务处理

投资资产,是指企业对外进行权益性投资和债权性投资形成的资产。
投资资产成本(计税基础)的确定方法,如表5-13所示。

表5-13 投资资产计税基础的确定方法

取得方式	成本(计税基础)
支付现金方式取得	以购买价款为成本
支付现金以外的方式取得	以该资产的公允价值和支付的相关税费为成本

【新东方提示】
(1)企业对外投资期间,投资资产的成本在计算应纳税所得额时不得扣除。
(2)企业在转让或者处置投资资产时,投资资产的成本准予扣除。

【例题·判断题】(2019年)企业对外投资期间,投资资产的成本在计算企业所得税应纳税所得额时不得扣除。( )
【答案】√

六、存货的税务处理

存货,是指企业持有以备出售的产品或者商品、处在生产过程中的在产品、在生产或者提供劳务过程中耗用的材料和物料等。

1. 存货取得成本（计税基础），如表 5-14 所示。

表 5-14　存货取得成本（计税基础）

取得方式	存货取得成本（计税基础）
支付现金方式取得	以购买价款和支付的相关税费为成本
支付现金以外的方式取得	以该存货的公允价值和支付的相关税费为成本
生产性生物资产收获的农产品	以产出或者采收过程中发生的材料费、人工费和分摊的间接费用等必要支出为成本

2. 存货使用或者销售成本。

企业使用或者销售的存货的成本计算方法，可以在先进先出法、加权平均法、个别计价法中选用一种。计价方法一经选用，不得随意变更。

【新东方提示】

不得采用"后进先出法"。

七、资产损失的税务处理

资产损失是指企业在生产经营活动中实际发生的、与取得应税收入有关的资产损失，包括现金损失，存款损失，坏账损失，贷款损失，股权投资损失，固定资产和存货的盘亏、毁损、报废、被盗损失，自然灾害等不可抗力因素造成的损失以及其他损失。

企业发生上述资产损失，应在按税法规定实际确认（法定资产损失）或者实际发生（实际资产损失）的当年申报扣除。

【新东方提示】

以前年度未扣除损失的处理：

属于实际资产损失，追补至损失发生年度扣除，追补期不超过 5 年。

企业因以前年度实际资产损失未在税前扣除而多缴的企业所得税税款，可在追补确认年度企业所得税应纳税款中予以抵扣，不足抵扣的，向以后年度递延抵扣。

考点四　企业所得税应纳税额的计算★★★

一、企业所得税应纳税额的计算公式

企业所得税应纳税额的计算公式为：

企业所得税应纳税额 = 应纳税所得额 × 适用税率 − 减免税额 − 抵免税额

二、境外所得税收抵免

居民企业取得境外应税所得的，以及非居民企业在中国境内设立机构、场所，取得发生在中国境外但与该机构、场所有实际联系的应税所得，境外所得在境外已经缴纳的所得税税额可以在境内外所得应纳税额中抵免。

在抵免境外缴纳的所得税税额时，抵免限额为该项所得依照《中华人民共和国企业所得税法》计算的应纳税额；超过抵免限额的部分，可以在以后5个年度内，用每年抵免限额抵免当年应抵税额后的余额进行抵补。

【新东方提示】

企业可以选择"分国（地区）不分项"或者"不分国（地区）不分项"计算其来源于境外的应纳税所得额，分别计算其可抵免境外所得税税额和抵免限额。上述方式一经选择，5年内不得改变。

【练习题】甲企业2019年年度境内应纳税所得额为100万元，适用25%的企业所得税税率。甲企业分别在A国和B国设有分支机构（我国与A、B两国已缔结避免双重征税协定），在A国分支机构的税前应纳税所得额为50万元，A国的企业所得税税率为20%；在B国分支机构的税前应纳税所得额为30万元，B国的企业所得税税率为30%。

（1）分国计算税务处理（见表5-15）

表5-15　分国计算税务处理

内容	A国	B国
境外已纳税	10万元	9万元
境内应纳税（抵免限额）	12.5万元	7.5万元

续表

内容	A国	B国
税务处理	补税2.5万元	结转以后5个纳税年度抵补1.5万元
当年境内应纳：100×25%+2.5=27.5（万元）		

（2）不分国计算税务处理（表5-16）

表5-16 不分国计算税务处理

内容	A国+B国
境外已纳税	10+9=19（万元）
境内应纳税（抵免限额）	12.5+7.5=20（万元）
税务处理	补税1万元
当年境内应纳：100×25%+1=26（万元）	

【例题·单选题】（2020年）甲公司为居民企业，2019年年度取得境内所得800万元、境外所得100万元，已在境外缴纳企业所得税税款20万元。已知，企业所得税税率为25%。下列计算甲公司2019年年度应缴纳企业所得税税额的算式中，正确的是（　　）。

A. 800×25%=200（万元）
B. 800×25%-100×25%=175（万元）
C.（800+100）×25%=225（万元）
D.（800+100）×25%-20=205（万元）

【答案】D

【解析】选项D正确。境外所得的抵免限额=（800+100）×25%×100÷（800+100）=25（万元），大于境外已纳税额20万元，境外已纳税额可以全额抵免。因此甲公司2019年年度应缴纳企业所得税税额=（800+100）×25%-20=205（万元）。

三、非居民企业企业所得税应纳税所得额的计算

对于在中国境内未设立机构、场所的，或者虽设立机构、场所但取得的所得与其所设机构、场所没有实际联系的非居民企业取得境内所得，按照以下方法计算其应纳税所得额，如表5-17所示。

表 5-17　非居民企业应纳税所得额计算

所得类型	非居民企业应纳税所得额计算方法
股息、红利等权益性投资收益和利息、租金、特许权使用费所得	以收入全额为应纳税所得额
转让财产所得	以收入全额减除财产净值后的余额为应纳税所得额

【例题·单选题】（2020 年）根据企业所得税法律制度的规定，关于在中国境内未设立机构、场所的非居民企业取得的来源于中国境内的所得，其应纳税所得额确定的下列表述中，不正确的是（　　）。

A. 租金所得以收入全额为应纳税所得额
B. 股息所得以收入全额为应纳税所得额
C. 特许权使用费所得以收入全额为应纳税所得额
D. 转让财产所得以收入全额为应纳税所得额

【答案】D

【解析】选项 D 不正确。转让财产所得，以收入全额减除财产净值后的余额为应纳税所得额。

考点五　企业所得税税收优惠★★

一、所得减免

1. 从事农、林、牧、渔业项目的所得

（1）企业从事下列项目的所得，免征企业所得税：

① 蔬菜、谷物、薯类、油料、豆类、棉花、麻类、糖料、水果、坚果的种植；

② 农作物新品种的选育；

③ 中药材的种植；

④ 林木的培育和种植；

⑤ 牲畜、家禽的饲养；

⑥ 林产品的采集；

⑦ 灌溉、农产品初加工、兽医、农技推广、农机作业和维修等农、林、牧、渔服务业项目；

⑧ 远洋捕捞。

（2）企业从事下列项目的所得，减半征收企业所得税：

① 花卉、茶以及其他饮料作物和香料作物的种植；

② 海水养殖、内陆养殖。

2. "3免3减半"

（1）从事国家重点扶持的公共基础设施项目投资经营的所得。

（2）从事符合条件的环境保护、节能节水项目的所得。

> 【新东方提示】
> 自项目取得第1笔生产经营收入所属纳税年度起计算。

3. 符合条件的技术转让所得

居民企业符合条件的技术转让所得不超过500万元的部分，免征企业所得税；超过500万元的部分，减半征收企业所得税。

4. 基础研究资金收入

自2022年1月1日起，对非营利性科研机构、高等学校接收企业、个人和其他组织机构基础研究资金收入，免征企业所得税。

【例题·单选题】（2020年）企业从事下列项目取得的所得中，减半征收企业所得税的是（　　）。

A. 饲养家禽　　　　　　　B. 远洋捕捞
C. 海水养殖　　　　　　　D. 种植中药材

【答案】C

【解析】选项C正确。企业从事下列项目的所得，减半征收企业所得税：花卉、茶以及其他饮料作物和香料作物的种植；海水养殖（选项C）、内陆养殖。选项A、B、D，属于免征企业所得税的情形。

二、不同类型企业税收优惠

不同类型企业税收优惠，如表5-18所示。

表5-18　不同类型企业税收优惠

企业类型	税收优惠
小型微利企业	自2021年1月1日至2022年12月31日，对小型微利企业年应纳税所得额不超过100万元的部分，减按12.5%计入应纳税所得额，按20%的税率缴纳企业所得税；自2022年1月1日至2024年12月31日，对小型微利企业年应纳税所得额超过100万元但不超过300万元的部分，减按25%计入应纳税所得额，按20%的税率缴纳企业所得税

续表

企业类型	税收优惠
小型微利企业	【新东方提示】 小型微利企业，是指从事国家非限制和禁止行业，且同时符合年度应纳税所得额不超过300万元、从业人数不超过300人、资产总额不超过5 000万元三个条件的企业
重点扶持的高新技术企业	减按15%的所得税税率征收企业所得税
技术先进型服务企业	减按15%的所得税税率征收企业所得税
集成电路生产企业或项目	（1）自2020年1月1日起，国家鼓励的集成电路线宽小于28纳米（含），且经营期在15年以上的集成电路生产企业或项目，第1年至第10年免征企业所得税；国家鼓励的集成电路线宽小于65纳米（含），且经营期在15年以上的集成电路生产企业或项目，第1年至第5年免征企业所得税，第6年至第10年按照25%的法定税率减半征收企业所得税；国家鼓励的集成电路线宽小于130纳米（含），且经营期在10年以上的集成电路生产企业或项目，第1年至第2年免征企业所得税，第3年至第5年按照25%的法定税率减半征收企业所得税 （2）对于按照集成电路生产企业享受税收优惠政策的，优惠期自获利年度起计算；对于按照集成电路生产项目享受税收优惠政策的，优惠期自项目取得第1笔生产经营收入所属纳税年度起计算，集成电路生产项目需单独进行会计核算、计算所得，并合理分摊期间费用 （3）国家鼓励的线宽小于130纳米（含）的集成电路生产企业，属于国家鼓励的集成电路生产企业清单年度之前5个纳税年度发生的尚未弥补完的亏损，准予向以后年度结转，总结转年限最长不得超过10年
集成电路相关企业和软件企业	（1）国家鼓励的集成电路相关企业，自获利年度起计算优惠期，"2免3减半" （2）国家鼓励的重点集成电路设计企业和软件企业，自获利年度起，第1年至第5年免征企业所得税，接续年度减按10%的税率征收企业所得税
经营性文化事业单位转制为企业	自转制注册之日起5年内免征企业所得税 【新东方提示】 2018年12月31日之前已完成转制的企业，自2019年1月1日起可继续免征5年企业所得税

续表

企业类型	税收优惠
生产和装配伤残人员专门用品企业	自2021年1月1日至2023年12月31日,对符合条件的生产和装配伤残人员专门用品,且在民政部发布的《中国伤残人员专门用品目录》范围之内的居民企业,免征企业所得税

【例题·单选题】(2020年改编)甲公司在2022年年度为符合条件的小型微利企业,当年企业所得税应纳税所得额160万元。已知小型微利企业减按20%的税率征收企业所得税。下列计算甲公司2022年年度应缴纳企业所得税税额的算式中,正确的是(　　)。

A. 160×20%=32(万元)
B. 160×25%×20%=8(万元)
C. 160×50%×20%=16(万元)
D. 100×12.5%×20%+(160-100)×25%×20%=5.5(万元)

【答案】D

【解析】选项D正确。对小型微利企业年应纳税所得额不超过100万元的部分,减按12.5%计入应纳税所得额,按20%的税率缴纳企业所得税;对年应纳税所得额超过100万元但不超过300万元的部分,减按25%计入应纳税所得额,按20%的税率缴纳企业所得税。

三、加计扣除优惠

1. 研究开发费用

研究开发费用的加计扣除,是指企业为开发新技术、新产品、新工艺发生的研究开发费用,未形成无形资产计入当期损益的,在按照规定据实扣除的基础上,按照研究开发费用的50%加计扣除;形成无形资产的,按照无形资产成本的150%摊销。

2018年1月1日至2023年12月31日期间,企业为开发新技术、新产品、新工艺发生的研究开发费用,未形成无形资产计入当期损益的,在按照规定据实扣除的基础上,按照研究开发费用的75%在税前加计扣除;形成无形资产的,在上述期间按照无形资产成本的175%税前摊销。

现行适用研发费用税前加计扣除比例75%的企业,在2022年10月1日至2022年12月31日期间,税前加计扣除比例提高至100%。

制造业企业开展研发活动中实际发生的研发费用,未形成无形资产计入当期损益的,在按规定据实扣除的基础上,自2021年1月1日起,再按照实际发生额的100%在税前加计扣除;形成无形资产的,自2021年1月1日起,按照无形资产成本的200%在税前摊销。

科技型中小企业开展研发活动中实际发生的研发费用，未形成无形资产计入当期损益的，在按规定据实扣除的基础上，自 2022 年 1 月 1 日起，再按照实际发生额的 100% 在税前加计扣除；形成无形资产的，自 2022 年 1 月 1 日起，按照无形资产成本的 200% 在税前摊销。

自 2022 年 1 月 1 日起，对企业出资给非营利性科学技术研究开发机构、高等学校和政府性自然科学基金用于基础研究的支出，在计算应纳税所得额时可按实际发生额在税前扣除，并可按 100% 在税前加计扣除。

> 【新东方提示】
>
> 不适用税前加计扣除的行业：烟草制造业；住宿和餐饮业；批发和零售业；房地产业；租赁和商务服务业；娱乐业；财政部和国家税务总局规定的其他行业。

2. 企业安置残疾人员所支付的工资

企业安置残疾人员所支付的工资费用，在据实扣除的基础上，按照支付给残疾职工工资的 100% 加计扣除。

【例题·单选题】（2020 年改编）甲机械厂 2021 年年度利润总额 500 万元，实际发生未形成无形资产计入当期损益的研究开发费用 100 万元，无其他纳税调整项目。下列计算甲机械厂 2021 年年度企业所得税应纳税所得额的算式中，正确的是（　　）。

A. 500－100×75%＝425（万元）　　B. 500－100＝400（万元）
C. 500－100×50%＝450（万元）　　D. 500＋100＝600（万元）

【答案】B

【解析】选项 B 正确。制造业企业开展研发活动中实际发生的研发费用，未形成无形资产计入当期损益的，在按规定据实扣除的基础上，自 2021 年 1 月 1 日起，再按照实际发生额的 100% 在税前加计扣除；形成无形资产的，自 2021 年 1 月 1 日起，按照无形资产成本的 200% 在税前摊销。

四、应纳税所得额抵扣

创业投资企业采取股权投资方式投资于未上市的中小高新技术企业 2 年以上的，可以按照其投资额的 70% 在股权持有满 2 年的当年抵扣该创业投资企业的应纳税所得额；当年不足抵扣的，可以在以后纳税年度结转抵扣。

【例题·单选题】甲企业为创业投资企业，2017 年 2 月采取股权投资方式向乙公司（未上市的中小高新技术企业）投资 300 万元，至 2019 年 12 月 31 日仍持有该股权。甲企业 2019 年在未享受股权投资应纳税所得额抵扣的税收优惠政策前的企业所得税应纳税所得额为 2 000 万元。已知企业所得税税率为 25%，甲企业享受股权投资应纳税所得额抵扣的税收优惠政策。下列计算甲企业 2019 年年度应缴纳企业所得税税额的算式中，正确的是（　　）。

A．（2 000－300）×25%＝425（万元）
B．（2 000－300×70%）×25%＝447.5（万元）
C．2 000×70%×25%＝350（万元）
D．（2 000×70%－300）×25%＝275（万元）

【答案】B
【解析】选项 B 正确。创业投资企业采取股权投资方式投资于未上市的中小高新技术企业 2 年以上的，可以按照其投资额的 70% 在股权持有满 2 年的当年抵扣该创业投资企业的应纳税所得额；当年不足抵扣的，可以在以后纳税年度结转抵扣。本题中，甲企业 2017 年 2 月投资，2019 年为投资满 2 年当年，投资额的 70% 可在 2019 年抵扣。因此，2019 年应纳税额＝（2 000－300×70%）×25%＝447.5（万元）。

五、加速折旧

1. 加速折旧的一般规定
可采用加速折旧方法的固定资产包括：
（1）由于技术进步，产品更新换代较快的固定资产；
（2）常年处于强震动、高腐蚀状态的固定资产。

【新东方提示】
　　采取缩短折旧年限方法的，最低折旧年限不得低于税法规定折旧年限的 60%；采取加速折旧方法的，可以采取双倍余额递减法或者年数总和法。

2. 加速折旧的特殊规定
（1）现行政策下，对制造业领域及信息传输、软件和信息技术服务业的企业新购进的固定资产，可缩短折旧年限或采取加速折旧的方法。
（2）企业在 2018 年 1 月 1 日至 2023 年 12 月 31 日期间，新购进（包括自行建造）的设备、器具，单位价值不超过 500 万元的，允许一次性计入当期成本费用在计算应纳税所得额时扣除，不再分年度计算折旧。
3. 中小微企业在 2022 年 1 月 1 日至 2022 年 12 月 31 日期间新购置的设备、器具（是指除房屋、建筑物以外的固定资产），单位价值在 500 万元以上的，按照单位价值的一定比例自愿选择在企业所得税税前扣除。其中，《企业所得税法实施条例》规定最低折旧年限为 3 年的设备器具，单位价值的 100% 可在当年一次性税前扣除；最低折旧年限为

4年、5年、10年的，单位价值的50%可在当年一次性税前扣除，其余50%按规定在剩余年度计算折旧进行税前扣除。企业选择适用上述政策当年不足扣除形成的亏损，可在以后5个纳税年度结转弥补。

4. 高新技术企业在2022年10月1日至2022年12月31日期间新购置的设备、器具，允许当年一次性全额在计算应纳税所得额时扣除，并允许在税前实行100%加计扣除。

【例题·单选题】（2019年）根据企业所得税法律制度的规定，企业中符合条件的固定资产可以缩短计提折旧年限，但不得低于税法规定折旧年限的一定比例，该比例最高为（ ）。

A. 30%　　　　　　　　　　　　　B. 40%

C. 50%　　　　　　　　　　　　　D. 60%

【答案】D

【解析】选项D正确。采取缩短折旧年限方法的，最低折旧年限不得低于税法规定折旧年限的60%。

六、减计收入

1. 企业综合利用资源，生产国家非限制和禁止并符合国家和行业相关标准的产品取得的收入，减按90%计入收入总额。

2. 自2019年6月1日至2025年12月31日，社区提供养老、托育、家政等服务的机构，提供社区养老、托育、家政服务取得的收入，在计算应纳税所得额时，减按90%计入收入总额。

七、应纳税额抵免

企业购置并实际使用《环境保护专用设备企业所得税优惠目录》《节能节水专用设备企业所得税优惠目录》《安全生产专用设备企业所得税优惠目录》规定的环境保护、节能节水、安全生产等专用设备的，该专用设备的投资额的10%可以从企业当年的应纳税额中抵免；当年不足抵免的，可以在以后5个纳税年度结转抵免。

【例题·单选题】（2021年）甲公司为增值税一般纳税人，2019年购置并实际使用《环境保护专用设备企业所得税优惠目录》中规定的环境保护专用设备，取得增值税专用发票注明金额300万元，税额39万元。甲公司2019年年度企业所得税应纳税所得额为180万元。甲公司享受应纳税额抵免的企业所得税优惠。已知企业所得税税率为25%。甲公司2019年年度应缴纳企业所得税税额为（ ）。

A. 18万元　　　　　　　　　　　　B. 37.5万元

C. 11.1万元　　　　　　　　　　　D. 15万元

【答案】D

【解析】选项 D 正确。企业购置并实际使用《环境保护专用设备企业所得税优惠目录》《节能节水专用设备企业所得税优惠目录》《安全生产专用设备企业所得税优惠目录》规定的环境保护、节能节水、安全生产等专用设备的,该专用设备的投资额的 10% 可以从企业当年的应纳税额中抵免;当年不足抵免的,可以在以后 5 个纳税年度结转抵免。甲公司 2019 年度应缴纳企业所得税税额 = 180×25%−300×10% = 15(万元)。

八、西部地区

设在西部地区的国家鼓励类产业企业,减按 15% 的税率征收企业所得税。

【新东方提示】

鼓励类产业企业是指鼓励类产业的主营业务收入占企业收入总额 60% 以上的企业。

九、海南自由贸易港企业所得税优惠

自 2020 年 1 月 1 日至 2024 年 12 月 31 日,对海南自由贸易港实行以下企业所得税优惠政策:对注册在海南自由贸易港并实质性运营的鼓励类产业企业,减按 15% 的税率征收企业所得税。鼓励类产业企业,是指以海南自由贸易港鼓励类产业目录中规定的产业项目为主营业务,且其主营业务收入占企业收入总额 60% 以上的企业。实质性运营,是指企业的实际管理机构设在海南自由贸易港,并对企业生产经营、人员、账务、财产等实施实质性全面管理和控制。对不符合实质性运营的企业,不得享受优惠。对总机构设在海南自由贸易港的符合条件的企业,仅就其设在海南自由贸易港的总机构和分支机构的所得,适用 15% 税率;对总机构设在海南自由贸易港以外的企业,仅就其设在海南自由贸易港内的符合条件的分支机构的所得,适用 15% 税率。

对在海南自由贸易港设立的旅游业、现代服务业、高新技术产业企业新增境外直接投资取得的所得,免征企业所得税。新增境外直接投资所得应当符合以下条件:

1. 从境外新设分支机构取得的营业利润;或从持股比例超过 20%(含)的境外子公司分回的,与新增境外直接投资相对应的股息所得。

2. 被投资国(地区)的企业所得税法定税率不低于 5%。

对在海南自由贸易港设立的企业,新购置(含自建、自行开发)固定资产或无形资产,单位价值不超过 500 万元(含)的,允许一次性计入当期成本费用在计算应纳税所得额时扣除,不再分年度计算折旧和摊销;新购置(含自建、自行开发)固定资产或无形资产，单位价值超过 500 万元的，可以缩短折旧、摊销年限或采取加速折旧、摊销的方法。固定资产，是指除房屋、建筑物以外的固定资产。

十、债券利息减免税

1. 对企业取得的 2012 年及以后年度发行的地方政府债券利息收入，免征企业所得税。

2. 自 2021 年 11 月 7 日至 2025 年 12 月 31 日，对境外机构投资境内债券市场取得的债券利息收入暂免征收企业所得税。

【新东方提示】
暂免征收企业所得税的范围不包括境外机构在境内设立的机构、场所取得的与该机构、场所有实际联系的债券利息。

3. 对企业投资者持有 2019—2023 年发行的铁路债券取得的利息收入，减半征收企业所得税。

考点六 企业所得税特别纳税调整★

一、转让定价税制

企业与其关联方之间的业务往来，不符合独立交易原则而减少企业或者其关联方应纳税收入或者所得额的，税务机关有权按照合理方法调整。

1. 关联方

关联方是指与企业有下列关联关系之一的企业、其他组织或者个人：

（1）在资金、经营、购销等方面存在直接或者间接的控制关系；

（2）直接或者间接地同为第三者控制；

（3）在利益上具有相关联的其他关系。

2. 独立交易原则

独立交易原则是指没有关联关系的交易各方，按照公平成交价格和营业常规进行业务往来遵循的原则。

3. 合理方法

（1）可比非受控价格法，是指按照没有关联关系的交易各方进行相同或者类似业务往来的价格进行定价的方法。

（2）再销售价格法，是指按照从关联方购进商品再销售给没有关联关系的交易方的价格，减除相同或者类似业务的销售毛利进行定价的方法。

（3）成本加成法，是指按照成本加合理的费用和利润进行定价的方法。

（4）交易净利润法，是指按照没有关联关系的交易各方进行相同或者类似业务往来取得的净利润水平确定利润的方法。

（5）利润分割法，是指将企业与其关联方的合并利润或者亏损在各方之间采用合理标准进行分配的方法。

（6）其他符合独立交易原则的方法。

4. 成本分摊

企业与其关联方共同开发、受让无形资产，或者共同提供、接受劳务发生的成本，在计算应纳税所得额时应当按照独立交易原则进行分摊。

5. 预约定价安排

企业可以向税务机关提出与其关联方之间业务往来的定价原则和计算方法，税务机关与企业协商、确认后，达成预约定价安排。

6. 资料提供义务

企业向税务机关报送年度企业所得税纳税申报表时，应当就其与关联方之间的业务往来，附送年度关联业务往来报告表。

7. 核定应纳税所得额

企业不提供与其关联方之间业务往来资料，或者提供虚假、不完整资料，未能真实反映其关联业务往来情况的，税务机关有权依法核定其应纳税所得额。税务机关依照规定核定企业的应纳税所得额时，可以采用下列方法：

（1）参照同类或者类似企业的利润率水平核定；

（2）按照企业成本加合理的费用和利润的方法核定；

（3）按照关联企业集团整体利润的合理比例核定；

（4）按照其他合理方法核定。

二、受控外国企业税制

由居民企业，或者由居民企业和中国居民控制的设立在实际税负低于12.5%的国家（地区）的企业，并非由于合理的经营需要而对利润不作分配或者减少分配的，上述利润中应归属于该居民企业的部分，应当计入该居民企业的当期收入。

三、资本弱化税制

企业从其关联方接受的债权性投资与权益性投资的比例超过规定标准而发生的利息支出，不得在计算应纳税所得额时扣除。

企业实际支付给关联方的利息支出，其接受关联方债权性投资与其权益性投资比例为：

（1）金融企业，为 5∶1；（2）其他企业，为 2∶1。

企业如果能够按照《企业所得税法》及其实施条例的有关规定提供相关资料，并证明相关交易活动符合独立交易原则的；或者该企业的实际税负不高于境内关联方的，其实际支付给境内关联方的利息支出，在计算应纳税所得额时准予扣除。

四、一般反避税制度

企业实施其他不具有合理商业目的的安排而减少其应纳税收入或者所得额的，税务机关有权按照合理方法调整。

不具有合理商业目的，是指以减少、免除或者推迟缴纳税款为主要目的。

五、对避税行为的处理

1. 加收利息

税务机关依照规定作出纳税调整，需要补征税款的，应当补征税款，并按照国务院规定加收利息。

2. 特别纳税调整期限

企业与其关联方之间的业务往来，不符合独立交易原则，或者企业实施其他不具有合理商业目的安排的，税务机关有权在该业务发生的纳税年度起10年内，进行纳税调整。

考点七 企业重组业务企业所得税处理 ★★

企业重组，是指企业在日常经营活动以外发生的法律结构或经济结构重大改变的交易，包括企业法律形式改变、债务重组、股权收购、资产收购、合并、分立等。其中，股权收购、资产收购、合并、分立可以采用股权支付或者非股权支付。

股权支付，是指企业重组中购买、换取资产的一方支付的对价中，以本企业或其控股企业的股权、股份作为支付的形式。

非股权支付，是指以本企业的现金、银行存款、应收款项、本企业或其控股企业股权和股份以外的有价证券、存货、固定资产、其他资产以及承担债务等作为支付的形式。

一、企业重组的一般性税务处理

企业重组除符合适用特殊性税务处理规定的外，按以下规定进行税务处理：

1. 企业法律形式改变

企业由法人转变为个人独资企业、合伙企业等非法人组织，或将登记注册地转移至中华人民共和国境外（包括港、澳、台地区），应视同企业进行清算、分配，股东重新投资成立新企业。企业的全部资产以及股东投资的计税基础均应以公允价值为基础确定。

2. 债务重组

（1）以非货币资产清偿债务，应当分解为两项业务，确认相关资产的所得或损失：

① 转让相关非货币性资产；

② 按非货币性资产公允价值清偿债务。

（2）发生债权转股权的，应当分解为债务清偿和股权投资两项业务，确认有关债务清偿所得或损失。

（3）债务人应当按照支付的债务清偿额低于债务计税基础的差额，确认债务重组所得；债权人应当按照收到的债务清偿额低于债权计税基础的差额，确认债务重组损失。

（4）债务人的相关所得税纳税事项原则上保持不变。

3. 股权收购、资产收购

（1）被收购方应确认股权、资产转让所得或损失；

（2）收购方取得股权或资产的计税基础应以公允价值为基础确定；

（3）被收购企业的相关所得税事项原则上保持不变。

4. 企业合并

（1）合并企业应按公允价值确定接受被合并企业各项资产和负债的计税基础；

（2）被合并企业及其股东都应按清算进行所得税处理；

（3）被合并企业的亏损不得在合并企业结转弥补。

5. 企业分立

（1）被分立企业对分立出去资产应按公允价值确认资产转让所得或损失；

（2）分立企业应按公允价值确认接受资产的计税基础；

（3）被分立企业继续存在时，其股东取得的对价应视同被分立企业分配进行处理；

（4）被分立企业不再继续存在时，被分立企业及其股东都应按清算进行所得税处理；

（5）企业分立相关企业的亏损不得相互结转弥补。

【例题·多选题】企业实施合并重组，适用企业所得税一般性税务处理方法时，下列处理正确的有（　　）。

A. 被合并企业的亏损不得在合并企业结转弥补

B. 合并企业应按账面价值确定接受被合并企业负债的计税基础

C. 被合并企业及其股东都应按清算进行所得税处理

D. 合并企业应按公允价值确定接受被合并企业各项资产的计税基础

【答案】ACD

【解析】企业重组的一般性税务处理方法下的企业合并，当事各方应按下列规定处理：

（1）合并企业应按公允价值确定接受被合并企业各项资产和负债的计税基础（选项D）；

（2）被合并企业及其股东都应按清算进行所得税处理（选项C）；

(3) 被合并企业的亏损不得在合并企业结转弥补（选项A）。

【例题·多选题】下列处理方法，符合企业股权收购、资产收购重组的一般性税务处理规定的有（　　）。

A. 被收购方应确认股权、资产转让所得或损失
B. 被收购方不需要确认股权、资产转让所得或损失
C. 收购方取得股权或资产的计税基础以公允价值为基础确定
D. 收购方取得股权或资产的计税基础以被收购方原有计税基础确定

【答案】AC
【解析】企业重组的一般性税务处理中，企业股权收购、资产收购重组交易，被收购方应确认股权、资产转让所得或损失（选项A）；收购方取得股权或资产的计税基础应以公允价值为基础确定（选项C）；被收购企业的相关所得税事项原则上保持不变。

二、企业重组的特殊性税务处理

1. 适用特殊性税务处理的条件（同时满足）：
（1）具有合理的商业目的，且不以减少、免除或者推迟缴纳税款为主要目的；
（2）被收购、合并或分立部分的资产或股权比例符合规定的比例；
（3）企业重组后的连续12个月内不改变重组资产原来的实质性经营活动；
（4）重组交易对价中涉及股权支付金额符合规定比例；
（5）企业重组中取得股权支付的原主要股东，在重组后连续12个月内，不得转让所取得的股权。

2. 不同的企业重组形式下，特殊性税务处理的内容如下：
（1）企业债务重组
企业重组符合规定条件的，交易各方对其交易中的股权支付部分，可以按以下规定进行特殊性税务处理：
① 企业债务重组确认的应纳税所得额占该企业当年应纳税所得额50%以上，可以在5个纳税年度的期间内，均匀计入各年度的应纳税所得额；
② 企业发生债权转股权业务，对债务清偿和股权投资两项业务暂不确认有关债务清偿所得或损失，股权投资的计税基础以原债权的计税基础确定；
③ 企业的其他相关所得税事项保持不变。
（2）股权收购
收购企业购买的股权不低于被收购企业全部股权的50%，且收购企业在该股权收购发生时的股权支付金额不低于其交易支付总额的85%，可以选择按以下规定处理：
① 被收购企业的股东取得收购企业股权的计税基础，以被收购股权的原有计税基础确定；

② 收购企业取得被收购企业股权的计税基础，以被收购股权的原有计税基础确定；

③ 收购企业、被收购企业的原有各项资产和负债的计税基础和其他相关所得税事项保持不变。

（3）资产收购

受让企业收购的资产不低于转让企业全部资产的50%，且受让企业在该资产收购发生时的股权支付金额不低于其交易支付总额的85%，可以选择按以下规定处理：

① 转让企业取得受让企业股权的计税基础，以被转让资产的原有计税基础确定；

② 受让企业取得转让企业资产的计税基础，以被转让资产的原有计税基础确定。

（4）企业合并

企业股东在该企业合并发生时取得的股权支付金额不低于其交易支付总额的85%，以及同一控制下且不需要支付对价的企业合并，可以选择按以下规定处理：

① 合并企业接受被合并企业资产和负债的计税基础，以被合并企业的原有计税基础确定；

② 被合并企业合并前的相关所得税事项由合并企业承继；

③ 可由合并企业弥补的被合并企业亏损的限额＝被合并企业净资产公允价值×截至合并业务发生当年年末国家发行的最长期限的国债利率；

④ 被合并企业股东取得合并企业股权的计税基础，以其原持有的被合并企业股权的计税基础确定。

（5）企业分立

被分立企业所有股东按原持股比例取得分立企业的股权，分立企业和被分立企业均不改变原来的实质经营活动，且被分立企业股东在该企业分立发生时取得的股权支付金额不低于其交易支付总额的85%，可以选择按以下规定处理：

① 分立企业接受被分立企业资产和负债的计税基础，以被分立企业的原有计税基础确定；

② 被分立企业已分立出去资产相应的所得税事项由分立企业承继；

③ 被分立企业未超过法定弥补期限的亏损额可按分立资产占全部资产的比例进行分配，由分立企业继续弥补；

④ 被分立企业的股东取得分立企业的股权（新股），如需部分或全部放弃原持有的被分立企业的股权（旧股），"新股"的计税基础应以放弃"旧股"的计税基础确定。如不需放弃"旧股"，则其取得"新股"的计税基础可从以下两种方法中选择确定：直接将"新股"的计税基础确定为零；或者以被分立企业分立出去的净资产占被分立企业全部净资产的比例先调减原持有的"旧股"的计税基础，再将调减的计税基础平均分配到"新股"上。

【例题·多选题】关于企业重组业务的所得税处理，下列表述正确的有（　　）。

A. 企业由法人转变为个人独资企业，应视同企业进行清算、分配，股东重新投资成立新企业，企业的全部资产以及股东投资的计税基础均应以公允价值为基础确定

B. 企业以非货币性资产清偿债务，适用一般性税务处理方法的，应视同转让非货币性资产并按非货币性资产公允价值清偿债务，确定资产转让所得或损失

C. 符合特殊性税务处理条件的企业分立，被分立企业在分立前发生的未超过法定弥补期限的亏损可以按照分立资产占全部资产的比例进行分配，由分立企业继续弥补

D. 在企业重组一般性税务处理方法下，企业分立相关的亏损可以相互结转弥补

【答案】ABC

【解析】选项 D 错误。适用企业重组一般性税务处理方法的，发生企业分立，相关企业的亏损不得相互结转弥补。

【例题·多选题】下列选项中，属于企业重组适用特殊性税务处理的条件有（　　）。

A. 具有合理的商业目的，且不以减少、免除或者推迟缴纳税款为主要目的

B. 被收购、合并或分立部分的资产或股权比例在 85% 以上

C. 企业重组中取得股权支付的原主要股东，在重组后连续 12 个月内，不得转让所取得的股权

D. 重组交易对价中涉及股权支付金额比例在 50% 以上

【答案】AC

【解析】选项 B 错误，被收购、合并或分立部分的资产或股权比例符合规定的比例（不低于 50%）。选项 D 错误，重组交易对价中涉及股权支付金额符合规定比例（不低于 85%）。

3. 非股权支付部分的税务处理

重组交易各方按规定对交易中的股权支付暂不确认有关资产的转让所得或损失的，其非股权支付仍应按公允价值确认资产的转让所得或损失，并调整相应资产的计税基础。计算公式如下：

非股权支付对应的资产转让所得或损失 =（被转让资产的公允价值 − 被转让资产的计税基础）×（非股权支付金额 ÷ 被转让资产的公允价值）

【新东方提示】

企业重组		具体规定
一般性税务处理		按公允价值确认资产的转让所得或损失；按公允价值确认资产或负债的计税基础
特殊性税务处理	非股权支付部分	
	股权支付部分	暂不确认有关资产的转让所得或损失，按原计税基础确认新资产或负债的计税基础

考点八 企业所得税征收管理 ★

一、纳税地点

1. 居民企业
(1)登记注册地在境内的，以企业登记注册地为纳税地点。
(2)登记注册地在境外的，以实际管理机构所在地为纳税地点。

【新东方提示】
　　居民企业在中国境内设立不具有法人资格的营业机构的，应当汇总计算并缴纳企业所得税。

2. 非居民企业
(1)在中国境内设立机构、场所的，以机构、场所所在地为纳税地点。

【新东方提示】
　　在中国境内设立两个或者两个以上机构、场所的，可以选择由其主要机构、场所汇总缴纳企业所得税。

(2)在中国境内未设立机构、场所的，或者虽设立机构、场所但取得的所得与其所设机构、场所没有实际联系的非居民企业，以扣缴义务人所在地为纳税地点。

二、纳税期限

1. 企业所得税按年度计征，分月或者分季预缴，年终汇算清缴，多退少补。
2. 年度中间开业，或者终止经营活动，应当以其实际经营期为1个纳税年度。
3. 企业清算时，应将整个清算期作为1个独立的纳税年度计算清算所得。

三、纳税申报

1. 按月或按季预缴的，应当自月份或者季度终了之日起15日内，向税务机关报送预缴企业所得税纳税申报表，预缴税款。
2. 企业应当自年度终了之日起5个月内，向税务机关报送年度企业所得税纳税申报表，并汇算清缴，结清应缴应退税款。

3. 企业在年度中间终止经营活动的，应当<u>自实际经营终止之日起 60 日内</u>，向税务机关办理当期企业所得税汇算清缴。

【例题·判断题】（2019 年）企业应当自年度终了之日起 5 个月内，向税务机关报送年度企业所得税纳税申报表，并汇算清缴，结清应缴应退税款。（　　）

【答案】√

第二单元　个人所得税法律制度

考点一　个人所得税纳税人及其纳税义务★★

一、个人所得税纳税人

依据住所和居住时间两个标准，个人所得税纳税人（见表 5-19）可以分为居民个人和非居民个人。

表 5-19　个人所得税纳税人

类型	条件
居民个人	在中国境内<u>有住所</u>的个人
	在中国境内无住所而<u>一个纳税年度内</u>在中国境内居住累计<u>满 183 天</u>的个人
非居民个人	在中国境内无住所又不居住的个人
	在中国境内无住所而一个纳税年度内在中国境内居住累计不满 183 天的个人

【新东方提示】

（1）在中国境内有住所，是指<u>因户籍、家庭、经济利益关系</u>，而在中国境内习惯性居住。

（2）无住所个人一个纳税年度内在中国境内居住累计天数，按照个人在中国境内累计停留的天数计算。在中国境内停留的当天满 24 小时的，计入中国境内居住天数，在中国境内停留的当天不足 24 小时的，不计入中国境内居住天数。

二、个人所得税纳税义务

居民个人应就其来源于中国境内、境外的所得依法缴纳个人所得税;非居民个人仅就来源于中国境内的所得依法缴纳个人所得税。

【特殊规定】在中国境内无住所的个人:

非居民个人:在中国境内无住所的个人,在一个纳税年度内在中国境内居住累计不超过 90 天的,其来源于中国境内所得,由境外雇主支付并且不由该雇主在中国境内的机构、场所负担的部分,免予缴纳个人所得税。

居民个人:在中国境内无住所的个人,在中国境内居住累计满 183 天的年度连续不满 6 年的,经向主管税务机关备案,其来源于中国境外且由境外单位或者个人支付的所得,免予缴纳个人所得税;在中国境内居住累计满 183 天的任一年度中有 1 次离境超过 30 天的,其在中国境内居住累计满 183 天的年度的连续年限重新起算。

在中国境内无住所的个人 1 个纳税年度在中国境内居住累计满 183 天的,如果此前 6 年在中国境内每年居住累计天数都满 183 天而且没有任何一年单次离境超过 30 天,该纳税年度来源于中国境内、境外所得应当缴纳个人所得税;如果此前 6 年的任一年在中国境内居住累计天数不满 183 天或者单次离境超过 30 天,该纳税年度来源于中国境外且由境外单位或者个人支付的所得,免予缴纳个人所得税。个人所得税纳税义务,如表 5-20 所示。

表 5-20　个人所得税纳税义务

纳税人类型			境内所得		境外所得	
			境内支付	境外支付	境内支付	境外支付
非居民个人	居住累计不超过 90 天		√	免	×	×
	居住累计超过 90 天不满 183 天		√	√	×	×
居民个人	居住累计满 183 天的年度连续不满 6 年		√	√	√	免
	居住累计满 183 天的年度连续满 6 年	任一年单次离境超过 30 天				
		没有任何一年单次离境超过 30 天	√	√	√	√

三、所得来源的确定

1. 除国务院财政、税务主管部门另有规定外,下列所得,不论支付地点是否在中国境内,均为来源于中国境内的所得:

(1)因任职、受雇、履约等在中国境内提供劳务取得的所得;

(2)将财产出租给承租人在中国境内使用而取得的所得;

（3）许可各种特许权在中国境内使用而取得的所得；

（4）转让中国境内的不动产等财产或者在中国境内转让其他财产取得的所得；

（5）从中国境内企业、事业单位、其他组织以及居民个人取得的利息、股息、红利所得。

【例题·单选题】（2020年）根据个人所得税法律制度的规定，下列在中国境内无住所的外籍人员中，属于2019年年度居民个人的是（ ）。

A. 马丁2019年8月1日来到中国，2019年10月31日离开中国

B. 亨利2019年7月5日来到中国，2020年1月5日离开中国

C. 琼斯2019年3月1日来到中国，2019年12月1日离开中国

D. 路易2018年9月1日来到中国，2019年5月1日离开中国

【答案】C

【解析】选项C正确。在中国境内无住所而一个纳税年度内在中国境内居住累计满183天的个人，为居民个人。纳税年度按自然年度计算。

【例题·多选题】（2020年）根据个人所得税法律制度的规定，下列所得中，不论支付地点是否在中国境内，均为来源于中国境内的所得的有（ ）。

A. 转让中国境内的不动产取得的所得

B. 因任职在中国境内提供劳务取得的所得

C. 许可各种特许权在中国境内使用而取得的所得

D. 将财产出租给承租人在中国境内使用而取得的所得

【答案】ABCD

【解析】选项A、B、C、D正确。除国务院财政、税务主管部门另有规定外，下列所得，不论支付地点是否在中国境内，均为来源于中国境内的所得：（1）因任职、受雇、履约等在中国境内提供劳务取得的所得（选项B）；（2）将财产出租给承租人在中国境内使用而取得的所得（选项D）；（3）许可各种特许权在中国境内使用而取得的所得（选项C）；（4）转让中国境内的不动产等财产或者在中国境内转让其他财产取得的所得（选项A）；（5）从中国境内企业、事业单位、其他组织以及居民个人取得的利息、股息、红利所得。

2. 下列所得，为来源于中国境外的所得：

（1）因任职、受雇、履约等在中国境外提供劳务取得的所得；

（2）中国境外企业以及其他组织支付且负担的稿酬所得；

（3）许可各种特许权在中国境外使用而取得的所得；

（4）在中国境外从事生产、经营活动而取得的与生产、经营活动相关的所得；

（5）从中国境外企业、其他组织以及非居民个人取得的利息、股息、红利所得；

（6）将财产出租给承租人在中国境外使用而取得的所得；

（7）转让中国境外的不动产、转让对中国境外企业以及其他组织投资形成的股票、股权以及其他权益性资产（以下简称权益性资产）或者在中国境外转让其他财产取得的所

得。但转让对中国境外企业以及其他组织投资形成的权益性资产，该权益性资产被转让前3年（连续36个公历月份）内的任一时间，被投资企业或其他组织的资产公允价值50%以上直接或间接来自位于中国境内的不动产的，取得的所得为来源于中国境内的所得；

（8）中国境外企业、其他组织以及非居民个人支付且负担的偶然所得；

（9）财政部、税务总局另有规定的，按照相关规定执行。

考点二 个人所得税应税所得项目★★★

个人所得税的征税对象是个人取得的应税所得，主要包括9个应税项目，如表5-21所示。

表5-21 个人所得税应税所得项目

应税所得	要点
工资、薪金所得	个人因任职或者受雇而取得的所得。包括：工资、薪金、奖金、年终加薪、劳动分红、津贴、补贴以及与任职或者受雇有关的其他所得 【新东方提示】 下列项目不作为工资、薪金所得征税： （1）独生子女补贴 （2）执行公务员工资制度未纳入基本工资总额的补贴、津贴差额和家属成员的副食补贴 （3）托儿补助费 （4）差旅费津贴、误餐补助
劳务报酬所得	个人从事劳务取得的所得，包括从事设计、装潢、安装、制图、化验、测试、医疗、法律、会计、咨询、讲学、翻译、审稿、书画、雕刻、影视、录音、录像、演出、表演、广告、展览、技术服务、介绍服务、经纪服务、代办服务以及其他劳务取得的所得 【新东方提示】 （1）个人兼职取得的收入，依照"劳务报酬所得"项目计征个人所得税 （2）律师以个人名义再聘请其他人员为其工作而支付的报酬，应由该律师按"劳务报酬所得"项目负责代扣代缴个人所得税

续表

应税所得	要点
劳务报酬所得	（3）区分"劳务报酬所得"和"工资、薪金所得"，主要看是否存在雇佣与被雇佣的关系
稿酬所得	个人因其作品以图书、报刊形式出版、发表而取得的所得 【新东方提示】 作者去世后，财产继承人取得的遗作稿酬，也应按"稿酬所得"征收个人所得税
特许权使用费所得	个人提供专利权、商标权、著作权、非专利技术以及其他特许权的使用权取得的所得 【新东方提示】 （1）作者将自己的文字作品手稿原件或复印件公开拍卖（竞价）取得的所得，应按"特许权使用费所得"项目征收个人所得税 （2）个人取得专利赔偿所得，应按"特许权使用费所得"项目缴纳个人所得税 （3）对于剧本作者从电影、电视剧的制作单位取得的剧本使用费，不再区分剧本的使用方是否为其任职单位，统一按"特许权使用费所得"项目计征个人所得税
经营所得	（1）个体工商户从事生产、经营活动取得的所得，个人独资企业投资人、合伙企业的个人合伙人来源于境内注册的个人独资企业、合伙企业生产、经营的所得 （2）个人依法从事办学、医疗、咨询以及其他有偿服务活动取得的所得 （3）个人对企业、事业单位承包经营、承租经营以及转包、转租取得的所得 （4）个人从事其他生产、经营活动取得的所得
利息、股息、红利所得	个人拥有债权、股权而取得的利息、股息、红利所得

续表

应税所得	要点
财产租赁所得	个人出租不动产、机器设备、车船以及其他财产取得的所得 【新东方提示】 （1）个人取得的房屋转租收入，属于"财产租赁所得"项目 （2）房地产开发企业与商店购买者个人签订协议，以优惠价格出售其商店给购买者个人，购买者个人在一定期限内必须将购买的商店无偿提供给房地产开发企业对外出租使用。对购买者个人少支出的购房价款，应视同个人财产租赁所得，按照"财产租赁所得"项目征收个人所得税（租金抵房款）
财产转让所得	个人转让有价证券、股权、合伙企业中的财产份额、不动产、机器设备、车船以及其他财产取得的所得 【新东方提示】 （1）个人将股权或股份，转让给其他个人或法人的行为，按照"财产转让所得"项目，依法计算缴纳个人所得税 （2）个人因各种原因终止投资、联营、经营合作等行为，取得股权转让收入、违约金、补偿金、赔偿金及以其他名目收回的款项等，应按照"财产转让所得"项目适用的规定计算缴纳个人所得税 （3）个人以非货币性资产投资，视同转让非货币性资产（"财产转让所得"）和投资同时发生。（投资业务最终转让、终止时，再按"财产转让所得"项目征税） （4）纳税人收回转让的股权： ① 合同已经履行完毕再收回——视同另一次"财产转让所得" ② 合同未履行完毕——相当于转让行为未发生，不纳税 （5）个人转让新三板挂牌公司原始股取得的所得，按照"财产转让所得"项目，依法计算缴纳个人所得税。（原始股：20%个税；非原始股：免个税）

续表

应税所得	要点
财产转让所得	（6）个人通过招标、竞拍或其他方式购置债权以后，通过相关司法或行政程序主张债权而取得的所得，应按照"财产转让所得"项目缴纳个人所得税 （7）个人通过网络收购玩家的虚拟货币，加价后向他人出售取得的收入，应按照"财产转让所得"项目计算缴纳个人所得税
偶然所得	个人得奖、中奖、中彩以及其他偶然性质的所得 【新东方提示】 （1）企业对累积消费达到一定额度的顾客，给予额外抽奖机会，个人的获奖所得，按照"偶然所得"项目，全额适用20%的税率缴纳个人所得税 （2）个人取得单张有奖发票奖金所得超过800元的，应全额按照"偶然所得"项目征收个人所得税（不超过800元，暂免个税） （3）个人为单位或他人提供担保获得收入，按照"偶然所得"项目计算缴纳个人所得税 （4）房屋产权所有人将房屋产权无偿赠与他人的，受赠人因无偿受赠房屋取得的受赠收入，按照"偶然所得"项目计算缴纳个人所得税 （5）企业在业务宣传、广告等活动中，随机向本单位以外的个人赠送礼品（包括网络红包，下同），以及企业在年会、座谈会、庆典以及其他活动中向本单位以外的个人赠送礼品，个人取得的礼品收入，按照"偶然所得"项目计算缴纳个人所得税。但企业赠送的具有价格折扣或折让性质的消费券、代金券、抵用券、优惠券等礼品除外（不征收个税）

【例题·单选题】（2021年）根据个人所得税法律制度的规定，下列各项中，应征收个人所得税的是（　　）。

A. 全年一次性奖金　　　　　　B. 差旅费津贴
C. 托儿补助费　　　　　　　　D. 独生子女补贴

【答案】A

【解析】选项A正确。下列项目不属于工资、薪金性质的补贴、津贴,不予征收个人所得税:(1)独生子女补贴(选项D错误);(2)执行公务员工资制度未纳入基本工资总额的补贴、津贴差额和家属成员的副食补贴;(3)托儿补助费(选项C错误);(4)差旅费津贴(选项B错误)、误餐补助。

【例题·多选题】(2021年)根据个人所得税法律制度的规定,下列各项中,属于"劳务报酬所得"的有(   )。

A. 教师出版专著取得的收入

B. 律师以个人名义应邀到某中学作法制讲座取得的报酬

C. 证券经纪人取得的佣金收入

D. 个体工商户从事经营活动取得的收入

【答案】BC

【解析】选项A错误,属于稿酬所得。选项B正确,律师以个人名义参加讲座获得收入,属于劳务报酬所得。选项C正确,保险营销员、证券经纪人取得的佣金收入,属于劳务报酬所得。选项D错误,属于经营所得。

【例题·多选题】(2020年)根据个人所得税法律制度的规定,下列各项中,应按照财产转让所得项目计缴个人所得税的有(   )。

A. 个人通过网络收购玩家的虚拟货币,加价后向他人出售取得的所得

B. 个人转让新三板挂牌公司原始股取得的所得

C. 个人通过竞拍购置债权后,通过司法程序主张债权而取得的所得

D. 个人取得专利赔偿所得

【答案】ABC

【解析】选项D错误。个人取得专利赔偿所得,应按"特许权使用费所得"项目缴纳个人所得税。

考点三　个人所得税应纳税所得额的确定★★★

一、个人所得税税率

1. 综合所得适用的税率

(1)居民个人每一纳税年度内取得的综合所得包括:工资、薪金所得,劳务报酬所得,稿酬所得和特许权使用费所得。

综合所得个人所得税税率表,如表5-22所示。

表 5-22　综合所得个人所得税税率表（居民个人适用）

级数	全年应纳税所得额	税率（%）	速算扣除数（元）
1	不超过 36 000 元的	3	0
2	超过 36 000 元至 144 000 元的部分	10	2 520
3	超过 144 000 元至 300 000 元的部分	20	16 920
4	超过 300 000 元至 420 000 元的部分	25	31 920
5	超过 420 000 元至 660 000 元的部分	30	52 920
6	超过 660 000 元至 960 000 元的部分	35	85 920
7	超过 960 000 元的部分	45	181 920

（2）非居民个人取得工资、薪金所得，劳务报酬所得，稿酬所得和特许权使用费所得，依照居民个人综合所得个人所得税税率表按月换算后计算应纳税额。

非居民个人工资、薪金所得，劳务报酬所得，稿酬所得，特许权使用费所得适用税率表，如表 5-23 所示。

表 5-23　非居民个人工资、薪金所得，劳务报酬所得，稿酬所得，
特许权使用费所得适用税率表

级数	月应纳税所得额	税率（%）	速算扣除数（元）
1	不超过 3 000 元的	3	0
2	超过 3 000 元至 12 000 元的部分	10	210
3	超过 12 000 元至 25 000 元的部分	20	1 410
4	超过 25 000 元至 35 000 元的部分	25	2 660
5	超过 35 000 元至 55 000 元的部分	30	4 410
6	超过 55 000 元至 80 000 元的部分	35	7 160
7	超过 80 000 元的部分	45	15 160

2. 经营所得适用税率

经营所得个人所得税税率表，如表 5-24 所示。

表 5-24　经营所得个人所得税税率表

级数	全年应纳税所得额	税率（%）	速算扣除数（元）
1	不超过 30 000 元的	5	0
2	超过 30 000 元至 90 000 元的部分	10	1 500

续表

级数	全年应纳税所得额	税率（%）	速算扣除数（元）
3	超过 90 000 元至 300 000 元的部分	20	10 500
4	超过 300 000 元至 500 000 元的部分	30	40 500
5	超过 500 000 元的部分	35	65 500

3. 其他所得适用税率

利息、股息、红利所得，财产租赁所得，财产转让所得和偶然所得，适用税率为 20% 的比例税率。

对个人出租住房取得的所得暂减按 10% 的税率征收个人所得税。

二、个人所得税应纳税所得额的确定

（一）居民个人综合所得

居民个人取得综合所得，按月或按次预扣预缴个人所得税，按年汇算清缴。

居民个人取得综合所得，以每一纳税年度的收入额减除费用 6 万元以及专项扣除、专项附加扣除和依法确定的其他扣除后的余额，为应纳税所得额。

1. 收入额：劳务报酬所得、稿酬所得、特许权使用费所得以收入减除 20% 的费用后的余额为收入额，其中，稿酬所得的收入额减按 70% 计算。

2. 专项扣除：包括居民个人按照国家规定的范围和标准缴纳的基本养老保险、基本医疗保险、失业保险等社会保险费和住房公积金等。

3. 专项附加扣除（见表 5-25）：包括子女教育、继续教育、大病医疗、住房贷款利息或者住房租金、赡养老人、3 岁以下婴幼儿照护等支出。

表 5-25　专项附加扣除

项目	扣除标准	注意事项
子女教育	每个子女每月 1 000 元的标准定额扣除	包括年满 3 岁至小学入学前的学前教育阶段、义务教育（小学和初中教育）、高中阶段教育（普通高中、中等职业、技工教育）、高等教育（大学专科、大学本科、硕士研究生、博士研究生教育）
		父母可以选择由其中一方按扣除标准的 100% 扣除，也可以选择由双方分别按扣除标准的 50% 扣除，具体扣除方式在一个纳税年度内不得变更
		境外接受教育的，需要留存境外学校录取通知书、留学签证等相关教育证明资料备查

续表

项目		扣除标准	注意事项
继续教育	境内学历（学位）	学历（学位）教育期间，每月 400 元定额扣除	个人接受本科及以下学历（学位）继续教育，符合规定条件的，可以选择由其父母扣除（每月 1 000 元），也可以选择由本人扣除（每月 400 元） 【新东方提示】 同一学历（学位）继续教育的扣除期限不能超过 48 个月
	职业资格	取得相关证书的年度，定额扣除 3 600 元	纳税人接受技能人员职业资格继续教育、专业技术人员职业资格继续教育的，应当留存相关证书等资料备查
大病医疗		每年 80 000 元限额内据实扣除	一个纳税年度内，纳税人发生的与基本医保相关的医药费用支出，扣除医保报销后个人负担（指医保目录范围内的自付部分）累计超过 15 000 元的部分，由纳税人在办理年度汇算清缴时，在 80 000 元限额内据实扣除 【新东方提示】 可以选择由本人或者其配偶扣除；未成年子女发生的医药费用支出可以选择由其父母一方扣除
			纳税人应当留存医药服务收费及医保报销相关票据原件（或者复印件）等资料备查。医疗保障部门应当向患者提供在医疗保障信息系统记录的本人年度医药费用信息查询服务
住房贷款利息		实际发生贷款利息的年度，每月 1 000 元标准定额扣除	经夫妻双方约定，可以选择由其中一方扣除，具体扣除方式在一个纳税年度内不能变更 【新东方提示】 纳税人只能享受一次首套住房贷款利息扣除。扣除期限最长不超过 240 个月

续表

项目	扣除标准	注意事项
住房贷款利息	实际发生贷款利息的年度，每月1 000元标准定额扣除	夫妻双方婚前分别购买住房发生的首套住房贷款利息支出，婚后可以选择其中一套购买的住房，由购买方按扣除标准100%扣除，也可以由夫妻双方对各自购买的住房分别按扣除标准的50%扣除，具体扣除方式在一个纳税年度内不能变更
		纳税人应当留存住房贷款合同、贷款还款支出凭证备查
住房租金	（1）直辖市、省会（首府）城市、计划单列市以及国务院确定的其他城市，扣除标准为每月1 500元 （2）除第（1）项所列城市以外，市辖区户籍人口超过100万的城市，扣除标准为每月1 100元 （3）市辖区户籍人口不超过100万的城市，扣除标准为每月800元	住房租金支出由签订租赁住房合同的承租人扣除。夫妻双方主要工作城市相同的，只能由一方扣除住房租金支出 【新东方提示】 纳税人及其配偶在一个纳税年度内不能同时分别享受住房贷款利息和住房租金专项附加扣除
赡养老人	（1）纳税人为独生子女的，按照每月2 000元的标准定额扣除 （2）纳税人为非独生子女的，由其与兄弟姐妹分摊每月2 000元的扣除额度，每人分摊的额度不能超过每月1 000元	被赡养人是指年满60岁的父母，以及子女均已去世的年满60岁的祖父母、外祖父母 可以由赡养人均摊或者约定分摊，也可以由被赡养人指定分摊。约定或者指定分摊的须签订书面分摊协议，指定分摊优先于约定分摊。具体分摊方式和额度在一个纳税年度内不能变更
3岁以下婴幼儿照护	按照每个婴幼儿每月1 000元的标准定额扣除	父母可以选择由其中一方按扣除标准的100%扣除、也可以选择由双方分别按扣除标准的50%扣除，具体扣除方式在1个纳税年度内不能变更

4.其他扣除，包括个人缴付符合国家规定的企业年金、职业年金，个人购买符合国家规定的商业健康保险、税收递延型商业养老保险的支出，以及国务院规定可以扣除的其他项目。

对个人购买符合规定的商业健康保险产品的支出，允许在当年（月）计算应纳税所得额时予以税前扣除，扣除限额为 2 400 元／年（200 元／月）。单位统一为员工购买符合规定的商业健康保险产品的支出，应分别计入员工个人工资、薪金，视同个人购买，按上述限额予以扣除。2 400 元／年（200 元／月）的限额扣除为个人所得税法规定减除费用标准之外的扣除。适用商业健康保险税收优惠政策的纳税人，是指取得工资薪金所得、连续性劳务报酬所得的个人，以及取得个体工商户生产经营所得、对企事业单位的承包承租经营所得的个体工商户业主、个人独资企业投资者、合伙企业合伙人和承包承租经营者。

【新东方提示】

专项扣除、专项附加扣除和依法确定的其他扣除，以居民个人一个纳税年度的应纳税所得额为限额；一个纳税年度扣除不完的，不结转以后年度扣除。

（二）非居民个人的工资薪金所得、劳务报酬所得、稿酬所得和特许权使用费所得

非居民个人取得工资薪金所得、劳务报酬所得、稿酬所得和特许权使用费所得，按月或按次缴纳个人所得税，无需汇算清缴，如表 5-26 所示。

表 5-26　非居民个人应税所得应纳税所得额的确定

应税所得	应纳税所得额的确定
工资、薪金所得	以每月收入额减除费用 5 000 元后的余额为应纳税所得额
劳务报酬所得	以每次收入额为应纳税所得额
稿酬所得	
特许权使用费所得	

【新东方提示】

以收入减除 20% 的费用后的余额为收入额，稿酬所得的收入额减按 70% 计算

【例题·多选题】（2021 年）根据个人所得税法律制度的规定，下列各项中，属于专项附加扣除的有（　　）。

A. 购车贷款利息　　　　　　　B. 上下班交通费
C. 大病医疗支出　　　　　　　D. 子女教育支出

【答案】CD

【解析】选项C、D正确。专项附加扣除包括子女教育（选项D正确）、继续教育、大病医疗（选项C正确）、住房贷款利息或者住房租金、赡养老人、3岁以下婴幼儿照护等支出。

（三）经营所得

经营所得，以每一纳税年度的收入总额减除成本、费用以及损失后的余额，为应纳税所得额。

1. 成本、费用，是指生产、经营活动中发生的各项直接支出和分配计入成本的间接费用以及销售费用、管理费用、财务费用。

2. 损失，是指生产、经营活动中发生的固定资产和存货的盘亏、毁损、报废损失，转让财产损失，坏账损失，自然灾害等不可抗力因素造成的损失以及其他损失。

3. 取得经营所得的个人，没有综合所得的，计算其每一纳税年度的应纳税所得额时，应当减除费用6万元、专项扣除、专项附加扣除以及依法确定的其他扣除。

【新东方提示】

个体工商户应纳税所得额的计算要点（类似企业所得税）：

（1）个体工商户生产经营活动中，应当分别核算生产经营费用、个人家庭费用。难以分清的，40%视为生产经营费用准予扣除。

（2）个体工商户业主的工资薪金支出，不得税前扣除。

（3）个体工商户向当地工会组织拨缴的工会经费、实际发生的职工福利费、职工教育经费支出分别在工资薪金总额2%、14%、2.5%的标准内据实扣除。

（4）业主本人缴纳的补充养老保险、补充医疗保险、工会经费、职工福利费用和职工教育经费，以当地（地级市）上年度社会平均工资的3倍为基数计算，按各自规定的限额比例内据实扣除。

（5）"三新"研发费用，以及因研发而购置单台价值在10万元以下的测试仪器、试验性装置的购置费可直接扣除。

（6）个体工商户下列支出不得扣除：

① 个人所得税税款；

② 税收滞纳金；

③ 罚金、罚款和被没收财物的损失；

④ 不符合扣除规定的捐赠支出；

⑤ 赞助支出；

⑥ 用于个人和家庭的支出；

⑦ 与取得生产经营收入无关的其他支出；

⑧ 个体工商户代其从业人员或者他人负担的税款；
⑨ 国家税务总局规定不准扣除的支出。

【例题·多选题】（2018年）根据个人所得税法律制度的规定，个体工商户的下列支出中，在计算个人所得税应纳税所得额时，不得扣除的有（　　）。
A. 税收滞纳金
B. 个人所得税税款
C. 业主的工资薪金支出
D. 在生产经营活动中因自然灾害造成的损失
【答案】ABC
【解析】选项 D 错误。在生产经营活动中因自然灾害造成的损失允许扣除。

（四）财产租赁所得

每次收入不超过 4 000 元的，减除费用 800 元；4 000 元以上的，减除 20% 的费用，其余额为应纳税所得额。

（五）财产转让所得

以转让财产的收入额减除财产原值和合理费用后的余额，为应纳税所得额。

【新东方提示】

财产原值是指：
（1）有价证券，为买入价以及买入时按照规定交纳的有关费用；
（2）建筑物，为建造费或者购进价格以及其他有关费用；
（3）土地使用权，为取得土地使用权所支付的金额、开发土地的费用以及其他有关费用；
（4）机器设备、车船，为购进价格、运输费、安装费以及其他有关费用；
（5）其他财产，参照以上方法确定。

（六）利息、股息、红利所得和偶然所得

以每次收入额为应纳税所得额。

（七）公益性捐赠的扣除

个人将其所得对教育、扶贫、济困等公益慈善事业进行捐赠，捐赠额未超过纳税人申报的应纳税所得额 30% 的部分，可以从其应纳税所得额中扣除；国务院规定对公益慈善事业捐赠实行全额税前扣除的，从其规定。

个人将其所得对教育、扶贫、济困等公益慈善事业进行捐赠，是指个人将其所得通过中国境内的公益性社会组织、国家机关向教育、扶贫、济困等公益慈善事业的捐赠。应纳税所得额，是指计算扣除捐赠额之前的应纳税所得额。

【新东方提示】

全额扣除的公益性捐赠，如表5-27所示。

表5-27 全额扣除的公益性捐赠

项目	政策内容
对福利性、非营利性老年服务机构的捐赠	对个人通过非营利性的社会团体和政府部门向福利性、非营利性的老年服务机构的捐赠，在缴纳个人所得税前准予全额扣除
对公益性青少年活动场所的捐赠	对个人通过非营利性的社会团体和国家机关对公益性青少年活动场所（其中包括新建）的捐赠，在缴纳个人所得税前准予全额扣除
对农村义务教育的捐赠	对个人通过非营利的社会团体和国家机关向农村义务教育的捐赠，准予在缴纳个人所得税前全额扣除
对教育事业的捐赠	个人通过中国境内非营利的社会团体、国家机关向教育事业的捐赠，准予在个人所得税前全额扣除
对基金会的捐赠	个人通过宋庆龄基金会等6家单位、中国医药卫生事业发展基金会、中国教育发展基金会、中国老龄事业发展基金会等8家单位、中华健康快车基金会等5家单位用于公益救济性的捐赠，准予在缴纳个人所得税前全额扣除
对红十字事业的捐赠	个人通过非营利性的社会团体和国家机关向红十字事业的捐赠，在计算缴纳个人所得税时，准予在税前的所得额中全额扣除

（八）每次收入的确定

1. 非居民个人取得的劳务报酬所得、稿酬所得、特许权使用费所得，属于一次性收入的，以取得该项收入为一次；属于同一项目连续性收入的，以一个月内取得的收入为一次。

2. 财产租赁所得，以一个月内取得的收入为一次。

3. 利息、股息、红利所得，以支付利息、股息、红利时取得的收入为一次。

4. 偶然所得，以每次取得该项收入为一次。

【例题·单选题】（2021年）根据个人所得税法律制度的规定，下列关于确定"每次收入"的表述中，不正确的是（　　）。

A. 财产租赁所得，以一年内取得的收入为一次

B. 偶然所得，以每次取得该项收入为一次

C. 利息所得，以支付利息时取得的收入为一次

D. 非居民个人取得的稿酬所得，属于同一项目连续性收入的，以一个月内取得的收入为一次

【答案】A

【解析】选项 A 的表述不正确。财产租赁所得，以一个月内取得的收入为一次。

【例题·判断题】（2020 年）个人通过国家机关向红十字会的捐赠在计算个人所得税时可以全部扣除。（　　）

【答案】√

考点四　个人所得税应纳税额的计算★★★

一、居民个人综合所得应预扣预缴税额计算

居民个人综合所得应预扣预缴税额计算，如表 5-28 所示。

表 5-28　居民个人综合所得应预扣预缴税额计算

应税所得	预扣预缴税额
工资、薪金所得	本期应预扣预缴税额 =（累计预扣预缴应纳税所得额 × 预扣率 − 速算扣除数）− 累计减免税额 − 累计已预扣预缴税额 累计预扣预缴应纳税所得额 = 累计收入 − 累计免税收入 − 累计减除费用（每月 5 000 元）− 累计专项扣除 − 累计专项附加扣除（大病支出除外）− 累计依法确定的其他扣除 上述公式中，计算居民个人工资、薪金所得预扣预缴税额的预扣率、速算扣除数，如表 5-29 所示 【新东方提示】 7 项专项附加扣除中，除大病医疗必须由纳税人在年度汇算清缴时扣除之外，其他 6 项专项附加扣除可以由扣缴义务人按照累计预扣法计算工资、薪金所得预扣预缴税款时进行扣除

续表

应税所得	预扣预缴税额	
工资、薪金所得	特例： （1）自2020年7月1日起，对一个纳税年度内首次取得工资、薪金所得的居民个人，扣缴义务人在预扣预缴个人所得税时，可按照5 000元/月乘以纳税人当年截至本月月份数计算累计减除费用 【新东方提示】 首次取得工资、薪金所得的居民个人，是指自纳税年度首月起至新入职时，未取得过工资、薪金所得或者未按照累计预扣法预扣预缴过连续性劳务报酬所得个人所得税的居民个人 （2）自2021年1月1日起，对上一完整纳税年度内每月均在同一单位预扣预缴工资、薪金所得个人所得税且全年工资、薪金收入不超过6万元的居民个人，扣缴义务人在预扣预缴本年度工资、薪金所得个人所得税时，累计减除费用自1月份起直接按照全年6万元计算扣除。即，在纳税人累计收入不超过6万元的月份，暂不预扣预缴个人所得税；在其累计收入超过6万元的当月及年内后续月份，再预扣预缴个人所得税。对按照累计预扣法预扣预缴劳务报酬所得个人所得税的居民个人，扣缴义务人比照上述规定执行 （3）自2020年7月1日起，正在接受全日制学历教育的学生因实习取得劳务报酬所得的，扣缴义务人预扣预缴个人所得税时，可按照累计预扣法计算并预扣预缴税款	
劳务报酬所得	应预扣预缴税额＝预扣预缴应纳税所得额×预扣率－速算扣除数 上述公式中，计算居民个人劳务报酬所得预扣预缴税额的预扣率、速算扣除数，如表5-30所示	每次收入不超过4 000元的，减除费用800元；4 000元以上的，减除20%的费用，其余额为预扣预缴应纳税所得额 【新东方提示】 稿酬所得，减按70%计算
稿酬所得	应预扣预缴税额＝预扣预缴应纳税所得额×20%	
特许权使用费所得		

表5-29 居民个人工资、薪金所得预扣预缴率表

级数	累计预扣预缴应纳税所得额	预扣率（%）	速算扣除数（元）
1	不超过36 000元的	3	0
2	超过36 000元至144 000元的部分	10	2 520

续表

级数	累计预扣预缴应纳税所得额	预扣率（％）	速算扣除数（元）
3	超过144 000元至300 000元的部分	20	16 920
4	超过300 000元至420 000元的部分	25	31 920
5	超过420 000元至660 000元的部分	30	52 920
6	超过660 000元至960 000元的部分	35	85 920
7	超过960 000元的部分	45	181 920

表5-30　居民个人劳务报酬所得预扣预缴率表

级数	预扣预缴应纳税所得额	预扣率（％）	速算扣除数（元）
1	不超过20 000元的部分	20	0
2	超过20 000元至50 000元的部分	30	2 000
3	超过50 000元的部分	40	7 000

居民个人工资、薪金所得，劳务报酬所得，稿酬所得，特许权使用费所得年度预扣预缴税额与年度应纳税额不一致的，由居民个人于次年3月1日至6月30日向主管税务机关办理综合所得年度汇算清缴，税款多退少补。

【例题·单选题】（2021年）2019年9月，李某出版小说取得稿酬40 000元。为创作该小说，李某发生资料购买费等各种费用5 000元。已知稿酬所得个人所得税预扣率为20％；每次收入4 000元以上的，减除费用按20％计算，收入额减按70％计算。下列计算李某该笔稿酬所得应预扣预缴个人所得税税额的算式中，正确的是（　　）。

　　A. 40 000×（1－20%）×70%×20% = 4 480（元）
　　B. 40 000×（1－20%）×20% = 6 400（元）
　　C. （40 000－5 000）×（1－20%）×70%×20% = 3 920（元）
　　D. （40 000－5 000）×（11－20%）×20% = 5 600（元）

【答案】A

【解析】选项A正确。稿酬所得每次收入不超过4 000元的，减除费用按800元计算；每次收入4 000元以上的，减除费用按20％计算；稿酬所得收入额减按70％计算。因此，李某该笔稿酬所得应预扣预缴个人所得税税额 = 40 000×（1－20%）×70%×20% = 4 480（元）。

【例题·单选题】（2020年）中国公民李某于2019年10月提供咨询服务取得劳务报酬5 200元，支付交通费200元。已知，劳务报酬所得个人所得税预扣率为20％，每次收入4 000元以上的，减除费用按20％计算。下列计算李某当月该笔劳务报酬应预扣预缴个人所得税税额的算式中，正确的是（　　）。

　　A.（5 200－200）×20% = 1 000（元）

B. 5 200×20%＝1 040（元）
C. 5 200×（1－20%）×20%＝832（元）
D. （5 200－200）×（1－20%）×20%＝800（元）

【答案】C

【解析】选项C正确。每次收入4 000元以上的，减除20%的费用，其余额为预扣预缴应纳税所得额。

二、个人所得税应纳税额的计算

个人所得税应纳税额的计算，如表5-31所示。

表5-31　个人所得税应纳税额的计算

应税所得	税额计算
居民个人综合所得	应纳税额＝应纳税所得额×适用税率－速算扣除数＝（每年收入额－6万元－专项扣除－专项附加扣除－其他扣除）×适用税率－速算扣除数
非居民个人扣缴个人所得税	扣缴义务人向非居民个人支付工资、薪金所得，劳务报酬所得，稿酬所得和特许权使用费所得时，应当按以下方法按月或者按次代扣代缴个人所得税： 非居民个人工资、薪金所得，劳务报酬所得，稿酬所得，特许权使用费所得应纳税额＝应纳税所得额×税率－速算扣除数
经营所得	应纳税额＝（全年收入总额－成本、费用、税金、损失、其他支出及以前年度亏损）×适用税率－速算扣除数 自2021年1月1日至2022年12月31日，对个体工商户经营所得年应纳税所得额不超过100万元的部分，在现行优惠政策基础上，再减半征收个人所得税。个体工商户不区分征收方式，均可享受。个体工商户在预缴税款时即可享受，其年应纳税所得额暂按截至本期申报所属期末的情况进行判断，并在年度汇算清缴时按年计算、多退少补。若个体工商户从两处以上取得经营所得，需在办理年度汇总纳税申报时，合并个体工商户经营所得年应纳税所得额，重新计算减免税额，多退少补。 个体工商户按照以下方法计算减免税额： 减免税额＝（个体工商户经营所得应纳税所得额不超过100万元部分的应纳税额－其他政策减免税额×个体工商户经营所得应纳税所得额不超过100万元部分÷经营所得应纳税所得额）×（1－50%）
财产租赁所得	（1）每次（月）收入不超过4 000元的： 应纳税额＝[每次（月）收入额－财产租赁过程中缴纳的税费－修缮费用（800元为限）－800元]×20% （2）每次（月）收入超过4 000元的： 应纳税额＝[每次（月）收入额－财产租赁过程中缴纳的税费－修缮费用（800元为限）]×（1－20%）×20%

续表

应税所得	税额计算
财产租赁所得	【新东方提示】 若存在转租，还要减去支付给出租方的租金（含税）
财产转让所得	应纳税额 =（收入总额 − 财产原值 − 合理费用）× 适用税率（20%） 【新东方提示】 受赠人转让受赠房屋： 应纳税额 =（转让受赠房屋的收入 − 原捐赠人取得该房屋的实际购置成本 − 赠与和转让过程中受赠人支付的相关税费）× 20%
利息、股息、红利所得	应纳税额 = 每次收入额 × 适用税率（20%）
偶然所得	

【例题·单选题】（2022年）张某是我国公民，独生子单身，在甲公司工作。2021年取得工资收入70 000元，在某大学授课取得收入20 000元，出版著作一部，取得稿酬30 000元，转让商标使用权，取得收入10 000元。已知：张某个人全年缴纳三险一金为18 000元，赡养老人支出税法规定的扣除金额为24 000元，张某无其他扣除。综合所得，全年应纳税所得额不超过36 000元部分，税率为3%，速算扣除数为0，计算张某2021年综合所得应缴纳的个人所得税税额，正确的是（　　）。

A. 264　　　　　　　　　　　　B. 960

C. 2 064　　　　　　　　　　　D. 804

【答案】A

【解析】选项A正确。应纳税额 =［综合所得（工资薪金、劳务报酬、特许权使用费、稿酬所得）− 扣除项目］× 适用税率 − 速算扣除数。张某2021年综合所得应缴纳的个人所得税税额为［70 000 + 20 000 ×（1−20%）+ 30 000 ×（1−20%）× 70% + 10 000 ×（1−20%）− 60 000 − 18 000 − 24 000］× 3% = 264（元）。

【例题·单选题】（2021年）2020年6月，赵某在商场有奖竞赛活动中获得奖金2 000元，随后将其中800元直接捐赠给某农村小学。已知偶然所得个人所得税税率为20%。计算赵某该笔奖金应缴纳个人所得税税额的下列算式中，正确的是（   ）。

A. 2 000×20%＝400（元）　　　　B.（2 000＋800）×20%＝560（元）

C. 800×20%＝160（元）　　　　　D.（2 000－800）×20%＝240（元）

【答案】A

【解析】选项A正确。偶然所得应以每次收入额全额计税，除另有规定外，没有任何扣除。直接捐赠800元不属于可以税前扣除的公益性捐赠，不得在税前扣除。因此，赵某该笔奖金应缴纳个人所得税税额＝2 000×20%＝400（元）。

【例题·单选题】（2019年）2018年11月，林某将一套三年前购入的普通住房出售，取得收入160万元，原值120万元，售房中发生合理费用0.5万元。已知财产转让所得个人所得税税率为20%，下列计算林某出售该住房应缴纳个人所得税税额的算式中，正确的是（   ）。

A.（160－120－0.5）×20%＝7.9（万元）

B. 160×（1－20%）×20%＝25.6（万元）

C.（160－120）×20%＝8（万元）

D.（160－0.5）×20%＝31.9（万元）

【答案】A

【解析】选项A正确。财产转让所得以一次转让财产收入额减去财产原值和合理费用后的余额为应纳税所得额，应纳税额＝（收入总额－财产原值－合理费用）×适用税率（20%）。

【例题·单选题】（2019年）张某出租住房取得租金收入3 800元，财产租赁缴纳税费152元，修缮费600元，已知个人出租住房暂减按10%征收个人所得税，收入不超过4 000元的，减除800元费用，下列关于张某当月租金收入应缴纳个人所得税税额的计算中，正确的是（   ）。

A.（3 800－800）×10%＝300（元）

B. 3 800×10%＝380（元）

C.（3 800－152－600－800）×10%＝224.8（元）

D.（3 800－152－600）×10%＝304.8（元）

【答案】C

【解析】选项C正确。财产租赁所得，每次（月）收入不超过4 000元的：应纳税额＝[每次（月）收入额－财产租赁过程中缴纳的税费－修缮费用（800元为限）－800元]×优惠税率10%。

【例题·判断题】（2020年）个人转租房屋的，其向房屋出租方支付的租金及增值税额，在计算个人所得税财产租赁所得时，准予扣除。（   ）

【答案】√

三、个人所得税应纳税额计算的特殊规定

1. 个人取得全年一次性奖金的征税规定

居民个人取得全年一次性奖金,在 2023 年 12 月 31 日前不并入当年综合所得,单独计算纳税。计算方法为:

全年一次性奖金÷12,得到的数额按照按月换算后的综合所得税率表(表 5-23)确定适用税率和速算扣除数。

应纳税额 = 全年一次性奖金收入 × 适用税率 - 速算扣除数

居民个人取得全年一次性奖金,也可以选择并入当年综合所得计算纳税。

自 2024 年 1 月 1 日起,居民个人取得全年一次性奖金,应并入当年综合所得计算缴纳个人所得税。

【练习题】假定中国居民个人李某 2020 年在我国境内 1-12 月每月的税后工资为 5 200 元,12 月 31 日又一次性领取年终含税奖金 60 000 元。

要求:计算李某取得年终奖金应缴纳的个人所得税。

【答案】(1)年终奖金适用的税率和速算扣除数为:

按 12 个月分摊后,每月的奖金 = 60 000÷12 = 5 000(元),根据按月换算后的综合所得税率表规定,适用的税率和速算扣除数分别为 10%、210 元。

(2)李某取得年终奖应缴纳的个人所得税为:

应纳税额 = 全年一次性奖金收入 × 适用的税率 - 速算扣除数 = 60 000×10% - 210 = 5 790(元)。

2. 企业年金、职业年金

个人达到国家规定的退休年龄,领取的企业年金、职业年金,符合相关规定的,<u>不并入综合所得,全额单独计算应纳税款</u>。企业年金、职业年金应纳税额计算,如表 5-32 所示。

表 5-32　企业年金、职业年金应纳税额计算

领取方法	税额计算
按月领取	适用月度税率表计算纳税
按季领取	平均分摊计入各月,按每月领取额适用月度税率表计算纳税
按年领取	适用综合所得税率表计算纳税

续表

领取方法	税额计算
一次性领取	出境定居或死亡：适用综合所得税率表计算纳税 【新东方提示】 个人死亡后，由受益人或法定继承人一次性领取年金 其他原因：适用月度税率表计算纳税

3. 解除劳动关系一次性补偿收入

个人与用人单位解除劳动关系取得的一次性补偿收入（包括用人单位发放的经济补偿金、生活补助费和其他补助费用），在当地上年职工平均工资 3 倍数额以内的部分，免征个人所得税；超过 3 倍数额的部分，不并入当年综合所得，单独适用综合所得税率表，计算纳税。

4. 提前退休一次性补贴收入

个人办理提前退休手续而取得的一次性补贴收入，应按照办理提前退休手续至法定离退休年龄之间实际年度数平均分摊，确定适用税率和速算扣除数，单独适用综合所得税率表，计算纳税。计算公式：

应纳税额 ={〔（一次性补贴收入 ÷ 办理提前退休手续至法定退休年龄的实际年度数）－
　　　　　费用扣除标准〕× 适用税率 － 速算扣除数 }× 办理提前退休手续至法定退休
　　　　　年龄的实际年度数

5. 内部退养一次性收入

个人在办理内部退养手续后从原任职单位取得的一次性收入，应按办理内部退养手续后至法定离退休年龄之间的所属月份进行平均，并与领取当月的工资、薪金所得合并后减除当月费用扣除标准，以余额为基数确定适用税率，再将当月工资、薪金加上取得的一次性收入，减去费用扣除标准，按适用税率计征个人所得税。

【新东方提示】
不属于离退休工资，应按"工资、薪金所得"项目计征个人所得税。

个人在办理内部退养手续后至法定离退休年龄之间重新就业取得的工资、薪金所得，应与其从原任职单位取得的同一月份的工资、薪金所得合并，并依法自行向主管税务机关申报缴纳个人所得税。

6. 单位低价向职工售房

单位按低于购置或建造成本价格出售住房给职工，职工因此而少支出的差价部分，符合相关规定的,不并入当年综合所得,以差价收入除以 12 个月得到的数额,按照月度税率表确定适用税率和速算扣除数,单独计算纳税。计算公式为:

应纳税额=职工实际支付的购房价款低于该房屋的购置或建造成本价格的差额 ×
适用税率－速算扣除数

7. 个人投资者将企业原盈余积累转增股本

一名或多名个人投资者以股权收购方式取得被收购企业 100% 股权(交易时,被收购企业的盈余积累已经并入股权转让价格并履行了纳税义务),股权收购后,企业将原账面金额中的盈余积累向个人投资者(以下简称新股东)转增股本,有关个人所得税问题区分以下情形处理:

(1)新股东以不低于净资产价格收购股权的,企业原盈余积累已全部计入股权交易价格,新股东取得盈余积累转增股本的部分,不征收个人所得税。

(2)新股东以低于净资产价格收购股权的,企业原盈余积累中,对于股权收购价格减去原股本的差额部分已经计入股权交易价格,新股东取得盈余积累转增股本的部分,不征收个人所得税;对于股权收购价格低于原所有者权益的差额部分未计入股权交易价格,新股东取得盈余积累转增股本的部分,应按照"利息、股息、红利所得"项目征收个人所得税。

【新东方提示】
　　新股东以低于净资产价格收购企业股权后转增股本,应按照下列顺序进行,即:先转增应税的盈余积累部分,然后再转增免税的盈余积累部分。

8. 个人取得上市公司股息红利所得

个人从公开发行和转让市场取得的上市公司股票,持股期限超过 1 年的,股息红利所得暂免征收个人所得税。持股期限在 1 个月以内(含 1 个月)的,其股息红利所得全额计入应纳税所得额;持股期限在 1 个月以上至 1 年(含 1 年)的,暂减按 50% 计入应纳税所得额;上述所得统一适用 20% 的税率计征个人所得税。

【新东方提示】
　　全国中小企业股份转让系统挂牌公司股息红利所得按上述政策执行。

9. 个人限售股转让

个人转让限售股,以每次限售股转让收入,减除股票原值和合理税费后的余额,为应纳税所得额,按"财产转让所得"适用 20% 的比例税率征收个人所得税。

应纳税所得额=限售股转让收入－(限售股原值+合理税费)

应纳税额=应纳税所得额×20%

10. 境外所得税额计算

居民个人从中国境内和境外取得的综合所得、经营所得，应当分别合并计算应纳税额；从中国境内和境外取得的其他分类所得，应当分别单独计算应纳税额。

【新东方提示】
所谓"其他分类所得"是指九项应税所得中除了综合所得和经营所得之外的其他几项所得。

居民个人从中国境外取得的所得，可以从其应纳税额中抵免已在境外缴纳的个人所得税税额，但抵免额不得超过该纳税人境外所得依照个人所得税法计算的应纳税额。

【新东方提示】
所谓"已在境外缴纳的个人所得税税额"，是指居民个人来源于中国境外的所得，依照该所得来源国家（地区）的法律应当缴纳并且实际已经缴纳的所得税税额。

所谓"依照个人所得税法规定计算的应纳税额"，是居民个人抵免已在境外缴纳的综合所得、经营所得以及其他所得的所得税税额的限额（以下简称抵免限额）。

来源于一国（地区）所得的抵免限额 = 来源于该国（地区）综合所得抵免限额 + 来源于该国（地区）经营所得抵免限额 + 来源于该国（地区）其他分类所得抵免限额。

居民个人在中国境外一个国家（地区）实际已经缴纳的个人所得税税额，低于依照规定计算出的来源于该国家（地区）所得的抵免限额的，应当在中国缴纳差额部分的税款；超过来源于该国家（地区）所得的抵免限额的，其超过部分不得在本纳税年度的应纳税额中抵免，但是可以在以后纳税年度来源于该国家（地区）所得的抵免限额的余额中补扣。补扣期限最长不得超过五年。

可抵免的境外所得税税额，是指居民个人取得境外所得，依照该所得来源国（地区）税收法律应当缴纳且实际已经缴纳的所得税性质的税额。可抵免的境外所得税额不包括以下情形：

（1）按照境外所得税法律属于错缴或错征的境外所得税税额；

（2）按照我国政府签订的避免双重征税协定以及内地与香港、澳门签订的避免双重征税安排规定不应征收的境外所得税税额；

（3）因少缴或迟缴境外所得税而追加的利息、滞纳金或罚款；

（4）境外所得税纳税人或者其利害关系人从境外征税主体得到实际返还或补偿的境外所得税税款；

（5）按照我国个人所得税法及其实施条例规定，已经免税的境外所得负担的境外所得税税款。

居民个人从与我国签订税收协定的国家（地区）取得的所得，按照该国（地区）税收法律享受免税或减税待遇，且该免税或减税的数额按照税收协定饶让条款规定应视同已缴税额在中国的应纳税额中抵免的，该免税或减税数额可作为居民个人实际缴纳的境外所得税税额按规定申报税收抵免。

居民个人申请抵免已在境外缴纳的个人所得税税额，应当提供境外税务机关出具的税款所属年度的有关纳税凭证。

11. 出租车

出租车相关所得应纳税额计算，如表5-33所示。

表5-33　出租车相关所得应纳税额计算

所得项目	税额计算
工资、薪金所得	出租汽车经营单位对出租车驾驶员采取单车承包或承租方式运营，出租车驾驶员从事客货营运取得的收入，按"工资、薪金所得"项目征税
经营所得	从事个体出租车运营的出租车驾驶员取得的收入，按"经营所得"项目缴纳个人所得税
	出租车属于个人所有，但挂靠出租汽车经营单位或企事业单位，驾驶员向挂靠单位缴纳管理费的，或出租汽车经营单位将出租车所有权转移给驾驶员的，出租车驾驶员从事客货运营取得的收入，比照"经营所得"项目征税

12. 改组改制

企业改组改制过程中，职工个人取得的企业量化资产：

（1）仅作为分红依据，不拥有所有权：不征收个人所得税。

（2）拥有所有权：取得时暂缓征收个人所得税；股份转让时，按"财产转让所得"项目计征个人所得税。

（3）参与企业分配而获得的股息、红利，应按"利息、股息、红利所得"项目征收个人所得税。

13. 个人使用企业资金（向企业借款未归还）购买房屋或其他财产（见表5-34）

表5-34　使用企业资金购买房屋或其他财产

所得项目	人员类型
经营所得	个人独资企业、合伙企业的个人投资者或其家庭成员
利息、股息、红利所得	除个人独资企业、合伙企业以外其他企业的个人投资者或其家庭成员
综合所得	企业其他人员

14. 其他

其他所得应纳税额计算，如表 5-35 所示。

表 5-35　其他所得应纳税额计算

所得项目	税额计算
工资、薪金所得	个人因公务用车和通讯制度改革而取得的公务用车、通讯补贴收入，扣除一定标准的公务费用后，按照"工资、薪金所得"项目计征个人所得税
	退休人员再任职取得的收入，在减除按个人所得税法规定的费用扣除标准后，按"工资、薪金所得"应税项目缴纳个人所得税
	离退休人员除按规定领取离退休工资或养老金外，另从原任职单位取得各类补贴、奖金、实物，不属于免税的退休工资、离休工资、离休生活补助费，应在减除费用扣除标准后，按"工资、薪金所得"应税项目缴纳个人所得税
	企事业单位和个人超过规定的比例和标准缴付的基本养老保险费、基本医疗保险费、失业保险费和住房公积金，应将超过部分并入个人当期的工资、薪金收入，计征个人所得税
	对企业为员工支付各项免税之外的保险金，应在企业向保险公司缴付时并入员工当期的工资收入，按"工资、薪金所得"项目计征个人所得税
	兼职律师从律师事务所取得工资、薪金性质的所得，律师事务所在代扣代缴其个人所得税时，不再减除个人所得税法规定的费用扣除标准，以收入全额（取得分成收入的为扣除办理案件支出费用后的余额）直接确定适用税率，计算扣缴个人所得税
	依法批准设立的非营利性研究开发机构和高等学校根据规定，从职务科技成果转化收入中给予科技人员的现金奖励，可减按 50% 计入科技人员当月工资、薪金所得，依法缴纳个人所得税
劳务报酬所得	保险营销员、证券经纪人取得的佣金收入，属于劳务报酬所得，以不含增值税的收入减除 20% 的费用后的余额为收入额，收入额减去展业成本以及附加税费后，并入当年综合所得，计算缴纳个人所得税 【新东方提示】 展业成本按照收入额的 25% 计算
利息、股息、红利所得	房屋买受人在未办理房屋产权证的情况下，按照与房地产公司约定条件在一定时期后无条件退房而取得的补偿款，应按照"利息、股息、红利所得"项目缴纳个人所得税

【例题·多选题】(2020年)根据个人所得税法律制度的规定,下列各项中,房屋所有权人需要缴纳个人所得税的有( )。

A. 企业投资者个人向企业借款购买房屋,逾期未归还借款的
B. 企业为企业员工购买房屋的
C. 企业员工向企业借款购买房屋,逾期未归还借款的
D. 企业为投资者家庭成员购买房屋的

【答案】ABCD

【解析】选项A、B、C、D正确。符合以下情形的房屋或其他财产,不论所有权人是否将财产无偿或有偿交付企业使用,其实质均为企业对个人进行了实物性质的分配,应依法计征个人所得税:(1)企业出资购买房屋及其他财产,将所有权登记为投资者个人、投资者家庭成员或企业其他人员的(选项B、D正确);(2)企业投资者个人、投资者家庭成员或企业其他人员向企业借款用于购买房屋及其他财产,将所有权登记为投资者、投资者家庭成员或企业其他人员,且借款年度终了未归还借款的(选项A、C正确)。

考点五 个人所得税税收优惠★★

一、免税项目

1. 省级人民政府、国务院部委和中国人民解放军军以上单位,以及外国组织、国际组织颁发的科学、教育、技术、文化、卫生、体育、环境保护等方面的奖金。
2. 国债和国家发行的金融债券利息。
3. 按照国家统一规定发给的补贴、津贴。
4. 福利费、抚恤金、救济金。

【新东方提示】

并非会计核算中的福利费。此处"福利费",是指根据国家有关规定,从企业、事业单位、国家机关、社会组织提留的福利费或者工会经费中支付给个人的生活补助费;所说的救济金,是指各级人民政府民政部门支付给个人的生活困难补助费。

5. 保险赔款。
6. 军人的转业费、复员费、退役金。
7. 按照国家统一规定发给干部、职工的安家费、退职费、基本养老金或者退休费、离休费、离休生活补助费。

【新东方提示】
达到离休、退休年龄，但确因工作需要，适当延长离休、退休年龄的高级专家，其在延长离休、退休期间的工资、薪金所得，视同离休、退休工资免征个人所得税。

8. 依照我国有关法律规定应予免税的各国驻华使馆、领事馆的外交代表、领事官员和其他人员的所得。

9. 中国政府参加的国际公约、签订的协议中规定免税的所得。

10. 国务院规定的其他免税所得。该项免税规定，由国务院报全国人大常委会备案。

【例题·单选题】（2021年）根据个人所得税法律制度的规定，下列所得中，不属于免税项目的是（　　）。
A. 县级人民政府颁发的教育方面的奖金
B. 国家发行的金融债券利息
C. 军人的转业费
D. 个人取得的保险赔款
【答案】A
【解析】选项A不属于。"省级"人民政府、国务院部委和中国人民解放军军以上单位，以及外国组织、国际组织颁发的科学、教育、技术、文化、卫生、体育、环境保护等方面的奖金，免征个人所得税。县级人民政府颁发的教育方面的奖金，不属于免税项目。

二、减税项目

1. 残疾、孤老人员和烈属的所得。
2. 因自然灾害遭受重大损失的。

三、其他免税和暂免征税项目

1. 外籍个人
（1）外籍个人以非现金形式或实报实销形式取得的住房补贴、伙食补贴、搬迁费、洗衣费。
（2）外籍个人按合理标准取得的境内、外出差补贴。
（3）外籍个人取得的探亲费、语言训练费、子女教育费等，经当地税务机关审核批准为合理的部分。
（4）外籍个人从外商投资企业取得的股息、红利所得。

（5）符合特定条件的外籍专家取得的工资、薪金所得。

【新东方提示】
　　自2022年1月1日起，外籍个人符合居民个人条件的，不再享受住房补贴、语言训练费、子女教育费津补贴免税优惠政策，应按规定享受专项附加扣除。

2. 股票转让所得：个人转让上市公司股票（深交所、上交所）取得的所得暂免征收个人所得税。（转让全国中小企业股份转让系统挂牌公司非原始股处理类似。）

【新东方提示】
　　股息：个人从公开发行和转让市场取得的上市公司股票，持股期限超过1年的，股息红利所得暂免征收个人所得税。持股期限在1个月以内（含1个月）的，其股息红利所得全额计入应纳税所得额；持股期限在1个月以上至1年（含1年）的，暂减按50%计入应纳税所得额；上述所得统一适用20%的税率计征个人所得税。（全国中小企业股份转让系统挂牌公司股息红利差别化个人所得税政策也按上述政策执行。）

3. 个人举报、协查各种违法、犯罪行为而获得的奖金，暂免征收个人所得税。

4. 个人办理代扣代缴税款手续，按规定取得的扣缴手续费，暂免征收个人所得税。

5. 个人转让自用达5年以上并且是唯一的家庭生活用房取得的所得，暂免征收个人所得税。

6. 个人购买福利彩票、体育彩票，一次中奖收入不超1万元的，暂免征收个人所得税；对一次中奖收入超过1万元的，应按税法的规定全额征税。

7. 个人取得单张有奖发票奖金所得不超过800元（含800元）的，暂免征收个人所得税。（超过800元，全额征税）

8. 社保、公积金

（1）个人领取原提存的住房公积金、基本医疗保险金、基本养老保险金、失业保险金，免征个人所得税。

（2）对工伤职工及其近亲属按规定取得的工伤保险待遇，免征个人所得税。

（3）企事业单位按照规定的缴费比例或办法实际缴付的基本养老保险费、基本医疗保险费和失业保险费，免征个人所得税；个人按照规定的缴费比例或办法实际缴付的基本养老保险费、基本医疗保险费和失业保险费，允许在个人应纳税所得额中扣除。

（4）企业和事业单位根据国家有关政策规定的办法和标准，为在本单位任职或者受雇的全体职工缴付的企业年金或职业年金单位缴费部分，在计入个人账户时，个人暂不缴纳个人所得税。

个人根据国家有关政策规定缴付的年金个人缴费部分，在不超过本人缴费工资计税基数的 4% 标准内的部分，暂从个人当期的应纳税所得额中扣除。

年金基金投资运营收益分配计入个人账户时，个人暂不缴纳个人所得税。

【新东方提示】

注意和企业所得税扣除政策区分：企业根据国家有关政策规定，为在本企业任职或者受雇的全体员工支付的补充养老保险费、补充医疗保险费，分别在不超过职工工资总额 5% 标准内的部分，在计算应纳税所得额时准予扣除。

9. 企业依照国家有关法律规定宣告破产，企业职工从该破产企业取得的一次性安置费收入，免征个人所得税。

10. 储蓄存款利息所得暂免征收个人所得税。

11. 对被拆迁人按照国家有关城镇房屋拆迁管理办法规定的标准取得的拆迁补偿款，免征个人所得税。

12. 房屋产权无偿赠与——双方均不征收个人所得税：

（1）房屋产权所有人将房屋产权无偿赠与配偶、父母、子女、祖父母、外祖父母、孙子女、外孙子女、兄弟姐妹。

（2）房屋产权所有人将房屋产权无偿赠与对其承担直接抚养或者赡养义务的抚养人或者赡养人。

（3）房屋产权所有人死亡，依法取得房屋产权的法定继承人、遗嘱继承人或者受遗赠人。

【新东方提示】

其他情形下的无偿受赠房产，受赠人应按偶然所得纳税。

13. 个体工商户、个人独资企业和合伙企业或个人从事种植业、养殖业、饲养业、捕捞业取得的所得，暂不征收个人所得税。

14. 促销展业赠送礼品。

企业在销售商品（产品）和提供服务过程中向个人赠送礼品，属于下列情形之一的，不征收个人所得税：

（1）企业通过价格折扣、折让方式向个人销售商品（产品）和提供服务。

（2）企业在向个人销售商品（产品）和提供服务的同时给予赠品，如通信企业对个人购买手机赠话费、入网费，或者购话费赠手机等。

（3）企业对累积消费达到一定额度的个人按消费积分反馈礼品。

15. 自 2022 年 1 月 1 日起，对法律援助人员按照《中华人民共和国法律援助法》规定获得的法律援助补贴，免征个人所得税。

16. 自 2022 年 10 月 1 日至 2023 年 12 月 31 日，对出售自有住房并在现住房出售后 1 年内在市场重新购买住房的纳税人，对其出售现住房已缴纳的个人所得税予以退税优惠。

（1）新购住房金额大于或等于现住房转让金额的，全部退还已缴纳的个人所得税；

（2）新购住房金额小于现住房转让金额的，按新购住房金额占现住房转让金额的比例退还出售现住房已缴纳的个人所得税。

纳税人出售和重新购买的住房应在同一城市范围内。

【例题·多选题】（2020 年）根据个人所得税法律制度的规定，下列各项中，免征个人所得税的有（　　）。

A. 银行储蓄存款利息

B. 保险佣金

C. 按照国务院规定发给的政府特殊津贴

D. 退休工资

【答案】ACD

【解析】选项 A、C、D 正确。选项 B 错误，保险佣金按照劳务报酬所得计征个人所得税。

考点六　个人所得税征收管理★

个人所得税以所得人为纳税人，以支付所得的单位或者个人为扣缴义务人。扣缴义务人向个人支付应税款项时，应当依照个人所得税法规定预扣或代扣税款，按时缴库，并专项记载备查。

扣缴义务人应当按照国家规定办理全员全额扣缴申报（次月 15 日内），并向纳税人提供其个人所得和已扣缴税款等信息。

【新东方提示】

税务机关对扣缴义务人按照所扣缴的税款，付给 2% 的手续费。

一、纳税申报

1. 有下列情形之一的，纳税人应当依法办理纳税申报：

（1）取得综合所得需要办理汇算清缴。

① 从两处或两处以上取得综合所得，且综合所得年收入额减去专项扣除的余额超过 6

万元；

② 取得劳务报酬所得、稿酬所得、特许权使用费所得中一项或者多项所得，且综合所得年收入额减去专项扣除的余额超过6万元；

③ 纳税年度内预缴税额低于应纳税额的；（需要补税）

④ 纳税人申请退税。

（2）取得应税所得没有扣缴义务人。

（3）扣缴义务人未扣缴税款。

（4）取得境外所得。

（5）因移居境外注销中国户籍。

（6）非居民个人在中国境内从两处以上取得工资、薪金所得。

（7）国务院规定的其他情形。

2. 专项附加扣除减除的规定

居民个人取得工资、薪金所得时，可以向扣缴义务人提供专项附加扣除有关信息，由扣缴义务人扣缴税款时减除专项附加扣除。（大病医疗支出必须在汇算清缴时减除；其他六项可以选择在预扣预缴时扣除，或在汇算清缴时扣除）

居民个人取得劳务报酬所得、稿酬所得、特许权使用费所得，应当在汇算清缴时向税务机关提供有关信息，减除专项附加扣除。

【新东方提示】

纳税人同时从两处以上取得工资、薪金所得，并由扣缴义务人减除专项附加扣除的，对同一专项附加扣除项目，在一个纳税年度内只能选择从一处取得的所得中减除。

二、纳税期限

1. 居民个人的纳税期限

（1）居民个人取得综合所得，按年计算个人所得税；有扣缴义务人的，由扣缴义务人按月或者按次预扣预缴税款。需要办理汇算清缴的，应当在取得所得的次年3月1日至6月30日内办理汇算清缴。

（2）居民个人从中国境外取得所得的，应当在取得所得的次年3月1日至6月30日内办理纳税申报。

2. 非居民个人的纳税期限

（1）非居民个人取得工资、薪金所得，劳务报酬所得，稿酬所得和特许权使用费所得，有扣缴义务人的，由扣缴义务人按月或者按次代扣代缴税款，不办理汇算清缴。

（2）非居民个人在中国境内从两处以上取得工资、薪金所得的，应当在取得所得的次月15日内办理纳税申报。

3. 经营所得（没有扣缴义务人）

纳税人取得经营所得，按年计算个人所得税，由纳税人在月度或季度终了后15日内，向税务机关报送纳税申报表，并预缴税款。在取得所得的次年3月31日前办理汇算清缴。

4. 扣缴义务人的纳税期限

扣缴义务人每月或者每次预扣、代扣的税款，应当在次月15日内缴入国库，并向税务机关报送扣缴个人所得税申报表。

5. 其他情形的纳税期限

（1）纳税人取得利息、股息、红利所得，财产租赁所得，财产转让所得和偶然所得，按月或者按次计算个人所得税，有扣缴义务人的，由扣缴义务人按月或者按次代扣代缴税款。

（2）纳税人取得应税所得，扣缴义务人未扣缴税款的，纳税人应当在取得所得的次年6月30日前，缴纳税款；税务机关通知限期缴纳的，纳税人应当按照期限缴纳税款。

（3）纳税人因移居境外注销中国户籍的，应当在注销中国户籍前办理税款清算。

【例题·多选题】（2020年）根据个人所得税法律制度的规定，下列情形中，纳税人应当依法办理纳税申报的有（   ）。

A. 取得应税所得，扣缴义务人未扣缴税款的

B. 因移居境外注销中国户籍的

C. 取得境外所得的

D. 取得应税所得没有扣缴义务人的

【答案】ABCD

【解析】选项A、B、C、D正确。有下列情形之一的，纳税人应当依法办理纳税申报：（1）取得综合所得需要办理汇算清缴；（2）取得应税所得没有扣缴义务人（选项D）；（3）取得应税所得，扣缴义务人未扣缴税款（选项A）；（4）取得境外所得（选项C）；（5）因移居境外注销中国户籍（选项B）；（6）非居民个人在中国境内从两处以上取得工资、薪金所得；（7）国务院规定的其他情形。

第六章 财产和行为税法律制度

内容框架

单元	考点	星级
房地相关税种税收法律制度	房产税法律制度	★★
	城镇土地使用税法律制度	★★
	耕地占用税法律制度	★
	土地增值税法律制度	★★
买方征收税种税收法律制度	契税法律制度	★★
	烟叶税法律制度	★
海关征收税种税收法律制度	船舶吨税法律制度	★
其他税收法律制度	车船税法律制度	★
	印花税法律制度	★★
	资源税法律制度	★★
	环境保护税法律制度	★★

考情分析

　　本章最近3年的考查分值约为13分，涉及单选题、多选题和判断题，一般不涉及不定项选择题，属于重要章节。本章主要介绍小税种，考点较多，考生主要从纳税人、征税范围、应纳税额计算、税收优惠以及征收管理来复习每一个税种。本章难度一般。

教材变化

1. 房产税：(1) 修改了纳税人的部分内容，属于重要的变化；(2) 删除和增加了部分税收优惠，属于不重要的变化。
2. 契税、城镇土地使用税、耕地占用税、车船税、资源税，删除或增加了部分税收优惠，属于重要的变化。
3. 印花税：(1) 纳税人增加了部分内容，属于重要的变化；(2) 征税范围和计税依据增加了部分内容，属于重要的变化；(3) 增加了部分税收优惠，属于重要的变化。

第一单元　房地相关税种税收法律制度

考点一　房产税法律制度★★

一、纳税人

在我国城市、县城、建制镇和工矿区内拥有房屋产权的单位和个人。具体包括产权所有人、承典人、房产代管人或者使用人。

1. 产权属于国家所有的，其经营管理单位为纳税人；产权属于集体和个人所有的，集体单位和个人为纳税人；
2. 产权出典的，承典人为纳税人；
3. 产权所有人、承典人均不在房产所在地的，房产代管人或者使用人为纳税人；
4. 产权未确定以及租典纠纷未解决的，房产代管人或者使用人为纳税人；
5. 纳税单位和个人无租使用其他单位的房产，由使用人代为缴纳房产税。

【新东方提示】
　　房地产开发企业建造的商品房，在出售前，不征收房产税，但对出售前房地产开发企业已使用或出租、出借的商品房应按规定征收房产税。

二、征税范围

城市、县城、建制镇和工矿区的房产（不包括农村）。

【新东方提示】
独立于房屋之外的建筑物,如围墙、烟囱、水塔、菜窖、室外游泳池等不属于房产税的征税对象。

三、税率

从价计征:税率为1.2%。从租计征:税率为12%(个人出租住房:4%)。

四、计税依据

1. 从价计征

以房产余值为计税依据。房产税依照房产原值一次减除10%~30%后的余值计算缴纳。

(1)房产原值,是指纳税人按照会计制度规定,在账簿固定资产科目中记载的房屋原价。

【新东方提示】
对依照房产原值计税的房产,不论是否记载在会计账簿固定资产科目中,均应按照房屋原价计算缴纳房产税。

(2)房产原值应包括与房屋不可分割的各种附属设备或一般不单独计算价值的配套设施。

【新东方提示】
凡以房屋为载体,不可随意移动的附属设备和配套设施,如给排水、采暖、消防、中央空调、电气及智能化楼宇设备等,无论在会计核算中是否单独记账与核算,都应计入房产原值,计征房产税。

(3)纳税人对原有房屋进行改建、扩建的,要相应增加房屋的原值。对更换房屋附属设备和配套设施的,在将其价值计入房产原值时,可扣减原来相应设备和设施的价值;对附属设备和配套设施中易损坏、需要经常更换的零配件,更新后不再计入房产原值。

(4)融资租赁的房屋,相当于分期付款购买固定资产。由承租人自融资租赁合同约定开始日的次月起依照房产余值缴纳房产税。

【新东方提示】
合同未约定开始日的,由承租人自合同签订的次月起依照房产余值缴纳房产税。

2. 从租计征

以房产租金收入为房产税的计税依据。

【新东方提示】
计征房产税的租金收入不含增值税。

3. 特殊规定

(1)投资联营房产:

① 对以房产投资联营、投资者参与投资利润分红、共担风险的,按房产余值作为计税依据计缴房产税。

② 对以房产投资收取固定收入、不承担经营风险的,实际上是以联营名义取得房屋租金,应以出租方取得的租金收入为计税依据计缴房产税。

(2)居民住宅区内业主共有的经营性房产:

① 自营的,依照房产原值减除10%~30%后的余值计征。

② 出租的,依照租金收入计征。

【例题·单选题】(2022年)甲企业拥有一处房产自用,该房产原值1 200万元,已计提折旧100万元。该房产于2020年12月更换了监控系统,新系统价值60万元,原系统价值20万元。已知房产原值减除比例为30%;房产税从价计征税率为1.2%。下列计算该企业房产2021年年度应缴纳房产税额的算式中,正确的是( )。

A.(1 200－100＋60)×(1－30%)×1.2%＝9.74(万元)

B.(1 200＋60)×1.2%＝15.12(万元)

C.(1 200－20＋60)×1.2%＝14.88(万元)

D.(1 200－20＋60)×(1－30%)×1.2%＝10.42(万元)

【答案】D

【解析】选项D正确。纳税人对原有房屋进行改建、扩建的,要相应增加房屋的原值;对更换房屋附属设备和配套设施的,在将其价值计入房产原值时,可扣减原来相应设备和设施的价值;对附属设备和配套设施中易损坏、需要经常更换的零配件,更新后不再计入房产原值。

五、应纳税额的计算

1. 从价计征：应纳税额＝应税房产原值×(1－扣除比例)×1.2%。
2. 从租计征：应纳税额＝不含增值税租金收入×12%（或4%）。

【例题·单选题】（2021年）甲公司为增值税一般纳税人，2018年12月在原值1 000万元的厂房里安装了一台价值80万元的电梯，已通过验收并投入使用，该电梯与厂房不可分割。已知房产税从价计征税率1.2%，当地规定的房产原值扣除比例为30%。甲公司2019年年度该厂房应缴纳房产税税额为（　　）。

A. 12.96万元　　　　　　　B. 9.072万元
C. 12万元　　　　　　　　D. 8.4万元

【答案】B
【解析】选项B正确。房产原值应包括与房屋不可分割的各种附属设备或一般不单独计算价值的配套设施。甲公司2019年年度该厂房应缴纳房产税税额＝(1 000＋80)×(1－30%)×1.2%＝9.072（万元）。

六、税收优惠

1. 国家机关、人民团体、军队自用的房产免征房产税。

【新东方提示】
　　上述免税单位的出租房产以及非自身业务使用的生产、营业用房，不属于免税范围。例外：对军队空余房产租赁收入暂免征收房产税。

2. 由国家财政部门拨付事业经费的单位自用的房产免征房产税。

【新东方提示】
　　上述单位所属的附属工厂、商店、招待所等不属于单位公务、业务的用房，应照章纳税。

3. 宗教寺庙、公园、名胜古迹自用的房产免征房产税。

【新东方提示】
　　宗教寺庙、公园、名胜古迹中附设的营业单位，如影剧院、饮食部、茶社、照相馆等所使用的房产及出租的房产，不属于免税范围，应照章征税。

4. 个人所有非营业用的房产（居民住房）免征房产税。

【新东方提示】
个人拥有的营业用房或者出租的房产，照章纳税。

5. 经财政部批准免税的其他房产。
（1）毁损不堪居住的房屋和危险房屋，在停止使用后，可免征房产税。
（2）房屋大修导致房屋连续停用在半年以上的，在大修期间可免征房产税。
（3）在基建工地为基建工地服务的各种工棚、材料棚、休息棚和办公室、食堂、茶炉房、汽车房等临时性房屋，施工期间一律免征房产税。

【新东方提示】
工程结束后，施工企业将这种临时性房屋交还或估价转让给基建单位的，应从基建单位接收的次月起，照章纳税。

（4）对房管部门经租的居民住房，在房租调整改革之前收取租金偏低的，可暂缓征收房产税。
（5）对高校学生公寓免征房产税。
（6）对非营利性医疗机构、疾病控制机构和妇幼保健机构等卫生机构自用的房产，免征房产税。
（7）对公共租赁住房免征房产税。
（8）对廉租住房经营管理单位按照政府规定价格向规定保障对象出租廉租住房的租金收入，免征房产税。
（9）国家机关、军队、人民团体、财政补助事业单位、居民委员会、村民委员会拥有的体育场馆，用于体育活动的房产，免征房产税。
（10）自2019年1月1日至2023年供暖期结束，对向居民供热收取采暖费的供热企业，为居民供热所使用的厂房免征房产税；对供热企业其他厂房，应当按照规定征收房产税。对专业供热企业，按其向居民供热取得的采暖费收入占全部采暖费收入的比例，计算免征的房产税。
（11）自2021年10月1日起，对企事业单位、社会团体以及其他组织向个人、专业化规模化住房租赁企业出租住房的，减按4%的税率征收房产税。专业化规模化住房租赁企业的标准为：企业在开业报告或者备案城市内持有或者经营租赁住房1 000套（间）及以上或者建筑面积3万平方米及以上。各省、自治区、直辖市住房城乡建设部门会同同级财政、税务部门，可根据租赁市场发展情况，对本地区全部或者部分城市在50%的幅度内下调标准。
（12）对老年服务机构自用的房产免征房产税。

（13）2022年1月1日至2024年12月31日，由省、自治区、直辖市人民政府根据本地区实际情况，以及宏观调控需要确定，对增值税小规模纳税人、小型微利企业和个体工商户可以在50%的税额幅度内减征房产税。

【例题·单选题】（2020年）根据房产税法律制度的规定，下列房产中，不属于房产税免税项目的是（　　）。
A. 个人出租的住房
B. 军队自用的房产
C. 高校学生公寓
D. 宗教、寺庙自用的房产
【答案】A
【解析】选项A不属于。个人出租住房，不区分用途，按4%的税率征收房产税。

七、征收管理

1. 纳税义务发生时间
（1）纳税人将原有房产用于生产经营，从生产经营之月起缴纳房产税。
（2）纳税人自行新建房屋用于生产经营，从建成之次月起缴纳房产税。
（3）纳税人委托施工企业建设的房屋，从办理验收手续之次月起缴纳房产税。
（4）纳税人购置新建商品房，自房屋交付使用之次月起缴纳房产税。
（5）纳税人购置存量房，自办理房屋权属转移、变更登记手续，房地产权属登记机关签发房屋权属证书之次月起，缴纳房产税。
（6）纳税人出租、出借房产，自交付出租、出借房产之次月起，缴纳房产税。
（7）房地产开发企业自用、出租、出借本企业建造的商品房，自房屋使用或交付之次月起，缴纳房产税。
（8）纳税人因房产的实物或权利状态发生变化而依法终止房产税纳税义务的，其应纳税款的计算截至房产的实物或权利状态发生变化的当月月末。

2. 纳税地点
房产税纳税地点为房产所在地。房产不在同一地方的纳税人，应按房产的坐落地点分别向房产所在地的税务机关申报纳税。

3. 纳税期限
按年计算、分期缴纳，具体纳税期限由省、自治区、直辖市人民政府确定。

考点二　城镇土地使用税法律制度★★

一、纳税人

城镇土地使用税的纳税人是指在我国使用城市、县城、建制镇和工矿区土地的单位和个人。

1. 由拥有土地使用权的单位和个人纳税。
2. 拥有土地使用权的单位和个人不在土地所在地的，由代管人或实际使用人纳税。
3. 土地使用权未确定或权属纠纷未解决的，由实际使用人纳税。
4. 土地使用权共有的，共有各方都是纳税人，由共有各方分别纳税。

土地使用权共有的，以共有各方实际使用土地的面积占总面积的比例，分别计算缴纳城镇土地使用税。

二、征税范围

城市、县城、建制镇和工矿区范围内属于国家所有和集体所有的土地（不包括农村）。

三、税率

城镇土地使用税采用定额税率。（幅度税额，每个幅度税额的差距为 20 倍。）

【新东方提示】

经济落后地区，城镇土地使用税的适用税额标准可适当降低，但降低额不得超过上述规定最低税额的 30%；经济发达地区的适用税额标准可以适当提高，但须报财政部批准。

四、计税依据

纳税人实际占用的土地面积（平方米）。

1. 凡由省、自治区、直辖市人民政府确定的单位组织测定土地面积的，以测定的土地面积为准。
2. 尚未组织测定，但持有政府部门核发的土地使用证书的，以证书确定的土地面积为准。
3. 尚未核发土地使用证书的，应由纳税人据实申报土地面积，并据以纳税，待核发土地使用证书后再作调整。

【新东方提示】

注意确定顺序，测定面积优先于证书面积。

五、应纳税额的计算

年应纳税额＝实际占用应税土地面积（平方米）× 适用税额

六、税收优惠

1. 下列土地免征城镇土地使用税：
① 国家机关、人民团体、军队自用的土地。
② 由国家财政部门拨付事业经费的单位自用的土地。
③ 宗教寺庙、公园、名胜古迹自用的土地。

【新东方提示】
公园、名胜古迹内的索道公司经营用地，应按规定缴纳城镇土地使用税。

④ 市政街道、广场、绿化地带等公共用地。
⑤ 直接用于农、林、牧、渔业的生产用地。
⑥ 经批准开山填海整治的土地和改造的废弃土地，从使用的月份起免缴土地使用税 5 年至 10 年。
⑦ 由财政部另行规定免税的能源、交通、水利设施用地和其他用地。

2. 税收优惠的特殊规定
① 对免税单位无偿使用纳税单位的土地，免征城镇土地使用税；对纳税单位无偿使用免税单位的土地，纳税单位应照章纳税。
② 房地产开发公司开发建造商品房的用地，除经批准开发建设经济适用房的用地外，对各类房地产开发用地一律不得减免城镇土地使用税。
③ 对企业的铁路专用线、公路等用地除另有规定者外，在企业厂区（包括生产、办公及生活区）以内的，应照章征收城镇土地使用税；在厂区以外、与社会公用地段未加隔离的，暂免征收城镇土地使用税。
④ 对机场飞行区（包括跑道、滑行道、停机坪、安全带、夜航灯光区）用地、场内外通信导航设施用地和飞行区四周排水防洪设施用地，免征城镇土地使用税。在机场道路中，对场外道路用地免征城镇土地使用税；对场内道路用地依照规定征收城镇土地使用税。对机场工作区（包括办公、生产和维修用地及候机楼、停车场）用地、生活区用地、绿化用地，均须依照规定征收城镇土地使用税。
⑤ 国家机关、军队、人民团体、财政补助事业单位、居民委员会、村民委员会拥有的体育场馆，用于体育活动的土地，免征城镇土地使用税。
⑥ 自 2019 年 1 月 1 日至 2023 年供暖期结束，对向居民供热收取采暖费的供热企业，

287

为居民供热所使用的土地免征城镇土地使用税；对供热企业其他土地，应当按照规定征收城镇土地使用税。

⑦ 自 2020 年 1 月 1 日至 2022 年 12 月 31 日，**对物流企业自有（包括自用和出租）或承租的大宗商品仓储设施用地**，减按所属土地等级适用税额**标准的 50%** 计征城镇土地使用税。

⑧ 2022 年 1 月 1 日至 2024 年 12 月 31 日，由省、自治区、直辖市人民政府根据本地区实际情况，以及宏观调控需要确定，对增值税小规模纳税人、小型微利企业和个体工商户可以在 50% 的税额幅度内减征城镇土地使用税。

【新东方提示】

部分行业特殊的优惠政策，简单了解即可。

【例题·单选题】（2021 年）根据城镇土地使用税法律制度的规定，下列各项中，免征城镇土地使用税的是（   ）。

A. 民航机场工作区用地　　B. 民航机场停机坪用地
C. 民航机场场内道路用地　D. 民航机场生活区用地

【答案】B

【解析】选项 B 正确。机场飞行区（包括跑道、滑行道、停机坪、安全带、夜航灯光区）用地、场内外通信导航设施用地和飞行区四周排水防洪设施用地，免征城镇土地使用税（选项 B 免征）。在机场道路中，场外道路用地免征城镇土地使用税；场内道路用地依照规定征收城镇土地使用税（选项 C 不免征）。机场工作区（包括办公、生产和维修用地及候机楼、停车场）用地、生活区用地、绿化用地，均须依照规定征收城镇土地使用税（选项 A、D 不免征）。

【例题·单选题】（2020 年）甲公园位于市郊，2019 年实际占用土地面积 4 500 000 平方米，其中索道公司经营用地 30 000 平方米。已知，城镇土地使用税适用税率每平方米年税额为 5 元。下列计算甲公园 2019 年度应缴纳城镇土地使用税税额的算式中，正确的是（   ）。

A. 30 000×5＝150 000（元）
B. 4 500 000×5＝22 500 000（元）
C. （4 500 000＋30 000）×5＝22 650 000（元）
D. （4 500 000－30 000）×5＝22 350 000（元）

【答案】A

【解析】选项 A 正确。公园、名胜古迹内的索道公司经营用地，应按规定缴纳城镇土地使用税。

七、征收管理

1. 纳税义务发生时间

（1）纳税人购置新建商品房，自房屋交付使用之次月起，缴纳城镇土地使用税。

（2）纳税人购置存量房，自办理房屋权属转移、变更登记手续，房地产权属登记机关签发房屋权属证书之次月起，缴纳城镇土地使用税。

（3）纳税人出租、出借房产，自交付出租、出借房产之次月起，缴纳城镇土地使用税。

（4）以出让或转让方式有偿取得土地使用权的，应由受让方从合同约定交付土地时间之次月起缴纳城镇土地使用税；合同未约定交付土地时间的，由受让方从合同签订之次月起缴纳城镇土地使用税。

（5）纳税人新征用的耕地，自批准征用之日起满1年时开始缴纳城镇土地使用税。

（6）纳税人新征用的非耕地，自批准征用次月起缴纳城镇土地使用税。

【新东方提示】

凡是缴纳了耕地占用税的，从批准征用之日起满1年后征收城镇土地使用税；征用非耕地因不需要缴纳耕地占用税，应从批准征用之次月起征收城镇土地使用税。

2. 纳税地点

城镇土地使用税在土地所在地缴纳。

纳税人使用的土地不属于同一省、自治区、直辖市管辖的，由纳税人分别向土地所在地的税务机关缴纳城镇土地使用税；在同一省、自治区、直辖市管辖范围内，纳税人跨地区使用的土地，其纳税地点由各省、自治区、直辖市税务局确定。

3. 纳税期限

按年计算、分期缴纳，具体纳税期限由省、自治区、直辖市人民政府确定。

【例题·判断题】（2020年）纳税人购置新建商品房，自房屋交付使用当月起，缴纳城镇土地使用税。（　　）

【答案】×

【解析】纳税人购置新建商品房，自房屋交付使用之次月起，缴纳城镇土地使用税。

考点三　耕地占用税法律制度★

耕地占用税法律制度，如表6-1所示。

表 6-1 耕地占用税法律制度

税法要素	学习重点
纳税人	在我国境内占用耕地建设建筑物、构筑物或者从事非农业建设的单位和个人 （1）经批准占用耕地的，纳税人为农用地转用审批文件中标明的建设用地人；农用地转用审批文件中未标明建设用地人的，纳税人为用地申请人 （2）未经批准占用耕地的，纳税人为实际用地人
征税范围	包括纳税人为建设建筑物、构筑物或者从事其他非农业建设而占用的耕地 【新东方提示】 （1）占用园地、林地、草地、农田水利用地、养殖水面、渔业水域滩涂以及其他农用地建设建筑物、构筑物或者从事非农业建设的，按规定缴纳耕地占用税。（适用税额可以适当低于本地区确定的适用税额，但降低的部分不得超过50%） （2）建设直接为农业生产服务的生产设施占用上述农用地的，不缴纳耕地占用税
税率	地区差别定额税率 【新东方提示】 （1）在人均耕地低于0.5亩的地区，省、自治区、直辖市可以根据当地经济发展情况，适当提高耕地占用税的适用税额，但提高的部分最多不得超过确定的适用税额的50% （2）占用基本农田的，应当按照当地适用税额，加按150%征收
计税依据	纳税人实际占用的应税土地面积（平方米） 【新东方提示】 实际占用的耕地面积，包括经批准占用的耕地面积和未经批准占用的耕地面积
应纳税额的计算	应纳税额 = 实际占用耕地面积（平方米）× 适用税率
税收优惠	（1）军事设施、学校、幼儿园、社会福利机构、医疗机构占用耕地，免征耕地占用税

续表

税法要素	学习重点
税收优惠	【新东方提示】 ① 学校内经营性场所和教职工住房占用耕地的，按照当地适用税额缴纳耕地占用税 ② 医疗机构内职工住房占用耕地的，按照当地适用税额缴纳耕地占用税 （2）农村居民在规定用地标准以内占用耕地新建自用住宅，按照当地适用税额减半征收耕地占用税；其中农村居民经批准搬迁，新建自用住宅占用耕地不超过原宅基地面积的部分，免征耕地占用税 （3）农村烈士遗属、因公牺牲军人遗属、残疾军人以及符合农村最低生活保障条件的农村居民，在规定用地标准以内新建自用住宅，免征耕地占用税 （4）铁路线路、公路线路、飞机场跑道、停机坪、港口、航道、水利工程占用耕地，减按每平方米2元的税额征收耕地占用税 【新东方提示】 ① 专用铁路和铁路专用线占用耕地的，按照当地适用税额缴纳耕地占用税 ② 专用公路和城区内机动车道占用耕地的，按照当地适用税额缴纳耕地占用税
征收管理	纳税义务发生时间：纳税人收到自然资源主管部门办理占用耕地手续的书面通知的当日 （1）未经批准占用耕地的，耕地占用税纳税义务发生时间为自然资源主管部门认定的纳税人实际占用耕地的当日 （2）因挖损、采矿塌陷、压占、污染等损毁耕地的纳税义务发生时间为自然资源、农业农村等相关部门认定损毁耕地的当日
	纳税申报：耕地所在地或其他农用地所在地税务机关
	纳税期限：纳税人应当自纳税义务发生之日起30日内申报缴纳耕地占用税
	退税： （1）纳税人因建设项目施工或者地质勘查临时占用耕地，应当依照规定缴纳耕地占用税。纳税人在批准临时占用耕地期满之日起一年内依法复垦，恢复种植条件的，全额退还已经缴纳的耕地占用税 （2）因挖损、采矿塌陷、压占、污染等损毁耕地属于税法所称的非农业建设，应依照税法规定缴纳耕地占用税；自自然资源、农业农村等相关部门认定损毁耕地之日起3年内依法复垦或修复，恢复种植条件的，按规定办理退税

【例题·单选题】（2021年）根据耕地占用税法律制度的规定，纳税人应当自纳税义务发生之日起一定期限内申报缴纳耕地占用税，该期限为（   ）。

A. 30日　　　　　　　　B. 180日
C. 90日　　　　　　　　D. 60日

【答案】A

【解析】选项A正确。耕地占用税的纳税义务发生时间为纳税人收到自然资源主管部门办理占用耕地手续的书面通知的当日。纳税人应当自纳税义务发生之日起30日内申报缴纳耕地占用税。

【例题·单选题】（2020年）根据耕地占用税法律制度的规定，下列情形中，不缴纳耕地占用税的是（   ）。

A. 占用渔业水域滩涂建设海上乐园的
B. 占用林地修建木材集材道的
C. 占用养殖水面建设城市公园的
D. 占用耕地建设经济技术开发区的

【答案】B

【解析】选项B正确。占用园地、林地、草地、农田水利用地、养殖水面、渔业水域滩涂以及其他农用地建设"直接为农业生产服务的生产设施"的，不缴纳耕地占用税。

考点四　土地增值税法律制度★★

一、纳税人

土地增值税的纳税人为转让国有土地使用权、地上的建筑物及其附着物并取得收入的单位和个人。

二、征税范围

1. 一般规定

（1）土地增值税只对转让国有土地使用权的行为征税，对出让国有土地的行为不征税。

（2）土地增值税既对转让国有土地使用权的行为征税，也对转让地上建筑物及其他附着物产权的行为征税。

（3）土地增值税只对有偿转让的房地产征税，对以继承、赠与等方式无偿转让的房地产，不予征税。

【新东方提示】

不征土地增值税的赠与行为：

（1）房产所有人、土地使用权所有人将房屋产权、土地使用权赠与直系亲属或承担直接赡养义务人的行为；

（2）房产所有人、土地使用权所有人通过中国境内非营利的社会团体、国家机关将房屋产权、土地使用权赠与教育、民政和其他社会福利、公益事业的行为。

2. 特殊规定

（1）房地产开发企业将开发的部分房地产转为企业自用或用于出租等商业用途时，如果产权未发生转移，不征收土地增值税。

（2）房地产的交换

这种行为既发生了房产产权、土地使用权的转移，交换双方又取得了实物形态的收入，属于土地增值税的征税范围。

【新东方提示】

个人之间互换自有居住用房地产的，经当地税务机关核实，可以免征土地增值税。

（3）合作建房

对于一方出地，一方出资金，双方合作建房，建成后按比例分房自用的，暂免征收土地增值税；建成后转让的，应征收土地增值税。

（4）房地产的出租

房地产的出租，出租人虽取得了收入，但没有发生房产产权、土地使用权的转让，不属于土地增值税的征税范围。

（5）房地产的抵押

在抵押期间不属于土地增值税的征税范围。抵押期满后，视该房地产是否转移占有而确定是否征收土地增值税。对于以房地产抵债而发生房地产权属转让的，应列入土地增值税的征税范围。

（6）房地产的代建行为

对于房地产开发公司而言，虽然取得了收入，但没有发生房地产权属的转移，其收入属于劳务收入性质，故不属于土地增值税的征税范围。

（7）房地产的重新评估

既没有发生房地产权属的转移，房产产权、土地使用权人也未取得收入，所以不属于土地增值税的征税范围。

（8）土地使用者处置土地使用权

转让方缴纳增值税、土地增值税等，受让方缴纳契税等。

【例题·单选题】（2022年）根据土地增值税法律制度的规定，下列情形中，属于土地增值税征税范围的是（　　）。

A. 王某转让商铺　　　　　　B. 公司承租仓库
C. 陈某出租住房　　　　　　D. 公司抵押厂房

【答案】A

【解析】选项A正确。土地增值税征税范围考虑增值+权属转移，转让商铺符合条件，属于征税范围。选项B、C、D均不属于土地增值税的征税范围，不征收土地增值税。

三、计税依据

土地增值税以纳税人转让房地产所取得的增值额为计税依据。增值额为纳税人转让房地产所取得的收入减去税法规定的扣除项目金额后的余额。

1. 应税收入：包括转让房地产的全部价款和相关经济收益（不含增值税）。

2. 新房扣除项目及其金额：

① 取得土地使用权所支付的金额

包括取得土地使用权所支付的地价款；按国家统一规定缴纳的有关费用和税金。

② 房地产开发成本

包括土地的征用及拆迁补偿费、前期工程费、建筑安装工程费、基础设施费、公共配套设施费、开发间接费用等。

③ 房地产开发费用

包括与房地产开发项目有关的销售费用、管理费用、财务费用。

【新东方提示】

财务费用中的利息支出的扣除：

（1）凡能够按转让房地产项目计算分摊并提供金融机构证明的：

允许扣除的房地产开发费用＝利息＋（取得土地使用权所支付的金额＋房地产开发成本）×5%以内。

（2）凡不能按转让房地产项目计算分摊利息支出或不能提供金融机构证明的：

允许扣除的房地产开发费用＝（取得土地使用权所支付的金额＋房地产开发成本）×10%以内。

（3）利息的上浮幅度按国家的有关规定执行，超过上浮幅度的部分不允许扣除；对于超过贷款期限的利息部分和加罚的利息不允许扣除。

④ 与转让房地产有关的税金
包括城市维护建设税、教育费附加、印花税。
⑤ 其他扣除项目
按取得土地使用权所支付的金额和房地产开发成本计算的金额之和，加计 20% 扣除。

【新东方提示】
此条优惠只适用于从事房地产开发的纳税人，除此之外的其他纳税人不适用。

3. 旧房扣除项目及其金额：（有评估价格）
① 评估价格
旧房及建筑物的评估价格＝重置成本价 × 成新度折扣率。
② 取得土地使用权所支付的金额（内容同上）

【新东方提示】
未支付地价款或不能提供已支付的地价款凭据的，不允许扣除。

③ 与转让房地产有关的税金（内容同上）

【新东方提示】
不能取得评估价格时的扣除项目及其金额：
纳税人转让外购旧房及建筑物，凡不能取得评估价格，但能提供购房发票的，经当地税务部门确认，可按发票所载金额并从购买年度起至转让年度止每年加计 5% 计算扣除。
对纳税人购房时缴纳的契税，凡能提供契税完税凭证的，准予作为"与转让房地产有关的税金"予以扣除，但不作为加计 5% 的基数。

【例题·多选题】（2020 年）甲商业企业在转让其自用的办公楼时产生的下列各项税费中，在计算土地增值税时可以扣除的有（　　）。
A. 增值税　　　　　　　　　B. 城市维护建设税
C. 教育费附加　　　　　　　D. 印花税

【答案】BCD

【解析】选项 B、C、D 正确。与转让房地产有关的税金，包括城市维护建设税（选项 B）、教育费附加（选项 C）、印花税（选项 D），在计算土地增值税时可以扣除。

四、应纳税额的计算

1. 应纳税额 = ∑（每级距的土地增值额 × 适用税率）
   = 土地增值额 × 适用税率 − 扣除项目金额 × 速算扣除系数
2. 增值额 = 房地产转让收入 − 扣除项目金额
3. 增值率 = 增值额 ÷ 扣除项目金额 × 100%
4. 税率和速算扣除系数的确定

土地增值税四级超率累进税率表

级数	增值额与扣除项目金额的比率（增值率）	税率	速算扣除系数
1	不超过 50% 的部分	30%	0
2	超过 50% 至 100% 的部分	40%	5%
3	超过 100% 至 200% 的部分	50%	15%
4	超过 200% 的部分	60%	35%

【例题·单选题】（2020 年）2019 年 9 月，甲房地产开发公司销售自行开发的一处住宅项目，取得不含增值税价款 8 000 万元，扣除项目金额 5 000 万元。已知，土地增值税税率为 40%，速算扣除系数为 5%。下列计算甲房地产开发公司销售该住宅项目应缴纳土地增值税税额的算式中，正确的是（　　）。

A. 8 000 × 40% = 3 200（万元）

B. （8 000 − 5 000）×（40% − 5%）= 1 050（万元）

C. （8 000 − 5 000）× 40% × 5% = 60（万元）

D. （8 000 − 5 000）× 40% − 5 000 × 5% = 950（万元）

【答案】D

【解析】选项 D 正确。土地增值税应纳税额 = 土地增值额 × 税率 − 扣除项目金额 × 速算扣除系数。

五、税收优惠

1. 纳税人建造普通标准住宅出售，增值额未超过扣除项目金额 20% 的，免征土地增值税。

【新东方提示】
　　增值额超过扣除项目金额 20% 的,应就其全部增值额按规定计税。

2. 因国家建设需要依法征收、收回的房地产,免征土地增值税。

【新东方提示】
　　因城市实施规划、国家建设的需要而搬迁,由纳税人自行转让原房地产的,免征土地增值税。

3. 对企事业单位、社会团体以及其他组织转让旧房作为公共租赁住房房源且增值额未超过扣除项目金额 20% 的,免征土地增值税。

4. 自 2008 年 11 月 1 日起,对个人转让住房暂免征收土地增值税。

5. 自 2021 年 1 月 1 日至 2023 年 12 月 31 日,执行以下企业改制重组有关土地增值税政策:

（1）企业按照《公司法》有关规定整体改制,包括非公司制企业改制为有限责任公司或股份有限公司,有限责任公司变更为股份有限公司,股份有限公司变更为有限责任公司,对改制前的企业将国有土地使用权、地上的建筑物及其附着物（以下简称房地产）转移、变更到改制后的企业,暂不征土地增值税。整体改制是指不改变原企业的投资主体,并承继原企业权利、义务的行为。

（2）按照法律规定或者合同约定,两个或两个以上企业合并为一个企业,且原企业投资主体存续的,对原企业将房地产转移、变更到合并后的企业,暂不征土地增值税。

（3）按照法律规定或者合同约定,企业分设为两个或两个以上与原企业投资主体相同的企业,对原企业将房地产转移、变更到分立后的企业,暂不征土地增值税。

（4）单位、个人在改制重组时以房地产作价入股进行投资,对其将房地产转移、变更到被投资的企业,暂不征土地增值税。

（5）上述改制重组有关土地增值税政策不适用于房地产转移任意一方为房地产开发企业的情形。

（6）改制重组后再转让房地产并申报缴纳土地增值税时,对"取得土地使用权所支付的金额",按照改制重组前取得该宗国有土地使用权所支付的地价款和按国家统一规定缴纳的有关费用确定;经批准以国有土地使用权作价出资入股的,为作价入股时县级及以上自然资源部门批准的评估价格。按购房发票确定扣除项目金额的,按照改制重组前购房发票所载金额并从购买年度起至本次转让年度止每年加计 5% 计算扣除项目金额,购买年度是指购房发票所载日期的当年。

（7）纳税人享受上述税收政策，应按税务机关规定办理。

（8）"不改变原企业投资主体""投资主体相同"是指企业改制重组前后出资人不发生变动，出资人的出资比例可以发生变动；投资主体存续，是指原企业出资人必须存在于改制重组后的企业，出资人的出资比例可以发生变动。

【例题·判断题】（2021年）双方合作建商品房，建成后转让的，应征收土地增值税。（   ）

【答案】√

【解析】对于一方出地，另一方出资金，双方合作建房，建成后按比例分房自用的，暂免征收土地增值税；建成后转让的，应征收土地增值税。

六、征收管理

（一）纳税申报

纳税人应自转让房地产合同签订之日起 7 日内 向房地产所在地主管税务机关办理纳税申报。

【新东方提示】

纳税人采取预售方式销售房地产的，对在项目全部竣工结算前转让房地产取得的收入，税务机关可以预征土地增值税。

（二）纳税清算

1. 清算单位

以国家有关部门审批的房地产开发项目为单位进行清算，对于分期开发的项目，以分期项目为单位清算。

【新东方提示】

开发项目中同时包含普通住宅和非普通住宅的，应分别计算增值额。

2. 清算条件

符合下列情形之一的，纳税人应进行土地增值税的清算：

（1）房地产开发项目全部竣工、完成销售的。

（2）整体转让未竣工决算房地产开发项目的。

（3）直接转让土地使用权的。

符合下列情形之一的，主管税务机关可要求纳税人进行土地增值税清算：

（1）已竣工验收的房地产开发项目，已转让的房地产建筑面积占整个项目可售建筑面积的比例在 85% 以上，或该比例虽未超过 85%，但剩余可售建筑面积已经出租或自用的。

（2）取得销售（预售）许可证满三年仍未销售完毕的。

（3）纳税人申请注销税务登记但未办理土地增值税清算手续的。

（4）省级税务机关规定的其他情况。

3. 清算后再转让

在土地增值税清算时未转让的房地产，清算后销售或有偿转让的，纳税人应按规定进行土地增值税的纳税申报，扣除项目金额按清算时的单位建筑面积成本费用乘以销售或转让面积计算。

单位建筑面积成本费用＝清算时的扣除项目总金额 ÷ 清算的总建筑面积。

（三）纳税地点

土地增值税纳税人发生应税行为应向房地产所在地主管税务机关缴纳税款。

第二单元 买方征收税种税收法律制度

考点一 契税法律制度★★

一、纳税人

在我国境内承受土地、房屋权属的单位和个人。

【新东方提示】
"承受"，是指以受让、购买、受赠、互换等方式取得土地、房屋权属的行为。

【例题·单选题】（2021年）根据契税法律制度的规定，下列各项中，属于契税纳税人的是（　　）。

A. 受赠房屋权属的个体工商户　　B. 转让土地使用权的企业
C. 出租自有住房的个人　　　　　D. 继承父母车辆的子女

【答案】A

【解析】选项A正确。契税的纳税人，是指在我国境内承受土地、房屋权属转移的单位和个人。选项 B 错误，转让土地使用权的企业，不是土地权属的承受方，不属于契税纳税人。选项 C 错误，出租自有住房，住房所有权未发生变化，不需要缴纳契税。选项 D 错误，车辆不属于契税的征税范围。

二、征税范围

1. 土地使用权出让
2. 土地使用权转让

包括出售、赠与、互换或者其他方式将土地使用权转移给其他单位和个人的行为；不包括土地承包经营权和土地经营权的转移。

3. 房屋买卖、赠与、互换

（1）以作价投资（入股）、偿还债务、划转、奖励等方式转移土地、房屋权属的，应当依法征收契税。

（2）土地、房屋典当、分拆（分割）、抵押以及出租等行为，不属于契税的征税范围。

4. 以其他方式转移土地、房屋权属的征税规定

下列情形发生土地、房屋权属转移的，承受方应当依法缴纳契税：

（1）因共有不动产份额变化的。

（2）因共有人增加或者减少的。

（3）因人民法院、仲裁委员会的生效法律文书或者监察机关出具的监察文书等因素，发生土地、房屋权属转移的。

【例题·判断题】（2020 年）国有土地使用权出让不属于契税的征税范围。（   ）

【答案】×

【解析】土地使用权出让属于契税的征税范围。

三、税率

契税实行 3%~5% 的幅度比例税率。

四、计税依据

1. 土地使用权出让、出售，房屋买卖，计税依据为土地、房屋权属转移合同确定的成交价格，包括应交付的货币、实物、无形资产或其他经济利益对应的价款。（不含增值税）

【新东方提示】

（1）土地使用权及所附建筑物、构筑物等（包括在建的房屋、其他建筑物、构筑物和其他附着物）转让的，计税依据为承受方应交付的总价款。

（2）土地使用权出让的，计税依据包括土地出让金、土地补偿费、安置补助费、地上附着物和青苗补偿费、征收补偿费、城市基础设施配套费、实物配建房屋等应交付的货币以及实物、其他经济利益对应的价款。

（3）房屋附属设施（包括停车位、机动车库、非机动车库、顶层阁楼、储藏室及其他房屋附属设施）与房屋为同一不动产单元的，计税依据为承受方应交付的总价款，并适用与房屋相同的税率；房屋附属设施与房屋为不同不动产单元的，计税依据为转移合同确定的成交价格，并按当地确定的适用税率计税。

（4）承受已装修房屋的，应将包括装修费用在内的费用计入承受方应交付的总价款。

2. 土地使用权赠与、房屋赠与以及其他没有价格的转移土地、房屋权属行为，计税依据为税务机关参照土地使用权出售、房屋买卖的市场价格依法核定的价格。

3. 土地使用权互换、房屋互换，计税依据为所互换的土地使用权、房屋价格的差额。

【新东方提示】

互换价格相等的，免征契税；互换价格不等，由支付差额一方缴纳契税。

4. 以划拨方式取得土地使用权的，经批准改为出让方式重新取得该土地使用权的，应该由该土地使用权人以补缴的土地出让价款为计税依据缴纳契税。

【例题·单选题】（2022年）甲乙两单位互换经营性用房，甲换入的房屋价格为500万元（不含增值税），乙换入的房屋价格为600万元（不含增值税），乙支付了差价，已知当地契税税率为3%，则下列关于契税处理正确的是（　　）。

A. 甲纳税15万元　　　　　　B. 甲纳税3万元
C. 乙纳税18万元　　　　　　D. 乙纳税3万元

【答案】D

【解析】选项D正确。房屋交换价格不相等的，以所互换的价格差额（100万元）为契税的计税依据，并由支付差额的一方（乙）缴纳，乙应缴纳的契税=100×3%=3（万元）。

五、应纳税额的计算

应纳税额 = 计税依据 × 税率

以作价投资（入股）、偿还债务等应交付经济利益的方式转移土地、房屋权属的，参照土地使用权出让、出售或房屋买卖确定契税适用税率、计税依据等。

以划转、奖励等没有价格的方式转移土地、房屋权属的，参照土地使用权或房屋赠与确定契税适用税率、计税依据等。

【例题·单选题】（2020年）2019年10月，甲广告公司从乙公司购入一处写字楼，支付不含增值税价款500万元。该写字楼乙公司账面原值300万元，已提折旧75万元。已知，契税税率为4%。下列计算甲广告公司当月该笔业务应缴纳契税税额的算式中，正确的是（　　）。

A. 300×4%=12（万元）
B. 500×4%=20（万元）
C.［500-（300-75）］×4%=11（万元）
D.（300-75）×4%=9（万元）

【答案】B

【解析】选项B正确。土地使用权出让、出售，房屋买卖，契税的计税依据为土地、房屋权属转移合同确定的成交价格，包括应交付的货币、无形资产、实物以及其他经济利益对应的价款。

六、税收优惠

1. 全国法定免税情形

有下列情形之一的，免征契税：

（1）国家机关、事业单位、社会团体、军事单位承受土地、房屋权属用于办公、教学、医疗、科研和军事设施。

享受契税免税优惠的土地、房屋用途具体如下：

① 用于办公的，限于办公室（楼）以及其他直接用于办公的土地、房屋。

② 用于教学的，限于教室（教学楼）以及其他直接用于教学的土地、房屋。

③ 用于医疗的，限于门诊部以及其他直接用于医疗的土地、房屋。

④ 用于科研的，限于科学试验的场所以及其他直接用于科研的土地、房屋。

⑤ 用于军事设施的，限于直接用于《中华人民共和国军事设施保护法》规定的军事设施的土地、房屋。

（2）非营利性的学校、医疗机构、社会福利机构承受土地、房屋权属用于办公、教学、医疗、科研、养老、救助。

享受契税免税优惠的非营利性的学校、医疗机构、社会福利机构，限于上述三类单位中依法登记为事业单位、社会团体、基金会、社会服务机构等的非营利法人和非营利组织。其中：

① 学校的具体范围为经县级以上人民政府或者其教育行政部门批准成立的大学、中学、小学、幼儿园，实施学历教育的职业教育学校、特殊教育学校、专门学校，以及经省级人民政府或者其人力资源社会保障行政部门批准成立的技工院校。

② 医疗机构的具体范围为经县级以上人民政府卫生健康行政部门批准或者备案设立的医疗机构。

③ 社会福利机构的具体范围为依法登记的养老服务机构、残疾人服务机构、儿童福利机构、救助管理机构、未成年人救助保护机构。

享受契税免税优惠的土地、房屋用途具体如下：

① 用于养老的，限于直接用于为老年人提供养护、康复、托管等服务的土地、房屋。

② 用于救助的，限于直接为残疾人、未成年人、生活无着落的流浪乞讨人员提供养护、康复、托管等服务的土地、房屋。

（3）承受荒山、荒地、荒滩土地使用权用于农、林、牧、渔业生产。

（4）婚姻关系存续期间夫妻之间变更土地、房屋权属。

（5）法定继承人通过继承承受土地、房屋权属。

（6）依照法律规定应当予以免税的外国驻华使馆、领事馆和国际组织驻华代表机构承受土地、房屋权属。

2. 地方酌定减免税情形

省、自治区、直辖市可以决定对下列情形免征或者减征契税：

（1）因土地、房屋被县级以上人民政府征收、征用，重新承受土地、房屋权属的。

（2）因不可抗力灭失住房，重新承受住房权属的。

3. 临时减免税情形

（1）夫妻因离婚分割共同财产发生土地、房屋权属变更的，免征契税。

（2）城镇职工按规定第一次购买公有住房的，免征契税。公有制单位为解决职工住房而采取集资建房方式建成的普通住房或由单位购买的普通商品住房，经县级以上地方人民政府房改部门批准、按照国家房改政策出售给本单位职工的，如属职工首次购买住房，比照公有住房免征契税。已购公有住房经补缴土地出让价款成为完全产权住房的，免征契税。

（3）外国银行分行按照《中华人民共和国外资银行管理条例》等相关规定改制为外商独资银行（或其分行），改制后的外商独资银行（或其分行）承受原外国银行分行的房屋权属的，免征契税。

七、征收管理

1. 纳税义务发生时间

（1）纳税义务发生时间是纳税人签订土地、房屋权属转移合同的当日，或者纳税人取得其他具有土地、房屋权属转移合同性质凭证的当日。

（2）契税申报以不动产单元为基本单位。

（3）因人民法院、仲裁委员会的生效法律文书或者监察机关出具的监察文书等发生土地、房屋权属转移的，纳税义务发生时间为法律文书等生效当日。

因改变土地、房屋用途等情形应当缴纳已经减征、免征契税的，纳税义务发生时间为改变有关土地、房屋用途等情形的当日。

因改变土地性质、容积率等土地使用条件须补缴土地出让价款，应当缴纳契税的，纳税义务发生时间为改变土地使用条件的当日。

发生上述情形，按规定不再需要办理土地、房屋权属登记的，纳税人应自纳税义务发生之日起90日内申报缴纳契税。

2. 纳税地点

土地、房屋所在地。

3. 契税的退还

纳税人缴纳契税后发生下列情形，可依照有关法律法规申请退税：

（1）因人民法院判决或者仲裁委员会裁决导致土地、房屋权属转移行为无效、被撤销或者被解除，且土地、房屋权属变更至原权利人的。

（2）在出让土地使用权交付时，因容积率调整或实际交付面积小于合同约定面积须退还土地出让价款的。

（3）在新建商品房交付时，因实际交付面积小于合同约定面积须返还房价款的。

考点二 烟叶税法律制度 ★

烟叶税法律制度，如表6-2所示。

表6-2 烟叶税法律制度

税法要素	学习重点
纳税人	在中华人民共和国境内收购烟叶的单位 【新东方提示】 烟叶税的纳税人不包括个人

续表

税法要素	学习重点
征税范围	包括晾晒烟叶、烤烟叶
税率	比例税率（20%）
计税依据	纳税人收购烟叶实际支付的价款总额 价款总额＝收购价款×（1＋价外补贴10%）
应纳税额的计算	应纳税额＝价款总额×税率（20%） ＝收购价款×（1＋10%）×20%
征收管理	纳税义务发生时间：纳税人收购烟叶的当日 【新东方提示】烟叶税在烟叶收购环节征收。纳税人收购烟叶即发生纳税义务 纳税期限：烟叶税按月计征，纳税人应当自纳税义务发生月终了之日起15日内申报并缴纳税款 纳税地点：烟叶收购地的主管税务机关

【例题·单选题】（2020年）2019年9月，甲公司向烟农收购烟叶一批，支付收购价款1 000 000元，支付价外补贴100 000元，已开具农产品收购发票。已知，烟叶税税率为20%，计算甲公司当月该笔业务应缴纳烟叶税税额的下列算式中，正确的是（　　）。

A. （1 000 000－100 000）×20%＝180 000（元）

B. （1 000 000＋100 000）×20%＝220 000（元）

C. 100 000×（1＋20%）×20%＝24 000（元）

D. 1 000 000×20%＝200 000（元）

【答案】B

【解析】选项B正确。应纳税额＝价款总额×税率（20%），价款总额＝收购价款×（1＋价外补贴10%）。

【例题·判断题】（2019年）烟叶税的纳税人是烟叶农户。（　　）

【答案】×

【解析】烟叶税的纳税人为在中华人民共和国境内收购烟叶的单位。

第三单元　海关征收税种税收法律制度

考点　船舶吨税法律制度★

船舶吨税法律制度，如表6-3所示。

表6-3　船舶吨税法律制度

税法要素	学习重点
纳税人	自中国境外港口进入中国境内港口船舶的负责人
征税范围	自中华人民共和国境外港口进入境内港口的船舶
税率	定额税率：具体分为优惠税率和普通税率 【新东方提示】 　　中国籍船舶，船籍国（地区）与中国签订含有相互给予船舶税费最惠国待遇条款的条约或协定的应税船舶，适用优惠税率；其他船舶，适用普通税率
计税依据	船舶净吨位 【新东方提示】 　　（1）拖船按照发动机功率每千瓦折合净吨位0.67吨 　　（2）无法提供净吨位证明文件的游艇，按照发动机功率每千瓦折合净吨位0.05吨 　　（3）拖船和非机动驳船分别按相同净吨位船舶税率的50%计征
应纳税额的计算	应纳税额＝应税船舶净吨位 × 适用税率
税收优惠	下列船舶免征吨税： （1）应纳税额在人民币50元以下的船舶 （2）自境外以购买、受赠、继承等方式取得船舶所有权的初次进口到港的空载船舶 （3）吨税执照期满后24小时内不上下客货的船舶 （4）非机动船舶（不包括非机动驳船）

续表

税法要素	学习重点
税收优惠	【新东方提示】 非机动驳船按相同净吨位船舶税率的50%计征 （5）捕捞、养殖渔船 （6）避难、防疫隔离、修理、终止运营或者拆解，并不上下客货的船舶 （7）军队、武装警察部队专用或者征用的船舶 （8）警用船舶 （9）依照法律规定应当予以免税的外国驻华使领馆、国际组织驻华代表机构及其有关人员的船舶
征收管理	纳税义务发生时间为应税船舶进入境内港口的当日 纳税期限：应税船舶负责人应当自海关填发吨税缴款凭证之日起15日内缴清税款 【新东方提示】 未按期缴清税款的，自滞纳税款之日起至缴清税款之日止，按日加收滞纳税款0.5‰的税款滞纳金 （1）补征、追征：1年补征、3年追征（同时征收0.5‰滞纳金） （2）退还：3年（24小时内通知，加算银行同期活期存款利息） 【新东方提示】 船舶吨税的补征、追征和退还要和关税相区分： 补征和追征（相同）：少征或漏征税款，1年内补征；由纳税人违反海关规定造成的少征或漏征税款，3年内追征 关税退还（不同）：纳税人可以从缴纳税款之日起1年内申请退还

【例题·多选题】下列船舶中，免征船舶吨税的有（　　）。

A. 捕捞、养殖渔船
B. 非机动驳船
C. 应纳税额在人民币50元以下的船舶
D. 军队征用的船舶

【答案】ACD

【解析】选项 A、C、D 正确。选项 B 错误,非机动驳船按相同净吨位船舶税率的 50% 计征船舶吨税。

第四单元　其他税收法律制度

考点一　车船税法律制度★

车船税法律制度,如表 6-4 所示。

表 6-4　车船税法律制度

税法要素	学习重点
纳税人	在中华人民共和国境内,应税车辆、船舶的所有人或者管理人
征税范围	中华人民共和国境内属于《车船税法》所规定的应税车辆和船舶 【新东方提示】 　　包括不需要在车船管理部门登记、在单位内部场所行驶或者作业的机动车辆和船舶 应税车辆:包括乘用车、商用车、挂车、其他车辆、摩托车 应税船舶:包括机动船舶、游艇
税率	定额税率 【新东方提示】 　　挂车按照货车税额的 50% 计算;拖船、非机动驳船分别按照机动船舶税额的 50% 计算
计税依据	(1)乘用车、商用客车和摩托车以辆数为计税依据 (2)商用货车、挂车、专用作业车和轮式专用机械车,以整备质量吨位数为计税依据 (3)机动船舶,以净吨位数为计税依据 (4)游艇以艇身长度为计税依据

续表

税法要素	学习重点
应纳税额的计算	年应纳税额＝计税单位（辆数、整备质量吨位数、净吨位数、艇身长度）×适用年基准税额 应纳税额＝适用年基准税额÷12×应纳税月份数 【新东方提示】 　　购置的新车船，购置当年的应纳税额自纳税义务发生的当月起按月计算
税收优惠	（1）捕捞、养殖渔船，免征车船税 （2）军队、武装警察部队专用的车船，免征车船税 （3）警用车船，免征车船税 （4）悬挂应急救援专用号牌的国家综合性消防救援车辆和国家综合性消防救援船舶，免征车船税 （5）依照法律规定应当予以免税的外国驻华使领馆、国际组织驻华代表机构及其有关人员的车船，免征车船税 （6）对新能源车船，免征车船税 【新东方提示】 　　① 新能源汽车是指纯电动商用车、插电式（含增程式）混合动力汽车、燃料电池商用车 　　② 纯电动乘用车和燃料电池乘用车不属于车船税征税范围，对其不征车船税 　　③ 对节约能源车船，减半征收车船税
征收管理	纳税义务发生时间：取得车船所有权或者管理权的当月 纳税地点：车船的登记地或者车船税扣缴义务人所在地 【新东方提示】 　　依法不需要办理登记的车船，纳税地点为车船的所有人或者管理人所在地

续表

税法要素	学习重点
征收管理	纳税申报：按年申报，分月计算，一次性缴纳
	（1）退税：在一个纳税年度内，已完税的车船被盗抢、报废、灭失的，纳税人可以凭有关管理机关出具的证明和完税凭证，向纳税所在地的主管税务机关申请退还自被盗抢、报废、灭失月份起至该纳税年度终了期间的税款 （2）补税：已办理退税的被盗抢车船失而复得的，纳税人应当从公安机关出具相关证明的当月起计算缴纳车船税

【例题·单选题】（2022年）根据车船税法律制度的规定，下列各项中，属于商用客车计税依据的是（　　）。

A. 核定载人数　　　　　　　　B. 自重吨位数
C. 辆数　　　　　　　　　　　D. 购置价格

【答案】C

【解析】选项C正确。乘用车、商用客车和摩托车，以辆数为计税依据。

【例题·单选题】（2021年）2019年4月，甲公司购进净吨位900吨的拖船1艘，已知机动船舶车船税适用年基准税额为每吨4元。下列计算甲公司2019年年度该艘拖船应缴纳车船税税额的算式中，正确的是（　　）。

A. $900 \times 4 \times 50\% \div 12 \times 9 = 1\,350$（元）
B. $900 \times 4 \times 50\% = 1\,800$（元）
C. $900 \times 4 \div 12 \times 9 = 2\,700$（元）
D. $900 \times 4 = 3\,600$（元）

【答案】A

【解析】选项A正确。拖船、非机动驳船分别按照机动船舶税额的50%计算车船税。车船税纳税义务发生时间为取得车船所有权或者管理权的当月。2019年年度该艘拖船应缴纳车船税税额 $= 900 \times 4 \times 50\% \div 12 \times 9 = 1\,350$（元）。

考点二　印花税法律制度★★★

一、纳税人

（一）印花税纳税人的一般规定

在中华人民共和国境内书立应税凭证、进行证券交易的单位和个人，为印花税的纳税人，应当依照《印花税法》的规定缴纳印花税。在中华人民共和国境外书立在境内使用的应税凭证的单位和个人,应当依照《印花税法》规定缴纳印花税。

1. 书立应税凭证的纳税人,为对应税凭证有直接权利义务关系的单位和个人。采用委托贷款方式书立的借款合同纳税人,为受托人和借款人,不包括委托人。按买卖合同或者产权转移书据税目缴纳印花税的拍卖成交确认书纳税人,为拍卖标的的产权人和买受人,不包括拍卖人。

2. 在中华人民共和国境外书立在境内使用的应税凭证,应当按规定缴纳印花税。包括以下几种情形:

(1)应税凭证的标的为不动产的,该不动产在境内;

(2)应税凭证的标的为股权的,该股权为中国居民企业的股权;

(3)应税凭证的标的为动产或者商标专用权、著作权、专利权、专有技术使用权的,其销售方或者购买方在境内,但不包括境外单位或者个人向境内单位或者个人销售完全在境外使用的动产或者商标专用权、著作权、专利权、专有技术使用权;

(4)应税凭证的标的为服务的,其提供方或者接受方在境内,但不包括境外单位或者个人向境内单位或者个人提供完全在境外发生的服务。

(二)印花税纳税人的具体规定

根据书立、使用应税凭证的不同,纳税人可分为立合同人、立账簿人、立据人和使用人等。

同一应税凭证由两方以上当事人书立的,按照各自涉及的金额分别计算应纳税额。

二、征税范围(税目)

1. 合同

包括买卖合同、借款合同、融资租赁合同、租赁合同、承揽合同、建设工程合同、运输合同、技术合同、保管合同、仓储合同、财产保险合同。

(1)发电厂与电网之间、电网与电网之间书立的购售电合同,应当按买卖合同税目缴纳印花税。电网与用户之间签订的供用电合同不征印花税。

(2)企业之间书立的确定买卖关系、明确买卖双方权利义务的订单、要货单等单据,且未另外书立买卖合同的,应当按规定缴纳印花税。

(3)银行同业拆借合同不征印花税。

(4)企业与主管部门签订的租赁承包合同不征印花税。

(5)法律、会计、审计等方面的咨询,不属于技术咨询,不征印花税。

(6)下列情形的凭证,不属于印花税征收范围:

① 人民法院的生效法律文书,仲裁机构的仲裁文书,监察机关的监察文书;

② 县级以上人民政府及其所属部门按照行政管理权限征收、收回或者补偿安置房地

产书立的合同、协议或者行政类文书；

③ 总公司与分公司、分公司与分公司之间书立的作为执行计划使用的凭证。

2. 产权转移书据

我国印花税税目中的产权转移书据包括土地使用权出让书据，土地使用权、房屋等建筑物和构筑物所有权转让书据（不包括土地承包经营权和土地经营权转移），股权转让书据（不包括应缴纳证券交易印花税的）以及商标专用权、著作权、专利权、专有技术使用权转让书据。

3. 营业账簿

4. 证券交易

证券交易印花税对证券交易的出让方征收，不对受让方征收。

三、税率

比例税率：

（1）0.05‰——借款合同、融资租赁合同。

（2）0.25‰——营业账簿。

（3）0.3‰——买卖合同、承揽合同、建设工程合同、运输合同、技术合同、商标专用权、著作权、专利权、专有技术使用权转让书据。

（4）0.5‰——土地使用权出让书据，土地使用权、房屋等建筑物和构筑物所有权转让书据，股权转让书据。

（5）1‰——租赁合同、保管合同、仓储合同、财产保险合同、证券交易。

四、计税依据

1. 应税合同的计税依据，为合同所列的金额，不包括列明的增值税税款；合同中价款或者报酬与增值税税款未分开列明的，按照合计金额确定。

2. 应税产权转移书据的计税依据，为产权转移书据所列的金额，不包括列明的增值税税款；产权转移书据中价款与增值税税款未分开列明的，按照合计金额确定。

（1）同一应税合同、应税产权转移书据中涉及两方以上纳税人，且未列明纳税人各自涉及金额的，以纳税人平均分摊的应税凭证所列金额（不包括列明的增值税税款）确定计税依据。

（2）应税合同、应税产权转移书据所列的金额与实际结算金额不一致，不变更应税凭证所列金额的、以所列金额为计税依据；变更应税凭证所列金额的，以变更后的所列金额为计税依据。已缴纳印花税的应税凭证，变更后所列金额增加的，纳税人应当就增加部分的金额补缴印花税；变更后所列金额减少的，纳税人可以就减少部分的金额向税务机关申请退还或者抵缴印花税。

（3）纳税人因应税凭证列明的增值税税款计算错误导致应税凭证的计税依据减少或者增加的，纳税人应当按规定调整应税凭证列明的增值税税款、重新确定应税凭证计税依据。已缴纳印花税的应税凭证，调整后计税依据增加的，纳税人应当就增加部分的金额补缴印花税；调整后计税依据减少的，纳税人可以就减少部分的金额向税务机关申请退还或者抵缴印花税。

（4）境内的货物多式联运，采用在起运地统一结算全程运费的，以全程运费作为运输合同的计税依据，由起运地运费结算双方缴纳印花税；采用分程结算运费的，以分程的运费作为计税依据，分别由办理运费结算的各方缴纳印花税。

（5）未履行的应税合同、产权转移书据，已缴纳的印花税不予退还及抵缴税款。

（6）纳税人多贴的印花税票，不予退税及抵缴税款。

3. 应税营业账簿的计税依据，为账簿记载的实收资本（股本）、资本公积合计金额。

4. 证券交易的计税依据，为成交金额。

以非集中交易方式转让证券时无转让价格的，按照办理过户登记手续前一个交易日收盘价计算确定计税依据；办理过户登记手续前一个交易日无收盘价的，按照证券面值计算确定计税依据。

5. 未列明金额时的计税依据。

应税合同、产权转移书据未列明金额的，印花税的计税依据按照实际结算的金额确定。计税依据按照上述规定仍不能确定的，按照书立合同、产权转移书据时的市场价格确定；依法应当执行政府定价或者政府指导价的，按照国家有关规定确定。

【新东方提示】

纳税人有以下情形的，税务机关可以核定纳税人印花税计税依据：

（1）未按规定建立印花税应税凭证登记簿，或未如实登记和完整保存应税凭证的。

（2）拒不提供应税凭证或不如实提供应税凭证致使计税依据明显偏低的。

（3）采用按期汇总缴纳办法的，未按主管税务机关规定的期限报送汇总缴纳印花税情况报告，经税务机关责令限期报告，逾期仍不报告的或者税务机关在检查中发现纳税人有未按规定汇总缴纳印花税情况的。

五、应纳税额的计算

1. 应税合同：应纳税额＝价款或者报酬×适用税率
2. 应税产权转移书据：应纳税额＝价款×适用税率

3. 应税营业账簿：应纳税额＝实收资本（股本）、资本公积合计金额 × 适用税率
4. 证券交易：应纳税额＝成交金额或者依法确定的计税依据 × 适用税率

【新东方提示】

（1）同一应税凭证载有两个以上税目事项并分别列明金额的，按照各自适用的税目税率分别计算应纳税额；未分别列明金额的，从高适用税率。

（2）已缴纳印花税的营业账簿，以后年度记载的实收资本（股本）、资本公积合计金额比已缴纳印花税的实收资本（股本）、资本公积合计金额增加的，按照增加部分计算应纳税额。

六、税收优惠

（一）法定应税凭证

1. 应税凭证的<u>副本或者抄本</u>，免征印花税。
2. 中国人民解放军、中国人民武装警察部队书立的应税凭证，免征印花税。
3. 农民、家庭农场、农民专业合作社、农村集体经济组织、村民委员会购买农业生产资料或者销售农产品书立的买卖合同和农业保险合同，免征印花税。
4. 无息或者贴息借款合同、国际金融组织向中国提供优惠贷款书立的借款合同，免征印花税。
5. 财产所有权人将财产赠与政府、学校、社会福利机构、慈善组织书立的产权转移书据，免征印花税。

（二）临时性减免税优惠

1. 实行公司制改造的企业在改制过程中成立的新企业（重新办理法人登记的），其新启用的资金账簿记载的资金或因企业建立资本纽带关系而增加的资金，凡原已贴花的部分可不再贴花，未贴花的部分和以后新增加的资金按规定贴花。
2. 以合并或分立方式成立的新企业，其新启用的资金账簿记载的资金，凡原已贴花的部分可不再贴花，未贴花的部分和以后新增加的资金按规定贴花。
3. 企业改制前签订但尚未履行完的各类应税合同，改制后需要变更执行主体的，对仅改变执行主体、其余条款未作变动且改制前已贴花的，不再贴花。
4. 企业因改制签订的产权转移书据免予贴花。
5. 对经济适用住房经营管理单位与经济适用住房相关的印花税以及经济适用住房购买人涉及的印花税予以免征。
6. 对个人出租、承租住房签订的租赁合同，免征印花税。

7. 对个人销售或购买住房暂免征收印花税。

8. 对改造安置住房经营管理单位、开发商与改造安置住房相关的印花税以及购买安置住房的个人涉及的印花税予以免征。

9. 在融资性售后回租业务中，对承租人、出租人因出售租赁资产及购回租赁资产所签订的合同，不征收印花税。

10. 对金融机构与小型企业、微型企业签订的借款合同免征印花税。

11. 对与高校学生签订的高校学生公寓租赁合同，免征印花税。

12. 2022年1月1日至2024年12月31日，由省、自治区、直辖市人民政府根据本地区实际情况，以及宏观调控需要确定，对增值税小规模纳税人、小型微利企业和个体工商户可以在50%的税额幅度内减征印花税。

七、征收管理

1. 纳税义务发生时间

纳税人书立应税凭证或者完成证券交易的当日。

【新东方提示】

证券交易印花税扣缴义务发生时间为证券交易完成的当日。

2. 纳税地点

（1）单位纳税人应当向其机构所在地的主管税务机关申报缴纳印花税；个人纳税人应当向应税凭证书立地或者纳税人居住地的主管税务机关申报缴纳印花税。

（2）不动产产权发生转移的，纳税人应当向不动产所在地的主管税务机关申报缴纳印花税。

（3）证券登记结算机构为证券交易印花税的扣缴义务人，应当向其机构所在地的主管税务机关申报解缴税款以及银行结算的利息。

3. 纳税期限

（1）印花税按季、按年或者按次计征。

【新东方提示】

实行按季、按年计征的，纳税人应当自季度、年度终了之日起15日内申报缴纳税款。实行按次计征的，纳税人应当自纳税义务发生之日起15日内申报并缴纳税款。

（2）证券交易印花税按周解缴。

【新东方提示】

证券交易印花税的扣缴义务人应当自每周终了之日起5日内申报解缴税款以及银行结算的利息。

【例题·判断题】（2021年改编）同一应税凭证载有两个以上税目事项未分别列明金额的，按税率高的计算应纳印花税税额。（　　）

【答案】√

【解析】同一应税凭证载有两个以上税目事项并分别列明金额的，按照各自适用的税目税率分别计算应纳税额；未分别列明金额的，从高适用税率。

【例题·单选题】（2020年）根据印花税法律制度的规定，下列合同中，应征收印花税的是（　　）。

A. 会计咨询合同　　　　　　　B. 审计咨询合同
C. 法律咨询合同　　　　　　　D. 技术咨询合同

【答案】D

【解析】选项D正确。技术咨询合同按照"技术合同"征收印花税。一般的法律（选项C）、会计（选项A）、审计（选项B）等方面的咨询不属于技术咨询，其所立合同不贴印花。

【例题·单选题】（2019年）甲公司向乙公司租赁2台起重机并签订租赁合同，合同注明起重机总价值为80万元，租期为2个月，每台每月租金2万元。已知租赁合同适用印花税税率为1‰。根据印花税法律制度的规定，甲公司和乙公司签订该租赁合同共计应缴纳印花税（　　）元。

A. 40　　　　　　　　　　　　B. 80
C. 160　　　　　　　　　　　 D. 800

【答案】C

【解析】选项C正确。租赁起重机一共2台，租期共2个月，租期内全部租金＝2×2×2＝8（万元）。签订租赁合同的双方即甲公司和乙公司都需要缴纳印花税，所以在计算应缴纳印花税合计时需要"乘以2"。应税合同应纳印花税税额＝价款或者报酬×适用税率＝8×10 000×1‰×2＝160（元）。

考点三　资源税法律制度★★

一、纳税人

在中华人民共和国领域和中华人民共和国管辖的其他海域开发应税资源的单位和个人

为资源税的纳税人。

纳税人开采或者生产应税产品自用的,应当按规定缴纳资源税;但是,自用于连续生产应税产品的,不缴纳资源税。

【新东方提示】

纳税人自用应税产品应当缴纳资源税的情形,包括纳税人以应税产品用于非货币性资产交换、捐赠、偿债、赞助、集资、投资、广告、样品、职工福利、利润分配或者连续生产非应税产品等。

二、征税范围(税目)

1. 能源矿产

(1)原油,是指开采的天然原油,不包括人造石油。

(2)天然气、页岩气、天然气水合物。

(3)煤。

(4)铀、钍,油页岩、油砂、天然沥青、石煤。

(5)煤成(层)气、地热等。

2. 金属矿产

(1)黑色金属,包括铁、锰、铬等。

(2)有色金属,包括金、银、铜等。

3. 非金属矿产

包括矿物类、岩石类、宝玉石类。

4. 水气矿产

(1)二氧化碳气、硫化氢气、氦气、氡气。

(2)矿泉水。

5. 盐

(1)钠盐、钾盐、镁盐、锂盐。

(2)天然卤水。

(3)海盐。

三、税率

资源税采用比例税率或者定额税率两种形式。

四、计税依据

资源税实行从价计征或者从量计征。

1. 从价征收——销售额

（1）资源税应税产品的销售额，按照纳税人销售应税产品向购买方收取的全部价款确定，不包括增值税税款。

【新东方提示】

运杂费用的扣减（取得增值税发票或者其他合法有效凭据）：

运杂费用是指应税产品从坑口或者洗选（加工）地到车站、码头或者购买方指定地点的运输费用、建设基金以及随运销产生的装卸、仓储、港杂费用。

（2）纳税人申报的应税产品销售额明显偏低且无正当理由的，或者有自用应税产品行为而无销售额的，主管税务机关可以按下列方法和顺序确定其应税产品销售额。

① 按纳税人最近时期同类产品的平均销售价格确定。
② 按其他纳税人最近时期同类产品的平均销售价格确定。
③ 按后续加工非应税产品销售价格，减去后续加工环节的成本利润后确定。
④ 按组成计税价格确定。

$$组成计税价格 = 成本 \times (1 + 成本利润率) \div (1 - 资源税税率)$$

⑤ 按其他合理方法确定。

2. 从量征收——销售数量

应税产品的销售数量，包括纳税人开采或者生产应税产品的实际销售数量和自用于应当缴纳资源税情形的应税产品数量。

【新东方提示】

（1）纳税人外购应税产品与自采应税产品混合销售或者混合加工为应税产品销售的，在计算应税产品销售额或者销售数量时，准予扣减外购应税产品的购进金额或者购进数量；当期不足扣减的，可结转下期扣减。纳税人应当准确核算外购应税产品的购进金额或者购进数量，未准确核算的，一并计算缴纳资源税。

（2）纳税人核算并扣减当期外购应税产品购进金额、购进数量，应当依据外购应税产品的增值税发票、海关进口增值税专用缴款书或者其他合法有效凭据。

（3）纳税人开采或者生产同一税目下适用不同税率应税产品的，应当分别核算不同税率应税产品的销售额或者销售数量；未分别核算或者不能准确提供不同税率应税产品的销售额或者销售数量的，从高适用税率。

（4）纳税人以自采原矿（经过采矿过程采出后未进行选矿或者加工的矿石）直接销售，或者自用于应当缴纳资源税情形的，按照原矿计征资源税。纳税人以自采原矿洗选加工为选矿产品（通过破碎、切割、洗选、筛分、磨矿、分级、提纯、脱水、干燥等过程形成的产品，包括富集的精矿和研磨成粉、粒级成型、切割成型的原矿加工品）销售，或者将选矿产品自用于应当缴纳资源税情形的，按照选矿产品计征资源税，在原矿移送环节不缴纳资源税。

五、应纳税额的计算

从价定率征收：应纳税额＝应税产品的销售额×适用的比例税率。
从量定额征收：应纳税额＝应税产品的销售数量×适用的定额税率。

六、税收优惠

1. 有下列情形之一的，免征资源税：
① 开采原油以及在油田范围内运输原油过程中用于加热的原油、天然气。
② 煤炭开采企业因安全生产需要抽采的煤成（层）气。
2. 有下列情形之一的，减征资源税：
① 从低丰度油气田开采的原油、天然气，减征20%资源税。
② 高含硫天然气、三次采油和从深水油气田开采的原油、天然气，减征30%资源税。
③ 稠油、高凝油减征40%资源税。
④ 从衰竭期矿山开采的矿产品，减征30%资源税。
⑤ 自2022年1月1日至2024年12月31日，由省、自治区、直辖市人民政府根据本地区实际情况，以及宏观调控需要确定，对增值税小规模纳税人、小型微利企业和个体工商户可以在50%的税额幅度内减征资源税。
⑥ 自2014年12月1日至2023年8月31日，对充填开采置换出来的煤炭，资源税减征50%。
3. 有下列情形之一的，省、自治区、直辖市可以决定免征或者减征资源税：
① 纳税人开采或者生产应税产品过程中，因意外事故或者自然灾害等原因遭受重大损失。
② 纳税人开采共伴生矿、低品位矿、尾矿。

【新东方提示】

（1）纳税人开采或者生产同一应税产品同时符合两项或者两项以上减征资源税优惠政策的，除另有规定外，只能选择其中一项执行。

（2）纳税人的免税、减税项目，应当<u>单独核算</u>销售额或者销售数量；未单独核算或者不能准确提供销售额或者销售数量的，<u>不予免税或者减税</u>。

七、征收管理

纳税义务发生时间：纳税人销售应税产品，纳税义务发生时间<u>为收讫销售款或者取得索取销售款凭据的当日</u>；自用应税产品的，纳税义务发生时间为<u>移送应税产品的当日</u>。

纳税地点：<u>矿产品的开采地</u>或者<u>海盐的生产地</u>。

纳税期限：资源税按月或者按季申报缴纳；不能按固定期限计算缴纳的，可以按次申报缴纳。

【新东方提示】

纳税人按月或者按季申报缴纳的，应当自月度或者季度终了之日起15日内，向税务机关办理纳税申报并缴纳税款；按次申报缴纳的，应当自纳税义务发生之日起15日内，向税务机关办理纳税申报并缴纳税款。

【例题·单选题】（2021年）甲煤矿为增值税一般纳税人，2019年8月销售原煤取得不含增值税价款435万元，其中包含从坑口到码头的运输费用10万元、随运销产生的装卸费用5万元，均取得增值税发票。已知资源税税率为2%。甲煤矿当月应缴纳资源税税额为（　　）。

A. 8.7万元　　　　　　　　　B. 9万元
C. 8.9万元　　　　　　　　　D. 8.4万元

【答案】D

【解析】选项D正确。资源税应税产品的销售额，按照纳税人销售应税产品向购买方收取的全部价款确定，不包括增值税税款。计入销售额中的相关运杂费用，凡取得增值税发票或者其他合法有效凭证的，准予从销售额中扣除。相关运杂费用是指应税产品从坑口或者洗选（加工）地到车站、码头或者购买方指定地点的运输费用、建设基金以及随运销产生的装卸、仓储、港杂费用。甲煤矿当月应缴纳资源税税额=（435-10-5）×2%=8.4（万元）。

【例题·单选题】2020年9月，甲矿场自采铅矿原矿对外销售，取得不含税金额600

万元,将自产的铅矿原矿加工为选矿对外销售,取得不含税金额 300 万元,铅矿资源税原矿税率为 5%、选矿税率为 3%,下列关于计算资源税的算式中,正确的是( )。

A. 600×3% B.(600+300)×3%
C.(600+300)×5% D. 600×5%+300×3%

【答案】D

【解析】选项 D 正确。纳税人以自采原矿(经过采矿过程采出后未进行选矿或者加工的矿石)直接销售,或者自用于应当缴纳资源税情形的,按照原矿计征资源税。纳税人以自采原矿洗选加工为选矿产品(通过破碎、切割、洗选、筛分、磨矿、分级、提纯、脱水、干燥等过程形成的产品,包括富集的精矿和研磨成粉、粒级成型、切割成型的原矿加工品)销售,或者将选矿产品自用于应当缴纳资源税情形的,按照选矿产品计征资源税,在原矿移送环节不缴纳资源税。

考点四 环境保护税法律制度 ★★

环境保护税法律制度,如表 6-5 所示。

表 6-5 环境保护税法律制度

税法要素	学习重点
纳税人	在中华人民共和国领域和中华人民共和国管辖的其他海域,直接向环境排放应税污染物的企业事业单位和其他生产经营者
征税范围	大气污染物、水污染物、固体废物和(工业)噪声
	有下列情形之一的,不属于直接向环境排放污染物,不缴纳相应污染物的环境保护税: (1)企业事业单位和其他生产经营者向依法设立的污水集中处理、生活垃圾集中处理场所排放应税污染物的 (2)企业事业单位和其他生产经营者在符合国家和地方环境保护标准的设施、场所储存或者处置固体废物的
	【新东方提示】 ① 依法设立的城乡污水集中处理、生活垃圾集中处理场所超过国家和地方规定的排放标准向环境排放应税污染物的,应当缴纳环境保护税 ② 企事业单位和其他生产经营者储存或者处置固体废物不符合国家和地方环境保护标准的,应当缴纳环境保护税

续表

税法要素	学习重点
计税依据	（1）应税大气污染物：按照污染物排放量折合的污染当量数确定 （2）应税水污染物：按照污染物排放量折合的污染当量数确定 （3）应税固体废物：按照固体废物的排放量确定 （4）应税噪声：按照超过国家规定标准的分贝数确定
应纳税额的计算	（1）应税大气污染物的应纳税额＝污染当量数×具体适用税额 （2）应税水污染物的应纳税额＝污染当量数×具体适用税额 （3）应税固体废物的应纳税额＝固体废物排放量×具体适用税额 （4）应税噪声的应纳税额＝超过国家规定标准的分贝数对应的具体适用税额
税收优惠	下列情形，暂予免征环境保护税： （1）农业生产（不包括规模化养殖）排放应税污染物的 （2）机动车、铁路机车、非道路移动机械、船舶和航空器等流动污染源排放应税污染物的 （3）依法设立的城乡污水集中处理、生活垃圾集中处理场所排放相应应税污染物，不超过国家和地方规定的排放标准的 （4）纳税人综合利用的固体废物，符合国家和地方环境保护标准的 （5）国务院批准免税的其他情形
	减征：纳税人排放应税大气污染物或者水污染物的浓度值低于国家和地方规定的污染物排放标准30%的，减按75%征收环境保护税。纳税人排放应税大气污染物或者水污染物的浓度值低于国家和地方规定的污染物排放标准50%的，减按50%征收环境保护税
征收管理	纳税义务发生时间：纳税人排放应税污染物的当日
	纳税地点：应税污染物排放地的税务机关
	纳税期限：按月计算，按季申报缴纳。不能按固定期限计算缴纳的，可以按次申报缴纳
	【新东方提示】 　　纳税人按季申报缴纳的，应当自季度终了之日起15日内，向税务机关办理纳税申报并缴纳税款。纳税人按次申报缴纳的，应当自纳税义务发生之日起15日内，向税务机关办理纳税申报并缴纳税款

【例题·单选题】（2021年）根据环境保护税法律制度的规定，下列情形中，应缴纳环境保护税的是（　　）。

A. 小区物业公司维修下水道产生的噪声

B. 热电厂在符合国家和地方环境保护标准的场所储存固体废物

C. 运输车辆排放不超过国家规定标准的尾气

D. 依法设立的城乡污水集中处理场所超过国家和地方规定的排放标准向环境排放应税污染物

【答案】D

【解析】选项A错误，我国环境保护税的应税污染物中的噪声仅限于工业噪声。选项B错误，企业事业单位和其他生产经营者在符合国家和地方环境保护标准的设施、场所储存或者处置固体废物的，不缴纳环境保护税。选项C错误，机动车、铁路机车、非道路移动机械、船舶和航空器等流动污染源排放应税污染物的，暂予免征环境保护税。选项D正确，应缴纳环境保护税。

【例题·单选题】（2020年）2019年7月，甲公司产生炉渣400吨，其中80吨贮存在符合国家和地方环境保护标准的设施中，100吨综合利用且符合国家和地方环境保护标准，其余的直接倒弃于周边空地。已知，炉渣环境保护税税率为25元/吨。下列计算甲公司当月所产生炉渣应缴纳环境保护税税额的算式中，正确的是（　　）。

A.（400－80－100）×25＝5 500（元）

B. 400×25＝10 000（元）

C.（400－100）×25＝7 500（元）

D.（400－80）×25＝8 000（元）

【答案】A

【解析】选项A正确。企业事业单位和其他生产经营者在符合国家和地方环境保护标准的设施、场所贮存或者处置固体废物的（80吨），不属于直接向环境排放污染物，不缴纳相应污染物的环境保护税。纳税人综合利用的固体废物，符合国家和地方环境保护标准的（100吨），免征环境保护税。

第七章 税收征管法律制度

内容框架

单元	考点	星级
税收征收管理法概述	税收征收管理法适用范围、适用对象	★
	税收征纳双方的权利和义务	★★
税务管理	税务登记管理	★★
	账簿和凭证管理	★★★
	发票管理	★★★
	纳税申报管理	★★★
税款征收	税款征收方式	★★
	应纳税额的核定和调整	★★★
	应纳税款的缴纳	★★★
	税款征收的保障措施	★★★
	税款征收的其他规定	★★
税务检查	税务机关在税务检查中的职权和职责	★★
	被检查人的义务	★
	纳税信用管理	★★★
	税收违法行为检举管理	★★
	重大税收违法失信案件信息公布	★★
税务行政复议	税务行政复议范围	★★
	税务行政复议管辖	★★★
	税务行政复议申请与受理	★★★
	税务行政复议审查和决定	★★
税收法律责任	税务管理相对人实施税收违法行为的法律责任	★
	税务行政主体实施税收违法行为的法律责任	★

考情分析

本章最近3年的考查分值约为4分，涉及单选题、多选题和判断题，不涉及不定项选择题，属于一般重要章节。本章主要介绍税收征收管理基本制度，难度一般。

教材变化

1. 删除"税务登记证件的核发和管理"的部分内容，属于不重要的变化。
2. 修改了"清税证明的出具"的部分内容，属于不重要的变化。
3. 将原"税收征收主体"改为"税收征收法定原则"，属于不重要的变化。
4. 修改了"重大税收违法失信案件信息公布"，属于不重要的变化。
5. 修改了"首违不罚制度"，属于不重要的变化。

第一单元 税收征收管理法概述

考点一 税收征收管理法适用范围、适用对象 ★

一、税收征收管理法的适用范围

1. 凡依法由税务机关征收的各种税收的征收管理均适用《税收征收管理法》。
2. 由海关负责征收的关税和船舶吨税以及海关代征的进口环节的增值税、消费税，依照法律、行政法规的有关规定执行。
3. 我国同外国缔结的有关税收的条约、协定同《税收征收管理法》有不同规定的，依照条约、协定的规定办理。

二、税收征收管理法的适用对象

1. 税收征收管理主体

国务院税务主管部门主管全国税收征收管理工作。

税务机关是指各级税务局、税务分局、税务所和省以下税务局的稽查局。稽查局专司偷税（逃税）、逃避追缴欠税、骗税、抗税案件的查处。

税务机关依法执行职务，任何单位和个人不得阻挠。

2. 税收征收管理相对人

税收征收管理相对人包括纳税人和扣缴义务人。纳税人和扣缴义务人必须依照法律、行政法规的规定缴纳税款、代扣代缴、代收代缴税款。

3. 相关单位和部门

地方各级人民政府应当依法加强对本行政区域内税收征收管理工作的领导或者协调,支持税务机关依法执行职务,依照法定税率计算税额,依法征收税款。

各有关部门和单位应当支持、协助税务机关依法执行职务。

考点二 税收征纳双方的权利和义务★★

一、征税主体的权利和义务

征税主体的权利和义务,如表7-1所示。

表7-1 征税主体的权利和义务

职权	(1)税收立法权。包括参与起草税收法律法规草案,提出税收政策建议,在职权范围内制定、发布关于税收征管的部门规章等 (2)税务管理权。包括对纳税人进行税务登记管理、账簿和凭证管理、发票管理、纳税申报管理等 (3)税款征收权(最基本、最主要)。包括依法计征权、核定税款权、税收保全和强制执行权、追征税款权等 (4)税务检查权。包括查账权、场地检查权、询问权、责成提供资料权、存款账户核查权等 (5)税务行政处罚权。如罚款等 (6)其他职权。如对纳税人的减、免、退、延期缴纳的申请予以审批的权利;阻止欠税纳税人离境的权利;委托代征权;估税权;代位权与撤销权;定期对纳税人欠缴税款情况予以公告的权利;上诉权等
职责（部分列举）	(1)宣传税收法律、行政法规,普及纳税知识,无偿为纳税人提供纳税咨询服务 (2)依法为纳税人、扣缴义务人的情况保守秘密,为检举违反税法行为者保密。纳税人、扣缴义务人的税收违法行为不属于保密范围 (3)有夫妻关系、直系血亲关系、三代以内旁系血亲关系、近姻亲关系、可能影响公正执法的其他利害关系的,应当回避

二、纳税主体的权利和义务

纳税主体的权利和义务,如表7-2所示。

表 7-2　纳税主体的权利和义务

权利	义务
（1）知情权 （2）要求保密权 （3）依法享受税收优惠权 （4）申请退还多缴税款权 （5）申请延期申报权 （6）纳税申报方式选择权 （7）申请延期缴纳税款权 （8）索取有关税收凭证的权利 （9）委托税务代理权 （10）陈述权、申辩权 （11）对未出示税务检查证和税务检查通知书的拒绝检查权 （12）依法要求听证的权利 （13）税收法律救济权 （14）税收监督权	（1）按期办理税务登记，及时核定应纳税种、税目 （2）依法设置账簿、保管账簿和有关资料以及依法开具、使用、取得和保管发票的义务 （3）财务会计制度和会计核算软件备案的义务 （4）按照规定安装、使用税控装置的义务 （5）按期、如实办理纳税申报的义务 （6）按期缴纳或解缴税款的义务 （7）接受税务检查的义务 （8）代扣、代收税款的义务 （9）及时提供信息的义务 （10）报告其他涉税信息的义务

【例题·多选题】（2020）根据税收征收管理法律制度的规定，下列各项中，属于纳税人权利的有（　　）。

A. 陈述权　　　　　　　B. 核定税款权
C. 税收监督权　　　　　D. 税收法律救济权

【答案】ACD
【解析】选项 A、C、D 正确。选项 B 不属于纳税人权利，属于征税主体权利。

第二单元　税 务 管 理

考点一　税务登记管理★★

一、税务管理的概念

税务管理，是指税收征收管理机关为了贯彻执行国家税收法律制度，加强税收工作，协调征税关系而对纳税人和扣缴义务人实施的基础性的管理制度和管理行为。

【新东方提示】

（1）税务管理主要包括税务登记管理、账簿和凭证管理、发票管理、纳税申报管理等。

（2）税务管理是税收征收管理的重要内容，是税款征收的前提和基础。

二、税务登记管理

税务登记又称纳税登记，是税务机关对纳税人的基本情况及生产经营项目进行登记管理的一项基本制度。

【新东方提示】

税务登记是税务机关对纳税人实施税收征收管理的起点。从税务登记开始，纳税人的身份及征纳双方的法律关系即得到确认。

（一）税务登记申请人

企业以及企业在外地设立的分支机构和从事生产、经营的场所，个体工商户和从事生产、经营的事业单位，都应当办理税务登记（以下统称从事生产、经营的纳税人）。

【新东方提示】

（1）上述规定以外的纳税人，除国家机关、个人和无固定生产经营场所的流动性农村小商贩外，也应当办理税务登记（以下统称非从事生产经营但依照规定负有纳税义务的纳税人）。

（2）负有扣缴税款义务的扣缴义务人（国家机关除外），应当办理扣缴税款登记。

（二）税务登记主管机关

县以上（含本级）税务局（分局）是税务登记的主管机关，负责税务登记的设立登记、变更登记、注销登记以及非正常户处理、报验登记等有关事项。

（三）税务登记的内容

1. 设立（开业）税务登记

设立（开业）税务登记的地点和时限，如表7-3所示。

第二部分 考点精讲/第七章 税收征管法律制度

表7-3 设立（开业）税务登记

办理税务登记的地点	（1）从事生产、经营的纳税人：生产、经营所在地税务机关 （2）非从事生产经营但依照规定负有纳税义务的其他纳税人：纳税义务发生地税务机关 【新东方提示】 　　税务机关对纳税人税务登记地点发生争议的，由其共同的上级税务机关指定管辖
申报办理税务登记的时限	（1）从事生产、经营的纳税人：自领取工商营业执照之日起30日内申报办理税务登记 （2）从事生产、经营的纳税人未办理工商营业执照但经有关部门批准设立的：应当自有关部门批准设立之日起30日内申报办理税务登记 （3）从事生产、经营的纳税人未办理工商营业执照也未经有关部门批准设立的：应当自纳税义务发生之日起30日内申报办理税务登记 （4）有独立的生产经营权、在财务上独立核算并定期向发包人或者出租人上交承包费或租金的承包承租人，应当自承包承租合同签订之日起30日内，向其承包承租业务发生地税务机关申报办理税务登记 （5）境外企业在中国境内承包建筑、安装、装配、勘探工程和提供劳务的，自项目合同或协议签订之日起30日内，向项目所在地税务机关申报办理税务登记 （6）非从事生产经营但依照规定负有纳税义务的其他纳税人：自纳税义务发生之日起30日内，向纳税义务发生地税务机关申报办理税务登记（除国家机关、个人和无固定生产、经营场所的流动性农村小商贩外）
办理税务登记的程序	（1）申请税务登记 （2）填写税务登记表 （3）税务登记证件的核发和管理

　　在全面实施企业、农民专业合作社工商营业执照、组织机构代码证、税务登记证、社会保险登记证、统计登记证"五证合一、一照一码"登记制度改革和个体工商户工商营业执照、税务登记证"两证整合"的基础上，将涉及企业、个体工商户和农民专业合作社登记、备案等有关事项和各类证照进一步整合到营业执照上，实现"多证合一、一照一码"。

　　2. 变更税务登记

　　（1）纳税人已在市场监管部门办理变更登记的，应当自变更登记之日起30日内，向原税务登记机关申报办理变更税务登记。

　　（2）税务机关应当于受理当日办理变更税务登记。

　　税务机关应当于受理当日办理变更税务登记。纳税人税务登记表和税务登记证中的内容都发生变更的，税务机关按变更后的内容重新发放税务登记证件；纳税人税务登记表的

329

内容发生变更而税务登记证中的内容未发生变更的，税务机关不重新发放税务登记证件。

3. 停业、复业登记

停业、复业登记，是指实行定期定额征收方式的纳税人，因自身经营的需要暂停经营或者恢复经营而向主管税务机关申请办理的税务登记手续。

（1）停业登记

实行定期定额征收方式的个体工商户需要停业的，应当在停业前向税务机关申报办理停业登记。纳税人的停业期限不得超过1年。

纳税人在申报办理停业登记时，应如实填写停业复业报告书，说明停业理由、停业期限、停业前的纳税情况和发票的领、用、存情况，并结清应纳税款、滞纳金、罚款。

【新东方提示】

纳税人在停业期间发生纳税义务的，应当依法申报缴纳税款。

（2）复业登记

纳税人停业期满不能及时恢复生产经营的，应当在停业期满前到税务机关办理延长停业登记，并如实填写停业复业报告书。

4. 外出经营报验登记

外出经营报验登记是指从事生产经营的纳税人到外县（市）进行临时性的生产经营活动时，按规定申报办理的税务登记手续。

（1）发放原则

① 纳税人在省税务机关管辖区域内跨县（市）经营的，是否开具《外出经营活动税收管理证明》（以下简称《外管证》）由省税务机关自行确定。

② 税务机关按照"一地一证"的原则，发放《外管证》。

（2）外管证期限

《外管证》的有效期限一般为30日，最长不得超过180日，但建筑安装行业纳税人项目合同期限超过180日的，按照合同期限确定有效期限。

（3）申报与撤销

① 纳税人应当自《外管证》签发之日起30日内，持《外管证》向经营地税务机关报验登记，并接受经营地税务机关的管理。

② 纳税人外出经营活动结束，应当向经营地税务机关填报《外出经营活动情况申报表》，并结清税款、缴销发票。

③ 纳税人应当在《外管证》有效期届满后10日内，持《外管证》回原税务登记地税务机关办理《外管证》缴销手续。

5. 注销税务登记

注销税务登记的有关规定，如表7-4所示。

表 7-4　注销税务登记

办理注销税务登记的原因	纳税人发生以下情形的,向主管税务机关申报办理注销税务登记: (1) 纳税人发生解散、破产、撤销以及其他情形,依法终止纳税义务的 (2) 纳税人被市场监管部门吊销营业执照或者被其他机关予以撤销登记的 (3) 纳税人因住所、经营地点变动,涉及变更税务登记机关的 (4) 境外企业在中国境内承包建筑、安装、装配、勘探工程和提供劳务的,项目完工、离开中国的	
申报办理注销税务登记的时限	(1) 纳税人发生解散、破产、撤销以及其他情形,依法终止纳税义务的,应当自有关机关批准或者宣告终止之日起 15 日内,向原税务登记机关申报办理注销税务登记 (2) 纳税人被市场监管部门吊销营业执照或者被其他机关予以撤销登记的,应当自营业执照被吊销或者被撤销登记之日起 15 日内,向原税务登记机关申报办理注销税务登记 (3) 纳税人因住所、经营地点变动,涉及改变税务登记机关的,应当在申请办理变更、注销登记前,或者住所、经营地点变动前,向原税务登记机关申报办理注销税务登记,并自注销税务登记之日起 30 日内向迁达地税务机关申报办理税务登记 (4) 境外企业在中国境内承包建筑、安装、装配、勘探工程和提供劳务的,应当在项目完工、离开中国前 15 日内,向原税务登记机关申报办理注销税务登记	
清税证明的出具	(1) 已实行"多证合一、一照一码"登记模式的企业办理注销登记,须先向主管税务机关申报清税,填写清税申报表	
	(2) 清税证明免办	符合市场监管部门简易注销条件申请简易注销的纳税人,未办理过涉税事宜或办理过涉税事宜但未领用发票(含代开发票)、无欠税(滞纳金)及罚款且没有其他未办结涉税事项的,可免于到税务机关办理清税证明
	(3) 清税证明即办	① 纳税人未办理过涉税事宜且主动到税务机关办理清税的,税务机关可根据纳税人提供的营业执照即时出具清税文书 ② 资料不齐的,可采取"承诺制"容缺办理,在其作出承诺后,即时出具清税文书 ③ 经人民法院裁定宣告破产的纳税人,持人民法院终结破产程序裁定书向税务机关申请税务注销的,税务机关即时出具清税文书 ④ 经人民法院裁定强制清算的市场主体,持人民法院终结强制清算程序的裁定申请税务注销的,税务机关即时出具清税文书
优化税务注销登记程序的其他规定	纳税人办理注销税务登记前,应当向税务机关提交相关证明文件和资料,结清应纳税款、多退(免)税款、滞纳金和罚款,缴销发票和税控设备,经税务机关核准后,办理注销税务登记手续	

6. 临时税务登记

从事生产、经营的个人应办而未办营业执照，但发生纳税义务的，可以按规定申请办理临时税务登记。

7. 非正常户的认定与解除

（1）纳税人负有纳税申报义务，但**连续3个月**所有税种均未进行纳税申报的，税收征管系统自动将其认定为非正常户，并停止其发票领购簿和发票的使用。

（2）对欠税的非正常户，税务机关依照《税收征收管理法》的规定追征税款及滞纳金。

（3）已认定为非正常户的纳税人，就其逾期未申报行为接受处罚、缴纳罚款，并补办纳税申报的，税收征管系统自动解除非正常状态，无须纳税人专门申请解除。

8. 扣缴税款登记

（1）已办理税务登记的扣缴义务人应当自扣缴义务发生之日起**30日内**，向税务登记地税务机关申报办理扣缴税款登记。税务机关在其税务登记证件上登记扣缴税款事项，税务机关不再发放扣缴税款登记证件。

（2）根据税收法律、行政法规的规定可不办理税务登记的扣缴义务人，应当自扣缴义务发生之日起**30日内**，向机构所在地税务机关申报办理扣缴税款登记，并由税务机关发放扣缴税款登记证件。

考点二　账簿和凭证管理★★★

一、账簿的设置

1. 从事生产、经营的纳税人应当自领取营业执照或者发生纳税义务之日起**15日内**按规定设置账簿。

2. 生产、经营规模小又确无建账能力的纳税人，可以聘请专业机构或财会人员代为建账和办理账务。聘请有实际困难的，经县以上税务机关批准，建立收支凭证粘贴簿、进货销货登记簿或者使用税控装置。

3. 扣缴义务人应当自税收法律、行政法规规定的扣缴义务发生之日起10日内，按照所代扣、代收的税种，分别设置代扣代缴、代收代缴税款账簿。

纳税人、扣缴义务人会计制度健全，能够通过计算机正确、完整计算其收入和所得或者代扣代缴、代收代缴税款情况的，其计算机输出的完整的书面会计记录，可视同会计账簿。

纳税人、扣缴义务人会计制度不健全，不能通过计算机正确、完整计算其收入和所得或者代扣代缴、代收代缴税款情况的，应当建立总账及与纳税或者代扣代缴、代收代缴税款有关的其他账簿。

二、对纳税人财务会计制度及其处理办法的管理

对纳税人财务会计制度及其处理办法的管理，如表 7-5 所示。

表 7-5　对纳税人财务会计制度及其处理办法的管理

备案制度	（1）从事生产、经营的纳税人应当自领取税务登记证件之日起 15 日内，将其财务、会计制度或者财务、会计处理办法报送主管税务机关备案 （2）纳税人使用计算机记账的，应当在使用前将会计电算化系统的会计核算软件、使用说明书及有关资料报送主管税务机关备案
税法规定优先	当财务、会计制度或者财务、会计处理办法与国务院或者国务院财政、税务主管部门有关税收的规定抵触的，依照国务院或者国务院财政、税务主管部门有关税收的规定计算缴纳税款
使用计算机记账	纳税人建立的会计电算化系统应当符合国家有关规定，并能正确、完整核算其收入或者所得

三、账簿、凭证等涉税资料的保存

从事生产、经营的纳税人、扣缴义务人必须按照规定的保管期限保管账簿、记账凭证、完税凭证及其他有关资料。账簿、记账凭证、报表、完税凭证、发票、出口凭证以及其他有关涉税资料应当保存 10 年；但是法律、行政法规另有规定的除外。

考点三　发票管理★★★

一、发票管理机关

发票管理机关及其管理的具体内容，如表 7-6 所示。

表 7-6　发票管理机关

机关单位	具体内容
税务机关	税务机关是发票的主管机关，负责发票印制、领购、开具、取得、保管、缴销的管理和监督
国家税务总局	（1）统一负责全国发票管理工作 （2）确定全国范围内统一式样的发票 （3）确定增值税专用发票的印制企业

机关单位	具体内容
省、自治区、直辖市税务机关	(1) 负责本行政区域内的发票管理工作 (2) 确定在省、自治区、直辖市范围内统一式样的发票 (3) 增值税专用发票外的其他发票，按照国家税务总局的规定，由省、自治区、直辖市税务机关确定的企业印制
财政、审计、市场监督管理、公安等有关部门	在各自职责范围内，配合税务机关做好发票管理工作

二、发票的种类、联次和内容

1. 发票的种类

发票的种类，如表7-7所示。

表7-7 发票的种类

类型	具体内容
增值税专用发票	增值税专用发票（折叠票）、增值税电子专用发票、机动车销售统一发票
增值税普通发票	包括增值税普通发票（折叠票、卷票）、增值税电子普通发票
特定范围使用的其他发票	包括农产品收购发票、农产品销售发票、门票、过路（过桥）费发票、定额发票、客运发票和二手车销售统一发票等

2. 发票的联次和内容

发票的联次和内容，如表7-8所示。

表7-8 发票的联次和内容

联次	发票的基本联次包括存根联、发票联、记账联 (1) 存根联：由收款方或开票方留存备查 (2) 发票联：由付款方或受票方作为付款原始凭证 (3) 记账联：由收款方或开票方作为记账原始凭证 (4) 省以上税务机关可根据发票管理情况以及纳税人经营业务需要，增减除发票联以外的其他联次，并确定其用途
基本内容	(1) 发票的基本内容包括发票的名称、发票代码和号码、联次及用途、客户名称、开户银行及账号、商品名称或经营项目、计量单位、数量、单价、大小写金额、开票人、开票日期、开票单位（个人）名称（章）等 (2) 省以上税务机关可根据经济活动以及发票管理需要，确定发票的具体内容

【新东方提示】

用票单位可以书面向税务机关要求使用印有本单位名称的发票，税务机关依法确认印有该单位名称发票的种类和数量。

三、发票的领购

（一）领购发票的程序

1. 主管税务机关根据领购单位和个人的经营范围和规模，确认领购发票的种类、数量以及领购方式，在 5 个工作日内发给发票领购簿。

2. 单位和个人领购发票时，应当按照税务机关的规定报告发票使用情况，税务机关应当按照规定进行查验。

（二）代开发票

1. 需要临时使用发票的单位和个人，可以凭购销商品、提供或者接受服务以及从事其他经营活动的书面证明、经办人身份证明，直接向经营地税务机关申请代开发票。

2. 依照税收法律、行政法规规定应当缴纳税款的，税务机关应当先征收税款，再开具发票。

3. 税务机关根据发票管理的需要，可以按照国务院税务主管部门的规定委托其他单位代开发票。禁止非法代开发票。

（三）外地经营领购发票

1. 税务机关对外省、自治区、直辖市来本辖区从事临时经营活动的单位和个人领购发票的，可以要求其提供保证人或者根据所领购发票的票面限额以及数量交纳不超过 1 万元的保证金，并限期缴销发票。

2. 按期缴销发票的，解除保证人的担保义务或者退还保证金；未按期缴销发票的，由保证人或者以保证金承担法律责任。

3. 税务机关收取保证金应当开具资金往来结算票据。

四、发票的开具和使用

（一）发票的开具

1. 开票主体

（1）销售商品、提供服务以及从事其他经营活动的单位和个人，对外发生经营业务收取款项，收款方应当向付款方开具发票。

【新东方提示】
特殊情况下，由付款方向收款方开具发票。
特殊情况是指：收购单位和扣缴义务人支付个人款项时，国家税务总局认为其他需要由付款方向收款方开具发票的。

（2）所有单位和从事生产、经营活动的个人在购买商品、接受服务以及从事其他经营活动支付款项，应当向收款方取得发票。

（3）在人民法院裁定受理破产申请之日至企业注销之日期间，企业因继续履行合同、生产经营或处置财产需要开具发票的，管理人可以以企业名义按规定申领开具发票或者代开发票。

2. 开票程序

（1）开具发票应当按照规定的时限、顺序、栏目，全部联次一次性如实开具，并加盖发票专用章。

（2）安装税控装置的单位和个人，应当按照规定使用税控装置开具发票，并按期向主管税务机关报送开具发票的数据。

（3）使用非税控电子器具开具发票的，应当将非税控电子器具使用的软件程序说明资料报主管税务机关备案，并按照规定保存、报送开具发票的数据。

3. 开票地域

除国务院税务主管部门规定的特殊情形外，发票限于领购单位和个人在本省、自治区、直辖市内开具。使用电子计算机开具发票，须经主管税务机关批准，并使用税务机关统一监制的机外发票，开具后的存根联应当按照顺序号装订成册。

4. 禁止性规定

取得发票的主体在取得发票时，不得要求开票主体变更品名和金额。

不符合规定的发票，不得作为财务报销凭证，任何单位和个人有权拒收。

任何单位和个人不得有下列虚开发票行为：

（1）为他人、为自己开具与实际经营业务情况不符的发票。

（2）让他人为自己开具与实际经营业务情况不符的发票。

（3）介绍他人开具与实际经营业务情况不符的发票。

（二）发票的使用和保管

任何单位和个人应当按照发票管理规定使用发票，不得有下列行为：

1. 转借、转让、介绍他人转让发票、发票监制章和发票防伪专用品。

2. 知道或者应当知道是私自印制、伪造、变造、非法取得或者废止的发票而受让、开具、存放、携带、邮寄、运输。

3. 拆本使用发票。

4. 扩大发票使用范围。

5. 以其他凭证代替发票使用。

> 【新东方提示】
> 开具发票的单位和个人应当按照税务机关的规定存放和保管发票，不得擅自损毁。已经开具的发票存根联和发票登记簿，应当保存5年。保存期满，报经税务机关查验后销毁。

【例题·多选题】（2020年）根据税收征收管理法律制度的规定，下列各项中，不符合发票使用规定的有（ ）。

A. 拆本使用发票　　　　　　B. 扩大发票使用范围
C. 转借发票监制章　　　　　D. 以其他凭证代替发票使用

【答案】ABCD

【解析】选项A、B、C、D正确。任何单位和个人应当按照发票管理规定使用发票，不得有下列行为：(1) 转借、转让、介绍他人转让发票、发票监制章和发票防伪专用品（选项C不符合）；(2) 知道或者应当知道是私自印制、伪造、变造、非法取得或者废止的发票而受让、开具、存放、携带、邮寄、运输；(3) 拆本使用发票（选项A不符合）；(4) 扩大发票使用范围（选项B不符合）；(5) 以其他凭证代替发票使用（选项D不符合）。

五、发票的检查

1. 在查处发票案件时，对与案件有关的情况和资料，可以记录、录音、录像、照相和复制。

2. 税务人员进行检查时，应当出示税务检查证。

3. 税务机关需要将已开具的发票调出查验时，应当向被查验的单位和个人开具发票换票证。发票换票证与所调出查验的发票有同等的效力。税务机关需要将空白发票调出查验时，应当开具收据；经查无问题的，应当及时返还。

六、网络发票

网络发票是指符合国家税务总局统一标准并通过国家税务总局及省、自治区、直辖市税务局公布的网络发票管理系统开具的发票。

1. 开具发票的单位和个人必须如实在线开具网络发票，不得利用网络发票进行转借、转让、虚开发票及其他违法活动。

2. 开具发票的单位和个人在网络出现故障，无法在线开具发票时，可离线开具发票。开具发票后，不得改动开票信息，并于 48 小时内上传开票信息。

考点四 纳税申报管理★★★

纳税申报，是指纳税人按照税法规定，定期就计算缴纳税款的有关事项向税务机关提交书面报告的法定手续。纳税申报是确定纳税人是否履行纳税义务，界定法律责任的主要依据。

一、纳税申报的内容

纳税人、扣缴义务人的纳税申报或者代扣代缴、代收代缴税款报告的主要内容包括税种、税目；应纳税项目或者应代扣代缴、代收代缴税款项目；计税依据；扣除项目及标准；适用税率或者单位税额；应退税项目及税额、应减免税项目及税额；应纳税额或者应代扣代缴、代收代缴税额；税款所属期限、延期缴纳税款、欠税、滞纳金等。

二、纳税申报的方式

1. 自行申报

自行申报也称直接申报，是指纳税人、扣缴义务人在规定的申报期限内，自行直接到税务机关指定的办税服务场所办理纳税申报手续。这是一种传统的申报方式。

2. 邮寄申报

邮寄申报以寄出的邮戳日期为实际申报日期。

3. 数据电文申报

申报日期以税务机关计算机网络系统收到该数据电文的时间为准，与数据电文相对应的纸质申报资料的报送期限由税务机关确定。

4. 其他方式

实行定期定额缴纳税款的纳税人，可以实行简易申报、简并征期等方式申报纳税。

三、纳税申报的其他要求

（一）无税、减免税期间的纳税申报

1. 纳税人在纳税期内没有应纳税款的，也应当按照规定办理纳税申报。

2. 纳税人享受减税、免税待遇的，在减税、免税期间应当按照规定办理纳税申报。

【例题·判断题】（2021年）纳税人享受免税待遇的，在免税期间不需要办理纳税申报。（ ）

【答案】×

【解析】纳税人享受减税、免税待遇的，在减税、免税期间应当按照规定办理纳税申报。

（二）破产期间的纳税申报

1. 在人民法院裁定受理破产申请之日至企业注销之日期间，企业应当接受税务机关的税务管理，履行税法规定的相关义务。

2. 破产程序中如发生应税情形，应按规定申报纳税。

（三）简并税费申报

1. 自 2021 年 5 月 1 日起，海南、陕西、大连和厦门开展增值税、消费税分别与城市维护建设税、教育费附加、地方教育附加申报表整合试点。

2. 自 2021 年 6 月 1 日起，纳税人申报缴纳城镇土地使用税、房产税、车船税、印花税、耕地占用税、资源税、土地增值税、契税、环境保护税、烟叶税中一个或多个税种时，使用《财产和行为税纳税申报表》。纳税人新增税源或税源变化时，需先填报《财产和行为税税源明细表》。

3. 自 2021 年 8 月 1 日起，增值税、消费税分别与城市维护建设税、教育费附加、地方教育附加申报表整合，启用《增值税及附加税费申报表（一般纳税人适用）》《增值税及附加税费申报表（小规模纳税人适用）》《增值税及附加税费预缴表》及其附列资料和《消费税及附加税费申报表》。

四、纳税申报的延期办理

1. 纳税人、扣缴义务人按照规定的期限办理纳税申报或者报送代扣代缴、代收代缴税款报告表确有困难，需要延期的，应当在规定的期限内向税务机关提出书面延期申请，经税务机关核准，在核准的期限内办理。

2. 纳税人、扣缴义务人因不可抗力，不能按期办理纳税申报或者报送代扣代缴、代收代缴税款报告表的，可以延期办理；但是，应当在不可抗力情形消除后立即向税务机关报告。税务机关应当查明事实，予以核准。

3. 经核准延期办理纳税申报、报送事项的，应当在纳税期内按照上期实际缴纳的税额或者税务机关核定的税额预缴税款，并在核准的延期内办理税款结算。

第三单元 税款征收

考点一 税款征收方式★★

税款征收是税收征收管理工作的中心环节,是全部税收征管工作的目的和归宿。

税款征收的方式及适用对象,如表7-9所示。

表7-9 税款征收的方式及适用对象

方式	适用对象
查账征收	(1)针对财务会计制度健全的纳税人,税务机关依据其报送的纳税申报表、财务会计报表和其他有关纳税资料,依照适用税率,计算其应缴纳税款的税款征收方式 (2)适用于财务会计制度健全,能够如实核算和提供生产经营情况,并能正确计算应纳税款和如实履行纳税义务的纳税人
查定征收	(1)对账务不全,但能控制其材料、产量或进销货物的纳税单位或个人,由税务机关依据正常条件下的生产能力对其生产的应税产品查定产量、销售额并据以征收税款的征收方式 (2)适用于生产经营规模较小、产品零星、税源分散、会计账册不健全,但能控制原材料或进销货的小型厂矿和作坊
查验征收	(1)税务机关对纳税人的应税商品、产品,通过查验数量,按市场一般销售单价计算其销售收入,并据以计算应纳税款的税款征收方式 (2)适用于纳税人财务制度不健全,生产经营不固定,零星分散、流动性大的税源
定期定额征收	(1)税务机关对小型个体工商户在一定经营地点、一定经营时期、一定经营范围内的应纳税经营额(包括经营数量)或所得额进行核定,并以此为计税依据,确定其应缴纳税额的一种税款征收方式 (2)适用于经税务机关认定和县以上税务机关(含县级)批准的生产、经营规模小,达不到《个体工商户建账管理暂行办法》规定设置账簿标准,难以查账征收,不能准确计算计税依据的个体工商户(包括个人独资企业)
扣缴征收	(1)扣缴征收包括代扣代缴和代收代缴两种征收方式 (2)扣缴义务人依照法律、行政法规的规定履行代扣、代收税款的义务。税务机关按照规定付给扣缴义务人代扣、代收手续费 (3)对法律、行政法规没有规定负有代扣、代收税款义务的单位和个人,税务机关不得要求其履行代扣、代收税款义务 (4)扣缴义务人依法履行代扣、代收税款义务时,纳税人不得拒绝;纳税人拒绝的,扣缴义务人应当及时报告税务机关处理

第二部分　考点精讲/第七章　税收征管法律制度

续表

方式	适用对象
委托征收	（1）委托代征税款，是指税务机关根据有利于税收控管和方便纳税的原则，按照国家有关规定，通过委托形式将税款委托给代征单位或个人以税务机关的名义代为征收，并将税款缴入国库的一种税款征收方式 （2）税务机关向代征单位或个人发给委托代征证书，受托代征单位或个人按照代征证书的要求，以税务机关的名义依法征收税款，纳税人不得拒绝；纳税人拒绝的，受托代征单位或个人应当及时报告税务机关处理 （3）适用于零星分散和异地缴纳的税收

【例题·单选题】（2022 年）受托单位按照税务机关核发的代征证书的要求，以税务机关的名义向纳税人征收零星分散税款的税款征收方式是（　　）。

A. 查账征收　　　　　　　B. 委托代征
C. 扣缴征收　　　　　　　D. 查验征收

【答案】B

【解析】选项 B 正确。委托代征税款，是指税务机关根据有利于税收控管和方便纳税的原则，按照国家有关规定，通过委托形式将税款委托给代征单位或个人以税务机关的名义代为征收，并将税款缴入国库的一种税款征收方式。适用于零星分散和异地缴纳的税收。

考点二　应纳税额的核定和调整★★★

一、应纳税额的核定

（一）核定应纳税额的情形
纳税人有下列情形之一的，税务机关有权核定其应纳税额：
1. 依照法律、行政法规的规定可以不设置账簿的。
2. 依照法律、行政法规的规定应当设置但未设置账簿的。
3. 擅自销毁账簿或者拒不提供纳税资料的。
4. 虽设置账簿，但账目混乱或者成本资料、收入凭证、费用凭证残缺不全，难以查账的。
5. 发生纳税义务，未按照规定的期限办理纳税申报，经税务机关责令限期申报，逾期仍不申报的。
6. 纳税人申报的计税依据明显偏低，又无正当理由的。

【例题·判断题】（2020 年）纳税人申报的计税依据明显偏低，又无正当理由的，税务机关有权核定其应纳税额。（　　）

【答案】√

【解析】纳税人有下列情形之一的，税务机关有权核定其应纳税额：（1）依照法律、行政法规的规定可以不设置账簿的;(2)依照法律、行政法规的规定应当设置但未设置账簿的;(3)擅自销毁账簿或者拒不提供纳税资料的;(4)虽设置账簿,但账目混乱或者成本资料、收入凭证、费用凭证残缺不全,难以查账的;(5)发生纳税义务,未按照规定的期限办理纳税申报,经税务机关责令限期申报,逾期仍不申报的;(6)纳税人申报的计税依据明显偏低,又无正当理由的。

（二）核定应纳税额的方法

1. 参照当地同类行业或者类似行业中经营规模和收入水平相近的纳税人的税负水平核定。
2. 按照营业收入或者成本加合理的费用和利润的方法核定。
3. 按照耗用的原材料、燃料、动力等推算或者测算核定。
4. 按照其他合理方法核定。

【新东方提示】

（1）当其中一种方法不足以正确核定应纳税额时,可以同时采用两种以上的方法核定。

（2）纳税人对税务机关采取上述方法核定的应纳税额有异议的,应当提供相关证据,经税务机关认定后,调整应纳税额。

二、应纳税额的调整

（一）应纳税额调整的情形

纳税人与其关联企业之间的业务往来有下列情形之一的,税务机关可以调整其应纳税额:
1. 购销业务未按照独立企业之间的业务往来作价。
2. 融通资金所支付或者收取的利息超过或者低于没有关联关系的企业之间所能同意的数额,或者利率超过或者低于同类业务的正常利率。
3. 提供劳务,未按照独立企业之间业务往来收取或者支付劳务费用。
4. 转让财产、提供财产使用权等业务往来,未按照独立企业之间业务往来作价或者收取、支付费用。
5. 未按照独立企业之间业务往来作价的其他情形。

（二）应纳税额调整的方法

纳税人发生上述情形的,税务机关可以按照下列方法调整计税收入额或者所得额:
1. 按照独立企业之间进行的相同或者类似业务活动的价格。
2. 按照再销售给无关联关系的第三者的价格所应取得的收入和利润水平。

3. 按照成本加合理的费用和利润。
4. 按照其他合理的方法。

（三）应纳税额调整的期限

纳税人与其关联企业未按照独立企业之间的业务往来支付价款、费用的，税务机关自该业务往来发生的纳税年度起 3 年内进行调整；有特殊情况的，可以自该业务往来发生的纳税年度起 10 年内进行调整。

考点三 应纳税款的缴纳 ★★★

一、应纳税款的当期缴纳

1. 应纳税款的当期缴纳是指纳税人、扣缴义务人按照法律、行政法规规定或者税务机关依照法律、行政法规的规定确定的期限，缴纳或者解缴税款。
2. 税务机关收到税款后，应当向纳税人开具完税凭证。
3. 完税凭证，是指各种完税证、缴款书、印花税票、扣（收）税凭证以及其他完税证明。
4. 完税凭证不得转借、倒卖、变造或者伪造。

二、应纳税款的延期缴纳

1. 纳税人因有特殊困难，不能按期缴纳税款的，经省、自治区、直辖市税务局批准，可以延期缴纳税款，但是最长不得超过 3 个月。
2. 纳税人需要延期缴纳税款的，应当在缴纳税款期限届满前提出申请，税务机关应当自收到申请延期缴纳税款报告之日起 20 日内作出批准或者不予批准的决定；不予批准的，从缴纳税款期限届满之日起加收滞纳金。

考点四 税款征收的保障措施 ★★★

一、责令缴纳

1. 对纳税人、扣缴义务人、纳税担保人应缴纳的欠税，税务机关可责令其限期缴纳。
2. 从事生产、经营的纳税人、扣缴义务人未按照规定的期限缴纳或者解缴税款的，纳税担保人未按照规定的期限缴纳所担保的税款的，由税务机关发出限期缴纳税款通知书，责令缴纳或者解缴税款的最长期限不得超过 15 日。
3. 对存在欠税行为的纳税人、扣缴义务人、纳税担保人，税务机关可责令其先行缴纳欠税，再依法缴纳滞纳金。逾期仍未缴纳的，税务机关可以采取税收强制执行措施。

4. 滞纳金按日加收，日收取标准为滞纳税款的万分之五。

> 【新东方提示】
>
> 加收滞纳金的起止时间，为法律、行政法规规定或者税务机关依照法律、行政法规的规定确定的税款缴纳期限届满次日起至纳税人、扣缴义务人实际缴纳或者解缴税款之日止。

5. 对未按照规定办理税务登记的从事生产、经营的纳税人，以及临时从事经营的纳税人，税务机关核定其应纳税额，责令其缴纳应纳税款。

6. 税务机关有根据认为从事生产、经营的纳税人有逃避纳税义务行为，可在规定的纳税期之前责令其限期缴纳应纳税款。逾期仍未缴纳的，税务机关有权采取其他税款征收措施。

7. 纳税担保人未按照规定的期限缴纳所担保的税款，税务机关可责令其限期缴纳应纳税款。逾期仍未缴纳的，税务机关有权采取其他税款征收措施。

二、责令提供纳税担保

纳税担保相关内容，如表 7-10 所示。

表 7-10 纳税担保

适用情形	（1）税务机关有根据认为纳税人有逃避纳税义务行为，在规定的纳税期之前经责令其限期缴纳应纳税款，在限期内发现纳税人有明显的转移、隐匿其应纳税的商品、货物以及其他财产或者应纳税收入的迹象，责成纳税人提供纳税担保的 （2）欠缴税款、滞纳金的纳税人或者其法定代表人需要出境的 （3）纳税人同税务机关在纳税上发生争议而未缴清税款，需要申请行政复议的 （4）税收法律、行政法规规定可以提供纳税担保的其他情形
担保范围	包括税款、滞纳金和实现税款、滞纳金的费用 【新东方提示】 （1）费用包括抵押、质押登记费用，质押保管费用，以及保管、拍卖、变卖担保财产等相关费用支出 （2）用于纳税担保的财产、权利的价值不得低于应当缴纳的税款、滞纳金，并考虑相关的费用 （3）纳税担保的财产价值不足以抵缴税款、滞纳金的，税务机关应当向提供担保的纳税人或纳税担保人继续追缴

续表

担保方式	纳税保证		
	概念	纳税保证是指纳税保证人向税务机关保证，当纳税人未按照税收法律、行政法规规定或者税务机关确定的期限缴清税款、滞纳金时，由纳税保证人按照约定履行缴纳税款及滞纳金的行为	
	保证人	纳税保证人，是指在中国境内具有纳税担保能力的自然人、法人或者其他经济组织	
	生效	（1）纳税保证须经税务机关认可，税务机关不认可的，保证不成立 （2）纳税保证人同意为纳税人提供纳税担保的，应当填写纳税担保书 （3）纳税担保书须经纳税人、纳税保证人签字盖章并经税务机关签字盖章同意方为有效 （4）纳税担保从税务机关在纳税担保书签字盖章之日起生效	
	保证责任	纳税保证为连带责任保证，纳税人和纳税保证人对所担保的税款及滞纳金承担连带责任 【新东方提示】 纳税保证期间内税务机关未通知纳税保证人缴纳税款及滞纳金以承担担保责任的，纳税保证人免除担保责任	
	保证期间	税务机关自纳税人应缴纳税款的期限届满之日起60日内有权要求纳税保证人承担保证责任	
	履行责任期限	纳税保证人应当自收到税务机关的纳税通知书之日起15日内履行保证责任，缴纳税款及滞纳金	
	纳税抵押		
	概念	纳税抵押是指纳税人或纳税担保人不转移对可抵押财产的占有，将该财产作为税款及滞纳金的担保	
	生效	（1）纳税人提供抵押担保的，应当填写纳税担保书和纳税担保财产清单 （2）纳税担保财产清单应当写明财产价值以及相关事项 （3）纳税担保书和纳税担保财产清单须经纳税人签字盖章并经税务机关确认 （4）纳税抵押财产应当办理抵押物登记 （5）纳税抵押自抵押物登记之日起生效	
	保证责任	纳税人在规定的期限内未缴清税款、滞纳金的，税务机关应当依法拍卖、变卖抵押物，变价抵缴税款、滞纳金	
	纳税质押		
	概念	纳税质押是指经税务机关同意，纳税人或纳税担保人将其动产或权利凭证移交税务机关占有，将该动产或权利凭证作为税款及滞纳金的担保	

续表

担保方式	纳税质押	
	分类	纳税质押分为动产质押和权利质押
	生效	（1）纳税人提供质押担保的，应当填写纳税担保书和纳税担保财产清单并签字盖章 （2）纳税担保财产清单应当写明财产价值及相关事项 （3）纳税质押自纳税担保书和纳税担保财产清单经税务机关确认和质物移交之日起生效
	保证责任	（1）纳税人在规定的期限内缴清税款及滞纳金的，税务机关应当自纳税人缴清税款及滞纳金之日起3个工作日内返还质物，解除质押关系 （2）纳税人在规定的期限内未缴清税款、滞纳金的，税务机关应当依法拍卖、变卖质物，抵缴税款、滞纳金

【例题·判断题】（2022年）纳税担保可以采用抵押的方式。（　　）

【答案】√

【解析】纳税担保方式主要有纳税保证、纳税抵押和纳税质押。

三、采取税收保全措施

税务机关认为有逃避纳税义务行为的纳税人具有税法规定的情形，责令其提供纳税担保而纳税人不能提供纳税担保的，经县以上税务局（分局）局长批准，税务机关可以采取税收保全措施。

税收保全措施相关内容，如表 7-11 所示。

表 7-11　税收保全措施

前提条件	（1）税务机关有根据认为从事生产、经营的纳税人有逃避纳税义务行为 （2）纳税人逃避纳税义务的行为发生在规定的纳税期之前，以及在责令限期缴纳应纳税款的限期内 （3）税务机关责成纳税人提供纳税担保后，纳税人不能提供纳税担保 （4）经县以上税务局（分局）局长批准
措施	（1）书面通知纳税人开户银行或者其他金融机构冻结纳税人的金额相当于应纳税款的存款 （2）扣押、查封纳税人的价值相当于应纳税款的商品、货物或其他财产
不适用的财产	（1）个人及其所扶养家属维持生活必需的住房和用品，不在税收保全措施范围之内 （2）个人及其所扶养家属维持生活必需的住房和用品不包括机动车辆、金银饰品、古玩字画、豪华住宅或者一处以外的住房 （3）税务机关对单价5 000元以下的其他生活用品，不采取税收保全措施和强制执行措施

续表

期限	一般不得超过6个月；重大案件需要延长的，应当报国家税务总局批准
解除	（1）纳税人在规定期限内缴纳了应纳税款的，税务机关必须立即解除税收保全措施 （2）纳税人在规定的限期期满仍未缴纳税款的，经县以上税务局（分局）局长批准，终止保全措施，转入强制执行措施

【例题·单选题】（2021年）根据税收征收管理法律制度的规定，下列各项中，属于税收保全措施的是（   ）。

A. 扣押纳税人的价值相当于应纳税款的货物
B. 加收滞纳金
C. 责令纳税人提供担保
D. 书面通知纳税人开户银行从纳税人存款中扣缴税款

【答案】A

【解析】选项A正确。税务机关可以采取下列税收保全措施：（1）书面通知纳税人开户银行或者其他金融机构冻结纳税人的金额相当于应纳税款的存款；（2）扣押、查封纳税人的价值相当于应纳税款的商品、货物或者其他财产。其他财产包括纳税人的房地产、现金、有价证券等不动产和动产（选项A）。

四、采取强制执行措施

从事生产、经营的纳税人、扣缴义务人未按照规定的期限缴纳或者解缴税款，纳税担保人未按照规定的期限缴纳所担保的税款，由税务机关责令限期缴纳，逾期仍未缴纳的，经县以上税务局（分局）局长批准，税务机关可以采取下列强制执行措施。

强制执行措施相关内容，如表7-12所示。

表7-12　强制执行措施

对象	（1）未按照规定的期限缴纳或者解缴税款，经税务机关责令限期缴纳，逾期仍未缴纳税款的从事生产、经营的纳税人、扣缴义务人 （2）未按照规定的期限缴纳所担保的税款，经税务机关责令限期缴纳，逾期仍未缴纳税款的纳税担保人
措施	（1）强制扣款：书面通知其开户银行或者其他金融机构从其存款中扣缴税款 （2）拍卖变卖：扣押、查封、依法拍卖或者变卖其价值相当于应纳税款的商品、货物或者其他财产，以拍卖或者变卖所得抵缴税款
滞纳金的执行	税务机关采取强制执行措施时，对纳税人、扣缴义务人、纳税担保人未缴纳的滞纳金同时强制执行。对纳税人已缴纳税款，但拒不缴纳滞纳金的，税务机关可以单独对纳税人应缴未缴的滞纳金采取强制措施

续表

抵税财物的拍卖与变卖	（1）税务机关将扣押、查封的商品、货物或者其他财产变价抵缴税款时，应当交由依法成立的拍卖机构拍卖 （2）无法委托拍卖或者不适于拍卖的，可以交由当地商业企业代为销售，也可以责令纳税人限期处理 （3）无法委托商业企业销售，纳税人也无法处理的，可以由税务机关变价处理，具体办法由国家税务总局规定 （4）国家禁止自由买卖的商品，应当交由有关单位按照国家规定的价格收购 （5）拍卖或者变卖所得抵缴税款、滞纳金、罚款以及拍卖、变卖等费用后，剩余部分应当在3日内退还被执行人

【新东方提示】

税收保全 VS 强制执行

税收保全 VS 强制执行的相关内容，如表7-13所示。

表7-13　税收保全 VS 强制执行

项目	税收保全	强制执行
对象	从事生产、经营的纳税人（不含扣缴义务人和纳税担保人）	从事生产、经营的纳税人、扣缴义务人、纳税担保人
前提	纳税人拒绝提供纳税担保或无力提供纳税担保的	税务机关责令限期缴纳，逾期仍未缴纳的
审批	县以上税务局（分局）局长	
具体措施	（1）冻结相当于应纳税款的存款 （2）扣押、查封相当于应纳税款的商品、货物或其他财产	（1）从其存款中扣缴税款 （2）以拍卖或者变卖所得抵缴税款

五、欠税清缴

（一）离境清缴

欠缴税款的纳税人或者他的法定代表人需要出境的，应当在出境前向税务机关结清应纳税款、滞纳金或者提供担保。

（二）税收代位权和撤销权

欠缴税款的纳税人因怠于行使到期债权，或者放弃到期债权，或者无偿转让财产，或者以明显不合理的低价转让财产而受让人知道该情形，对国家税收造成损害的，税务机关可以依法行使代位权、撤销权。税务机关依法行使代位权、撤销权的，不免除欠缴税款的纳税人尚未履行的纳税义务和应承担的法律责任。

（三）欠税报告

1. 纳税人有欠税情形而以其财产设定抵押、质押的，应当向抵押权人、质权人说明其欠税情况。抵押权人、质权人可以请求税务机关提供有关的欠税情况。

2. 纳税人有解散、撤销、破产情形的，在清算前应当向其主管税务机关报告；未结清税款的，由其主管税务机关参加清算。

3. 纳税人有合并、分立情形的，应当向税务机关报告，并依法缴清税款。

（1）纳税人合并时未缴清税款的：应当由合并后的纳税人继续履行未履行的纳税义务；

（2）纳税人分立时未缴清税款的：分立后的纳税人对未履行的纳税义务应当承担连带责任。

4. 欠缴税款 5 万元以上的纳税人在处分其不动产或者大额资产之前，应当向税务机关报告。

（四）欠税公告

县级以上各级税务机关应当将纳税人的欠税情况，在办税场所或者广播、电视、报纸、期刊、网络等新闻媒体上定期公告。

对纳税人欠缴税款的情况实行定期公告的办法，由国家税务总局制定。

六、税收优先权

1. 税务机关征收税款，税收优先于无担保债权，法律另有规定的除外。

2. 纳税人欠缴的税款发生在纳税人以其财产设定抵押、质押或者纳税人的财产被留置之前的，税收应当先于抵押权、质权、留置权执行。

3. 纳税人欠缴税款，同时又被行政机关决定处以罚款、没收违法所得的，税收优先于罚款、没收违法所得。

七、阻止出境

欠缴税款的纳税人或其法定代表人在出境前未按规定结清应纳税款、滞纳金或者提供纳税担保的，税务机关可以通知出入境管理机关阻止其出境。

考点五 税款征收的其他规定★★

一、税款征收的其他规定

税款征收的其他规定，如表7-14所示。

表7-14 税款征收的其他规定

类型	具体内容
税收减免	（1）地方各级人民政府、各级人民政府主管部门、单位和个人违反法律、行政法规规定，擅自作出的减税、免税决定无效，税务机关不得执行，并向上级税务机关报告 （2）享受减税、免税优惠的纳税人，减税、免税期满，应当自期满次日起恢复纳税 （3）减税、免税条件发生变化的，应当在纳税申报时向税务机关报告；不再符合减税、免税条件的，应当依法履行纳税义务；未依法纳税的，税务机关应当予以追缴
税款的退还	（1）纳税人超过应纳税额缴纳的税款，税务机关发现后，应当自发现之日起10日内办理退还手续 （2）纳税人自结算缴纳税款之日起3年内发现多缴税款的，可以向税务机关要求退还多缴的税款并加算银行同期存款利息，税务机关应当自接到纳税人退还申请之日起30日内查实并办理退还手续 （3）涉及从国库中退库的，依照法律、行政法规有关国库管理的规定退还 【新东方提示】 当纳税人既有应退税款又有欠缴税款的，税务机关可以将应退税款和利息先抵扣欠缴税款；抵扣后有余额的，退还纳税人
税款的补缴和追征	（1）因税务机关的责任，致使纳税人、扣缴义务人未缴或者少缴税款的，税务机关在3年内可以要求纳税人、扣缴义务人补缴税款，但是不得加收滞纳金 （2）因纳税人、扣缴义务人计算错误等失误，未缴或者少缴税款的，税务机关在3年内可以追征税款、滞纳金；有特殊情况的，追征期可以延长到5年 【新东方提示】 ① 特殊情况，是指纳税人或者扣缴义务人因计算错误等失误，未缴或者少缴、未扣或者少扣、未收或者少收税款，累计数额在10万元以上的 ② 补缴和追征税款、滞纳金的期限，自纳税人、扣缴义务人应缴未缴或者少缴税款之日起计算 ③ 对偷税（逃税）、抗税、骗税的，税务机关追征其未缴或者少缴的税款、滞纳金或者所骗取的税款，不受前述规定期限的限制

二、无欠税证明的开具

为积极回应市场主体需求，切实服务和便利纳税人，国家税务总局决定自 2020 年 3 月 1 日起向纳税人提供无欠税证明开具服务。

（一）无欠税证明的含义

无欠税证明是指税务机关依纳税人申请，根据税收征管信息系统所记载的信息，为纳税人开具的表明其不存在欠税情形的证明。

（二）不存在欠税情形

不存在欠税情形，是指纳税人在税收征管信息系统中，不存在应申报未申报记录且无下列应缴未缴的税款：

1. 办理纳税申报后，纳税人未在税款缴纳期限内缴纳的税款。
2. 经批准延期缴纳的税款期限已满，纳税人未在税款缴纳期限内缴纳的税款。
3. 税务机关检查已查定纳税人的应补税额，纳税人未缴纳的税款。
4. 税务机关根据《税收征收管理法》第二十七条、第三十五条核定纳税人的应纳税额，纳税人未在税款缴纳期限内缴纳的税款。
5. 纳税人的其他未在税款缴纳期限内缴纳的税款。

（三）无欠税证明的申请

1. 纳税人因境外投标、企业上市等需要，确需开具无欠税证明的，可以向主管税务机关申请办理。
2. 已实行实名办税的纳税人到主管税务机关申请开具无欠税证明的，办税人员持有效身份证件直接申请开具，无须提供登记证照副本或税务登记证副本。
3. 未办理实名办税的纳税人到主管税务机关申请开具无欠税证明的，区分以下情况提供相关有效证件：

（1）单位纳税人和个体工商户，提供市场监管部门或其他登记机关发放的登记证照副本或税务登记证副本，以及经办人有效身份证件。

（2）自然人纳税人，提供本人有效身份证件；委托他人代为申请开具的，还需一并提供委托书、委托人及受托人有效身份证件。

（四）无欠税证明的开具

对申请开具无欠税证明的纳税人，证件齐全的，主管税务机关应当受理其申请。

第四单元 税务检查

考点一 税务机关在税务检查中的职权和职责★★

一、税务检查的范围

税务机关有权进行下列税务检查：

1. 检查纳税人的账簿、记账凭证、报表和有关资料，检查扣缴义务人代扣代缴、代收代缴税款账簿、记账凭证和有关资料；

2. 到纳税人的生产、经营场所和货物存放地（不包括居住场所）检查纳税人应纳税的商品、货物或者其他财产；检查扣缴义务人与代扣代缴、代收代缴税款有关的经营情况；

3. 责成纳税人、扣缴义务人提供与纳税或者代扣代缴、代收代缴税款有关的文件、证明材料和有关资料；

4. 询问纳税人、扣缴义务人与纳税或者代扣代缴、代收代缴税款有关的问题和情况；

5. 到车站、码头、机场、邮政企业及其分支机构检查纳税人托运、邮寄应纳税商品、货物或者其他财产的有关单据、凭证和有关资料；

6. 经县以上税务局（分局）局长批准，凭全国统一格式的检查存款账户许可证明，查询从事生产、经营的纳税人、扣缴义务人在银行或者其他金融机构的存款账户。

> 【新东方提示】
> 税务机关在调查税收违法案件时，经设区的市、自治州以上税务局（分局）局长批准，可以查询案件涉嫌人员的储蓄存款。税务机关查询所获得的资料，不得用于税收以外的用途。

二、税务检查的措施与手段

1. 税务机关对从事生产、经营的纳税人以前纳税期的纳税情况依法进行税务检查时，发现纳税人有逃避纳税义务行为，并有明显的转移、隐匿其应纳税的商品、货物以及其他财产或者应纳税收入的迹象的，可以采取税收保全措施或者强制执行措施。

2. 税务机关调查税务违法案件时，对与案件有关的情况和资料，可以记录、录音、录像、照相和复制。

三、税务检查应遵守的义务

1. 税务机关派出的人员进行税务检查时，应当出示税务检查证和税务检查通知书，并有责任为被检查人保守秘密。

2. 未出示税务检查证和税务检查通知书的，被检查人有权拒绝检查。

【例题·判断题】（2021 年）税务机关派出的人员进行税务检查时，应当出示税务检查证和税务检查通知书，并有责任为被检查人保守秘密。（   ）

【答案】√

【解析】税务机关派出的人员进行税务检查时，应当出示税务检查证和税务检查通知书，并有责任为被检查人保守秘密；未出示税务检查证和税务检查通知书的，被检查人有权拒绝检查。

考点二 被检查人的义务★

1. 纳税人、扣缴义务人必须接受税务机关依法进行的税务检查，如实反映情况，提供有关资料，不得拒绝、隐瞒。

2. 税务机关依法进行税务检查，向有关单位和个人调查纳税人、扣缴义务人和其他当事人与纳税或者代扣代缴、代收代缴税款有关的情况时，有关单位和个人有义务向税务机关如实提供有关资料及证明材料。

考点三 纳税信用管理★★★

纳税信用管理，是指税务机关对纳税人的纳税信用信息开展的采集、评价、确定、发布和应用等活动，有利于促进纳税人诚信自律，提高税法遵从度，推进社会信用体系建设。

一、纳税信用管理的主体

纳税信用管理的主体相关内容，如表 7-15 所示。

表 7-15 纳税信用管理的主体

管理机构	国家税务总局主管全国纳税信用管理工作。省以下税务机关负责所辖地区纳税信用管理工作的组织和实施
参与企业	（1）已办理税务登记，从事生产、经营并适用查账征收的独立核算企业纳税人（以下简称纳税人）

续表

参与企业	（2）从首次在税务机关办理涉税事宜之日起时间不满一个评价年度的企业（以下简称新设立企业）。评价年度是指公历年度，即1月1日至12月31日 （3）评价年度内无生产经营业务收入的企业 （4）适用企业所得税核定征收办法的企业 【新东方提示】 非独立核算分支机构可自愿参与纳税信用评价

二、纳税信用信息采集

1. 纳税信用信息的范围

纳税信用信息的范围，如表7-16所示。

表7-16 纳税信用信息的范围

信用历史信息	（1）基本信息 （2）评价年度之前的纳税信用记录 （3）相关部门评定的优良信用记录和不良信用记录
税务内部信息	（1）经常性指标信息 （2）非经常性指标信息
外部信息	（1）外部参考信息 （2）外部评价信息

2. 纳税信用信息采集的实施

纳税信用信息采集工作由国家税务总局和省税务机关组织实施，按月采集。

三、纳税信用评价

（一）纳税信用评价的方式

纳税信用评价采取年度评价指标得分和直接判级方式。

1. 评价指标包括税务内部信息和外部评价信息

年度评价指标得分采取扣分方式：

（1）近三个评价年度内存在非经常性指标信息的，从100分起评。

（2）近三个评价年度内没有非经常性指标信息的，从90分起评。

2. 直接判级适用于有严重失信行为的纳税人

（二）纳税信用评价周期

1. 纳税信用评价周期为一个纳税年度。
2. 有下列情形之一的纳税人，不参加本期的评价：
（1）纳入纳税信用管理时间不满一个评价年度的。
（2）因涉嫌税收违法被立案查处尚未结案的。
（3）被审计、财政部门依法查出税收违法行为，税务机关正在依法处理，尚未办结的。
（4）已申请税务行政复议、提起行政诉讼尚未结案的。
（5）其他不应参加本期评价的情形。

（三）纳税信用级别

纳税信用级别设 A、B、M、C、D 五级，具体内容如表 7-17 所示。

表 7-17　纳税信用级别

A 级	纳税信用为年度评价指标得分 90 分以上的
	有下列情形之一的纳税人，本评价年度不能评为 A 级： （1）实际生产经营期不满 3 年的 （2）上一评价年度纳税信用评价结果为 D 级的 （3）非正常原因一个评价年度内增值税连续 3 个月或者累计 6 个月零申报、负申报的 （4）不能按照国家统一的会计制度规定设置账簿，并根据合法、有效凭证核算，向税务机关提供准确税务资料的
B 级	纳税信用为年度评价指标得分 70 分以上不满 90 分的
M 级	纳税信用为评价年度未被直接判为 D 级的新设立企业和评价年度内无生产经营业务收入且年度评价指标得分 70 分以上的企业
C 级	纳税信用为年度评价指标得分 40 分以上不满 70 分的
D 级	纳税信用为年度评价指标得分不满 40 分或者直接判级确定的
	有下列情形之一的纳税人，本评价年度直接判为 D 级： （1）存在偷税（逃税）、逃避追缴欠税、骗取出口退税、虚开增值税专用发票等行为，经判决构成涉税犯罪的 （2）存在前项所列行为，未构成犯罪，但偷税（逃税）金额 10 万元以上且占各税种应纳税总额 10% 以上，或者存在逃避追缴欠税、骗取出口退税、虚开增值税专用发票等税收违法行为，已缴纳税款、滞纳金、罚款的 （3）在规定期限内未按税务机关处理结论缴纳或者足额缴纳税款、滞纳金和罚款的 （4）以暴力、威胁方法拒不缴纳税款或者拒绝、阻挠税务机关依法实施税务稽查执法行为的

D 级	（5）存在违反增值税发票管理规定或者违反其他发票管理规定的行为，导致其他单位或者个人未缴、少缴或者骗取税款的 （6）提供虚假申报材料享受税收优惠政策的 （7）骗取国家出口退税款，被停止出口退（免）税资格未到期的 （8）有非正常户记录或者由非正常户直接责任人员注册登记或者负责经营的 （9）由 D 级纳税人的直接责任人员注册登记或者负责经营的 （10）存在税务机关依法认定的其他严重失信情形的
不影响纳税人纳税信用评价的情形	（1）由于税务机关原因或者不可抗力，造成纳税人未能及时履行纳税义务的 （2）非主观故意的计算公式运用错误以及明显的笔误造成未缴或者少缴税款的 （3）国家税务总局认定的其他不影响纳税信用评价的情形

（四）纳税信用评价结果

1. 纳税信用评价结果的确定和发布

（1）纳税信用评价结果的确定和发布遵循谁评价、谁确定、谁发布的原则。

（2）税务机关每年4月确定上一年度纳税信用评价结果，并为纳税人提供自我查询服务。

（3）纳税人对纳税信用评价结果有异议的，可以书面向作出评价的税务机关申请复评。作出评价的税务机关应按规定进行复核。

（4）税务机关对纳税信用评价结果，按分级分类原则，依法有序开放：主动公开 A 级纳税人名单及相关信息；根据社会信用体系建设需要，以及与相关部门信用信息共建共享合作备忘录、协议等规定，逐步开放 B、M、C、D 级纳税人名单及相关信息；定期或者不定期公布重大税收违法案件信息。

2. 纳税信用评价结果的应用

税务机关按照守信激励、失信惩戒的原则对不同信用级别的纳税人实施分类服务和管理，如表 7-18 所示。

表 7-18 纳税信用级别分类服务和管理

A 级	税务机关予以下列激励措施： （1）主动向社会公告年度 A 级纳税人名单 （2）一般纳税人可单次领取 3 个月的增值税发票用量，需要调整增值税发票用量时即时办理 （3）普通发票按需领用 （4）连续3年被评为A级信用级别（简称 3 连 A）的纳税人，除享受以上措施外，还可以由税务机关提供绿色通道或专门人员帮助办理涉税事项 （5）税务机关与相关部门实施的联合激励措施，以及结合当地实际情况采取的其他激励措施

续表

B级	税务机关实施正常管理，适时进行税收政策和管理规定的辅导，并视信用评价状态变化趋势选择性地提供上述激励措施
M级	税务机关适时进行税收政策和管理规定的辅导
C级	税务机关应依法从严管理，并视信用评价状态变化趋势选择性地采取上述管理措施
D级	税务机关采取以下措施： （1）公开D级纳税人及其直接责任人员名单，对直接责任人员注册登记或者负责经营的其他纳税人纳税信用直接判为D级 （2）增值税专用发票领用按辅导期一般纳税人政策办理，普通发票的领用实行交（验）旧供新、严格限量供应 （3）加强出口退税审核 （4）加强纳税评估，严格审核其报送的各种资料 （5）列入重点监控对象，提高监督检查频次，发现税收违法违规行为的，不得适用规定处罚幅度内的最低标准 （6）将纳税信用评价结果通报相关部门，建议在经营、投融资、取得政府供应土地、进出口、出入境、注册新公司、工程招投标、政府采购、获得荣誉、安全许可、生产许可、从业任职资格、资质审核等方面予以限制或禁止 （7）对于因评价指标得分评为D级的纳税人，次年由直接保留D级评价调整为评价时加扣11分；对于因直接判级评为D级的纳税人，维持D级评价保留两年、第三年纳税信用不得评价为A级 （8）税务机关与相关部门实施的联合惩戒措施，以及结合实际情况依法采取的其他严格管理措施

四、纳税信用修复

（一）纳税信用修复申请人

纳入纳税信用管理的企业纳税人，符合下列条件之一的，可在规定期限内向主管税务机关申请纳税信用修复。

1. 纳税人发生未按法定期限办理纳税申报、税款缴纳、资料备案等事项且已补办的。

2. 未按税务机关处理结论缴纳或者足额缴纳税款、滞纳金和罚款，未构成犯罪，纳税信用级别被直接判为D级的纳税人，在税务机关处理结论明确的期限期满后60日内足额缴纳、补缴的。

3. 纳税人履行相应法律义务并由税务机关依法解除非正常户状态的。

（二）纳税信用修复程序

纳税信用修复程序如表7-19所示。

表 7-19 纳税信用修复程序

符合前述第 1 项所列条件的	（1）失信行为已纳入纳税信用评价 纳税人被列入失信记录的次年年底前向主管税务机关提出信用修复申请，税务机关按照规定调整该项纳税信用评价指标分值，重新评价纳税人的纳税信用级别
	（2）失信行为尚未纳入纳税信用评价 纳税人无须提出申请，税务机关按照规定调整纳税人该项纳税信用评价指标分值并进行纳税信用评价
符合前述第 2 项和第 3 项所列条件的	纳税人可在纳税信用被直接判为 D 级的次年年底前向主管税务机关提出申请，税务机关重新评价纳税人的纳税信用级别，但不得评价为 A 级
次数限制	非正常户失信行为纳税信用修复一个纳税年度内只能申请一次。纳税年度自公历 1 月 1 日起至 12 月 31 日止
受理时间	主管税务机关自受理纳税信用修复申请之日起 15 个工作日内完成审核，并向纳税人反馈信用修复结果

【新东方提示】

纳税信用修复完成后，纳税人按照修复后的纳税信用级别适用相应的税收政策和管理服务措施，之前已适用的税收政策和管理服务措施不作追溯调整。

考点四 税收违法行为检举管理★★

为了保障单位、个人依法检举纳税人、扣缴义务人违反税收法律、行政法规行为的权利，规范检举秩序，根据《税收征收管理法》有关规定，国家税务总局制定了《税收违法行为检举管理办法》（以下简称《办法》）。

一、税收违法行为检举管理原则

检举管理工作坚持依法依规、分级分类、属地管理、严格保密的原则，相关内容如表 7-20 所示。

表 7-20　税收违法行为检举管理原则

职能部门	具体内容
市（地、州、盟）以上税务局稽查局	设立税收违法案件举报中心
国家税务总局稽查局税收违法案件举报中心	负责接收税收违法行为检举，督促、指导、协调处理重要检举事项
省、自治区、直辖市、计划单列市和市（地、州、盟）税务局稽查局税收违法案件举报中心	负责税收违法行为检举的接收、受理、处理和管理
各级跨区域稽查局和县税务局应当指定行使税收违法案件举报中心职能的部门	负责税收违法行为检举的接收，并按规定职责处理
检举热线	税务机关同时通过12366纳税服务热线接收税收违法行为检举

检举税收违法行为是检举人的自愿行为，检举人因检举而产生的支出应当由其自行承担。

检举人在检举过程中应当遵守法律、行政法规等规定；应当对其所提供检举材料的真实性负责，不得捏造、歪曲事实，不得诬告、陷害他人；不得损害国家、社会、集体的利益和其他公民的合法权益。

二、检举事项的提出与受理

1. 检举的提出：检举人可以<u>实名</u>检举，也可以<u>匿名</u>检举。
2. 检举的受理

举报中心对接收的检举事项，应当及时审查，有下列情形之一的，不予受理：

（1）无法确定被检举对象，或者不能提供税收违法行为线索的。

（2）检举事项已经或者依法应当通过诉讼、仲裁、行政复议以及其他法定途径解决的。

（3）对已经查结的同一检举事项再次检举，没有提供新的有效线索的。

除前述规定外，举报中心自接收检举事项之日起即为受理；举报中心可以应实名检举人要求，视情况采取口头或者书面方式解释不予受理原因。

三、检举事项的处理

（一）分级分类处理

检举事项受理后，应当分级分类，按照以下方式处理：

1. 检举内容详细、税收违法行为线索清楚、证明资料充分的，由稽查局立案检查。

2. 检举内容与线索较明确但缺少必要证明资料，有可能存在税收违法行为的，由稽查局调查核实。发现存在税收违法行为的，立案检查；未发现的，作查结处理。

3. 检举对象明确，但其他检举事项不完整或者内容不清、线索不明的，可以暂存待查，待检举人将情况补充完整以后，再进行处理。

4. 已经受理尚未查结的检举事项，再次检举的，可以合并处理。

5. 《办法》规定以外的检举事项，转交有处理权的单位或者部门。

（二）处理的时限

1. 举报中心应当在检举事项受理之日起15个工作日内完成分级分类处理，特殊情况除外。

2. 举报中心可以税务机关或者以自己的名义向下级税务机关督办、交办检举事项。查处部门应当在收到举报中心转来的检举材料之日起3个月内办理完毕；案情复杂无法在期限内办理完毕的，可以延期。

3. 税务局稽查局对督办案件的处理结果应当认真审查。对于事实不清、处理不当的，应当通知承办机关补充调查或者重新调查，依法处理。

四、检举人的答复和奖励

（一）检举人的答复

1. 实名检举事项的处理情况，由作出处理行为的税务机关的举报中心答复。

2. 实名检举事项的查处结果，由负责查处的税务机关的举报中心答复。

3. 12366纳税服务热线接收检举事项并转交举报中心或者相关业务部门后，可以应检举人要求将举报中心或者相关业务部门反馈的受理情况告知检举人。

（二）检举人的奖励

检举事项经查证属实，为国家挽回或者减少损失的，按照财政部和国家税务总局的有关规定对实名检举人给予相应奖励。

考点五　重大税收违法失信案件信息公布★★

税务机关依照规定，确定重大税收违法失信主体（以下简称失信主体），向社会公布失信信息，并将信息通报相关部门实施监管和联合惩戒。

一、失信主体的确定

纳税人、扣缴义务人或者其他涉税当事人（以下简称当事人）有下列情形之一的，税务机关确定其为失信主体：

1. 伪造、变造、隐匿、擅自销毁账簿、记账凭证，或者在账簿上多列支出或者不列、少列收入，或者经税务机关通知申报而拒不申报或者进行虚假的纳税申报，不缴或者少缴应纳税款100万元以上，且任一年度不缴或者少缴应纳税款占当年各税种应纳税总额10%以上的，或者采取前述手段，不缴或者少缴已扣、已收税款，数额在100万元以上的。

2. 欠缴应纳税款，采取转移或者隐匿财产的手段，妨碍税务机关追缴欠缴的税款，欠缴税款金额100万元以上的。

3. 骗取国家出口退税款的。

4. 以暴力、威胁方法拒不缴纳税款的。

5. 虚开增值税专用发票或者虚开用于骗取出口退税、抵扣税款的其他发票的。

6. 虚开增值税普通发票100份以上或者金额400万元以上的。

7. 私自印制、伪造、变造发票，非法制造发票防伪专用品，伪造发票监制章的。

8. 具有偷税、逃避追缴欠税、骗取出口退税、抗税、虚开发票等行为，在稽查案件执行完毕前，不履行税收义务并脱离税务机关监管，经税务机关检查确认走逃（失联）的。

9. 为纳税人、扣缴义务人非法提供银行账户、发票、证明或者其他方便，导致未缴、少缴税款100万元以上或者骗取国家出口退税款的；

10. 税务代理人违反税收法律、行政法规造成纳税人未缴或者少缴税款100万元以上的。

11. 其他性质恶劣、情节严重、社会危害性较大的税收违法行为。

二、失信主体的信息公布

税务机关应当在失信主体确定文书送达后的次月15日内，向社会公布下列信息：

1. 失信主体基本情况；
2. 失信主体的主要税收违法事实；
3. 税务处理、税务行政处罚决定及法律依据；
4. 确定失信主体的税务机关；
5. 法律、行政法规规定应当公布的其他信息。

第五单元　税务行政复议

考点一　税务行政复议范围★★

一、可以申请行政复议的行政行为

申请人对税务机关下列具体行政行为不服的，可以提出行政复议申请：

1. 税务机关作出的征税行为，包括确认纳税主体、征税对象、征税范围、减税、免税、退税、抵扣税款、适用税率、计税依据、纳税环节、纳税期限、纳税地点和税款征收方式等行政行为，征收税款、加收滞纳金，扣缴义务人、受税务机关委托的单位和个人作出的代扣代缴、代收代缴、代征行为等。（必经复议）

2. 行政许可、行政审批行为。

3. 发票管理行为，包括发售、收缴、代开发票等。

4. 税收保全措施、强制执行措施。

5. 行政处罚行为：

（1）罚款。

（2）没收财物和违法所得。

（3）停止出口退税权。

6. 税务机关不依法履行下列职责的行为：

（1）开具、出具完税凭证。

（2）行政赔偿。

（3）行政奖励。

（4）其他不依法履行职责的行为。

7. 资格认定行为。

8. 不依法确认纳税担保行为。

9. 政府公开信息工作中的具体行政行为。

10. 纳税信用等级评定行为。

11. 税务机关通知出入境管理机关阻止出境行为。

12. 税务机关作出的其他具体行政行为。

二、可以一并申请行政复议的规范性文件

申请人认为税务机关的具体行政行为所依据的下列规定不合法，对行政行为申请行政复议时，可以一并向复议机关提出对该规定（不包括规章）的审查申请：

1. 国家税务总局和国务院其他部门的规定。
2. 其他各级税务机关的规定。
3. 地方各级人民政府的规定。
4. 地方人民政府工作部门的规定。

> 【新东方提示】
> 申请人对具体行政行为提出行政复议申请时不知道该行政行为所依据的规定的，可以在行政复议机关作出行政复议决定以前提出对该规定的审查申请。

考点二 税务行政复议管辖★★★

一、复议管辖的一般规定

1. 各级税务局——向其<u>上一级</u>税务局申请。
2. 计划单列市税务局——向<u>国家</u>税务总局申请。
3. 税务所（分局）、各级税务局的稽查局——向其<u>所属税务局</u>申请。
4. 国家税务总局——向<u>国家</u>税务总局申请。对行政复议决定不服，申请人可以向人民法院提起行政诉讼，也可以向国务院申请裁决。国务院的裁决为最终裁决。

二、复议管辖的特殊规定

1. 两个以上税务机关共同作出——向<u>共同上一级</u>税务机关申请；税务机关与其他行政机关共同作出——向其<u>共同上一级</u>行政机关申请。
2. 被撤销的税务机关在撤销前作出——向继续行使其职权的税务机关的<u>上一级</u>税务机关申请。
3. 逾期不缴纳罚款加处罚款的决定不服——向<u>作出</u>行政处罚<u>决定的税务机关</u>申请。
已处罚款和加处罚款都不服——"一并"向<u>作出</u>行政处罚<u>决定的税务机关</u>的上一级税务机关申请。

【例题·单选题】（2021年）王某因税务违法行为被M市N县税务局处以罚款，逾期未缴纳罚款又被N县税务局加处罚款。王某对已处罚款和加处罚款都不服，欲申请行政

复议。下列关于该争议行政复议管辖的表述中，正确的是（　　）。
　　A. 王某应当对已处罚款和加处罚款一并向 M 市税务局申请复议
　　B. 王某应当对已处罚款向 M 市税务局申请复议，对加处罚款向 N 县税务局申请复议
　　C. 王某应当对已处罚款向 N 县税务局申请复议，对加处罚款向 M 市税务局申请复议
　　D. 王某应当对已处罚款和加处罚款一并向 N 县税务局申请复议
　　【答案】A
　　【解析】选项 A 正确。对税务机关作出逾期不缴纳罚款加处罚款的决定不服的，向作出行政处罚决定的税务机关申请行政复议。但是对已处罚款和加处罚款都不服的，一并向作出行政处罚决定的税务机关的上一级税务机关（M 市税务局）申请行政复议。

考点三　税务行政复议申请与受理★★★

一、税务行政复议申请

　　1. 申请人可以在知道税务机关作出行政行为之日起 60 日内提出行政复议申请。因不可抗力或被申请人设置障碍等原因耽误法定申请期限的，申请期限的计算应当扣除被耽误时间。
　　2. 申请人对税务机关作出的征税行为不服的，应当先向行政复议机关申请行政复议；对行政复议决定不服的，可以向人民法院提起行政诉讼。
　　申请人按照前述规定申请行政复议的，必须依照税务机关根据法律、法规确定的税额、期限，先行缴纳或解缴税款和滞纳金，或提供相应的担保，才可以在实际缴清税款和滞纳金以后或所提供的担保得到作出具体行政行为的税务机关确认之日起 60 日内提出行政复议申请。
　　3. 申请人对征税行为以外的其他具体行政行为不服，可以申请行政复议，也可以直接向人民法院提起行政诉讼。
　　申请人对税务机关作出逾期不缴纳罚款加处罚款的决定不服的，应当先缴纳罚款和加处罚款，再申请行政复议。
　　4. 申请人申请行政复议，可以书面申请，也可以口头申请。

二、税务行政复议受理

　　1. 行政复议机关收到行政复议申请后，应当在 5 日内进行审查，决定是否受理。对不符合规定的行政复议申请，决定不予受理，并书面告知申请人。
　　对不属于本机关受理的行政复议申请，应当告知申请人向有关行政复议机关提出。
　　未按照规定期限审查并作出不予受理决定的，视为受理。

2. 行政复议机关决定不予受理或者受理后超过复议期限不作答复的，申请人可以自收到不予受理决定书之日起或行政复议期满之日起 15 日内，依法向人民法院提起行政诉讼。

3. 申请人向行政复议机关申请行政复议，行政复议机关已经受理的，在法定行政复议期限内申请人不得向人民法院提起行政诉讼，申请人向人民法院提起行政诉讼，人民法院已经依法受理的，不得申请行政复议。

4. 行政复议期间具体行政行为不停止执行，但有下列情形之一的，可以停止执行：

（1）被申请人认为需要停止执行的。

（2）行政复议机关认为需要停止执行的。

（3）申请人申请停止执行，行政复议机关认为其要求合理，决定停止执行的。

（4）法律规定停止执行的。

【例题·多选题】（2021 年）根据税收征收管理法律制度的规定，纳税人对税务机关的下列具体行政行为不服时，应当先向行政复议机关申请行政复议的有（　　）。

A. 发票管理行为　　　　　　　　B. 加收滞纳金

C. 确认适用税率　　　　　　　　D. 停止出口退税权

【答案】BC

【解析】选项 B、C 正确。申请人对行政复议范围中征税行为不服的，应当先向行政复议机关申请行政复议，对行政复议行为不服的，可以再向人民法院提起诉讼。

税务机关作出的具体征税行为，包括确认纳税主体、征税对象、征税范围、减税、免税、退税、抵扣税款、适用税率（选项 C 正确）、计税依据、纳税环节、纳税期限、纳税地点和税款征收方式等具体行政行为，征收税款、加收滞纳金（选项 B 正确），扣缴义务人、受税务机关委托的单位和个人作出的代扣代缴、代收代缴、代征行为等。

考点四　税务行政复议审查和决定 ★★

一、税务行政复议审查

1. 对重大、复杂的案件，申请人提出要求或者复议机关认为必要时，可以采取听证的方式审理。

（1）听证应当公开举行，但是涉及国家秘密、商业秘密或者个人隐私的除外。

（2）行政复议听证人员不得少于 2 人，听证主持人由复议机关指定。

（3）第三人不参加听证的，不影响听证的举行。

2. 申请人在行政复议决定作出以前撤回行政复议申请的，经复议机关同意，可以撤回。

申请人撤回行政复议申请的，不得再以同一事实和理由提出行政复议申请。但是，申请人能够证明撤回行政复议申请违背其真实意思表示的除外。

3. 行政复议期间被申请人改变原具体行政行为的，不影响行政复议案件的审理。但是，申请人依法撤回行政复议申请的除外。

4. 行政复议机关审查被申请人的行政行为时，认为其依据不合法：

（1）本机关有权处理的——应当在30日内依法处理。

（2）本机关无权处理的——应当在7日内按照法定程序逐级转送有权处理的国家机关依法处理。

二、税务行政复议决定

1. 行政行为认定事实清楚、证据确凿、适用依据正确、程序合法、内容适当的，决定维持。

2. 被申请人不履行法定职责的，决定其在一定期限内履行。

3. 行政行为有下列情形之一的，行政复议机关应决定予以撤销、变更或者确认其违法：

（1）主要事实不清、证据不足的；

（2）适用依据错误的；

（3）违反法定程序的；

（4）超越或者滥用职权的；

（5）行政行为明显不当的。

4. 处理措施

（1）行政复议机关责令被申请人重新作出行政行为的，被申请人不得作出对申请人更为不利的决定；但是行政复议机关以原行政行为主要事实不清、证据不足或适用依据错误决定撤销的，被申请人重新作出具体行政行为的除外。

（2）行政复议机关责令被申请人重新作出行政行为的，被申请人应当在60日内重新作出行政行为。

（3）情况复杂，不能在规定期限内重新作出具体行政行为的，经行政复议机关批准，可以适当延期，但是延期不得超过30日。

（4）申请人对被申请人重新作出的行政行为不服，可以依法申请行政复议，或者提起行政诉讼。

（5）行政复议机关应当自受理申请之日起60日内作出行政复议决定。

（6）情况复杂，不能在规定期限内作出行政复议决定的，经行政复议机关负责人批准，可以适当延期，并告知申请人和被申请人；但延期不得超过30日。

（7）行政复议决定书一经送达，即发生法律效力。

第六单元　税收法律责任

考点一　税务管理相对人实施税收违法行为的法律责任★

一、违反税务管理规定的法律责任

1. 纳税人有下列行为之一的，由税务机关责令限期改正，可以处 2 000 元以下的罚款；情节严重的，处 2 000 元以上 1 万元以下的罚款：

（1）未按照规定设置、保管账簿或者保管记账凭证和有关资料的。

（2）未按照规定将财务、会计制度或者财务、会计处理办法和会计核算软件报送税务机关备查的。

（3）未按照规定将其全部银行账号向税务机关报告的。

（4）未按照规定安装、使用税控装置，或者损毁或者擅自改动税控装置的。

2. 扣缴义务人未按照规定设置、保管代扣代缴、代收代缴税款账簿或者保管代扣代缴、代收代缴税款记账凭证及有关资料的，由税务机关责令限期改正，可以处 2 000 元以下的罚款；情节严重的，处 2 000 元以上 5 000 元以下的罚款。

3. 纳税人未按照规定的期限办理纳税申报和报送纳税资料的，或者扣缴义务人未按照规定的期限向税务机关报送代扣代缴、代收代缴税款报告表和有关资料的，由税务机关责令限期改正，可以处 2 000 元以下的罚款；情节严重的，处 2 000 元以上 1 万元以下的罚款。

4. 纳税人、扣缴义务人编造虚假计税依据的，由税务机关责令限期改正，并处 5 万元以下的罚款。

5. 非法印制、转借、倒卖、变造或者伪造完税凭证的，由税务机关责令改正，处 2 000 元以上 1 万元以下的罚款；情节严重的，处 1 万元以上 5 万元以下的罚款；构成犯罪的，依法追究刑事责任。

6. 银行和其他金融机构未依照《税收征收管理法》的规定在从事生产、经营的纳税人的账户中登录税务登记证件号码，或者未按规定在税务登记证件中登录从事生产、经营的纳税人的账户账号的，由税务机关责令其限期改正，处 2 000 元以上 2 万元以下的罚款；情节严重的，处 2 万元以上 5 万元以下的罚款。

7. 扣缴义务人应扣未扣、应收而不收税款的，由税务机关向纳税人追缴税款，对扣缴义务人处应扣未扣、应收未收税款 50% 以上 3 倍以下的罚款。

8. 税务代理人违反税收法律、行政法规，造成纳税人未缴或者少缴税款的，除由纳税人缴纳或者补缴应纳税款、滞纳金外,对税务代理人处纳税人未缴或者少缴税款50%以上3倍以下的罚款。

二、首违不罚制度

根据《行政处罚法》《税收征收管理法》等法律法规,国家税务总局推广"首违不罚"清单制度,制定并发布全国统一的《税务行政处罚"首违不罚"事项清单》,如表7-21所示。

表7-21 税务行政处罚"首违不罚"事项清单

序号	事项
1	纳税人未按照《税收征收管理法》等有关规定将其全部银行账号向税务机关报送
2	纳税人未按照《税收征收管理法》等有关规定设置、保管账簿或者保管记账凭证和有关资料
3	纳税人未按照《税收征收管理法》等有关规定的期限办理纳税申报和报送纳税资料
4	纳税人使用税控装置开具发票,未按照《税收征收管理法》《发票管理办法》等有关规定的期限向主管税务机关报送开具发票的数据且没有违法所得
5	纳税人未按照《税收征收管理法》《发票管理办法》等有关规定取得发票,以其他凭证代替发票使用且没有违法所得
6	纳税人未按照《税收征收管理法》《发票管理办法》等有关规定缴销发票且没有违法所得
7	扣缴义务人未按照《税收征收管理法》等有关规定设置、保管代扣代缴、代收代缴税款账簿或者保管代扣代缴、代收代缴税款记账凭证及有关资料
8	扣缴义务人未按照《税收征收管理法》等有关规定的期限报送代扣代缴、代收代缴税款有关资料
9	扣缴义务人未按照《税收票证管理办法》的规定开具税收票证
10	境内机构或个人向非居民发包工程作业或劳务项目,未按照《非居民承包工程作业和提供劳务税收管理暂行办法》的规定向主管税务机关报告有关事项
11	纳税人使用非税控电子器具开具发票,未按照《税收征收管理法》《发票管理办法》等有关规定将非税控电子器具使用的软件程序说明资料报主管税务机关备案且没有违法所得
12	纳税人未按照《税收征收管理法》《税务登记管理办法》等有关规定办理税务登记证件验证或者换证手续
13	纳税人未按照《税收征收管理法》《发票管理办法》等有关规定加盖发票专用章且没有违法所得
14	纳税人未按照《税收征收管理法》等有关规定将财务、会计制度或者财务、会计处理办法和会计核算软件报送税务机关备查

三、偷税（逃税）行为的法律责任

1. 偷税（逃税）行为，是指纳税人采取欺骗、隐瞒手段进行虚假纳税申报或者不申报，逃避缴纳税款的行为。

2. 纳税人采取伪造、变造、隐匿、擅自销毁账簿、记账凭证，或者在账簿上多列支出或者不列、少列收入，或者经税务机关通知申报而拒不申报或者进行虚假的纳税申报的手段，不缴或者少缴应纳税款的，由税务机关追缴其不缴或者少缴的税款、滞纳金，并处不缴或者少缴的税款50%以上5倍以下的罚款；构成犯罪的，依法追究刑事责任。

3. 纳税人采取欺骗、隐瞒手段进行虚假纳税申报或者不申报，逃避缴纳税款数额较大并且占应纳税额10%以上的，处3年以下有期徒刑或者拘役，并处罚金；数额巨大并且占应纳税额30%以上的，处3年以上7年以下有期徒刑，并处罚金。对多次实施前述行为，未经处理的，按照累计数额计算。

4. 有偷税（逃税）行为，经税务机关依法下达追缴通知后，补缴应纳税款，缴纳滞纳金，已受行政处罚的，不予追究刑事责任；但是，5年内因逃避缴纳税款受过刑事处罚或者被税务机关给予两次以上行政处罚的除外。

5. 扣缴义务人采取上述手段，不缴或者少缴已扣、已收税款，由税务机关追缴其不缴或者少缴的税款、滞纳金，并处不缴或者少缴的税款50%以上5倍以下的罚款；构成犯罪的，依法追究刑事责任。

四、欠税行为的法律责任

纳税人欠缴应纳税款，采取转移或者隐匿财产的手段，妨碍税务机关追缴欠缴的税款的，由税务机关追缴欠缴的税款、滞纳金，并处欠缴税款50%以上5倍以下的罚款；构成犯罪的，依法追究刑事责任。

五、抗税行为的法律责任

1. 对抗税行为，除由税务机关追缴其拒缴的税款、滞纳金外，依法追究刑事责任。

2. 情节轻微，未构成犯罪的，由税务机关追缴其拒缴的税款、滞纳金，并处拒缴税款1倍以上5倍以下的罚款。

六、骗税行为的法律责任

1. 纳税人有骗税行为，由税务机关追缴其骗取的退税款，并处骗取税款1倍以上5倍以下的罚款；构成犯罪的，依法追究刑事责任。

2. 为纳税人、扣缴义务人非法提供银行账户、发票、证明或者其他方便,导致未缴、少缴税款或者骗取国家出口退税款的,税务机关除没收其违法所得外,可以处未缴、少缴或者骗取的税款 1 倍以下的罚款。

七、纳税人、扣缴义务人不配合税务检查的法律责任

税务检查期间,纳税人、扣缴义务人发生不配合税务机关进行税务检查的下列行为,由税务机关责令改正,可以处 1 万元以下的罚款;情节严重的,处 1 万元以上 5 万元以下的罚款。

1. 逃避、拒绝或者以其他方式阻挠税务机关检查的。
2. 提供虚假资料,不如实反映情况,或者拒绝提供有关资料的。
3. 拒绝或者阻止税务机关记录、录音、录像、照相和复制与案件有关的情况和资料的。
4. 转移、隐匿、销毁有关资料的。
5. 有不依法接受税务检查的其他情形的。

考点二 税务行政主体实施税收违法行为的法律责任★

一、渎职行为的法律责任

1. 税务人员徇私舞弊,对依法应当移交司法机关追究刑事责任的不移交,情节严重的,依法追究刑事责任。
2. 税务人员利用职务上的便利,收受或者索取纳税人、扣缴义务人财物或者谋取其他不正当利益,构成犯罪的,依法追究刑事责任;未构成犯罪的,依法给予行政处分。
3. 税务人员徇私舞弊或者玩忽职守,不征或者少征应征税款,致使国家税收遭受重大损失,构成犯罪的,依法追究刑事责任;未构成犯罪的,依法给予行政处分。
4. 税务人员滥用职权,故意刁难纳税人、扣缴义务人的,调离税收工作岗位,并依法给予行政处分。
5. 税务人员对控告、检举税收违法行为的纳税人、扣缴义务人以及其他检举人进行打击报复的,依法给予行政处分;构成犯罪的,依法追究刑事责任。

二、其他违法行为的法律责任

1. 税务机关违反规定擅自改变税收征收管理范围和税款入库预算级次的,责令限期改正,对直接负责的主管人员和其他直接责任人员依法给予降级或者撤职的行政处分。

2. 税务人员在征收税款或者查处税收违法案件时，未按照《税收征收管理法》的规定进行回避的，对直接负责的主管人员和其他直接责任人员，依法给予行政处分。未按照《税收征收管理法》的规定为纳税人、扣缴义务人、检举人保密的，对直接负责的主管人员和其他直接责任人员，由所在单位或者有关单位依法给予行政处分。

3. 税务人员与纳税人、扣缴义务人勾结，唆使或者协助纳税人、扣缴义务人实施税收违法行为，构成犯罪的，依法追究刑事责任；未构成犯罪的，依法给予行政处分。

4. 税务人员私分扣押、查封的商品、货物或者其他财产，情节严重，构成犯罪的，依法追究刑事责任；未构成犯罪的，依法给予行政处分。

5. 违反法律、行政法规的规定提前征收、延缓征收或者摊派税款的，由其上级机关或者行政监察机关责令改正，对直接负责的主管人员和其他直接责任人员依法给予行政处分。

6. 违反法律、行政法规的规定，擅自作出税收的开征、停征或者减税、免税、退税、补税以及其他同税收法律、行政法规相抵触的决定的，除按《税收征收管理法》的规定撤销其擅自作出的决定外，补征应征未征税款，退还不应征收而征收的税款，并由上级机关追究直接负责的主管人员和其他直接责任人员的行政责任；构成犯罪的，依法追究刑事责任。

第八章　劳动合同与社会保险法律制度

✦ 内容框架

单元	考点	星级
劳动合同法律制度	劳动关系与劳动合同	★
	劳动合同的订立	★★★
	劳动合同主要内容	★★★
	劳动合同的履行和变更	★
	劳动合同的解除和终止	★★★
	集体合同与劳务派遣	★★
	劳动争议的解决	★★
	违反劳动合同法律制度的法律责任	★
社会保险法律制度	基本养老保险	★★★
	基本医疗保险	★★★
	工伤保险	★★★
	失业保险	★★★
	社会保险费征缴与管理	★★
	违反社会保险法律制度的法律责任	★

考情分析

本章最近 3 年的考查分值约为 14 分，涉及单选题、多选题、判断题和不定项选择题，属于非常重要的章节。本章主要介绍劳动合同和社会保险的法律制度，难度一般。

教材变化

本章仅对"失业保险金的领取期限"增加了部分内容，属于不重要的变化。其余内容无实质性变化。

第一单元　劳动合同法律制度

考点一　劳动关系与劳动合同★

一、劳动关系与劳动合同的概念与特征

（一）劳动关系与劳动合同的概念

劳动关系，指劳动者与用人单位依法签订劳动合同而在劳动者与用人单位之间产生的法律关系。

（二）劳动关系的特征

1. 劳动关系的主体具有特定性。
2. 劳动关系的内容具有较强的法定性。
3. 劳动者在签订和履行劳动合同时的地位不同。

二、《劳动合同法》的适用范围

中华人民共和国境内的企业、个体经济组织、民办非企业单位等组织（以下称用人单位）与劳动者建立劳动关系，订立、履行、变更、解除或者终止劳动合同，适用《劳动合同法》。

国家机关、事业单位、社会团体和与其建立劳动关系的劳动者，订立、履行、变更、解除或者终止劳动合同，依照《劳动合同法》执行。

【新东方提示】

地方各级人民政府及县级以上人民政府有关部门为安置就业困难人员提供的给予岗位补贴和社会保险补贴的公益性岗位，其劳动合同不适用《劳动合同法》有关无固定期限劳动合同的规定以及支付经济补偿的规定。

考点二 劳动合同的订立 ★★★

一、劳动合同订立的概念和原则

（一）劳动合同订立的概念

劳动合同的订立是指劳动者和用人单位经过相互选择与平等协商，就劳动合同的各项条款达成一致意见，并以书面形式明确规定双方权利、义务的内容，从而确立劳动关系的法律行为。

（二）劳动合同订立的原则

1. 合法原则；2. 公平原则；3. 平等自愿原则；4. 协商一致原则；5. 诚实信用原则。

二、劳动合同订立的主体

劳动合同订立的主体，如表 8-1 所示。

表 8-1　劳动合同订立的主体

劳动者	年满 16 周岁（特殊情况：文艺、体育、特种工艺的未满 16 周岁） 【新东方提示】 （1）劳动者就业，不因民族、种族、性别、宗教信仰不同而受歧视 （2）妇女享有与男子"平等"的就业权利。除国家规定的不适合妇女的工种或岗位外，不得以性别为由拒绝或提高对妇女的录用标准 （3）残疾人、少数民族人员、退役军人就业，法律、法规有特别规定的，从其规定
用人单位	（1）有营业执照或登记证书，可以与劳动者订立劳动合同 （2）未依法取得营业执照或者登记证书的，受用人单位委托可以与劳动者订立劳动合同 【新东方提示】 不得扣押证件：如扣押需退还不得收取财物；退还并处罚（500~2 000 元 / 人），造成损害的承担赔偿责任

三、劳动关系建立的时间

用人单位自"用工之日"起即与劳动者建立劳动关系。

【新东方提示】
　　无论双方是否签订劳动合同、何时签，劳动关系的建立时间都为用工之日。

四、劳动合同订立的形式

劳动合同订立的形式相关规定，如表 8-2 所示。

表 8-2　劳动合同订立的形式

签订合同		建立劳动关系应当订立"书面"劳动合同	
	书面	1 个月内	如劳动者不签：书面通知终止劳动关系；支付报酬；无经济补偿
		超过 1 个月不满 1 年	（1）用人单位违规 应该支付 2 倍工资＋补签书面劳动合同 用人单位向劳动者每月支付 2 倍工资的起算时间为用工之日起满 1 个月的次日，截止时间为补订书面劳动合同的前一日 （2）劳动者不签 书面通知终止劳动关系＋经济补偿
		满 1 年	支付 11 个月 2 倍工资；视同自用工之日起满 1 年的当日已签订无固定期限劳动合同；立即补签
	口头（非全日制用工）	（1）双方当事人可以订立口头协议	
		（2）以小时计酬为主，每日工作时间不超 4 小时，每周工作时间累计不超 24 小时	
		（3）可以与一个或者一个以上用人单位订立劳动合同	
		（4）双方当事人不得约定试用期	
		（5）双方当事人任何一方都可以随时通知对方终止用工。终止用工，用人单位不向劳动者支付经济补偿	
		（6）小时计酬标准不得低于用人单位所在地人民政府规定的最低小时工资标准	
		（7）可以按小时、日或周为单位结算工资，但结算支付周期最长不得超过 15 日	

【例题·单选题】(2022年) 2021年3月1日,张某到甲公司工作,按月领取工资2 500元。5月1日,甲公司和张某签订了劳动合同。已知,当地最低月平均工资为1 800元,当地上年度职工月平均工资为4 500元。因未及时与张某签订书面劳动合同,甲公司应向其支付的工资补偿为( )。

A. 5 000元
B. 1 500元
C. 1 800元
D. 2 500元

【答案】D

【解析】选项D正确。用人单位自用工之日起超过1个月不满1年未与劳动者订立书面劳动合同的(甲公司与张某补订合同时距用工之日已满2个月),应当自用工之日满1个月的次日起至补订书面劳动合同的前1日(4月1日至4月30日),向劳动者每月支付2倍的工资(1倍正常工资+1倍工资补偿)。本题中,张某已经按月领取正常工资,因此,还需要向张某支付4月1日至4月30日的工资补偿2 500元。

【例题·单选题】(2021年)甲公司以非全日制用工形式聘用武某,每日提供餐饮服务3小时,双方约定2年期限的劳动合同。下列关于该劳动关系的表述中,不正确的是( )。

A. 甲公司可以按小时为单位结算武某劳动报酬
B. 任何一方终止用工均需提前30日书面通知另一方
C. 武某的小时计酬标准不得低于甲公司所在地的最低小时工资标准
D. 双方不得约定试用期

【答案】B

【解析】选项B不正确。选项A正确,非全日制用工,是指以小时计酬为主,劳动者在同一用人单位一般平均每日工作时间不超过4小时,每周工作时间累计不超过24小时的用工形式。选项B不正确,非全日制用工双方当事人任何一方都可以随时通知对方终止用工。选项C正确,非全日制用工小时计酬标准不得低于用人单位所在地人民政府规定的最低小时工资标准。选项D正确,非全日制用工双方当事人不得约定试用期。

【例题·单选题】(2020年) 2018年6月1日,刘某到甲公司上班。2019年6月1日,甲公司尚未与刘某签订劳动合同,下列关于甲公司未与刘某签订书面劳动合同法律后果的表述中,正确的是( )。

A. 视为双方自2019年6月1日起已经订立无固定期限劳动合同
B. 甲公司应向刘某支付2018年6月1日至2019年5月31日期间的2倍工资
C. 双方尚未建立劳动关系
D. 视为2018年6月1日至2019年5月31日为试用期

【答案】A

【解析】选项A正确。用人单位自用工之日起满1年未与劳动者订立书面劳动合同的,自用工之日起满1个月的次日至满1年的前一日应当向劳动者每月支付2倍的工资

（选项B错误），并视为自用工之日起满1年的当日已经与劳动者订立无固定期限劳动合同（选项A正确，选项C错误），应当立即与劳动者补订书面劳动合同。选项D错误，刘某与甲公司并未签订劳动合同，故此也不存在约定好的有效的试用期。

五、劳动合同的效力

劳动合同效力的相关内容，如表8-3所示。

表8-3　劳动合同的效力

生效		劳动合同经用人单位与劳动者在劳动合同文本上签字或者盖章生效 【新东方提示】 劳动合同生效≠劳动关系的建立
合同无效或部分无效	法定情形	（1）以欺诈、胁迫的手段或者乘人之危，使对方在违背真实意思的情况下订立或者变更劳动合同的 （2）用人单位免除自己的法定责任、排除劳动者权利的 （3）违反法律、行政法规强制性规定的 【新东方提示】 对劳动合同的无效或部分无效有争议的，由"劳动争议仲裁机构"或"人民法院"确认
	后果	（1）无效劳动合同，从"订立时"起就没有法律约束力 （2）劳动合同"部分无效"，不影响其他部分效力的，其他部分仍然有效 （3）劳动合同被确认无效，劳动者已付出劳动的，用人单位应当向劳动者支付劳动报酬 （4）劳动合同被确认无效，给对方造成损害的，"有过错的一方"应当承担赔偿责任

考点三　劳动合同主要内容★★★

劳动合同主要内容，如表8-4所示。

表 8-4　劳动合同主要内容

必备条款	（1）用人单位的名称、住所和法定代表人或者主要负责人 （2）劳动者的姓名、住址和居民身份证或者其他有效身份证件号码 （3）劳动合同期限 （4）工作内容和工作地点 （5）工作时间和休息、休假 （6）劳动报酬 （7）社会保险 （8）劳动保护、劳动条件和职业危害防护 （9）其他
可备条款	（1）试用期；（2）服务期；（3）保守商业秘密和竞业限制

一、劳动合同期限

劳动合同期限的相关内容，如表 8-5 所示。

表 8-5　劳动合同期限

固定期限劳动合同	指用人单位与劳动者明确约定合同终止时间的劳动合同。劳动合同期限届满，劳动关系即告终止。如果双方协商一致，还可以续订劳动合同
无固定期限劳动合同	无固定期限劳动合同，是指用人单位与劳动者约定无确定终止时间的劳动合同。只要没有出现法定解除情形或者双方协商一致解除的，双方当事人就要继续履行劳动合同 有下列情形之一，劳动者提出或者同意续订、订立劳动合同的，除劳动者提出订立固定期限劳动合同外，应当订立无固定期限劳动合同： （1）劳动者在该用人单位连续工作满 10 年的 （2）用人单位初次实行劳动合同制度或者国有企业改制重新订立劳动合同时，劳动者在该用人单位连续工作满 10 年且距法定退休年龄不足 10 年的 （3）连续订立 2 次固定期限劳动合同，且劳动者没有违规情形，续订劳动合同的 （4）用人单位自用工之日起满 1 年不与劳动者订立书面劳动合同的
以完成一定工作任务为期限的劳动合同	指用人单位与劳动者约定以某项工作的完成为合同期限的劳动合同。一般在以下几种情况下，用人单位与劳动者可以签订以完成一定工作任务为期限的劳动合同： （1）以完成单项工作任务为期限的劳动合同 （2）以项目承包方式完成承包任务的劳动合同 （3）因季节原因用工的劳动合同 （4）其他双方约定的以完成一定工作任务为期限的劳动合同

二、工作时间和休息、休假

（一）工作时间

目前我国实行的工时制度主要有标准工时制、不定时工作制和综合计算工时制三种类型，如表 8-6 所示。

表 8-6　工时制度的种类

标准工时制	定义	也称标准工作日，是指法律统一规定的劳动者从事工作或劳动的时间
	一般情形	每日工作 8 小时、每周工作 40 小时的标准工时制度
	特殊	有些企业因工作性质和生产特点不能实行标准工时制度，应保证劳动者每天工作不超过 8 小时，每周工作不超过 40 小时，每周至少休息 1 天
不定时工作制	定义	也称无定时工作制、不定时工作日，是指没有固定工作时间限制的工作制度
综合计算工时制	定义	也称综合计算工作日，是指用人单位根据生产和工作的特点，分别以周、月、季、年等为周期，综合计算劳动者工作时间，但其平均日工作时间和平均周工作时间仍与法定标准工作时间基本相同的一种工时形式

（二）休息、休假

1.《职工带薪年休假条例》规定，机关、团体、企业、事业单位、民办非企业单位、有雇工的个体工商户等单位的职工连续工作 1 年以上的，享受带薪年休假（以下简称年休假）。职工在年休假期间享受与正常工作期间相同的工资收入。

带薪休假的规定，如表 8-7 所示。

表 8-7　带薪休假的规定

累计工作年限	年休假
已满 1 年不满 10 年	5 天
满 10 年不满 20 年	10 天
满 20 年	15 天

【新东方提示】

国家法定休假日、休息日不计入年休假的假期。

【例题·单选题】（2022年）2021年4月，甲公司员工吴某已享受带薪年休假3天，同年11月吴某又向公司提出补休当年剩余年休假的申请。已知吴某首次就业即到甲公司工作，累计工作已满15年，且不存在不能享受当年年休假的情形。吴某可享受剩余年休假的天数为（　　）。

A. 5天　　　　　　　　　　B. 12天
C. 2天　　　　　　　　　　D. 7天

【答案】D

【解析】选项D正确。职工累计工作已满10年不满20年的，年休假10天。本题中，吴某已享受带薪年休假3天，所以可享受剩余年休假的天数为7天。

2. 但当职工有下列情形之一时，不享受当年的年休假：

（1）职工依法享受寒暑假，其休假天数多于年休假天数的。
（2）职工请事假累计20天以上且单位按照规定不扣工资的。
（3）累计工作满1年不满10年的职工，请病假累计2个月以上的。
（4）累计工作满10年不满20年的职工，请病假累计3个月以上的。
（5）累计工作满20年以上的职工，请病假累计4个月以上的。

三、劳动报酬

根据国家有关规定，工资应当以法定货币支付，不得以实物及有价证券替代货币支付。工资必须在用人单位与劳动者约定的日期支付。如遇节假日或休息日，则应提前在最近的工作日支付。工资至少每月支付一次，实行周、日、小时工资制的可按周、日、小时支付工资。对完成一次性临时劳动或某项具体工作的劳动者，用人单位应按有关协议或合同规定在其完成劳动任务后即支付工资。

用人单位在劳动者完成劳动定额或规定的工作任务后，根据实际需要安排劳动者在法定标准工作时间以外工作的，应当按照下列标准支付高于劳动者正常工作时间工资的工资报酬，如表8-8所示。

表8-8　加班工资报酬制度

情形	工资标准
日标准工作时间以外延长工作时间	150%
休息日，而又不能安排补休的	200%
法定休假节日	300%

【新东方提示】

用人单位安排加班不支付加班费的，由劳动行政部门责令限期支付加班费；逾期不支付的，责令用人单位按应付金额50%以上100%以下的标准向劳动者加付赔偿金。

用人单位支付劳动者的工资不得低于当地最低工资标准。因劳动者本人原因给用人单位造成经济损失的，用人单位可按照劳动合同的约定要求其赔偿经济损失。经济损失的赔偿，可从劳动者本人的工资中扣除。但每月扣除的部分不得超过劳动者当月工资的20%。若扣除后的剩余工资部分低于当地月最低工资标准，则按最低工资标准支付。

用人单位低于当地最低工资标准支付劳动者工资的，由劳动行政部门责令限期支付其差额部分；逾期不支付的，责令用人单位按应付金额50%以上100%以下的标准向劳动者加付赔偿金。

【例题·单选题】（2022年）甲公司安排职工张某于星期五加班2小时，星期日加班1天，事后补休1天。已知甲公司实行标准工时制，张某的日工资为400元、小时工资为50元，下列计算张某12月最低加班工资的算式中，正确的是（　　）。

A. 2×50×150%＝150（元）

B. 1×400×200%＝800（元）

C. 2×50×200%＋1×400×200%＝1 000（元）

D. 2×50×150%＋1×400×200%＝950（元）

【答案】A

【解析】选项A正确。根据劳动合同法律制度，用人单位依法安排劳动者在日标准工作时间以外延长工作时间的，按照不低于劳动合同规定的劳动者本人小时工资标准的150%支付劳动者工资；用人单位依法安排劳动者在休息日工作，而又不能安排补休的，按照不低于劳动合同规定的劳动者本人日或小时工资标准的200%支付劳动者工资；用人单位依法安排劳动者在法定休假节日工作的，按照不低于劳动合同规定的劳动者本人日或小时工资标准的300%支付劳动者工资。

【例题·单选题】（2021年）2020年10月，甲公司依法安排职工邹某于10月1日（国庆节）加班1天，于10月17日（周六）加班1天，之后未安排补休。已知甲公司实行标准工时制，邹某的日工资为300元。下列计算甲公司依法支付邹某10月份最低加班工资的算式中，正确的是（　　）。

A. 300×200%×1＋300×150%×1＝1 050（元）

B. 300×300%×1＋300×200%×1＝1 500（元）

C. 300×200%×1＋300×200%×1＝1 200（元）

D. 300×300%×1＋300×150%×1＝1 350（元）

【答案】B

【解析】选项 B 正确。用人单位依法安排劳动者在法定休假节日工作的，按照不低于劳动合同规定的劳动者本人日或小时工资标准的 300% 支付劳动者工资。用人单位依法安排劳动者在休息日工作，而又不能安排补休的，按照不低于劳动合同规定的劳动者本人日或小时工资标准的 200% 支付劳动者工资。因此，甲公司依法支付邹某 10 月份最低加班工资 = 300 × 300% × 1 + 300 × 200% × 1 = 1 500（元）。

四、试用期

试用期的相关规定，如表 8-9 所示。

表 8-9　试用期的相关规定

	劳动合同期限	试用期
试用期期限	3 个月以上（含本数，下同）不满 1 年	不得超过 1 个月
	1 年以上不满 3 年	不得超过 2 个月
	3 年以上固定期限、无固定期限的劳动合同	不得超过 6 个月
	（1）同一用人单位与同一劳动者只能约定一次试用期 （2）以完成一定工作任务为期限的劳动合同或者劳动合同期限不满 3 个月的，不得约定试用期 （3）试用期包含在劳动合同期限内 （4）劳动合同仅约定试用期的，试用期不成立，该期限为劳动合同期限	
试用期工资	不得低于本单位相同岗位最低档工资或者劳动合同约定工资的 80%，并不得低于用人单位所在地的最低工资标准	

【例题·单选题】（2021 年）甲公司录用许某并订立 5 年期劳动合同。该劳动合同中双方依法可约定的最长试用期期限为（　　）。

A. 1 个月　　　　　　　　　　B. 2 个月
C. 12 个月　　　　　　　　　 D. 6 个月

【答案】D

【解析】选项 D 正确。根据《劳动合同法》的规定，劳动合同期限 3 个月以上（含本数，下同）不满 1 年的，试用期不得超过 1 个月；劳动合同期限 1 年以上不满 3 年的，试用期不得超过 2 个月；3 年以上固定期限和无固定期限的劳动合同，试用期不得超过 6 个月。

五、服务期

1. 用人单位为劳动者提供专项培训费用，对其进行专业技术培训的，可以与该劳动者订立协议，约定服务期。

2. 劳动合同期满，但是用人单位与劳动者约定的服务期尚未到期的，劳动合同应当续延至服务期满；双方另有约定的，从其约定。

3. 劳动者违反服务期约定的，应当按照约定向用人单位支付违约金。

六、保守商业秘密和竞业限制

1. 对负有保密义务的劳动者，用人单位可以在劳动合同或者保密协议中与劳动者约定竞业限制条款，并约定在解除或者终止劳动合同后，在竞业限制期限内按月给予劳动者经济补偿。劳动者违反竞业限制约定的，应当按照约定向用人单位支付违约金。

2. 竞业限制的人员限于用人单位的高级管理人员、高级技术人员和其他负有保密义务的人员，而不是所有的劳动者。

3. 在解除或者终止劳动合同后，竞业限制人员到与本单位生产或者经营同类产品、从事同类业务的有竞争关系的其他用人单位工作，或者自己开业生产或者经营同类产品、从事同类业务的竞业限制期限，不得超过2年。

【例题·多选题】（2020年）根据劳动合同法律制度的规定，下列关于竞业限制的表述中，正确的有（   ）。

A. 竞业限制的人员限于用人单位的高级管理人员、高级技术人员和其他负有保密义务的人员

B. 竞业限制期限不得超过2年

C. 在竞业限制期限内用人单位应给予劳动者经济补偿

D. 劳动者违反竞业限制约定的，应当按照约定向用人单位支付违约金

【答案】ABCD

【解析】选项A正确，竞业限制的人员限于用人单位的高级管理人员、高级技术人员和其他负有保密义务的人员，而不是所有的劳动者。选项B正确，在解除或者终止劳动合同后，竞业限制人员到与本单位生产或者经营同类产品、从事同类业务的有竞争关系的其他用人单位工作，或者自己开业生产或者经营同类产品、从事同类业务的竞业限制期限，不得超过2年。选项C正确，竞业限制补偿金是用人单位对劳动者履行竞业限制义务的经济补偿，用人单位应当在劳动合同解除或终止后，在竞业限制期内按月支付。选项D正确，劳动者违反竞业限制约定，应当按照约定向用人单位支付违约金。劳动者向用人单位支付违约金后，用人单位要求劳动者按照约定继续履行竞业限制义务的，人民法院应予支持。

考点四　劳动合同的履行和变更 ★

一、劳动合同的履行

1. 用人单位拖欠或者未足额支付劳动报酬的，劳动者可以依法向当地人民法院申请支付令，人民法院应当依法发出支付令。

2. 用人单位变更名称、法定代表人、主要负责人或者投资人等事项，不影响劳动合同的履行。

3. 用人单位发生合并或者分立等情况，原劳动合同继续有效，劳动合同由承继其权利和义务的用人单位继续履行。

4. 合法有效的劳动规章制度是劳动合同的组成部分，对用人单位和劳动者均具有法律约束力。

5. 用人单位在制定、修改或者决定有关"劳动报酬、工作时间、休息休假、劳动安全卫生、保险福利、职工培训、劳动纪律以及劳动定额管理"等直接涉及劳动者切身利益的规章制度和重大事项时，应当经职工代表大会或全体职工讨论。

二、劳动合同的变更

变更劳动合同应当采用"书面形式"。

已经实际履行了"口头变更"的劳动合同"超过1个月"，且变更后的劳动合同内容不违反法律、行政法规且不违背公序良俗，当事人以未采用书面形式为由主张劳动合同变更无效的，"人民法院不予支持"。

考点五　劳动合同的解除和终止 ★★★

一、劳动合同的解除

（一）劳动合同解除的概念

劳动合同解除是劳动合同"期限届满之前"结束劳动合同关系的法律行为。

（二）劳动合同解除的分类

1. 协商解除（意定解除）

（1）劳动者主动辞职：与单位协商一致可解除劳动合同，单位不需向劳动者支付经济补偿。

（2）单位提出解除劳动合同：与劳动者协商一致可解除劳动合同，单位必须依法向劳动者支付经济补偿。

2. 法定解除

法定解除是指在出现国家法律、法规或劳动合同规定的可以解除劳动合同的情形时，不需当事人协商一致，一方当事人即可决定解除劳动合同，劳动合同效力可以自然终止或由单方提前终止。在这种情况下，主动解除劳动合同的一方一般负有主动通知对方的义务。法定解除又可分为劳动者的单方解除和用人单位的单方解除。

（1）劳动者单方解除劳动合同的情形

劳动者单方解除劳动合同的情形，如表8-10所示。

表8-10 劳动者单方解除劳动合同的情形

解除类型	情形	经济补偿金
"提前通知"解除	① 劳动者在"试用期"内"提前3日"通知用人单位 ② 劳动者"提前30日"以"书面形式"通知用人单位	× 【原因】① 试用期内；② 劳动者主动提出解除
"随时通知"解除	① 用人单位未按照劳动合同约定提供劳动保护或者劳动条件的 ② 用人单位未及时足额支付劳动报酬的 ③ 用人单位未依法为劳动者缴纳社会保险费的 ④ 用人单位的规章制度违反法律、法规的规定，损害劳动者权益的 ⑤ 用人单位以欺诈、胁迫的手段或者乘人之危，使劳动者在违背真实意思的情况下订立或者变更劳动合同致使劳动合同无效的 ⑥ 用人单位在劳动合同中免除自己的法定责任、排除劳动者权利的 ⑦ 用人单位违反法律、行政法规强制性规定的	√ 【原因】用人单位过错在先
"不需事先告知"即可解除	① 用人单位以暴力、威胁或者非法限制人身自由的手段强迫劳动者劳动的 ② 用人单位违章指挥、强令冒险作业危及劳动者人身安全的	√ 【原因】用人单位过错在先

（2）用人单位可单方解除劳动合同的情形

用人单位可单方解除劳动合同的情形，如表8-11所示。

表 8-11 用人单位可单方解除劳动合同的情形

解除类型	满足条件	经济补偿金
"提前通知"解除（无过失性辞退，也称预告解除）	① 劳动者"患病或者非因工负伤"，在规定的医疗期满后不能从事原工作，也不能从事由用人单位另行安排的工作的 ② 劳动者不能胜任工作，"经过培训或者调整工作岗位"，仍不能胜任工作的 ③ 劳动合同订立时所依据的客观情况发生重大变化，致使劳动合同无法履行，经用人单位与劳动者协商，未能就变更劳动合同内容达成协议的 【新东方提示】 （1）用人单位"提前30日"以书面形式通知劳动者本人"或"额外支付劳动者"1个月"工资后，可以解除劳动合同 （2）无过失性辞退，用人单位不得以"代通知金（解约替代通知金，即1个月工资）"替代"补偿金"	√ 【原因】用人单位主动提出解除
"随时通知"解除（你"不义"则我"不仁"）	① 劳动者在"试用期间"被证明不符合录用条件的 ② 劳动者严重违反用人单位的规章制度的 ③ 劳动者严重失职，营私舞弊，给用人单位造成重大损害的 ④ 劳动者同时与其他用人单位"建立劳动关系"，对完成本单位的工作任务造成严重影响，或者经用人单位提出，拒不改正的 ⑤ 劳动者以欺诈、胁迫的手段或者乘人之危，使用人单位在违背真实意思的情况下，订立或者变更劳动合同致使劳动合同无效的 ⑥ 劳动者被依法追究刑事责任的 【新东方提示】 在试用期间劳动者须提前3天通知用人单位解除劳动合同；用人单位认为不符录用条件的，可以随时通知劳动者解除劳动合同	× 【原因】① 试用期内；② 劳动者有过错

续表

解除类型	满足条件		经济补偿金
"经济性"裁员（弃"车"保"帅"）	① 依照《企业破产法》规定进行重整 ② 生产经营发生严重困难 ③ 企业转产、重大技术革新或者经营方式调整，经变更劳动合同后，仍需裁减人员	需要裁减人员"20人"以上或者裁减不足20人但占企业职工总数"10%"以上的，用人单位提前30日向工会或者全体职工说明情况，听取工会或者职工的意见后，裁减人员方案经向劳动行政部门报告，可以裁减人员	√ 【原因】用人单位主动提出解除
	【新东方提示1】 优先留用：与本单位订立较长期限的固定期限劳动合同或无固定期限劳动合同的；家庭无其他就业人员，有需要扶养的老人或未成年人的		
	【新东方提示2】 裁员后在6个月内重新招用人员的，应当通知被裁人员，并在同等条件下优先招用被裁人员		

【例题·多选题】（2020年）根据劳动合同法律制度的规定，用人单位进行经济性裁员时，应优先留用具有法定情形的人员。下列各项中，属于法定情形的有（　　）。

A. 家庭无其他就业人员、有需要扶养的未成年人的
B. 与本单位订立较长期限的固定期限劳动合同的
C. 家庭无其他就业人员、有需要扶养的老人的
D. 与本单位订立无固定期限劳动合同的

【答案】ABCD

【解析】选项A、B、C、D正确。经济性裁减人员时，应当优先留用下列人员：与本单位订立较长期限的固定期限劳动合同的（选项B正确）；与本单位订立无固定期限劳动合同的（选项D正确）；家庭无其他就业人员、有需要扶养的老人或者未成年人的（选项A、C正确）。

二、劳动合同的终止

（一）劳动合同终止的概念

劳动合同终止是指用人单位与劳动者之间的劳动关系因某种法律事实的出现而自动归于消灭，或导致劳动关系的继续履行成为不可能而不得不消灭的情形。劳动合同终止一般不涉及用人单位与劳动者的意思表示，只要法定事实出现，一般情况下都会导致双方劳动关系的消灭。

（二）劳动合同终止的情形

1. 劳动合同期满的。
2. 劳动者开始依法享受基本养老保险待遇的。
3. 劳动者达到法定退休年龄的。
4. 劳动者死亡，或者被人民法院宣告死亡或者宣告失踪的。
5. 用人单位被依法宣告破产的。
6. 用人单位被吊销营业执照、责令关闭、撤销或用人单位决定提前解散的。
7. 法律、行政法规规定的其他情形。

用人单位与劳动者不得约定上述情形之外的其他劳动合同终止条件。

三、对劳动合同解除和终止的限制性规定

1. 从事接触职业病危害作业的劳动者未进行离岗前职业健康检查，或者疑似职业病病人在诊断或者医学观察期间的。
2. 在本单位患职业病或者因工负伤并被确认丧失或者部分丧失劳动能力的。
3. 患病或者非因工负伤，在规定的"医疗期内"的。
4. 女职工在孕期、产期、哺乳期的。
5. 在本单位连续工作满"15年"，且距法定退休年龄不足"5年"的。

【例题·多选题】（2021年）根据劳动合同法律制度的规定，下列情形中，可导致劳动合同终止的有（   ）。
  A. 劳动者患病，在规定的医疗期内劳动合同期满的
  B. 劳动者开始依法享受基本养老保险待遇的
  C. 劳动者被人民法院宣告失踪的
  D. 劳动者怀孕，在孕期内劳动合同期满的

【答案】BC

【解析】选项B、C正确。劳动合同终止的情形包括：（1）劳动合同期满的；（2）劳动者开始依法享受基本养老保险待遇的（选项B正确）；（3）劳动者达到法定退休年龄的；

(4)劳动者死亡,或者被人民法院宣告死亡或者宣告失踪的(选项C正确);(5)用人单位被依法宣告破产的;(6)用人单位被吊销营业执照、责令关闭、撤销或者用人单位决定提前解散的;(7)法律、行政法规规定的其他情形。用人单位与劳动者不得约定上述情形之外的其他劳动合同终止条件。

根据《劳动合同法》的规定,劳动者有下列情形之一的,用人单位既不得适用无过失性辞退或经济性裁员解除劳动合同的情形解除劳动合同,也不得终止劳动合同,劳动合同应当续延至相应的情形消失时终止:(1)从事接触职业病危害作业的劳动者未进行离岗前职业健康检查,或者疑似职业病病人在诊断或者医学观察期间的;(2)在本单位患职业病或者因工负伤并被确认丧失或者部分丧失劳动能力的;(3)患病或者非因工负伤,在规定的医疗期内的(选项A错误);(4)女职工在孕期、产期、哺乳期的(选项D错误);(5)在本单位连续工作满15年,且距法定退休年龄不足5年的;(6)法律、行政法规规定的其他情形。

四、劳动合同解除和终止的经济补偿

(一)经济补偿的概念

按照劳动合同法律制度的规定,在劳动者无过错的情况下,用人单位与劳动者解除或者终止劳动合同时,应给予劳动者的经济上的补助,也称经济补偿金。

【新东方提示】

经济补偿金与违约金、赔偿金的区别,如表8-12所示。

表8-12 经济补偿金与违约金、赔偿金的区别

	支付主体	性质
经济补偿金	用人单位	法定(劳动者无过错)
违约金	劳动者	约定(劳动者有过错) (仅限服务期和竞业禁止)
赔偿金	用人单位或劳动者	法定、约定(用人单位或劳动者有过错)

(二)用人单位应当向劳动者支付经济补偿的情形

1. 劳动者符合随时通知解除和不需事先通知即可解除劳动合同规定情形而解除劳动合同的。

2. 由用人单位提出解除劳动合同并与劳动者协商一致而解除劳动合同的。

3. 用人单位符合提前 30 日以书面形式通知劳动者本人或者额外支付劳动者 1 个月工资后，可以解除劳动合同的规定情形而解除劳动合同的。

4. 用人单位符合可裁减人员规定而解除劳动合同的。

5. 除用人单位维持或者提高劳动合同约定条件续订劳动合同，劳动者不同意续订的情形外，劳动合同期满终止固定期限劳动合同的。

6. 用人单位被依法宣告破产或者被吊销营业执照、责令关闭、撤销或者用人单位决定提前解散而终止劳动合同的。

7. 以完成一定工作任务为期限的劳动合同因任务完成而终止的。

8. 法律、行政法规规定的其他情形。

（三）经济补偿的支付

1. 经济补偿金＝劳动合同解除或者终止前劳动者在本单位的工作年限 × 每工作 1 年应得的经济补偿

2. 经济补偿年限的计算标准

（1）经济补偿按劳动者在本单位工作的年限，每满 1 年支付 1 个月工资的标准向劳动者支付。6 个月以上不满 1 年的，按 1 年计算；不满 6 个月的，向劳动者支付半个月工资的经济补偿。

（2）劳动者非因本人原因从原用人单位被安排到新用人单位工作的，劳动者在原用人单位的工作年限合并计入新用人单位的工作年限。原用人单位已经向劳动者支付经济补偿的，新用人单位在依法解除、终止劳动合同计算支付经济补偿的工作年限时，不再计算劳动者在原用人单位的工作年限。

3. 经济补偿基数的计算标准

（1）月工资是指劳动者在劳动合同解除或者终止前 12 个月的平均工资。月工资按照劳动者应得工资计算，包括计时工资或者计件工资以及奖金、津贴和补贴等货币性收入。

劳动者工作不满 12 个月的，按照实际工作的月数计算平均工资。

（2）劳动者在劳动合同解除或者终止前 12 个月的平均工资低于当地最低工资标准的，按照当地最低工资标准计算。即：

经济补偿金＝工作年限 × 月最低工资标准

（3）劳动者月工资高于用人单位所在直辖市、设区的市级人民政府公布的本地区上年度职工月平均工资 3 倍的，向其支付经济补偿的标准按职工月平均工资 3 倍的数额支付，向其支付经济补偿的年限最高不超过 12 年。即：

经济补偿金＝工作年限（最高不超过 12 年）× 当地上年度职工月平均工资 3 倍

【例题·单选题】（2022 年）小王在公司工作时间 2015 年 5 月至 2021 年 8 月，公司与小王解除劳动合同，小王上一年月平均工资 5 000 元，当年地方月平均工资 4 500 元，应该支付的赔偿金是（　　）。

A. 4 500×6.5＝29 250（元）　　B. 5 000×6.5＝32 500（元）
C. 4 500×7＝31 500（元）　　D. 5 000×7＝35 000（元）

【答案】B

【解析】选项B正确。根据《劳动合同法》的规定，经济补偿按劳动者在本单位工作的年限，每满1年支付1个月工资的标准向劳动者支付。6个月以上不满1年的，按1年计算；不满6个月的，向劳动者支付半个月工资的经济补偿。劳动者月工资高于用人单位所在直辖市、设区的市级人民政府公布的本地区上年度职工月平均工资3倍的，向其支付经济补偿的标准按职工月平均工资3倍的数额支付，向其支付经济补偿的年限最高不超过12年。按小王的月平均工资计算，在公司工作年限为6年零3个月，故应支付的赔偿金为5 000×6.5＝32 500（元）。

【例题·单选题】（2021年）2008年3月5日，方某入职甲公司。2020年12月1日，甲公司提出并与方某协商一致解除了劳动合同。已知方某在劳动合同解除前12个月的平均工资为20 000元，当地上年度职工月平均工资为5 500元。下列计算甲公司依法支付方某经济补偿的算式中，正确的是（　　）。

A. 5 500×3×12＝198 000（元）　　B. 5 500×3×13＝214 500（元）
C. 20 000×13＝260 000（元）　　D. 20 000×12＝240 000（元）

【答案】A

【解析】选项A正确。根据《劳动合同法》的规定，经济补偿按劳动者在本单位工作的年限，每满1年支付1个月工资的标准向劳动者支付。6个月以上不满1年的，按1年计算；不满6个月的，向劳动者支付半个月工资的经济补偿。劳动者月工资高于用人单位所在直辖市、设区的市级人民政府公布的本地区上年度职工月平均工资3倍的，向其支付经济补偿的标准按职工月平均工资3倍的数额支付，向其支付经济补偿的年限最高不超过12年。方某在甲公司工作超过12年，并且工资20 000元高于本地区上年度职工月平均工资3倍（5 500×3），因此，甲公司依法支付方某经济补偿＝5 500×3×12＝198 000（元）。

五、劳动合同解除和终止的法律后果及双方义务

1. 劳动合同解除或终止后，用人单位和劳动者双方不再履行劳动合同，劳动关系消灭。劳动者应当按照双方约定，办理工作交接。

2. 劳动合同解除或终止的，用人单位应当在解除或者终止劳动合同时出具解除或者终止劳动合同的证明，并在15日内为劳动者办理档案和社会保险关系转移手续。

3. 用人单位对已经解除或者终止的劳动合同的文本，至少保存2年备查。

4. 劳动者依法解除或者终止劳动合同，用人单位扣押劳动者档案或者其他物品的，由劳动行政部门责令限期退还劳动者本人，并以每人500元以上2 000元以下的标准处以罚款；给劳动者造成损害的，应当承担赔偿责任。

5. 用人单位应当在解除或者终止劳动合同时向劳动者支付经济补偿的，在办结工作交接时支付。

6. 用人单位违反规定解除或者终止劳动合同，劳动者要求继续履行劳动合同的，用人单位应当继续履行；劳动者不要求继续履行劳动合同或者劳动合同已经不能继续履行的，用人单位应当依照《劳动合同法》规定的经济补偿标准的 2倍 向劳动者支付赔偿金。

7. 用人单位支付了赔偿金的，不再支付经济补偿。赔偿金的计算年限自用工之日起计算。

考点六 集体合同与劳务派遣★★

一、集体合同

（一）集体合同的概念和种类

1. 概念

集体合同是工会代表企业职工一方与企业签订的以劳动报酬、工作时间、休息休假、劳动安全卫生、保险福利等为主要内容的书面协议。尚未建立工会的用人单位，可以由上级工会指导劳动者推举的代表与用人单位订立集体合同。

2. 种类

（1）企业职工一方与用人单位可以订立劳动安全卫生、女职工权益保护、工资调整机制等专项集体合同。

（2）在县级以下区域内，建筑业、采矿业、餐饮服务业等行业可以由工会与企业方面代表订立行业性集体合同，或者订立区域性集体合同。

（二）集体合同的订立

1. 经双方协商代表协商一致的集体合同草案或专项集体合同草案应当提交职工代表大会或者全体职工讨论。职工代表大会或者全体职工讨论集体合同草案，应当有 2/3 以上 职工代表或者职工出席，且须经全体职工代表 半数以上 或者全体职工半数以上同意，方获通过。集体合同草案或专项集体合同草案经职工代表大会或者职工大会通过后，由集体协商双方首席代表签字。

2. 集体合同订立后，应当报送劳动行政部门；劳动行政部门自收到集体合同文本之日起 15 日内未提出异议的，集体合同即行生效。

3. 集体合同中劳动报酬和劳动条件等标准 不得低于当地人民政府规定的最低标准；用人单位与劳动者订立的劳动合同中劳动报酬和劳动条件等标准不得低于集体合同规定的标准。

【例题·判断题】（2020年）用人单位与劳动者订立的劳动合同中劳动报酬和劳动条件等标准不得低于集体合同规定的标准。（   ）

【答案】√
【解析】用人单位与劳动者订立的劳动合同中劳动报酬和劳动条件等标准不得低于集体合同规定的标准;集体合同中劳动报酬和劳动条件等标准不得低于当地人民政府规定的最低标准。

二、劳务派遣

劳务派遣相关内容,如表 8-13 所示。

表 8-13　劳务派遣相关内容

劳务派遣的概念	是指由劳务派遣单位与劳动者订立劳动合同,与用工单位订立劳务派遣协议,将被派遣劳动者派往用工单位给付劳务
劳务派遣的特征	劳动合同关系存在于劳务派遣单位与被派遣劳动者之间,但劳动力给付的事实则发生于被派遣员工与用工单位之间,也即劳动力的雇佣与劳动力使用分离,被派遣劳动者不与用工单位签订劳动合同、发生劳动关系,而是与派遣单位存在劳动关系
劳务派遣的适用范围	(1)劳动合同用工是我国企业的基本用工形式,劳务派遣用工是补充形式,只能在临时性(存续时间不超过 6 个月)、辅助性或者替代性的工作岗位上实施
	(2)用工单位应当严格控制劳务派遣用工数量,使用的被派遣劳动者数量不得超过其用工总量的 10%
	(3)用人单位不得设立劳务派遣单位向本单位或者所属单位派遣劳动者。用工单位不得将被派遣劳动者再派遣到其他用人单位。劳务派遣单位不得以非全日制用工形式招用被派遣劳动者
各方权利和义务	劳务派遣单位	(1)是用人单位,应当履行用人单位对劳动者的义务 (2)应当与被派遣劳动者订立 2 年以上的固定期限劳动合同,按月支付劳动报酬;被派遣劳动者在无工作期间,应当按照所在地人民政府规定的最低工资标准,向其按月支付报酬 (3)应当将劳务派遣协议的内容告知被派遣劳动者,不得克扣用工单位按照劳务派遣协议支付给被派遣劳动者的劳动报酬 (4)不得向被派遣劳动者收取费用
	用工单位	(1)应当根据工作岗位的实际需要与劳务派遣单位确定派遣期限,不得将连续用工期限分割订立数个短期劳务派遣协议 (2)不得向被派遣劳动者收取费用
	被派遣劳动者	被派遣劳动者享有与用工单位的劳动者同工同酬的权利。被派遣劳动者有权在劳务派遣单位或者用工单位依法参加或者组织工会,维护自身的合法权益

【例题·判断题】（2021年）被派遣劳动者在无工作期间，劳务派遣单位无需向其支付报酬。（ ）

【答案】×

【解析】被派遣劳动者在无工作期间，劳务派遣单位应当按照所在地人民政府规定的最低工资标准，向其按月支付报酬。

考点七 劳动争议的解决★★

一、劳动争议及解决办法

（一）劳动争议的概念及适用范围

概念：劳动关系当事人之间因实现劳动权利、履行劳动义务发生分歧而引起的争议，也称劳动纠纷、劳资争议。

适用范围：与劳动有关的。

（二）劳动争议的情形

劳动者与用人单位之间发生的下列纠纷，属于劳动争议，当事人不服劳动争议仲裁机构作出的裁决，依法提起诉讼的，人民法院应予受理：

1. 劳动者与用人单位在履行劳动合同过程中发生的纠纷；

2. 劳动者与用人单位之间没有订立书面劳动合同，但已形成劳动关系后发生的纠纷；

3. 劳动者与用人单位因劳动关系是否已经解除或者终止，以及应否支付解除或者终止劳动关系经济补偿金发生的纠纷；

4. 劳动者与用人单位解除或者终止劳动关系后，请求用人单位返还其收取的劳动合同定金、保证金、抵押金、抵押物发生的纠纷，或者办理劳动者的人事档案、社会保险关系等移转手续发生的纠纷；

5. 劳动者以用人单位未为其办理社会保险手续，且社会保险经办机构不能补办导致其无法享受社会保险待遇为由，要求用人单位赔偿损失发生的纠纷；

6. 劳动者退休后，与尚未参加社会保险统筹的原用人单位因追索养老金、医疗费、工伤保险待遇和其他社会保险待遇而发生的纠纷；

7. 劳动者因为工伤、职业病，请求用人单位依法给予工伤保险待遇发生的纠纷；

8. 劳动者依据《劳动合同法》第八十五条规定，要求用人单位支付加付赔偿金发生的纠纷；

9. 因企业自主进行改制发生的纠纷。

（三）下列纠纷不属于劳动争议

1. 劳动者请求社会保险经办机构发放社会保险金的纠纷；
2. 劳动者与用人单位因住房制度改革产生的公有住房转让纠纷；
3. 劳动者对劳动能力鉴定委员会的伤残等级鉴定结论或者对职业病诊断鉴定委员会的职业病诊断鉴定结论的异议纠纷；
4. 家庭或者个人与家政服务人员之间的纠纷；
5. 个体工匠与帮工、学徒之间的纠纷；
6. 农村承包经营户与受雇人之间的纠纷。

（四）劳动争议解决的基本方法

1. 劳动争议解决的方法有协商、调解、仲裁和诉讼

（1）发生劳动争议，劳动者可以与用人单位协商，也可以请工会或者第三方共同与用人单位协商，达成和解协议。

（2）当事人不愿协商、协商不成或者达成和解协议后不履行的，可以向调解组织申请调解。

（3）不愿调解、调解不成或者达成调解协议后不履行的，可以向劳动争议仲裁机构申请仲裁。

（4）对仲裁裁决不服的，除《调解仲裁法》另有规定的以外，可以向人民法院提起诉讼。

劳动仲裁是指劳动争议仲裁机构对劳动争议当事人争议的事项，根据劳动法律、法规、规章和政策等的规定，依法作出裁决，从而解决劳动争议的一项劳动法律制度。

2. 劳动仲裁与一般经济纠纷的仲裁区别

（1）法律依据及适用范围不同。

（2）申请程序不同。劳动争议的仲裁，不要求当事人达成仲裁协议，只要一方当事人提出申请，有关仲裁机构即可受理。

（3）裁决的效力不同。劳动争议仲裁，当事人对裁决不服的，除《调解仲裁法》规定的几类特殊劳动争议外，可以向人民法院起诉。因此，劳动争议的裁决一般不是终局的。

二、劳动调解

1. 当事人申请劳动争议调解可以书面申请，也可以口头申请。

2. 经调解达成协议的，应当制作调解协议书。调解协议书由双方当事人签名或者盖章，经调解员签名并加盖调解组织印章后生效。调解协议书对双方当事人具有约束力，当事人应当履行。

3. 自劳动争议调解组织收到调解申请之日起 15 日内未达成调解协议的，当事人可以

依法申请仲裁。

4. 达成调解协议后，一方当事人在协议约定期限内不履行调解协议的，另一方当事人可以依法申请仲裁。

三、劳动仲裁

（一）劳动仲裁机构、劳动仲裁参加人和劳动仲裁管辖

1. 仲裁委员会按照统筹规划、合理布局和适应实际需要的原则设立，不按行政区划层层设立。

2. 劳动争议仲裁不收费。仲裁委员会的经费由财政予以保障。

3. 劳动仲裁参加人。

（1）当事人

劳务派遣单位或者用工单位与劳动者发生劳动争议的，劳务派遣单位和用工单位为共同当事人。

劳动者与个人承包经营者发生争议，依法向仲裁委员会申请仲裁的，应当将发包的组织和个人承包经营者作为共同当事人。

发生争议的用人单位未办理营业执照、被吊销营业执照、营业执照到期继续经营、被责令关闭、被撤销以及用人单位解散、歇业，不能承担相关责任的，应当将用人单位和其出资人、开办单位或者主管部门作为共同当事人。

（2）当事人代表

发生争议的劳动者一方在10人以上，并有共同请求的，劳动者可以推举3~5名代表人参加仲裁活动。

因履行集体合同发生的劳动争议，经协商解决不成的，工会可以依法申请仲裁；尚未建立工会的，由上级工会指导劳动者推举产生的代表依法申请仲裁。

代表人参加仲裁的行为对其所代表的当事人发生效力，但代表人变更、放弃仲裁请求或者承认对方当事人的仲裁请求，进行和解，必须经被代表的当事人同意。

（3）第三人

与劳动争议案件的处理结果有利害关系的第三人。

（4）代理人

当事人可以委托代理人参加仲裁活动。委托书应当载明委托事项和权限。

4. 劳动争议仲裁案件的管辖。

（1）仲裁委员会负责管辖本区域内发生的劳动争议。劳动争议由劳动合同履行地或者用人单位所在地的仲裁委员会管辖。

（2）双方当事人分别向劳动合同履行地和用人单位所在地的仲裁委员会申请仲裁的，由劳动合同履行地的仲裁委员会管辖。有多个劳动合同履行地的，由最先受理的仲裁委员会管辖。劳动合同履行地不明确的，由用人单位所在地的仲裁委员会管辖。

（3）案件受理后，劳动合同履行地或者用人单位所在地发生变化的，不改变争议仲裁的管辖。

（二）劳动仲裁申请和受理

1. 仲裁时效

（1）劳动争议申请仲裁的时效期间为 1 年。

仲裁时效期间从当事人知道或者应当知道其权利被侵害之日起计算。劳动关系存续期间因拖欠劳动报酬发生争议的，劳动者申请仲裁不受 1 年仲裁时效期间的限制；但是，劳动关系终止的，应当自劳动关系终止之日起 1 年内提出。

（2）仲裁时效的中断

劳动仲裁时效，因当事人一方向对方当事人主张权利；或者向有关部门请求权利救济；或者对方当事人同意履行义务而中断。

从中断时起，仲裁时效期间重新计算。

（3）仲裁时效的中止

因不可抗力或者有其他正当理由，当事人不能在仲裁时效期间申请仲裁的，仲裁时效中止。

从中止时效的原因消除之日起，仲裁时效期间继续计算。

2. 仲裁申请

申请人申请仲裁应当提交书面仲裁申请，并按照被申请人人数提交副本。书写仲裁申请确有困难的，可以口头申请，由仲裁委员会记入笔录，经申请人签名、盖章或者捺印确认。

3. 仲裁受理

仲裁委员会收到仲裁申请之日起 5 日内，认为符合受理条件的，应当予以受理，并向申请人出具受理通知书；认为不符合受理条件的，向申请人出具不予受理通知书。仲裁委员会受理仲裁申请后，应当在 5 日内将仲裁申请书副本送达被申请人。被申请人收到仲裁申请书副本后，应当在 10 日内向仲裁委员会提交答辩书。仲裁委员会收到答辩书后，应当在 5 日内将答辩书副本送达申请人。被申请人未提交答辩书的，不影响仲裁程序的进行。

（三）劳动仲裁开庭和裁决

1. 仲裁基本制度

（1）先行调解原则。仲裁庭在作出裁决前，应当先行调解。调解达成协议的，仲裁庭应当制作调解书。调解书经双方当事人签收后，发生法律效力。

（2）仲裁公开原则及例外。劳动争议仲裁公开进行，但当事人协议不公开或者涉及商业秘密和个人隐私的，经相关当事人书面申请，仲裁委员会应当不公开审理。

（3）仲裁庭制度。仲裁委员会裁决劳动争议案件实行仲裁庭制度。仲裁庭由 3 名仲裁员组成，设首席仲裁员。简单劳动争议案件可以由 1 名仲裁员独任仲裁。

（4）回避制度。

仲裁员有下列情形之一的，应当回避，当事人也有权以口头或者书面方式提出回避申请：

① 是本案当事人或者当事人、代理人的近亲属的；

② 与本案有利害关系的；

③ 与本案当事人、代理人有其他关系，可能影响公正裁决的；

④ 私自会见当事人、代理人，或者接受当事人、代理人请客送礼的。

2. 仲裁开庭程序

仲裁庭裁决劳动争议案件，应当自仲裁委员会受理仲裁申请之日起 45 日内结束。

案情复杂需要延期的，经仲裁委员会主任批准，可以延期并书面通知当事人，但是延长期限不得超过 15 日。

逾期未作出仲裁裁决的，当事人可以就该劳动争议事项向人民法院提起诉讼。

3. 仲裁裁决

下列劳动争议，除《调解仲裁法》另有规定的外，仲裁裁决为终局裁决，裁决书自作出之日起发生法律效力：

（1）追索劳动报酬、工伤医疗费、经济补偿或者赔偿金，不超过当地月最低工资标准 12 个月金额的争议。如果仲裁裁决涉及数项，对单项裁决数额不超过当地月最低工资标准 12 个月金额的事项，应当适用终局裁决。

（2）因执行国家的劳动标准在工作时间、休息休假、社会保险等方面发生的争议。

（3）仲裁庭裁决案件时，裁决内容同时涉及终局裁决和非终局裁决的，应当分别制作裁决书，并告知当事人相应的救济权利。

4. 仲裁裁决的撤销

用人单位有证据证明上述一裁终局的裁决有下列情形之一，可以自收到仲裁裁决书之日起 30 日内向仲裁委员会所在地的中级人民法院申请撤销裁决：

（1）适用法律、法规确有错误的；

（2）劳动争议仲裁委员会无管辖权的；

（3）违反法定程序的；

（4）裁决所根据的证据是伪造的；

（5）对方当事人隐瞒了足以影响公正裁决的证据的；

（6）仲裁员在仲裁该案时有索贿受贿、徇私舞弊、枉法裁决行为的。

（四）劳动仲裁执行

1. 仲裁庭对追索劳动报酬、工伤医疗费、经济补偿或者赔偿金的案件，根据当事人的申请,可以裁决先予执行,移送人民法院执行。

仲裁庭裁决先予执行的,应当符合下列条件:

(1)当事人之间权利义务关系明确;

(2)不先予执行将严重影响申请人的生活。

劳动者申请先予执行的,可以不提供担保。

当事人对发生法律效力的调解书、裁决书,应当依照规定的期限履行。一方当事人逾期不履行的,另一方当事人可以依照规定向人民法院申请执行。

2. 人民法院可以裁定不予执行的情形

(1)裁决的事项不属于劳动争议仲裁范围,或者劳动争议仲裁机构无权仲裁的;

(2)适用法律、法规确有错误的;

(3)违反法定程序的;

(4)裁决所根据的证据是伪造的;

(5)对方当事人隐瞒了足以影响公正裁决的证据的;

(6)仲裁员在仲裁该案时有索贿受贿、徇私舞弊、枉法裁决行为的;

(7)人民法院认定执行该劳动争议仲裁裁决违背社会公共利益的。

人民法院在不予执行的裁定书中,应当告知当事人在收到裁定书之次日起30日内,可以就该劳动争议事项向人民法院提起诉讼。

【例题·判断题】(2020年)用人单位和劳动者分别向用人单位所在地和劳动合同履行地的劳动争议仲裁委员会申请劳动仲裁的,由用人单位所在地的仲裁委员会管辖。( )

【答案】×

【解析】劳动争议由劳动合同履行地或者用人单位所在地的劳动争议仲裁委员会管辖。双方当事人分别向劳动合同履行地和用人单位所在地的劳动争议仲裁委员会申请仲裁的,由"劳动合同履行地"的劳动争议仲裁委员会管辖。

四、劳动诉讼

(一)劳动诉讼的提起

1. 对仲裁委员会不予受理或者逾期未作出决定的,申请人可以就该劳动争议事项向人民法院提起诉讼。

2. 劳动者对劳动争议的终局裁决不服的,可以自收到仲裁裁决书之日起15日内向人民法院提起诉讼。

3. 当事人对终局裁决情形之外的其他劳动争议案件的仲裁裁决不服的,可以自收到仲裁裁决书之日起15日内提起诉讼。

4. 终局裁决被人民法院裁定撤销的,当事人可以自收到裁定书之日起15日内就该劳动争议事项向人民法院提起诉讼。

（二）劳动诉讼程序

劳动诉讼依照《民事诉讼法》的规定执行。

考点八 违反劳动合同法律制度的法律责任 ★

一、用人单位违反《劳动合同法》的法律责任

（一）用人单位履行劳动合同违反法律规定的法律责任

1. 用人单位有下列情形之一的，依法给予行政处罚；构成犯罪的，依法追究刑事责任；给劳动者造成损害的，应当承担赔偿责任：
（1）以暴力、威胁或者非法限制人身自由的手段强迫劳动的；
（2）违章指挥或者强令冒险作业危及劳动者人身安全的；
（3）侮辱、体罚、殴打、非法搜查或者拘禁劳动者的；
（4）劳动条件恶劣、环境污染严重，给劳动者身心健康造成严重损害的。

2. 用人单位有下列情形之一的，由劳动行政部门责令限期支付劳动报酬、加班费；劳动报酬低于当地最低工资标准的，应当支付其差额部分；逾期不支付的，责令用人单位按应付金额 50% 以上 100% 以下的标准向劳动者加付赔偿金：
（1）未按照劳动合同的约定或者国家规定及时足额支付劳动者劳动报酬的；
（2）低于当地最低工资标准支付劳动者工资的；
（3）安排加班不支付加班费的。

（二）其他法律责任

1. 用人单位招用与其他用人单位尚未解除或者终止劳动合同的劳动者，给其他用人单位造成损失的，应当承担连带赔偿责任。

2. 劳务派遣单位、用工单位违反《劳动合同法》有关劳务派遣规定的，由劳动行政部门责令限期改正；逾期不改正的，以每人 5 000 元以上 1 万元以下的标准处以罚款，对劳务派遣单位，吊销其劳务派遣业务经营许可证。用工单位给被派遣劳动者造成损害的，劳务派遣单位与用工单位承担连带赔偿责任。

3. 个人承包经营违反《劳动合同法》规定招用劳动者，给劳动者造成损害的，发包的组织与个人承包经营者承担连带赔偿责任。

二、劳动者违反劳动合同法律制度的法律责任

1. 劳动合同被确认无效，给用人单位造成损失的，有过错的劳动者应当承担赔偿责任。

2. 劳动者违反《劳动合同法》规定解除劳动合同，给用人单位造成损失的，应当承担赔偿责任。

3. 劳动者违反劳动合同中约定的保密义务或者竞业限制，劳动者应当按照劳动合同的约定，向用人单位支付违约金。给用人单位造成损失的，应当承担赔偿责任。

4. 劳动者违反培训协议，未满服务期解除或者终止劳动合同的，或者因劳动者严重违纪，用人单位与劳动者解除约定服务期的劳动合同的，劳动者应当按照劳动合同的约定，向用人单位支付违约金。

第二单元　社会保险法律制度

考点一　基本养老保险★★★

一、社会保险概述

社会保险，是指国家依法建立的，由国家、用人单位和个人共同筹集资金、建立基金，使个人在年老（退休）、患病、工伤（因工伤残或者患职业病）、失业、生育等情况下获得物质帮助和补偿的一种社会保障制度。

二、基本养老保险

（一）基本养老保险的含义

基本养老保险制度，是指缴费达到法定期限并且个人达到法定退休年龄后，国家和社会提供物质帮助以保证因年老而退出劳动领域者稳定、可靠的生活来源的社会保险制度。

（二）基本养老保险的覆盖范围

1. 基本养老保险制度组成

（1）职工基本养老保险制度、新型农村社会养老保险制度（以下简称"新农保"）、城镇居民社会养老保险制度（以下简称"城居保"）。

（2）国务院决定将新农保和城居保两项制度合并实施，在全国范围内建立统一的城乡居民基本养老保险制度。

（3）年满16周岁（不含在校学生），非国家机关和事业单位工作人员及不属于职工基本养老保险制度覆盖范围的城乡居民，可以在户籍地参加城乡居民养老保险。

2. 职工基本养老保险

（1）职工基本养老保险费的征缴范围

国有企业、城镇集体企业、外商投资企业、城镇私营企业和其他城镇企业及其职工，实行企业化管理的事业单位及其职工。这是基本养老保险的主体部分。

（2）基本养老保险费由用人单位和职工共同缴纳。

（3）无雇工的个体工商户、未在用人单位参加基本养老保险的非全日制从业人员以及其他灵活就业人员可以参加基本养老保险，由个人缴纳基本养老保险费。

（4）公务员和参照公务员管理的工作人员养老保险的办法由国务院规定。

（三）职工基本养老保险基金的组成和来源

1. 基本养老保险基金由用人单位和个人缴费以及政府补贴等组成。

基本养老保险实行社会统筹与个人账户相结合。

基本养老金由统筹养老金和个人账户养老金组成。

2. 用人单位应当按照国家规定的本单位职工工资总额的比例缴纳基本养老保险费，记入基本养老保险统筹基金。

职工按照国家规定的本人工资的比例缴纳基本养老保险费，记入个人账户。

基本养老保险基金出现支付不足时，政府给予补贴。

3. 无雇工的个体工商户、未在用人单位参加基本养老保险的非全日制从业人员以及其他灵活就业人员参加基本养老保险的，应当按照国家规定缴纳基本养老保险费，分别记入基本养老保险统筹基金和个人账户。

4. 个人账户不得提前支取，记账利率不得低于银行定期存款利率，免征利息税。参加职工基本养老保险的个人死亡后，其个人账户中的余额可以全部依法继承。

5. 个人跨统筹地区就业的，其基本养老保险关系随本人转移，缴费年限累计计算。个人达到法定退休年龄时，基本养老金分段计算、统一支付。

（四）职工基本养老保险费的缴纳

1. 单位缴费

降低城镇职工基本养老保险（包括企业和机关事业单位基本养老保险）单位缴费比例。

各省、自治区、直辖市及新疆生产建设兵团养老保险单位缴费比例高于16%的，可降至16%；目前低于16%的，要研究提出过渡办法。

2. 个人缴费

（1）按照现行政策，职工个人按照本人缴费工资的8%缴费，记入个人账户。

（2）缴费工资，也称缴费工资基数，一般为职工本人上一年度月平均工资（有条件的地区也可以本人上月工资收入为个人缴费工资基数）。

月平均工资按照国家统计局规定列入工资总额统计的项目计算，包括工资、奖金、津贴、补贴等收入,不包括用人单位承担或者支付给员工的社会保险费、劳动保护费、福利费、用人单位与员工解除劳动关系时支付的一次性补偿以及计划生育费用等其他不属于工资的费用。

新招职工(包括研究生、大学生、大中专毕业生等)以起薪当月工资收入作为缴费工资基数;从第二年起,按上一年实发工资的月平均工资作为缴费工资基数。

(3)本人月平均工资低于当地职工月平均工资60%的,按当地职工月平均工资的60%作为缴费基数。本人月平均工资高于当地职工月平均工资300%的,按当地职工月平均工资的300%作为缴费基数,超过部分不计入缴费工资基数,也不计入计发养老金的基数。

(4)各省应以本省城镇非私营单位就业人员平均工资和城镇私营单位就业人员平均工资加权计算的全口径城镇单位就业人员平均工资,核定社保个人缴费基数上下限。

(5)个人缴费不计征个人所得税,在计算个人所得税的应税收入时,应当扣除个人缴纳的养老保险费。

(6)城镇个体工商户和灵活就业人员按照上述口径计算的本地全口径城镇单位就业人员平均工资核定社保个人缴费基数上下限,允许缴费人在60%至300%之间选择适当的缴费基数。缴费比例为20%,其中8%记入个人账户。

(五)职工基本养老保险享受条件与待遇

1. 职工基本养老保险享受条件

(1)年龄条件:达到法定退休年龄,如表8-14所示。

表8-14 法定退休年龄

一般	男	年满60周岁
	女	女工人年满50周岁,女干部年满55周岁
特殊	井下、高温、高空、特别繁重体力劳动或其他有害身体健康工作的,退休年龄为男年满55周岁,女年满45周岁	
	因病或非因工致残,由医院证明并经劳动鉴定委员会确认完全丧失劳动能力的,退休年龄为男年满50周岁,女年满45周岁	

(2)缴费条件:累计缴费满15年。参加职工基本养老保险的个人,达到法定退休年龄时累计缴费满15年的,按月领取基本养老金。

2. 职工基本养老保险待遇

(1)职工基本养老金

对符合基本养老保险享受条件的人员,国家按月支付基本养老金。

（2）丧葬补助金和遗属抚恤金

参加基本养老保险的个人，因病或者非因工死亡的，其遗属可以领取丧葬补助金和抚恤金，所需资金从基本养老保险基金中支付。

（3）如果个人死亡同时符合领取基本养老保险丧葬补助金、工伤保险丧葬补助金和失业保险丧葬补助金条件的，其遗属只能选择领取其中的一项。

（4）病残津贴

参加基本养老保险的个人，在未达到法定退休年龄时因病或者非因工致残完全丧失劳动能力的，可以领取病残津贴，所需资金从基本养老保险基金中支付。

【例题·单选题】（2021年）2018年，甲公司职工赵某月平均工资为2 800元，甲公司所在地月最低工资标准为2 000元，职工月平均工资为5 000元，已知2019年当地职工基本养老保险费中个人缴费比例为8%。2019年甲公司每月从赵某工资中代扣代缴的职工基本养老保险费为（　　）。

A. 240元　　　　　　　　　　B. 160元
C. 224元　　　　　　　　　　D. 400元

【答案】A

【解析】选项A正确。职工基本养老保险费的缴纳，按照现行政策，职工个人按照本人缴费工资的8%缴费，记入个人账户。本人月平均工资低于当地职工月平均工资60%的，按当地职工月平均工资的60%作为缴费基数。赵某工资2 800元，低于当地职工月平均工资5 000元的60%，即3 000元，因此，甲公司每月从赵某工资中代扣代缴的基本养老保险费数额=5 000×60%×8%=240（元）。

考点二　基本医疗保险★★★

一、基本医疗保险的含义

按照国家规定缴纳一定比例的医疗保险费，参保人因患病和意外伤害而就医诊疗，由医疗保险基金支付其一定医疗费用的社会保险制度。

二、基本医疗保险的覆盖范围

（一）职工基本医疗保险

1. 职工应当参加职工基本医疗保险，由用人单位和职工按照国家规定共同缴纳基本医疗保险费。

2. 职工基本医疗保险费的征缴范围：国有企业、城镇集体企业、外商投资企业、城镇私营企业和其他城镇企业及其职工，国家机关及其工作人员，事业单位及其职工，民办非企业单位及其职工，社会团体及其专职人员。

3. 无雇工的个体工商户、未在用人单位参加基本医疗保险的非全日制从业人员以及其他灵活就业人员可以参加职工基本医疗保险，由个人按照国家规定缴纳基本医疗保险费。

（二）城乡居民基本医疗保险

覆盖范围包括现有城镇居民基本医疗保险制度和新型农村合作医疗所有应参保（合）人员，即覆盖除职工基本医疗保险应参保人员以外的其他所有城乡居民，统一保障待遇。

三、全面推进生育保险和职工基本医疗保险合并实施

1. 参加职工基本医疗保险的在职职工同步参加生育保险。

2. 统一基金征缴和管理，生育保险基金并入职工基本医疗保险基金，按照用人单位参加生育保险和职工基本医疗保险的缴费比例之和确定新的用人单位职工基本医疗保险费率，个人不缴纳生育保险费。

四、职工基本医疗保险费的缴纳

基本医疗保险与基本养老保险一样采用"统账结合"模式，即分别设立社会统筹基金和个人账户基金，基本医疗保险基金由统筹基金和个人账户构成。

（一）单位缴费

由统筹地区统一确定适合当地经济发展水平的基本医疗保险单位缴费率，一般为职工工资总额的 6% 左右。用人单位缴纳的基本医疗保险费分为两部分，一部分用于建立统筹基金，另一部分划入个人账户。

（二）基本医疗保险个人账户的资金来源

1. 个人缴费部分。由统筹地区统一确定适合当地职工负担水平的基本医疗保险个人缴费率，一般为本人工资收入的 2%。

2. 用人单位缴费的划入部分。由统筹地区根据个人医疗账户的支付范围和职工年龄等因素确定用人单位所缴医疗保险费划入个人医疗账户的具体比例，一般为 30% 左右。

（三）基本医疗保险关系转移接续制度

个人跨统筹地区就业的，其基本医疗保险关系随本人转移，缴费年限累计计算。

（四）退休人员基本医疗保险费的缴纳

参加职工基本医疗保险的个人，达到法定退休年龄时累计缴费达到国家规定年限的，退休后不再缴纳基本医疗保险费，按照国家规定享受基本医疗保险待遇；未达到国家规定缴费年限的，可以缴费至国家规定年限。

目前对最低缴费年限没有全国统一的规定，由各统筹地区根据本地情况确定。

五、职工基本医疗费用的结算

1. 参保人员符合基本医疗保险药品目录、诊疗项目、医疗服务设施标准以及急诊、抢救的医疗费用，按照国家规定从基本医疗保险基金中支付。

2. 参保人员医疗费用中应当由基本医疗保险基金支付的部分，由社会保险经办机构与医疗机构、药品经营单位直接结算。

3. 要享受基本医疗保险待遇一般要符合以下条件：

（1）参保人员必须到基本医疗保险的定点医疗机构就医、购药或到定点零售药店购买药品。

（2）参保人员在看病就医过程中所发生的医疗费用必须符合基本医疗保险药品目录、诊疗项目、医疗服务设施标准的范围和给付标准。

4. 参保人员符合基本医疗保险支付范围的医疗费用中，在社会医疗统筹基金起付标准以上与最高支付限额以下的费用部分，由社会医疗统筹基金按一定比例（一般为当地职工年平均工资的10%～600%）支付。支付比例一般为90%。

六、基本医疗保险基金不支付的医疗费用

下列医疗费用不纳入基本医疗保险基金支付范围：

1. 应当从工伤保险基金中支付的；
2. 应当由第三人负担的；
3. 应当由公共卫生负担的；
4. 在境外就医的。

医疗费用应当由第三人负担，第三人不支付或者无法确定第三人的，由基本医疗保险基金先行支付。基本医疗保险基金先行支付后，有权向第三人追偿。

七、医疗期

（一）医疗期的概念

企业职工因患病或非因工负伤停止工作，治病休息，但不得解除劳动合同的期限。

（二）医疗期的计算方法

医疗期的期限，如表 8-15 所示。

表 8-15　医疗期的期限

实际工作年限（m）	本单位工作年限（n）	医疗期	累计病休时间
m < 10 年	n < 5 年	3 个月	医疗期的 2 倍
	n ≥ 5 年	6 个月	
m ≥ 10 年	n < 5 年	6 个月	医疗期的 2 倍
	5 年 ≤ n < 10 年	9 个月	医疗期 + 6 个月
	10 年 ≤ n < 15 年	12 个月	
	15 年 ≤ n < 20 年	18 个月	
	n ≥ 20 年	24 个月	

【例题·单选题】（2022 年）下列关于医疗期间的表述中，符合法律制度的是（　　）。

A. 实际工作年限不足 10 年的，在本单位工作不足 5 年的，医疗期为 3 个月

B. 实际工作年限 10 年以上的，在本单位工作年限 5 年以上不足 10 年的，医疗期为 6 个月

C. 实际工作年限 10 年以上的，在本单位工作年限 10 年以上不足 15 年的，医疗期为 9 个月

D. 实际工作年限 10 年以上的，在本单位工作年限为 20 年以上的，医疗期为 20 个月

【答案】A

【解析】选项 A 正确。实际工作年限不足 10 年的，在本单位工作年限不足 5 年的，医疗期为 3 个月。实际工作年限 10 年以上的，在本单位工作年限不足 5 年的，医疗期为 6 个月；5 年以上不足 10 年的，医疗期为 9 个月（选项 B 错误）；10 年以上不足 15 年的，医疗期为 12 个月（选项 C 错误）；15 年以上不足 20 年的，医疗期为 18 个月；20 年以上的，医疗期为 24 个月（选项 D 错误）。

（三）医疗期内的待遇

企业职工在医疗期内，其病假工资、疾病救济费和医疗待遇按照有关规定执行。病假工资或疾病救济费可以低于当地最低工资标准支付，但最低不能低于最低工资标准的 80%。医疗期内，除劳动者有以下情形外，用人单位不得解除或终止劳动合同：

1. 在试用期间被证明不符合录用条件的；
2. 严重违反用人单位规章制度的；
3. 严重失职，营私舞弊，给用人单位造成重大损害的；
4. 劳动者同时与其他用人单位建立劳动关系，对完成本单位的工作任务造成严重影响，或者经用人单位提出，拒不改正的；
5. 以欺诈、胁迫的手段或者乘人之危，使用人单位在违背真实意思的情况下订立或者变更劳动合同致使劳动合同无效的；
6. 被依法追究刑事责任的。

如医疗期内遇合同期满，则合同必须续延至医疗期满，职工在此期间仍然享受医疗期内待遇。对医疗期满尚未痊愈者，或者医疗期满后，不能从事原工作，也不能从事用人单位另行安排的工作，被解除劳动合同的，用人单位需按经济补偿规定给予其经济补偿。

【例题·单选题】（2020年）甲公司职工夏某实际工作年限为8年，在甲公司工作年限为6年。因患病住院治疗，夏某可享受的医疗期最长不得超过法定期限，该期限为（　　）。

A. 9个月　　　　　　　　　B. 12个月
C. 6个月　　　　　　　　　D. 3个月

【答案】C
【解析】选项C正确。企业职工因患病或非因工负伤，需要停止工作，进行医疗时，根据本人实际参加工作年限和在本单位工作年限，给予3个月到24个月的医疗期。实际工作年限10年以下的，在本单位工作5年以上的，医疗期为6个月。

考点三　工伤保险★★★

一、工伤保险的含义

工伤保险，是指劳动者在职业工作中或规定的特殊情况下遭遇意外伤害或职业病，导致暂时或永久丧失劳动能力以及死亡时，劳动者或其遗属能够从国家和社会获得物质帮助的社会保险制度。

二、工伤保险费的缴纳

1. 用人单位缴纳工伤保险费，职工不缴纳工伤保险费。
2. 中华人民共和国境内的企业、事业单位、社会团体、民办非企业单位、基金会、律师事务所、会计师事务所等组织和有雇工的个体工商户（以下简称用人单位）应当依照《工伤保险条例》的规定参加工伤保险，为本单位全部职工或者雇工（以下简称职工）缴纳工伤保险费。

三、工伤认定与劳动能力鉴定

（一）工伤认定

工伤认定的相关情形，如表8-16所示。

表8-16　工　伤　认　定

应当认定工伤的情形	（1）在工作时间和工作场所内，因工作原因受到事故伤害的 （2）工作时间前后在工作场所内，从事与工作有关的预备性或收尾性工作受到事故伤害的 （3）在工作时间和工作场所内，因履行工作职责受到暴力等意外伤害的 （4）患职业病的 （5）因工外出期间，由于工作原因受到伤害或者发生事故下落不明的 （6）在上下班途中，受到非本人主要责任的交通事故或者城市轨道交通、客运轮渡、火车事故伤害的 （7）法律、行政法规规定应当认定为工伤的其他情形
视同工伤的情形	（1）在工作时间和工作岗位，突发疾病死亡或者在48小时内经抢救无效死亡的 （2）在抢险救灾等维护国家利益、公共利益活动中受到伤害的 （3）原在军队服役，因战、因公负伤致残，已取得革命伤残军人证，到用人单位后旧伤复发的
不认定为工伤的情形	（1）故意犯罪 （2）醉酒或者吸毒 （3）自残或者自杀

【例题·单选题】（2021年）根据社会保险法律制度的规定，职工发生伤亡的下列情形中，不应认定为工伤的是（　　）。

A. 工作时间前在工作场所内，从事与工作有关的预备性工作受到事故伤害的

B. 在工作时间和工作岗位突发疾病，在48小时内经抢救无效死亡的

C. 在下班途中受到本人负主要责任交通事故伤害的

D. 在抢险救灾等维护国家利益、公共利益活动中受到伤害的

【答案】C

【解析】选项C不应认定为工伤。职工有下列情形之一的，应当认定为工伤：(1)在工作时间和工作场所内，因工作原因受到事故伤害的；(2)工作时间前后在工作场所内，从事与工作有关的预备性或收尾性工作受到事故伤害的（选项A应认定为工伤）；(3)在工作时间和工作场所内，因履行工作职责受到暴力等意外伤害的；(4)患职业病的；(5)因

工外出期间，由于工作原因受到伤害或者发生事故下落不明的；（6）在上下班途中，受到非本人主要责任的交通事故或者城市轨道交通、客运轮渡、火车事故伤害的（选项C不应认定为工伤）；（7）法律、行政法规规定应当认定为工伤的其他情形。

视同工伤的情形：（1）在工作时间和工作岗位，突发疾病死亡或者在48小时内经抢救无效死亡的（选项B属于视同工伤）；（2）在抢险救灾等维护国家利益、公共利益活动中受到伤害的（选项D属于视同工伤）；（3）原在军队服役，因战、因公负伤致残，已取得革命伤残军人证，到用人单位后旧伤复发的。

（二）劳动能力鉴定

1. 职工发生工伤，经治疗伤情相对稳定后存在残疾、影响劳动能力的，应当进行劳动能力鉴定。
2. 劳动能力鉴定是指劳动功能障碍程度和生活自理障碍程度的等级鉴定。
3. 劳动功能障碍分为十个伤残等级，最重的为一级，最轻的为十级。
4. 生活自理障碍分为三个等级：
（1）生活完全不能自理。
（2）生活大部分不能自理。
（3）生活部分不能自理。
5. 自劳动能力鉴定结论作出之日起 1 年后，工伤职工或者其近亲属、所在单位或者经办机构认为伤残情况发生变化的，可以申请劳动能力复查鉴定。

四、工伤保险待遇

职工因工作原因受到事故伤害或者患职业病，且经工伤认定的，享受工伤保险待遇；其中，经劳动能力鉴定丧失劳动能力的，享受伤残待遇。

（一）工伤医疗待遇

职工因工作遭受事故伤害或者患职业病进行治疗，享受工伤医疗待遇。包括：

1. 治疗工伤的医疗费用（诊疗费、药费、住院费）。职工治疗工伤应当在签订服务协议的医疗机构就医，情况紧急时可以先到就近的医疗机构急救。治疗工伤所需费用符合工伤保险诊疗项目目录、工伤保险药品目录、工伤保险住院服务标准的，从工伤保险基金支付。
2. 住院伙食补助费、交通食宿费。职工住院治疗工伤的伙食补助费，以及经医疗机构出具证明，报经办机构同意，工伤职工到统筹地区以外就医所需的交通、食宿费用按标准从工伤保险基金支付。
3. 康复性治疗费。工伤职工到签订服务协议的医疗机构进行工伤康复的费用，符合规定的，从工伤保险基金支付。

4. 停工留薪期工资福利待遇。职工因工作遭受事故伤害或者患职业病需要暂停工作接受工伤医疗的，在停工留薪期内，原工资福利待遇不变，由所在单位按月支付。停工留薪期一般不超过12个月。伤情严重或者情况特殊，经设区的市级劳动能力鉴定委员会确认，可以适当延长，但延长不得超过12个月。工伤职工评定伤残等级后，停止享受停工留薪期待遇，按照规定享受伤残待遇。工伤职工在停工留薪期满后仍需治疗的，继续享受工伤医疗待遇。生活不能自理的工伤职工在停工留薪期需要护理的，由所在单位负责。

工伤职工治疗非因工伤引发的疾病，不享受工伤医疗待遇，按照基本医疗保险办法处理。

（二）辅助器具装配

工伤职工因日常生活或者就业需要，经劳动能力鉴定委员会确认，可以安装假肢、矫形器、假眼、假牙和配置轮椅等辅助器具，所需费用按照国家规定的标准从工伤保险基金支付。

（三）伤残待遇

经劳动能力鉴定委员会鉴定，评定伤残等级的工伤职工，享受伤残待遇，包括：

1. 生活护理费。工伤职工已经评定伤残等级并经劳动能力鉴定委员会确认需要生活护理的，从工伤保险基金按月支付生活护理费。

2. 一次性伤残补助金。职工因工致残被鉴定为一级至十级伤残的，从工伤保险基金按伤残等级支付一次性伤残补助金。

3. 伤残津贴

（1）职工因工致残被鉴定为一级至四级伤残的，保留劳动关系，退出工作岗位，从工伤保险基金中按月支付伤残津贴，伤残津贴实际金额低于当地最低工资标准的，由工伤保险基金补足差额。

（2）职工因工致残被鉴定为五级、六级伤残的，保留与用人单位的劳动关系，由用人单位安排适当工作。难以安排工作的，由用人单位按月发给伤残津贴。伤残津贴实际金额低于当地最低工资标准的，由用人单位补足差额。

（3）五级、六级伤残，经工伤职工本人提出，可以与用人单位解除或者终止劳动关系。

（4）七级至十级伤残，劳动、聘用合同期满终止，或者职工本人提出解除劳动、聘用合同的，由工伤保险基金支付一次性工伤医疗补助金，由用人单位支付一次性伤残就业补助金。一次性工伤医疗补助金和一次性伤残就业补助金的具体标准由省、自治区、直辖市人民政府规定。

（四）工亡待遇

职工因工死亡，或者伤残职工在停工留薪期内因工伤导致死亡的，其近亲属按照规定从工伤保险基金领取丧葬补助金、供养亲属抚恤金和一次性工亡补助金。

1. 丧葬补助金，为6个月的统筹地区上年度职工月平均工资。

2. 供养亲属抚恤金，按照职工本人工资的一定比例发给由因工死亡职工生前提供主要生活来源、无劳动能力的亲属。

3. 一次性工亡补助金，标准为上一年度全国城镇居民人均可支配收入的 20 倍。

4. 一至四级伤残职工在停工留薪期满后死亡的，其近亲属可以享受丧葬补助金、供养亲属抚恤金，不享受一次性工亡补助金待遇。

五、工伤保险待遇负担

1. 因工伤发生的下列费用，按照国家规定从工伤保险基金中支付：

（1）治疗工伤的医疗费用和康复费用；

（2）住院伙食补助费；

（3）到统筹地区以外就医的交通食宿费；

（4）安装配置伤残辅助器具所需费用；

（5）生活不能自理的，经劳动能力鉴定委员会确认的生活护理费；

（6）一次性伤残补助金和一级至四级伤残职工按月领取的伤残津贴；

（7）终止或者解除劳动合同时，应当享受的一次性医疗补助金；

（8）因工死亡的，其遗属领取的丧葬补助金、供养亲属抚恤金和因工死亡补助金；

（9）劳动能力鉴定费。

2. 因工伤发生的下列费用，按照国家规定由用人单位支付：

（1）治疗工伤期间的工资福利；

（2）五级、六级伤残职工按月领取的伤残津贴；

（3）终止或者解除劳动合同时，应当享受的一次性伤残就业补助金。

六、特别规定

1. 工伤保险中所称的本人工资，是指工伤职工因工作遭受事故伤害或者患职业病前12个月平均月缴费工资。本人工资高于统筹地区职工平均工资300%的，按照统筹地区职工平均工资的300%计算；本人工资低于统筹地区职工平均工资60%的，按照统筹地区职工平均工资的60%计算。

2. 工伤职工有下列情形之一的，停止享受工伤保险待遇：

（1）丧失享受待遇条件的；

（2）拒不接受劳动能力鉴定的；

（3）拒绝治疗的。

3. 工伤职工符合领取基本养老金条件的，停发伤残津贴，享受基本养老保险待遇。基本养老保险待遇低于伤残津贴的，由工伤保险基金补足差额。

4. 职工所在用人单位未依法缴纳工伤保险费，发生工伤事故的，由用人单位支付工伤保险待遇。用人单位不支付的，从工伤保险基金中先行支付，由用人单位偿还。用人单位不偿还的，社会保险经办机构可以追偿。

5. 由于第三人的原因造成工伤，第三人不支付工伤医疗费用或者无法确定第三人的，由工伤保险基金先行支付。工伤保险基金先行支付后，有权向第三人追偿。

6. 职工（包括非全日制从业人员）在两个或者两个以上用人单位同时就业的，各用人单位应当分别为职工缴纳工伤保险费。职工发生工伤，由职工受到伤害时工作的单位依法承担工伤保险责任。

考点四 失业保险★★★

一、失业保险的含义

失业保险是指国家通过立法强制实行的，由社会集中建立基金，保障因失业而暂时中断生活来源的劳动者的基本生活，并通过职业培训、职业介绍等措施促进其再就业的社会保险制度。

二、失业保险费的缴纳

1. 职工应当参加失业保险，由用人单位和职工按照国家规定共同缴纳失业保险费。

2. 失业保险费的征缴范围：国有企业、城镇集体企业、外商投资企业、城镇私营企业和其他城镇企业（统称城镇企业）及其职工，事业单位及其职工。

3. 城镇企业事业单位按照本单位工资总额的2%缴纳失业保险费，职工按照本人工资的1%缴纳失业保险费。

4. 人力资源和社会保障部、财政部数次发文降低失业保险费率，将用人单位和职工失业保险缴费比例总和从3%阶段性降至1%，个人费率不得超过单位费率。

职工跨统筹地区就业的，其失业保险关系随本人转移，缴费年限累计计算。

三、失业保险待遇

（一）失业保险待遇的享受条件
失业人员符合下列条件的，可以申请领取失业保险金并享受其他失业保险待遇：
1. 失业前用人单位和本人已经缴纳失业保险费满1年的。
2. 非因本人意愿中断就业的，包括以下情形：
（1）终止劳动合同的；
（2）被用人单位解除劳动合同的；
（3）被用人单位开除、除名和辞退的；
（4）用人单位以暴力、威胁或者非法限制人身自由的手段强迫劳动，劳动者解除劳动合同的；
（5）用人单位未按照劳动合同约定支付劳动报酬或者提供劳动条件，劳动者解除劳动合同的；
（6）法律、行政法规另有规定的。
3. 已经进行失业登记，并有求职要求的。

（二）失业保险金的领取期限
1. 用人单位应当及时为失业人员出具终止或者解除劳动关系的证明，并将失业人员的名单自终止或者解除劳动关系之日起7日内报受理其失业保险业务的经办机构备案。

失业保险金的领取期限，如表8-17所示。

表8-17　失业保险金的领取期限

缴费期限（年，以n表示）	领取期限（月）
1≤n＜5	12
5≤n＜10	18
n≥10	24

2. 重新就业后，再次失业的，缴费时间重新计算，领取失业保险金的期限与前次失业应当领取而尚未领取的失业保险金的期限合并计算，最长不超过24个月。

3. 失业人员因当期不符合失业保险金领取条件的，原有缴费时间予以保留，重新就业并参保的，缴费时间累计计算。

4. 根据人力资源和社会保障部、财政部《关于扩大失业保险保障范围的通知》，自2019年12月起，延长大龄失业人员领取失业保险金期限，对领取失业保险金期满仍未就业且距法定退休年龄不足1年的失业人员，可继续发放失业保险金至法定退休年龄。

5. 对领取失业保险金期满仍未就业的失业人员、不符合领取失业保险金条件的参保失业人员，发放失业补助金；对参保不满1年的失业农民工，发放临时生活补助。保障范围为2022年1月1日至12月31日期间新发生的参保失业人员。

【例题·单选题】（2022年）某人与用人单位累计缴纳失业保险费满7年，那么某人领取失业保险金的最长期限是（　　）。

A. 6个月　　　　　　　　　　B. 12个月
C. 18个月　　　　　　　　　 D. 24个月

【答案】C

【解析】选项C正确。失业人员失业前用人单位和本人累计缴费满1年不足5年的，领取失业保险金的期限最长为12个月；累计缴费满5年不足10年的，领取失业保险金的期限最长为18个月；累计缴费10年以上的，领取失业保险金的期限最长为24个月。因此，本题中，某人领取失业保险金的最长期限为18个月。

（三）失业保险金的发放标准

失业保险金的发放标准，不得低于城市居民最低生活保障标准。一般也不高于当地最低工资标准，具体数额由省、自治区、直辖市人民政府确定。

（四）其他失业保险待遇

1. 领取失业保险金期间享受基本医疗保险待遇

失业人员在领取失业保险金期间，参加职工基本医疗保险，享受基本医疗保险待遇。

失业人员应当缴纳的基本医疗保险费从失业保险基金中支付，个人不缴纳基本医疗保险费。

2. 领取失业保险金期间的死亡补助

失业人员在领取失业保险金期间死亡的，参照当地对在职职工死亡的规定，向其遗属发给一次性丧葬补助金和抚恤金。所需资金从失业保险基金中支付。

【新东方提示】

个人死亡同时符合领取基本养老保险丧葬补助金、工伤保险丧葬补助金和失业保险丧葬补助金条件的，其遗属只能选择领取其中的一项。

3. 职业介绍与职业培训补贴

失业人员在领取失业保险金期间，应当积极求职，接受职业介绍和职业培训。失业人员接受职业介绍、职业培训的补贴由失业保险基金按照规定支付。

四、停止享受失业保险待遇的情形

失业人员在领取失业保险金期间，有下列情形之一的，停止领取失业保险金，并同时停止享受其他失业保险待遇：

1. 重新就业的；
2. 应征服兵役的；
3. 移居境外的；
4. 享受基本养老保险待遇的；
5. 被判刑收监执行的；
6. 无正当理由，拒不接受当地人民政府指定部门或者机构介绍的适当工作或者提供的培训的；
7. 有法律、行政法规规定的其他情形的。

【例题·多选题】（2021年）领取失业保险金的下列人员中，应当停止领取失业保险金，并同时停止享受其他失业保险待遇的有（　　）。
A. 重新就业的李某　　　　　　B. 应征服兵役的张某
C. 被行政拘留10日的王某　　　D. 移居境外的孙某
【答案】ABD
【解析】选项A、B、D正确。失业人员在领取失业保险金期间，有下列情形之一的，停止领取失业保险金，并同时停止享受其他失业保险待遇：（1）重新就业的（选项A正确）；（2）应征服兵役的（选项B正确）；（3）移居境外的（选项D正确）；（4）享受基本养老保险待遇的；（5）被判刑收监执行的（选项C不正确）；（6）无正当理由，拒不接受当地人民政府指定部门或者机构介绍的适当工作或者提供的培训的；（7）有法律、行政法规规定的其他情形的。

考点五　社会保险费征缴与管理★★

一、社会保险登记

1. 用人单位的社会保险登记

企业在办理登记注册时，同步办理社会保险登记。

企业以外的缴费单位应当自成立之日起30日内，向当地社会保险经办机构申请办理社会保险登记。

2. 个人的社会保险登记

（1）用人单位应当自用工之日起30日内为其职工向社会保险经办机构申请办理社会保险登记。

（2）自愿参加社会保险的无雇工的个体工商户、未在用人单位参加社会保险的非全日制从业人员以及其他灵活就业人员，应当向社会保险经办机构申请办理社会保险登记。

【例题·判断题】（2022年）用人单位应当自用工之日起30日内为其职工向社会保险经办机构申请办理社会保险登记。（　　）

【答案】√

【解析】用人单位应当自用工之日起30日内为其职工向社会保险经办机构申请办理社会保险登记。

二、社会保险费缴纳

1. 用人单位应当自行申报、按时足额缴纳社会保险费，非因不可抗力等法定事由不得缓缴、减免。

2. 职工应当缴纳的社会保险费由用人单位代扣代缴，用人单位应当按月将缴纳社会保险费的明细情况告知本人。

3. 无雇工的个体工商户、未在用人单位参加社会保险的非全日制从业人员以及其他灵活就业人员，可以直接向社会保险费征收机构缴纳社会保险费。

4. 企业职工基本养老保险和企业职工其他险种缴费，原则上暂按现行征收体制继续征收，稳定缴费方式，"成熟一省、移交一省"；机关事业单位社会保险费和城乡居民社会保险费征管职责如期划转。

三、社会保险基金管理

1. 除基本医疗保险基金与生育保险基金合并建账及核算外，其他各项社会保险基金按照社会保险险种分别建账，分账核算，执行国家统一的会计制度。

2. 社会保险基金专款专用，任何组织和个人不得侵占或者挪用。

3. 社会保险基金存入财政专户，按照统筹层次设立预算，通过预算实现收支平衡。

4. 除基本医疗保险基金与生育保险基金预算合并编制外，其他社会保险基金预算按照社会保险项目分别编制。

5. 县级以上人民政府在社会保险基金出现支付不足时，给予补贴。

6. 社会保险经办机构应当定期向社会公布参加社会保险情况以及社会保险基金的收入、支出、结余和收益情况。

7. 社会保险基金在保证安全的前提下，按照国务院规定投资运营实现保值增值。

8. 社会保险基金不得违规投资运营，不得用于平衡其他政府预算，不得用于兴建、改建办公场所和支付人员经费、运行费用、管理费用，或者违反法律、行政法规规定挪作其他用途。

考点六 违反社会保险法律制度的法律责任 ★

一、用人单位违反《社会保险法》的法律责任

1. 用人单位不办理社会保险登记的，由社会保险行政部门责令限期改正；逾期不改正的，对用人单位处应缴社会保险费数额1倍以上3倍以下的罚款，对其直接负责的主管人员和其他直接责任人员处500元以上3 000元以下的罚款。

2. 用人单位未按时足额缴纳社会保险费的，由社会保险费征收机构责令限期缴纳或者补足，并自欠缴之日起，按日加收0.05%的滞纳金；逾期仍不缴纳的，由有关行政部门处欠缴数额1倍以上3倍以下的罚款。

二、骗保行为的法律责任

1. 以欺诈、伪造证明材料或者其他手段骗取社会保险待遇的，由社会保险行政部门责令退回骗取的社会保险金，处骗取金额2倍以上5倍以下的罚款。

2. 社会保险经办机构以及医疗机构、药品经营单位等社会保险服务机构以欺诈、伪造证明材料或者其他手段骗取社会保险基金支出的，由社会保险行政部门责令退回骗取的社会保险金，处骗取金额2倍以上5倍以下的罚款；属于社会保险服务机构的，解除服务协议；直接负责的主管人员和其他直接责任人员有执业资格的，依法吊销其执业资格。

三、社会保险经办机构、社会保险费征收机构、社会保险服务机构等机构的法律责任

1. 社会保险经办机构及其工作人员有下列行为之一的，由社会保险行政部门责令改正；给社会保险基金、用人单位或者个人造成损失的，依法承担赔偿责任；对直接负责的主管人员和其他直接责任人员依法给予处分：
（1）未履行社会保险法定职责的；
（2）未将社会保险基金存入财政专户的；
（3）克扣或者拒不按时支付社会保险待遇的；
（4）丢失或者篡改缴费记录、享受社会保险待遇记录等社会保险数据、个人权益记录的；
（5）有违反社会保险法律、法规的其他行为的。

2. 社会保险费征收机构擅自更改社会保险费缴费基数、费率，导致少收或者多收社会保险费的，由有关行政部门责令其追缴应当缴纳的社会保险费或者退还不应当缴纳的社会保险费；对直接负责的主管人员和其他直接责任人员依法给予处分。

3. 违反《社会保险法》规定，隐匿、转移、侵占、挪用社会保险基金或者违规投资运营的，由社会保险行政部门、财政部门、审计机关责令追回；有违法所得的，没收违法所得；对直接负责的主管人员和其他直接责任人员依法给予处分。

4. 社会保险行政部门和其他有关行政部门、社会保险经办机构、社会保险费征收机构及其工作人员泄露用人单位和个人信息的，对直接负责的主管人员和其他直接责任人员依法给予处分；给用人单位或者个人造成损失的，应当承担赔偿责任。

5. 国家工作人员在社会保险管理、监督工作中滥用职权、玩忽职守、徇私舞弊的，依法给予处分。

6. 违反《社会保险法》规定，构成犯罪的，依法追究刑事责任。

【例题·不定项选择题】（2021年）2020年9月21日，技术人员张某到甲公司应聘成功，约定于次日上岗工作。后因甲公司原因，张某于2020年9月25日到岗工作。2020年9月30日，双方订立了3年期劳动合同。

2020年11月，甲公司出资安排张某外出参加专项技术培训，双方签订了服务期协议，对相关事项进行了约定。服务期内，张某在工作中严重失职、营私舞弊，给甲公司造成重大损害。甲公司据此解除了与张某的劳动合同并要求张某支付违反服务期的违约金并赔偿损失。张某对此不服，认为甲公司违法解除劳动合同，要求甲公司支付经济补偿和赔偿金。

已知：张某在甲公司实行标准工时制。

要求根据上述资料，不考虑其他因素，分析回答下列小题：

1. 甲公司与张某建立劳动关系的时间是（　　）。

A. 2020年9月22日　　　　　　B. 2020年9月21日

C. 2020年9月30日　　　　　　D. 2020年9月25日

【答案】D

【解析】选项D正确。用人单位自用工之日起即与劳动者建立了劳动关系。用人单位与劳动者在用工前订立劳动合同的，劳动关系自用工之日起建立。

2. 甲公司与张某对服务期协议内容的下列约定中，符合法律规定的是（　　）。

A. 服务期内按照公司正常工资调整机制提高劳动报酬

B. 服务期期限5年

C. 公司承担张某的专项技术培训费用

D. 劳动合同期限延续至服务期满

【答案】ABCD

【解析】选项A正确，用人单位与劳动者约定服务期的，不影响按照正常的工资调整机制提高劳动者在服务期期间的劳动报酬。选项 B、C 正确，《劳动合同法》规定，用人单位为劳动者提供专项培训费用，对其进行专业技术培训的，可以与该劳动者订立协议，约定服务期。选项 D 正确，劳动合同期满，但是用人单位与劳动者约定的服务期尚未到期的，劳动合同应当续延至服务期满。

3. 下列甲公司解除劳动合同方式的表述中，正确的是（ ）。

A. 需提前 30 日以书面形式通知张某解除

B. 可随时通知张某解除

C. 无需通知张某即可解除

D. 需提前 3 日通知张某解除

【答案】B

【解析】选项 B 正确。在劳动者严重失职、营私舞弊、给用人单位造成重大损害的情形下，用人单位可随时通知劳动者解除劳动合同，不需要向劳动者支付经济补偿。

4. 下列有关甲公司与张某劳动争议的表述中，正确的是（ ）。

A. 甲公司有权要求张某赔偿公司的经济损失

B. 张某有权要求甲公司支付违法解除劳动合同的赔偿金

C. 张某无权要求甲公司支付解除劳动合同的经济补偿

D. 甲公司无权要求张某支付违约金

【答案】AC

【解析】选项 A 正确，选项 D 错误，劳动者因严重失职，营私舞弊，给用人单位造成重大损害，而被用人单位解除劳动关系的，用人单位仍有权要求其支付违约金。选项 B 错误，选项 C 正确，在劳动者严重失职、营私舞弊、给用人单位造成重大损害的情形下，用人单位可随时通知劳动者解除劳动合同，不需要向劳动者支付经济补偿。

郑重声明

高等教育出版社依法对本书享有专有出版权。任何未经许可的复制、销售行为均违反《中华人民共和国著作权法》，其行为人将承担相应的民事责任和行政责任；构成犯罪的，将被依法追究刑事责任。为了维护市场秩序，保护读者的合法权益，避免读者误用盗版书造成不良后果，我社将配合行政执法部门和司法机关对违法犯罪的单位和个人进行严厉打击。社会各界人士如发现上述侵权行为，希望及时举报，我社将奖励举报有功人员。

反盗版举报电话　（010）58581999　58582371
反盗版举报邮箱　dd@hep.com.cn
通信地址　北京市西城区德外大街4号　高等教育出版社法律事务部
邮政编码　100120

读者意见反馈

为收集对教材的意见建议，进一步完善教材编写并做好服务工作，读者可将对本图书的意见建议通过如下渠道反馈至我社。

咨询电话　400-810-0598
反馈邮箱　gjdzfwb@pub.hep.cn
通信地址　北京市朝阳区惠新东街4号富盛大厦1座
　　　　　高等教育出版社总编辑办公室
邮政编码　100029

防伪查询说明

用户购书后刮开封底防伪涂层，使用手机微信等软件扫描二维码，会跳转至防伪查询网页，获得所购图书详细信息。

防伪客服电话　（010）58582300